Techniques de veille et e-réputation

Comment exploiter les outils Internet ?

ISBN : 978-2-7460-4928-4
Imprimé en France

Editions ENI

ZAC du Moulin Neuf
Rue Benjamin Franklin
44800 St HERBLAIN
Tél : 02.51.80.15.15
Fax : 02.51.80.15.16

e-mail: editions@ediENI.com
http://www.editions-eni.com

Auteur : Jean-Noël ANDERRUTHY
La collection **Objectif Solutions** est dirigée par Corinne HERVO

Avant-propos

Ce livre a pour but de vous donner un panorama de solutions qui vous permettront de gérer trois problématiques :

La recherche et la collecte d'informations stratégiques, économiques, universitaires, etc.

La gestion de sa e-Réputation ou de sa réputation numérique (individu, marques ou sociétés) ;

La mise en place d'un processus de veille que ce soit à l'aide d'outils gratuits ou de solutions payantes.

Dans un premier temps, nous verrons comment installer des solutions de veille élaborées en utilisant les flux RSS.

Le second chapitre est consacré aux moteurs de recherches ainsi qu'à la création de moteur de recherche personnalisé ;

Nous examinerons ensuite comment utiliser les bases de données en ligne et tirer parti des ressources qu'offre le Web profond.

Ce processus de collecte ne peut se faire de manière efficace sans des outils de Bookmarking, d'annotations, de Web Clipping et ce dans l'optique de mettre en place des stratégies de veille collaborative. Nous aborderons également l'utilisation des extensions pour Firefox afin de naviguer sur le Web de manière plus intelligente ainsi que des applications de Mind Mapping qui vous permettent d'optimiser l'ensemble de votre travail.

Le chapitre qui suit vise à mieux vous faire comprendre les enjeux concernant l'utilisation de sites de réseautage social et des problématiques liées au "Personal Branding".

Enfin, nous expliquerons comment tirer parti des outils de surveillance de pages Web et des plates-formes professionnelles de veille et d'intelligence économique.

TABLE DES MATIÈRES

Chapitre 1 : Un outil pour la veille : les flux RSS

Chapitre 3 : Les systèmes d'information

Chapitre 4 : Les outils de collecte d'informations

Chapitre 5 : Réseaux sociaux et réputation numérique

Chapitre 6 : Intelligence économique et applications de veille

Annexe : Ressources

Chapitre 1

Un outil pour la veille : les flux RSS

Tout processus de veille demande du temps et beaucoup d'organisation. En conséquence, vous devez mettre en place une stratégie qui vous permet d'optimiser l'investissement personnel et professionnel qui est nécessaire.

On peut dire qu'il existe deux façons de rechercher l'information sur le Web :

- En mode "Pull" : l'internaute va lui-même à la pêche aux informations ;
- En mode "Push" : l'information va à l'internaute et ce de manière automatisée.

Si les méthodes "Pull" exploitent l'utilisation des favoris, des sites de Bookmarking, des moteurs de recherche classiques et des requêtes vers des bases de données, les méthodes "Push" comprennent les alertes e-mails, les flux RSS ainsi que les veilles partagées telles que l'on peut les utiliser sur les sites de réseautage social.

Un des avantages des flux RSS est son interopérabilité : un flux RSS peut donner lieu à une multitude de présentations différentes du fait que le contenu est indépendant du contenant.

Un autre avantage réside dans les possibilités de partage qu'ils induisent. De fait, les flux RSS favorisent à la fois l'analyse et la diffusion de l'information.

Enfin, les flux RSS offrent, en plus d'une souplesse d'utilisation, une plus grande réactivité par rapport aux alertes e-mails : vous êtes tenu informé quasiment en temps réel des nouvelles publications qui sont disponibles en ligne.

En bref, un système de veille ou la mise en place d'un système complet d'informations ne peut pas s'envisager sans une compréhension approfondie des flux RSS. Et c'est justement l'objet de ce premier chapitre.

A. Fonctionnement des flux RSS

Un flux, aussi appelé flux RSS, flux XML, contenu syndiqué, fil d'informations ou flux Web, contient des informations fréquemment mises à jour et publiées par un site Web.

> **Information** : RSS est l'acronyme de "Really Simple Syndication". Ce terme désigne simplement la technologie utilisée pour créer des flux.

Un flux peut aussi être utilisé pour distribuer d'autres types de contenu numérique, notamment des images ou des fichiers audio ou vidéo. Les flux permettent aussi de transmettre un contenu audio que vous pouvez écouter sur votre ordinateur ou lecteur MP3. Cela s'appelle le Podcasting. Si le flux génère des vidéos distribuées sous forme d'épisode, on parle alors de Videocast.

Les formats de flux les plus courants sont RSS et Atom. Tous les formats de flux Web reposent sur le langage XML (Extensible Markup Language), un langage utilisé pour décrire et distribuer des données et des documents de manière structurée.

Quels sont les avantages des flux par rapports aux sites web ?

- Gain de temps considérable : imaginez que vous consultiez de manière habituelle plusieurs sites spécialisés en électronique de pointe. Vous devez à chaque fois parcourir ces sites afin de déceler s'il y a eu un changement apporté à leur contenu : nouveau circuit disponible, nouveau dossier sur tel ou tel gadget à la mode, etc. Avec les flux RSS, vous êtes tenu presque en temps réel et sans vous "déplacer" (virtuellement s'entend) de la vie complète d'un site.
- Vue synthétique des articles publiés : toutes les nouvelles pages qui sont publiées ne vont pas forcément vous intéresser. Les flux RSS vous permettent d'avoir une vue d'ensemble des sujets qui ont été abordés et d'effectuer des tris rapides entre les bons et les mauvais sujets.
- Fonctions de tri et de filtre avancés : nous verrons qu'il est possible de construire des systèmes d'informations évolués et de gérer, de manière extrêmement fine, le contenu des flux RSS auxquels vous êtes abonnés.
- Lecture transversale d'une même thématique : si vous êtes abonnés à plusieurs flux RSS, vous vous apercevrez qu'un même sujet peut avoir été traité par différentes sources. Il est donc possible d'afficher différents articles d'auteurs et de comparer leurs points de vue.

Plutôt qu'un long discours nous allons tout de suite examiner un cas pratique d'utilisation avec deux navigateurs (Internet Explorer et Mozilla Firefox).

➧ Lancez Internet Explorer.

➧ Accédez à cette adresse : **http://www.01net.com**

Vous allez vous apercevoir que l'icône **Flux** est maintenant de couleur orange . En bref, un ou plusieurs flux RSS ont été détectés sur cette page.

➧ Cliquez sur la petite flèche en forme de triangle puis sélectionnez un des flux RSS.

Votre navigateur va afficher le contenu du fichier XML correspondant. Par exemple, **http://feediz.01net.com/synd/2206.xml**. À chaque fois que la page web correspondante est mise à jour, un nouvel article (élément) est généré dans la page du flux.

Il est généralement composé d'un titre, du corps de l'article ou d'un extrait et de différentes informations comme la date de publication, le nom de l'auteur, etc.

➧ Cliquez sur le lien **M'abonner à ce flux** puis le bouton **M'abonner**.

- Selon la version d'Internet Explorer utilisée, activez la barre des favoris puis cliquez sur le bouton **Flux**, ou cliquez sur le bouton **Favoris** puis sur l'onglet **Flux**.

  Les flux auxquels vous vous êtes abonnés seront indiqués en gras. Il est possible d'y accéder directement en cliquant sur un des noms de flux qui sont visibles.

- En fonction de la version d'Internet Explorer que vous possédez, cliquez sur le lien **Afficher les propriétés du flux** afin de :

  - Modifier le nom du flux ;
  - Définir une planification différente de recherche des mises à jour ;
  - Indiquer le nombre maximal d'éléments qui seront affichés.

> **Information** : afin d'afficher les flux d'une page web, vous pouvez aussi utiliser la combinaison de touches [Alt] **X**.

Sous Mozilla Firefox, la procédure n'est pas réellement différente :

- Accédez à la même page (**http://www.01net.com**).

  Le bouton de syndication est, cette fois-ci visible dans la barre d'adresses.

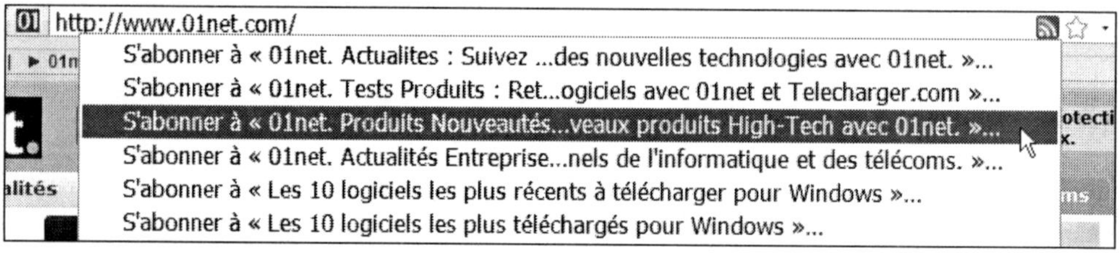

- Sélectionnez l'adresse de flux auquel vous souhaitez vous abonner.
- Dans la liste déroulante **S'abonner à ce flux en utilisant**, sélectionnez l'option **Marque-pages dynamiques**.

> **Information :** en fonction de la configuration de votre navigateur, il vous sera également possible d'ajouter directement le flux concerné sur un des services de pages personnalisées suivants : Netvibes, iGoogle, etc.

- Décochez la case **Toujours utiliser Marque-pages dynamiques pour s'abonner aux flux**.
- Cliquez sur les boutons **S'abonner maintenant** et **OK**.

Le contenu de votre flux sera accessible, par exemple, en cliquant sur le bouton **Marque-pages** puis sur le nom du flux.

Nous avons vu que, dans Firefox, il vous était aussi proposé de vous abonner au flux en utilisant d'autres applications que celles qui sont intégrées à votre navigateur. De fait, ce type d'applications spécialisées dans la gestion et la lecture des flux RSS s'appellent des **agrégateurs**. Il en existe deux sortes :

- Agrégateurs en ligne : ils sont accessibles via votre navigateur et vous permettent de gérer vos flux RSS ou Atom en ligne ;
- Agrégateurs classiques : ce sont des applications que vous devez télécharger puis installer sur votre ordinateur.

Les agrégateurs que l'on peut installer localement offrent, souvent, plus de fonctionnalités que les agrégateurs en ligne. Par contre, il est indispensable d'utiliser une application spécialisée plutôt que les outils intégrés à vos navigateurs. Nous allons donc examiner deux façons de s'abonner à un flux RSS avec un agrégateur en ligne (Google Reader) et un outil gratuit d'agrégation appelé RSSOwl.

Information : il existe beaucoup de façons de créer des pages personnalisables que vous pourrez ensuite partager afin de faire de la veille collaborative. En voici une liste rapide :
- iGoogle (http://www.google.com/ig) ;
- Netvibes (http://www.netvibes.com) ;
- Suprglu (http://suprglu.com) ;
- FriendFeed (http://friendfeed.com) ;
- PageFlakes (http://feedly.com).

Notez que Bloglines (**http://www.bloglines.com**) ou NewsGator (**http://www.newsgator.com**) sont aussi d'excellentes alternatives en ligne...

Information : on peut dresser une liste de critères qui rentrent en compte dans le choix d'une solution :
- Rapidité de l'agrégateur ;
- Capacité d'importation et d'exportation des flux ;
- Possibilité d'accéder à des flux nécessitant une identification ;
- Gestion des dossiers et des sous-dossiers ;
- Rapports sur les statistiques de lecture ;
- Possibilité d'assigner des priorités aux flux RSS ;
- Possibilités de recherche avancée ;
- Interopérabilité avec d'autres services en ligne ou local (gadget, Widget, etc.) ;
- Possibilité d'archiver facilement des flux.

B. Google Reader

Google Reader est un service accessible à cette adresse : **http://www.google.fr/reader**. C'est un agrégateur de flux RSS en ligne qui est parmi les plus performants du marché.

- Indiquez votre identifiant de compte Google dans le champ **Email**, ainsi que le **Mot de passe** correspondant, puis cliquez sur le bouton **Connexion**.

Afin de créer un compte Google, suivez cette procédure :

- Accédez à cette page Web : **https://www.google.com/accounts?hl=fr**
- Cliquez sur le lien **Créez un compte maintenant**.
- Indiquez quelle est votre adresse e-mail actuelle.

  Elle servira d'adresse e-mail secondaire si, d'aventure, vous ne pouvez plus accéder à votre compte Google.

La suite de la procédure ne pose pas de problème à l'exception près que vous devez choisir un mot de passe "fort". Vous pouvez tester différents mots de passe en utilisant cet outil en ligne : Passwordmeter (**http://www.passwordmeter.com**).

Dès que votre compte sera créé, vous pourrez y accéder en cliquant sur le lien **Connexion** placé en haut et à droite de la page d'accueil de Google : **http://www.google.fr**

- Une fois identifié (connecté), vous pouvez cliquer sur le lien **Mon compte** afin d'accéder aux paramètres de votre compte.
- Cliquez alors sur le lien **Modifier** visible à droite de la mention **Adresses e-mail** pour modifier vos informations personnelles ou associer d'autres adresses e-mail à votre compte.

Le lien **Modifier** placé à droite de la mention **Mes produits** vous permet de supprimer certains services Google auxquels vous avez souscrits.

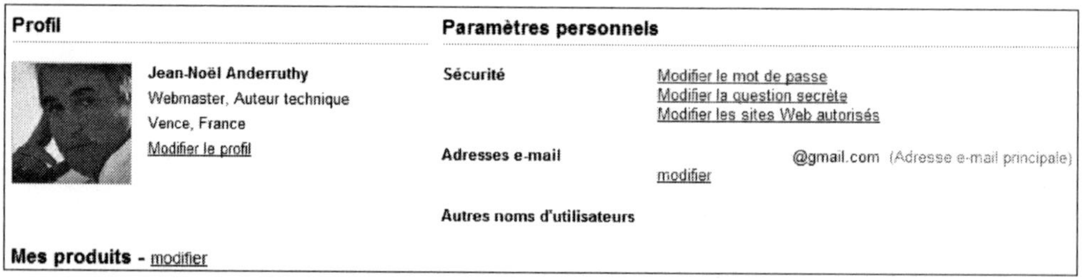

Par la suite et si vous ouvrez un compte Gmail (le serveur de messagerie de Google), vous pourrez vous connecter à votre compte en utilisant simplement la première partie de votre identifiant Gmail : jeandupont pour jeandupont@gmail. Dans le cas contraire, vous devrez utiliser votre adresse e-mail secondaire comme identifiant sur Google.

1. Utiliser Google Reader

- Afin d'ajouter un fil d'informations à partir de la page **www.google.com/reader** et après vous y être identifié, cliquez sur le bouton **`Ajouter un abonnement`**.

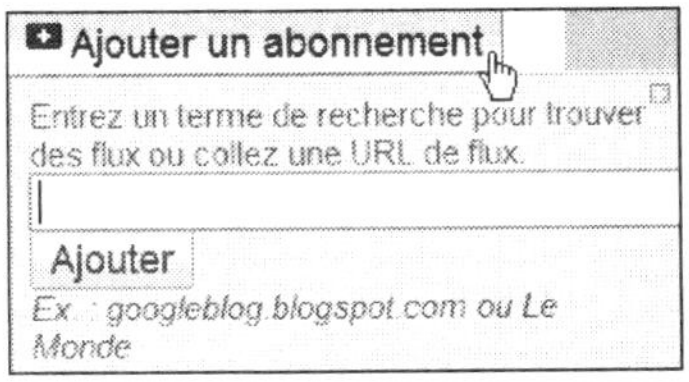

- Entrez un terme de recherche pour trouver des flux ou collez une URL de flux puis cliquez sur le bouton **Ajouter**.

Il est possible d'indiquer une requête ou le nom d'une source comme "le monde", par exemple.

L'indication du nombre d'abonnés qui est visible sur la gauche n'est qu'une approximation qui rend compte du nombre d'internautes qui se sont abonnés aux flux correspondant en utilisant un des outils Google permettant la syndication de flux RSS : iGoogle (**http://www.google.fr/ig**), Google Reader et FeedBurner.

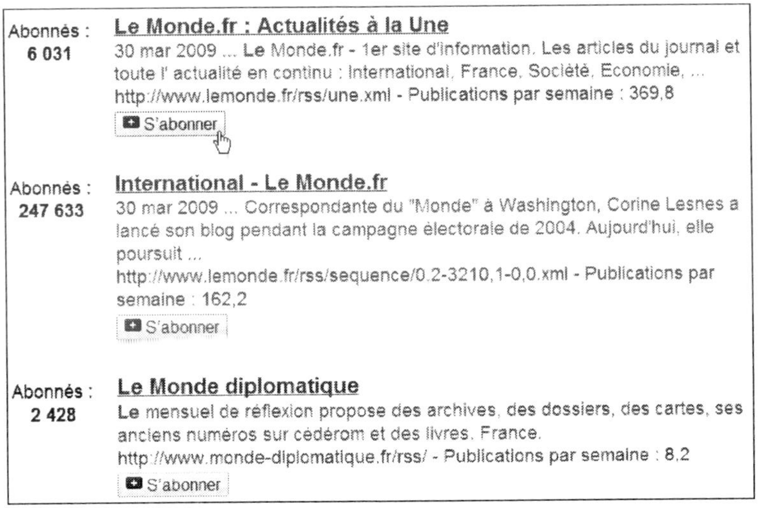

- Cliquez sur le bouton **S'abonner**.

Information : notez qu'une même source peut proposer différentes adresses de flux.

- Cliquez sur la petite flèche visible dans le bouton **Ajouter à un dossier** afin d'ajouter le flux à un nom de dossier existant ou dans un **Nouveau dossier**. Dans ce cas, nommez ce dossier puis validez.

Le lien **Tous les éléments**, dans le volet gauche de la page, va apparaître en caractères gras.

- Cliquez dessus afin d'afficher la liste des articles proposés par ce flux.
- Cliquez sur un des liens afin d'afficher le contenu intégral de l'article.

Information : certains sites ne proposent qu'un extrait de l'article correspondant. Vous devez cliquer sur un lien de type "Lire la suite" afin d'accéder à l'intégralité de la page.

À partir de là, différentes options sont offertes :

- **Tout marquer comme lu** : permet de marquer tous les articles comme lus ;
- **Actualiser** : permet d'actualiser manuellement le flux RSS et vérifier si, éventuellement, d'autres nouveaux éléments n'ont pas été mis en ligne ;
- **Paramètres d'affichage** : permet d'effectuer des tris rapides, afficher automatiquement le contenu du flux la prochaine fois que vous ouvrirez Google Reader ou traduire le contenu des articles.

Vous pouvez aussi basculer en **Texte complet** ou en mode **Liste** en cliquant sur les liens visibles à droite de la mention **Affichage**.

En affichage "Texte complet", sous chaque article, différents boutons sont visibles :

- **Activer le suivi** : cette fonctionnalité vous permet de classer certains articles comme étant particulièrement importants à vos yeux. Ils seront tous visibles en cliquant sur le dossier **Liste de suivi**.
- **Partager** et **Partager avec une note** : permet d'ajouter un article à votre liste de partage. Nous verrons un peu plus loin en quoi consiste exactement cette option.
- **E-mail** : permet d'envoyer le lien vers l'article à une personne de votre entourage.
- **Modifier les tags** : permet d'attribuer un ou plusieurs libellés (tags) à un article.

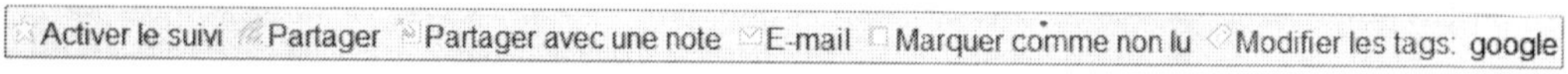

Information : Google Reader juxtapose deux façons de classer un article : les libellés et les dossiers. À la différence d'un dossier, il est possible d'attribuer plusieurs libellés à un même article. On peut donc dire, d'une certaine manière, qu'un libellé est une sorte de dossier dynamique. Nous verrons que l'on utilise surtout les libellés dans les fonctions de recherche propres à Google Reader.

2. Paramétrer Google Reader

- Pour accéder à la liste de vos abonnements, cliquez sur le lien **Gérer mes abonnements** situé en bas à gauche de la fenêtre, ou cliquez sur le lien **Paramètres** placé en haut à droite de la fenêtre de Google Reader.

Nous allons passer en revue les différentes options qui sont à votre disposition.

Il existe cinq onglets :

<u>Onglet **Préférences**</u>

Langue : vous pouvez, par exemple, basculer dans l'interface en anglais. Il arrive, qu'après une mise à jour de Google Reader, que certaines nouvelles fonctionnalités ne soient disponibles que pour cette interface linguistique et ce avant qu'elles soient propagées à la version française.

Page d'accueil : servez-vous de la liste déroulante pour afficher automatiquement le contenu d'un dossier prédéfini, d'un de vos dossiers personnalisés ou d'un ensemble d'articles marqués par un libellé lors de l'ouverture de Google Reader.

En mode texte complet, marquer les éléments comme lus à mesure que vous les faites défiler : cochez cette case si vous souhaitez que les articles, en mode complet, soient marqués automatiquement comme étant lus.

Toujours afficher le volet de navigation au démarrage : cochez cette case pour afficher le volet de navigation (sur la gauche) à chaque ouverture de l'application.

Confirmer lorsque tous les éléments sont marqués comme lus : si cette option est activée, une boîte de dialogue vous demandera de confirmer que tous les éléments doivent être marqués comme ayant été lus.

Affichez les blogs dont vous êtes un abonné fidèle dans Blogger : Blogger (**https://www.blogger.com/start?hl=fr**) est une plate-forme de création de blogs qui appartient maintenant à Google. Cette option utilise une fonction de Blogger appelée "Abonnés fidèles" et dont le fonctionnement est expliquée à cette adresse : **http://help.blogger.com/bin/answer.py?hl=fr&answer=104226**

Onglet **Abonnements**

La fenêtre qui est visible vous permet de supprimer un de vos abonnements, de le classer dans un dossier différent, de le renommer et d'opérer des filtres rapides.

Onglet **Dossier et tags**

Cette page vous permet de gérer vos abonnements mais vus, cette fois-ci, sous l'angle des libellés. Par défaut, il existe une liste de partage publique que vous pouvez afficher en cliquant sur le lien **Afficher ma page publique**.

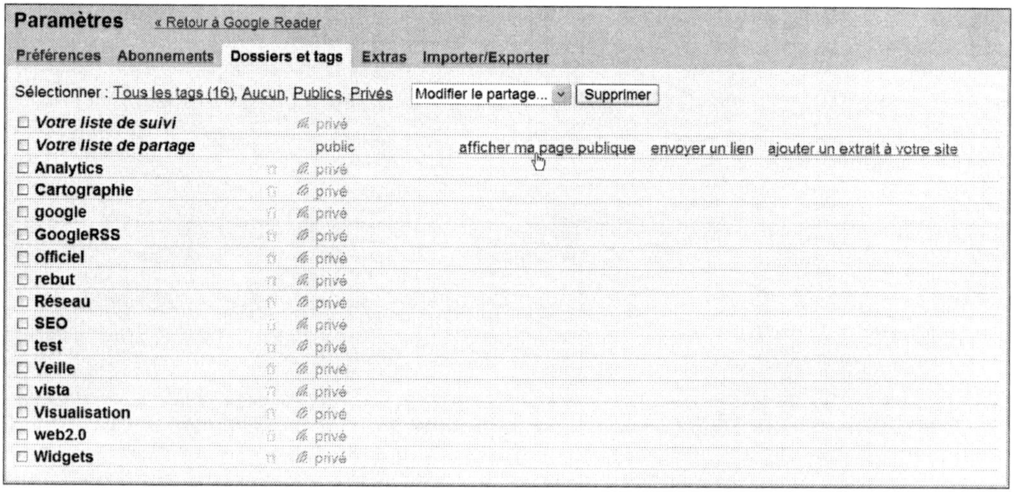

À partir de votre liste de partage, les internautes peuvent s'abonner à votre liste en cliquant sur le lien **Flux Atom**.

De la même manière, vous pouvez partager cette liste en cliquant sur **envoyer un lien** et en indiquant une ou plusieurs adresses e-mail.

Le lien **Ajouter un extrait à votre site** vous permet d'intégrer cette liste de partage à une page web.

Le bouton 

vous permet d'inclure automatiquement ce Widget à un modèle sur Blogger mais vous pouvez aussi récupérer le code "Embed" (du JavaScript) et l'intégrer dans le contenu d'une page web (entre les balises <body> et </body>).

> **Information** : un Widget ou un gadget est une sorte de mini-application web que vous pouvez intégrer à une page web d'un site et qu'il est possible de facilement partager.

Information : un code "Embed" est un bout de code qui vous permet, par exemple, d'intégrer une vidéo ainsi que le "Player" adapté sur une page web.

Afin de rendre publique une des listes qui sont affichées cliquez sur cette icône : .

Onglet **Extras**

Placez Google Reader dans un signet : pour utiliser le signet **La suite**, il suffit de faire glisser le lien visible dans la barre de signets de votre navigateur. L'utilité de ce signet est assez anecdotique.

Utilisez Google Reader sur votre téléphone portable : il existe une version de Google Reader conçu pour les téléphones portables : **http://www.google.com/reader/m/view/**. Si vous possédez un iPhone, voici l'URL à utiliser : **http://www.google.com/reader/i/**

Information : vous ne pouvez pas configurer vos flux RSS depuis votre téléphone portable.

Abonnez-vous en surfant : permet d'ajouter un Bookmarklet (signet) dans la barre des favoris. Il vous sera ainsi plus facile d'ajouter un flux RSS à Google Reader.

Information : un bookmarklet (favelet ou marque-page scripté) est un petit programme JavaScript pouvant être stocké soit en tant que signet avec la plupart des navigateurs Web soit en tant qu'hyperlien dans une page web.

Information : notez que, sous Internet Explorer, vous devez cliquer avec le bouton droit de la souris sur le signet puis cliquer sur la commande **Ajouter aux favoris**.

Onglet **Importer/Exporter**

Cette fenêtre vous permet d'importer ou d'exporter une liste de flux sous la forme d'un fichier OPML.

Information : OPML (*Outline Processor Markup Language*) est un format XML permettant de regrouper et d'identifier les titres d'un texte et qui sert principalement à partager des listes de flux RSS entre agrégateurs.

Puisque nous allons nous servir d'un autre lecteur de flux RSS, nous pouvons d'ores et déjà exporter la liste des flux auxquels nous sommes abonnés en cliquant sur le lien **Exporter vos abonnements sous forme de fichier OPML**. Le fichier généré sera au format XML et portera ce nom : google-reader-subscriptions.xml. Vous pouvez afficher son contenu en l'ouvrant dans un éditeur de texte avancé comme Notepad++ (**http://notepad-plus.sourceforge.net**) ou l'éditeur HTML de votre choix.

3. Quelques astuces Google Reader

Allons un peu plus loin en nous intéressant aux principales astuces de fonctionnement de Google Reader.

a. Gérer vos partages

- Dans le volet de gauche, développez la rubrique **Votre contenu**.
- Vous pouvez partager des remarques ou des articles extraits de vos abonnements en cliquant sur le bouton **Démarrer le partage**.
- Cliquez sur **Liste de partage** afin de modifier le thème de votre liste.

De manière similaire, il est possible de faire de nouvelles découvertes en cliquant sur le lien **Liste de partage de mes amis**.

- Cliquez alors sur le lien **Paramètres de partage** afin d'afficher les "amis" avec lesquels vous partagez des éléments.
- Cliquez sur le lien **Modifier** pour, par exemple, partager vos listes avec l'ensemble des contacts que vous possédez sur Gmail (le programme de messagerie de Google).

> **Information** : cette fonctionnalité ne vous permet pas de sélectionner individuellement les éléments que vous souhaitez partager avec tel ou tel groupe d'amis.

b. Afficher vos statistiques d'utilisation

- Cliquez sur le lien **Tendances**.

Vous accéderez à vos statistiques de lecture mais aussi à l'ensemble des mesures des flux auxquels vous êtes abonnés : fréquence de mise à jour, nombre d'éléments publiés par jour, pourcentage d'éléments que vous avez lus, etc.

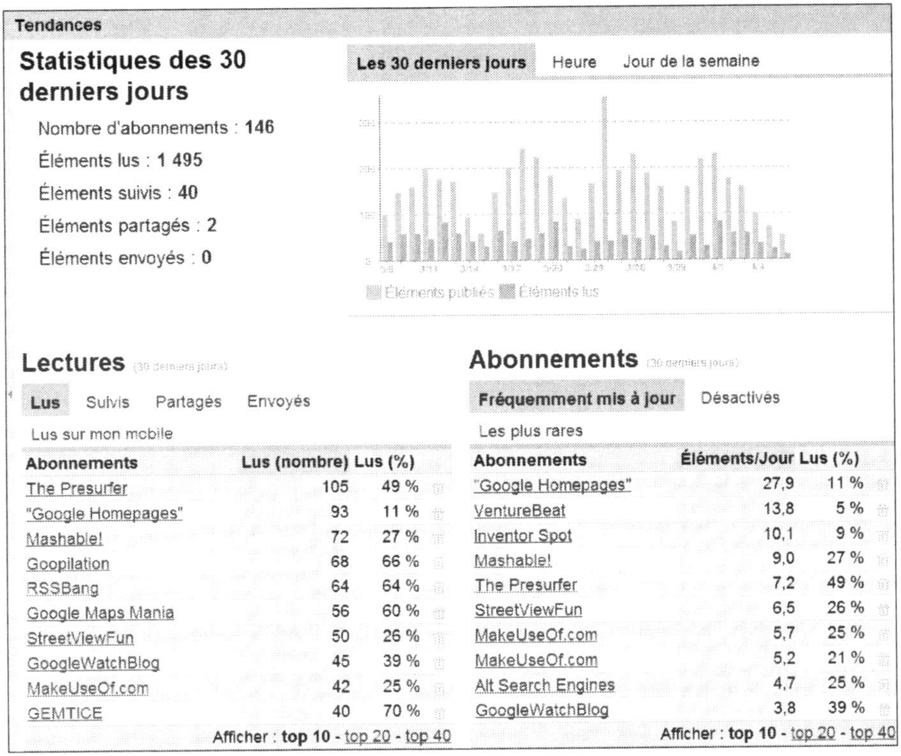

Tendances

Statistiques des 30 derniers jours

Nombre d'abonnements : **146**

Éléments lus : **1 495**

Éléments suivis : **40**

Éléments partagés : **2**

Éléments envoyés : **0**

Les 30 derniers jours Heure Jour de la semaine

Éléments publiés Éléments lus

Lectures (30 derniers jours)

Lus Suivis Partagés Envoyés

Lus sur mon mobile

Abonnements	Lus (nombre)	Lus (%)
The Presurfer	105	49 %
"Google Homepages"	93	11 %
Mashable!	72	27 %
Goopilation	68	66 %
RSSBang	64	64 %
Google Maps Mania	56	60 %
StreetViewFun	50	26 %
GoogleWatchBlog	45	39 %
MakeUseOf.com	42	25 %
GEMTICE	40	70 %

Afficher : **top 10** - top 20 - top 40

Abonnements (30 derniers jours)

Fréquemment mis à jour Désactivés

Les plus rares

Abonnements	Éléments/Jour	Lus (%)
"Google Homepages"	27,9	11 %
VentureBeat	13,8	5 %
Inventor Spot	10,1	9 %
Mashable!	9,0	27 %
The Presurfer	7,2	49 %
StreetViewFun	6,5	26 %
MakeUseOf.com	5,7	25 %
MakeUseOf.com	5,2	21 %
Alt Search Engines	4,7	25 %
GoogleWatchBlog	3,8	39 %

Afficher : **top 10** - top 20 - top 40

c. Utiliser les raccourcis-clavier

Cette option est intéressante car elle vous fait découvrir des possibilités de navigation quasi insoupçonnées. La combinaison de touches [⇧ Shift] / permet d'afficher les raccourcis-clavier. En voici une liste exhaustive :

Raccourcis Google Reader :

- **j/k** : élément suivant/précédent ;
- [Espace] : élément suivant - page suivante ;
- [⇧ Shift][Espace] : élément précédent ou page précédente ;
- **n/p** : analyse d'élément suivant/précédent (en mode Liste) ;
- [⇧ Shift] **n/p** : dans la rubrique souscriptions, abonnement suivant ou précédent ;
- [⇧ Shift] **x** : développer le dossier ;
- [⇧ Shift] **o** : ouvrir un abonnement ou un dossier.

Raccourcis Google Reader pour les éléments :

- **s** : activer le suivi ;
- Shift **s** : partager ;
- **v** : ouvrir la page originale ;
- **t** : appliquer un libellé ;
- **m** : marquer l'élément comme lu ou non lu ;
- Entrée : développer l'élément ou le réduire ;
- Shift **a** : tout marquer comme lu ;
- **e** : envoyer par e-mail ;
- Shift **d** : partager l'élément et ajouter une note.

Les touches "Tarzan" :

- **g** puis **h** : retour à la page d'accueil ;
- **g** puis **a** : tous les éléments ;
- **g** puis **s** : liste de suivi ;
- **g** puis Shift **s** : liste de partage ;
- **g** puis **u** : entrer un abonnement ;
- **g** puis **t** : entrer le nom d'un tag (libellé) ;
- **g** puis Shift **t** : accéder aux tendances ;
- **g** puis **d** : accéder aux recommandations ;
- **g** puis **f** : sélectionner un ami ;
- **g** puis Shift **f** : accéder à la liste de partage de vos amis.

Les raccourcis "applicatifs" propres à Google Reader :

- **r** : actualiser ;
- **u** : basculer en mode plein écran ;
- **1** : basculer en mode développé (texte complet) ;
- **2** : basculer en mode "Liste" ;
- **/** : déplacer le curseur dans la zone de recherche ;
- **a** : ajouter un abonnement ;
- **=** : zoom avant ;
- **-** : zoom arrière.

d. Utiliser Google Reader en mode hors-connexion

- Le préalable indispensable est que vous devez basculer dans l'interface anglaise. Cliquez sur **Paramètres** puis, dans la liste déroulante **Langue**, sur l'option **Anglais - English**.
- Vous devez ensuite installer Google Gears à partir de cette adresse : **http://gears.google.com** et redémarrer votre navigateur.
- Cliquez ensuite sur l'icône verte située à gauche du lien **Settings** pour télécharger les articles les plus récents.

Notez qu'il faut autoriser Google Gears à accéder aux informations stockées dans Google Reader. Une fois le processus de synchronisation terminé, vous pourrez vous déconnecter d'Internet.

Vous avez la possibilité de quitter votre navigateur et de le rouvrir plus tard, lorsque vous êtes déconnecté. Il vous suffit de saisir cette URL **http://www.google.com/reader/** dans la barre d'adresse de votre navigateur.

> **Information** : en mode hors-connexion, certaines fonctions ne sont pas disponibles. Par ailleurs, les images et vidéos ne sont pas téléchargées. Les changements que vous aurez opérés seront enregistrés sur votre compte lorsque vous vous reconnecterez.

Google Gears est une application qui permet d'utiliser de nombreux services Google en mode déconnecté (Gmail, Google Docs, Google Agenda). Elle a été aussi intégrée à d'autres services tiers comme, par exemple, Remember The Milk, un outil en ligne de gestion de tâches (**http://www.rememberthemilk.com/?hl=fr**).

- Sous Internet Explorer, cliquez sur **Outils - Paramètres de Google Gears** afin de lister les autorisations que vous avez accordées à chaque site ayant tenté d'utiliser Google Gears.

> **Information** : Google Gears est, pour l'instant, compatible avec Firefox 1.5+, Internet Explorer 6.0+, Windows Mobile (IE Mobile, Opéra Mobile), Mac (Firefox, Safari), Linux et Android

e. Rechercher dans Google Reader

De manière générale, les possibilités sont les mêmes que celles propres au moteur de recherche Google :

- Expression exacte : utilisez les guillemets pour lancer sur une expression exacte ;

Information : les guillemets fermants ne sont pas nécessaires si l'expression, en valeur exacte, n'est pas suivie d'autres mots-clés.

- Joker : utilisez un astérisque pour remplacer un ou plusieurs mots : renault et * ;
- Exclusion : utilisez un tiret pour exclure un ou plusieurs termes : "Nicolas Sarkozy" -"Carla Bruni".

Il est possible de sauvegarder une recherche sous la forme d'un favori en utilisant cette syntaxe : **http://www.google.com/reader/view/#search/"requête"**

Servez-vous de la liste déroulante **Tous les éléments** pour filtrer vos recherches en sélectionnant un des dossiers définis par défaut ou un de vos dossiers personnalisés.

f. Explorer votre historique sur Google Reader

Vous devez tout d'abord afficher votre identifiant utilisateur :

➧ Accédez à Google Reader puis, dans la barre d'adresses de votre navigateur, collez cette commande Javascript : **javascript:prompt("User ID", _USER_ID);void(0);**

Information : sous Internet Explorer, vous devrez autoriser l'exécution de cette fenêtre scriptée.

Votre "User ID" sera sous cette forme : 05970641089308561667.

Information : cet identifiant fonctionne comme un code unique qui est attribué à chaque utilisateur de Google Reader.

Nous allons nous servir de cet identifiant pour explorer quelques unes des interactions entre vous et Google Reader. À chaque fois, nous allons construire une requête "experte" qui exploite les possibilités de l'API Google Reader.

Information : une API (*Application Programming Interface* ou "interface de programmation applicative") est un ensemble de méthodes mises à la disposition de tous par un service Internet ou un système d'exploitation et qui permet de créer d'autres applications. Par exemple, en utilisant l'API Yahoo! Search nous pourrons créer des outils de recherche personnalisés.

Afficher les éléments que vous avez partagé par e-mail :
http://www.google.com/reader/view/user/05970641089308561667/state/com.google/tracking-emailed

Afficher les éléments que vous avez marqués comme non lus :
http://www.google.com/reader/view/user/05970641089308561667/state/com.google/tracking-kept-unread

Afficher les éléments que vous avez marqués comme non lus et qui sont toujours non lus : http://www.google.com/reader/view/user/05970641089308561667/state/com.google/kept-unread

Afficher les éléments dont la description contenait un lien sur lequel vous avez cliqué afin d'accéder à l'article original :
http://www.google.com/reader/view/user/05970641089308561667/state/com.google/tracking-item-link-used

Afficher les éléments dont la description contenait un lien externe et sur lequel vous avez cliqué :
http://www.google.com/reader/view/user/05970641089308561667/state/com.google/tracking-body-link-used

Afficher les éléments que vous avez développé à partir de la vue en mode "Liste" :
http://www.google.com/reader/view/user/05970641089308561667/state/com.google/read

Afficher les flux qui vous ont été recommandés par Google :
http://www.google.com/reader/view/user/05970641089308561667/state/com.google/recommendations-subscribed

> **Information** : nous n'avons pas encore parlé des recommandations faites par Google. En fonction de vos habitudes d'abonnements, Google Reader peut vous suggérer des adresses d'autres flux qui sont en rapport avec les thématiques qui vous intéressent. Notre expérience nous permet de dire que les suggestions sont très souvent pertinentes.

Afficher les recommandations de Google dont vous n'avez jamais pris connaissance :
http://www.google.com/reader/view/user/05970641089308561667/state/com.google/recommendations-dismissed

> **Information** : il existe une documentation complète sur l'API Google Reader visible à cette adresse : http://code.google.com/p/pyrfeed/wiki/GoogleReaderAPI

g. Explorer l'ensemble des articles intégrés à un flux

Google Reader n'est pas seulement un lecteur de flux mais, également, une véritable plate-forme d'archivage vous permettant d'explorer l'ensemble des flux générés par un site web. Utilisez cette syntaxe :
http://www.google.com/reader/atom/feed/URL_du_FLUX?r=n&n=NOMBRE_D'ELEMENTS

Par exemple : http://www.google.com/reader/atom/feed/http://feeds.feedburner.com/Mashablefrance?r=n&n=100.

h. Personnaliser les extraits Google Reader

Nous avons déjà vu que vous pouvez rendre publique une de vos listes d'éléments et l'intégrer à une page HTML en récupérant le code qui est visible en cliquant sur le lien **Ajouter un extrait à votre site**.

Le code ressemblera à celui-ci :

```
<script type="text/javascript" src="http://www.google.com/reader/ui/
publisher-fr.js"></script>

<script type="text/javascript" src="http://www.google.com/reader/pu-
blic/javascript/user/05970641089308561667/state/com.google/broad-
cast?n=5&callback=GRC_p(%7Bc%3A%22green%22%2Ct%3A%22Liste%20de%20par-
tage%20de%20Jean-No%26euml%3Bl%22%2Cs%3A%22false%22%2Cb%3A%22false%22%7D)
%3Bnew%20GRC"></script>
```

Dans cet exemple, votre ID utilisateur est celui-ci : 05970641089308561667.

Google Reader offre une API JSON que vous pouvez utiliser avec un paramètre appelé Callback pour générer une fonction JavaScript offrant plus de possibilités que le code par défaut.

> **Information** : JSON (*JavaScript Object Notation*) est un format de données permettant de représenter de l'information structurée.

Schématiquement, le code à utiliser est celui-ci :
http://www.google.com/reader/public/javascript/user/ID/label/NOM_DU_LABEL?n=5&callback=buildContent

Voici un exemple de page :

```
<!DOCTYPE html PUBLIC "-//W3C//DTD XHTML 1.0 Strict//EN"
"DTD/xhtml1-strict.dtd">
<html xmlns="http://www.w3.org/1999/xhtml" xml:lang="en" lang="en">
<head>
<title>Un extrait Google Reader </title>
 <style type="text/css">
#container { width:500px; }
.title { font-size:110%; }
.snippet { font-size:80%; }
</style>
 <script type="text/javascript">
function buildContent (blog) {
  if (!blog || !blog.items) return;
  var container=document.getElementById("container");
```

```
  var code="";
  for (var i = 0; i < blog.items.length; i++) {
    var item = blog.items[i];
    code=code+"<a class='title' href='"+item.alter-
nate.href+"'>"+item.title+"</a><div
class='snippet'>"+item.content+"</div><br />";
  }
  container.innerHTML=code;
}
</script>
</head>
<body>
<div>Les derniers articles des blogs de Google</div> <br />
<div id="container"> </div>
<script type="text/javascript"
src="http://www.google.com/reader/public/javascript/user/
05970641089308561667/label/google?n=10&callback=buildContent"></script>
</body>
</html>
```

i. Générer une version pour mobile de votre site

Il suffit d'utiliser cette syntaxe d'URL :
http://www.google.com/reader/m/view/feed/[adresse_du_flux]

j. Traduire avec Google Reader

Imaginons que vous avez récupéré un flux RSS à partir de Google Actualités qui soit dans une multitude de langues.

- Ouvrez ce flux en particulier.
- Cliquez sur le bouton fléché **Paramètres des dossiers** puis sur la commande **Traduire dans ma langue**.

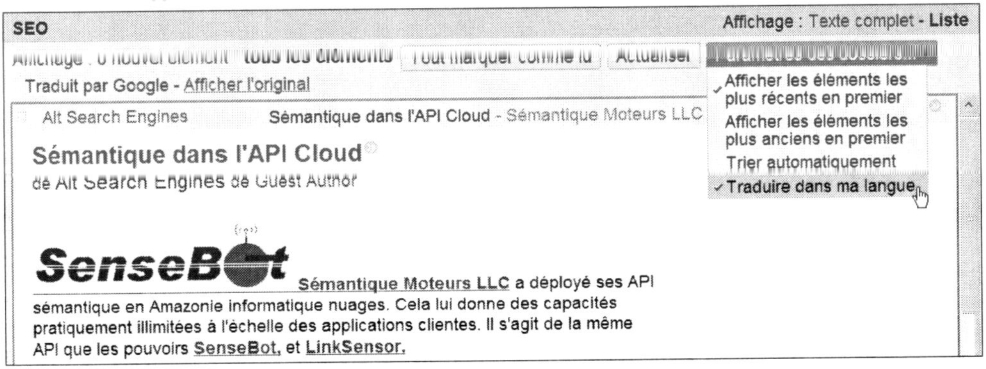

- Il suffit de cliquer sur le titre pour ouvrir la page web dans Google Traduction.

C. RSSOwl

RSSOwl est un lecteur de flux gratuit qui supporte les formats suivants : RSS versions 0.91, 0.92 et 2.0, RDF version 1.0, Atom Syndication Format 0.3, 1.0 et OPML. Il se présente comme une application qui se télécharge à partir de cette adresse : **http://www.rssowl.org**

À droite de la mention **Download for**, cliquez sur le système d'exploitation que vous utilisez afin de télécharger les fichiers d'installation.

Sous Windows, il faut décompresser l'archive ZIP puis ouvrir le dossier parent et double cliquer sur un fichier exécutable nommé *RSSOwl.exe*. Il n'y a donc aucune installation à effectuer.

> **Information** : rien ne vous empêche de déplacer l'intégralité du dossier sur un autre emplacement de votre disque dur (par exemple, dans le répertoire des applications).

Nous avons utilisé la toute dernière version de RSSOwl en anglais (2.0.0). Une traduction récente en français n'étant pas encore finalisée.

La première étape consiste à supprimer les flux qui sont intégrés par défaut dans RSSOwl.

- Servez-vous de la touche [⇧ Shift] pour faire une sélection multiple.

Les entrées qui sont visibles en fin de liste ne doivent pas être supprimées : New and Updated News, Recent News, News with Attachments, Sticky News et Labeled News. Elles correspondent à des répertoires utilisés par l'application pour vous permettre d'exploiter plus facilement vos flux RSS.

- Cliquez avec le bouton droit de la souris sur votre sélection puis sur la commande **Delete**.

Nous venons de voir que nous avons exporté un fichier OPML avec Google Reader. Nous allons nous servir de notre précédente liste d'abonnements pour commencer à nous familiariser avec RSSOwl.

- Cliquez sur **File - Import Feeds**.

- Dans la liste déroulante **Fichiers de type**, sélectionnez l'option *.*.

- Sélectionnez le fichier *google-reader-subscriptions.xml* puis cliquez sur le bouton **Ouvrir**.

Le processus d'importation est instantané.

Important : si vous possédez un pare-feu de connexion Internet, vous devez créer une exception pour le fichier exécutable *RSSOwl.exe*.

Si vous souhaitez ajouter d'autres flux RSS, cliquez sur le bouton représentant un signe **Plus** de couleur verte puis indiquez soit le nom d'un site soit l'adresse URL du flux.

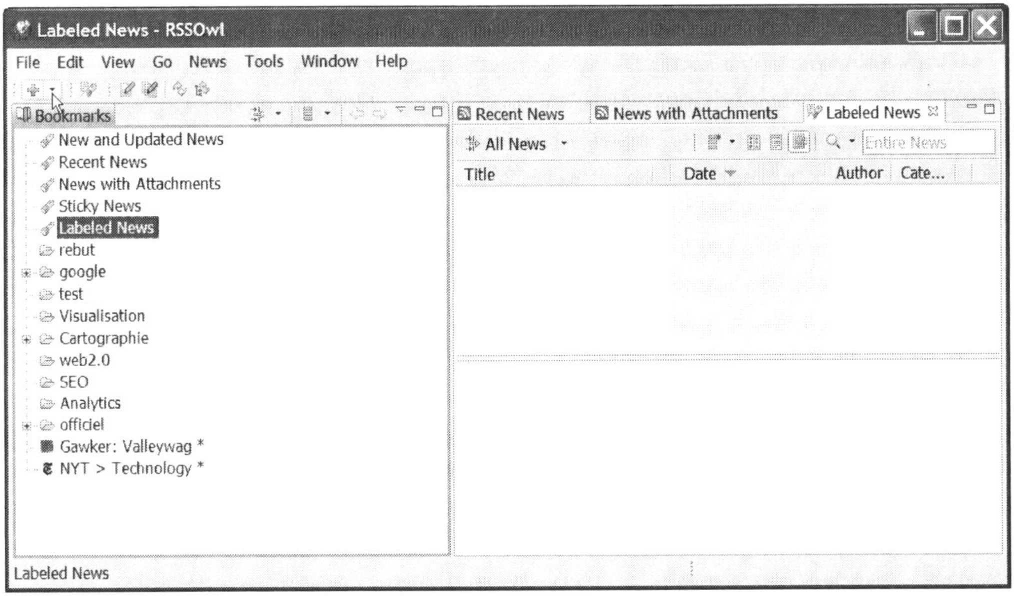

Information : les dossiers qui contiennent des flux dont vous n'avez pas encore pris connaissance seront indiqués en caractères gras.

Les flux sont appelés Bookmarks ("favoris"). Examinons, tout d'abord, le fonctionnement de la barre d'outils.

Le bouton **Search news** (Ctrl Shift **F**) permet de lancer une recherche dans vos flux RSS. Utilisez les jokers ? ou * pour remplacer un ou plusieurs caractères.

Le bouton **Mark News as Read** permet de marquer comme lue votre sélection.

Le bouton **Mark All News as Read** (Ctrl Shift **C**) effectuera la même opération mais pour l'ensemble des éléments placés dans un dossier.

Le bouton **Update** (Ctrl **U**) permet d'actualiser les flux RSS qui sont actuellement sélectionnés.

De manière similaire, le bouton **Update All** (Ctrl Shift **U**) permet l'actualisation de l'ensemble des éléments faisant partie d'un dossier.

Juste en dessous, le bouton **Filter Bookmarks** vous permet de n'afficher que les nouveaux fils, ceux qui n'ont pas été lus, ceux que vous avez marqués comme étant importants (**Mark - Sticky News**), ceux qui renvoient vers une adresse URL obsolète, ceux que vous n'avez jamais visités, etc.

Le bouton **Group Bookmarks** permet de grouper vos flux en fonction de votre fréquence d'utilisation ou de votre dernière visite.

De la même manière, la liste déroulante **All News** vous permet de filtrer les flux.

Plus loin, vous pouvez filtrer les articles par date, nom d'auteur, catégorie ou par titre.

Notez qu'à chaque fois que vous ouvrez un flux, un nouvel onglet est créé.

1. Exporter une liste de souscriptions

- Cliquez sur **File - Export Feeds** afin d'enregistrer un fichier au format OPML.

2. Modifier la catégorie d'un flux

- Cliquez avec le bouton droit de la souris sur un des flux listés puis sur le sous-menu **Properties**.
- Sélectionnez une nouvelle catégorie dans la liste déroulante **Location**.

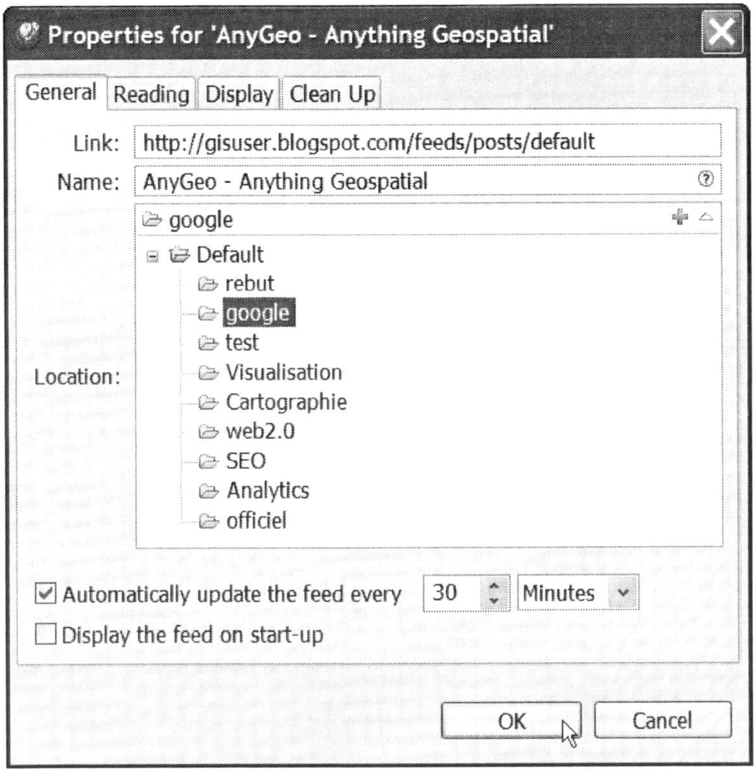

3. Assigner une priorité à un article

- Cliquez avec le bouton droit de la souris sur un des en-têtes des articles puis sur le sous-menu **Label**.
- Sélectionnez une de ces options : **Later, Personal**, etc.

  Vous pouvez aussi définir vos propres libellés afin de procéder à des tris rapides.
- Sélectionnez la commande **Organize Labels** afin de définir vos propres libellés et, éventuellement, une autre couleur.

4. Créer des filtres

- À partir d'une catégorie, d'une sous-catégorie, d'un nom de fil ou d'un article, vous pouvez, toujours en vous servant du menu contextuel, créer un filtre : **Create Filter**.

- Servez-vous des listes déroulantes afin de définir des conditions, d'en supprimer ou d'en ajouter autant que vous voulez.

Les boutons radio vous permettent de :

- **Match all conditions** : l'élément doit correspondre à toutes les conditions posées ;
- **Match any condition** : l'élément doit correspondre à une des conditions définies.

Le bouton **Match all News** vous permet de reprendre l'ensemble des éléments contenus sans qu'il soit nécessaire de définir une seule condition.

5. Lister les raccourcis-clavier

- Il vous suffit de cliquer sur **Help - Show Key Bindings**.

6. Procéder à un nettoyage des données

- Cliquez sur **Tools - Clean Up**.
- Sélectionnez les catégories voulues puis cliquez sur **Next**.
- Cochez les cases correspondant aux conditions que vous souhaitez activer :
  - **Delete bookmarks you have not displayed for** : supprime les favoris que vous n'avez pas affiché depuis n jours ;
  - **Delete bookmarks that have not been updated for** : supprime les favoris qui n'ont pas été mis à jour depuis n jours ;
  - **Delete recently created duplicate bookmarks** : supprime les favoris dupliqués ;
  - **Delete bookmarks with a connection error** : supprime les favoris qui affichent une erreur de connexion ;
  - **Maximum number of news to keep per feed** : nombre maximal d'éléments à conserver par flux ;
  - **Maximum age of news in days** : nombre maximal de jours d'ancienneté des flux ;
  - **Delete read news** : supprime les flux ayant été lus ;
  - **Do no delete unread news** : ne supprime pas les flux qui n'ont pas encore été lus.
- Cliquez sur les boutons **Next** et **Finish**.

Il ne vous reste plus qu'à confirmer la suppression de vos flux.

7. Rechercher dans RSSOwl

- Servez-vous de la zone de recherche située en haut à droite de la fenêtre. Le bouton fléché vous permet de resserrer vos recherches sur les titres (**Headline**), l'intégralité de l'article (**Entire News**), le nom de l'auteur (**Author**), la catégorie (**Category**), la source (**Source**) ou les pièces jointes (**Attachments**).

D. Des outils pour les flux RSS

Voici une liste d'outils en ligne pour vos flux RSS qui présentent tous la particularité d'être à la fois simples d'utilisation et performants. Signalons que cette liste n'a pas la prétention d'être exhaustive et que vous serez sûrement amené à faire des découvertes sans doute plus intéressantes.

1. Filtrer vos flux avec FeedRinse

Ce service en ligne est accessible à partir de cette adresse : **http://FeedRinse.com**. Il est entièrement gratuit et offre les avantages suivants :

- Création de filtres personnalisés ;
- Création de méta-flux qui regroupent différents flux ;
- Possibilités de filtrage avancé par mot-clé, nom d'auteur ou libellé ;
- Importation et exportation de fichier OPML ;
- Possibilité de créer des favoris de vos pages sur FeedRinse ;
- Possibilité d'utiliser des expressions régulières afin de filtrer vos flux.

- À partir de la page d'accueil, cliquez sur le bouton **Sign up now**.
- Indiquez dans l'ordre :
  - Un nom d'utilisateur (long d'au moins 8 caractères) ;
  - Un mot de passe que vous confirmerez ;
  - Votre adresse e-mail.
- Cliquez sur le bouton **Let's get started**.

  Par la suite et afin de vous connecter à votre espace FeedRinse, il vous suffira de cliquer sur le lien **Log in visible** en haut à droite de la page d'accueil.
- Cliquez tout d'abord sur le bouton **Create a feed**.
- Dans la zone de texte **Enter your subscription url(s) here**, ajoutez un ou plusieurs flux RSS (un par ligne).

- Cliquez sur le bouton **Import**.

  Notez que vous pouvez aussi importer un fichier au format OPML.

- Cliquez sur le bouton **Set up rules**.

- Définissez vos règles de filtrage.

Le principe est très simple à mettre en place :

Si, par exemple, nous souhaitons afficher uniquement les articles dont le titre ou le corps de l'article contient un terme spécifique, nous devrons créer deux règles selon ce schéma :

- Allow the post - if any - title - contains - "terme" ;
- Allow the post - if any - body - contains - "terme".

Il vous suffit de cliquer sur le signe **Plus** pour ajouter chacune des règles voulues...

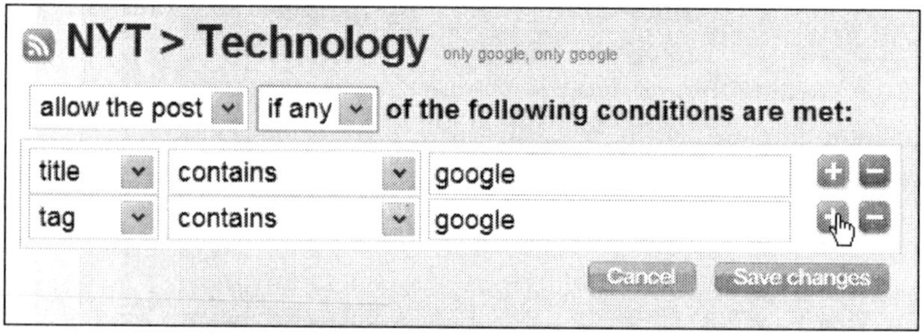

Nous allons maintenant créer un canal en cliquant sur le bouton **Create a channel**.

- Saisissez un nom puis cliquez sur **Continue**.

- Ajoutez les flux que vous allez inclure dans cette catégorie en les sélectionnant à chaque fois puis en cliquant sur le bouton **Plus**.

- Cliquez sur **Save changes**.

Notez que vous pouvez aussi paramétrer des filtres avancés pour votre canal et ce, en utilisant des expressions régulières.

- Cliquez enfin sur le bouton **Get your rinsed feeds**.

> **Information** : la mise en page du site n'étant pas réellement compatible avec tous les navigateurs, vous devez choisir une taille de police légèrement plus petite que la normale en cliquant, dans Internet Explorer sur **Affichage - Taille du texte - Petite**.

Vous avez maintenant deux possibilités :

- Cliquez sur le bouton **Copy your reading list link** afin de récupérer l'adresse URL qui s'inscrit.

Elle ressemblera à celle-ci : **http://FeedRinse.com/services/readinglist/?mid=68197667db0818801a9bb210793be9c9**

Mais, apparemment, peu d'agrégateurs de flux supportent cette fonctionnalité...

L'autre solution (et c'est la plus performante) consiste à générer un fichier OPML en cliquant sur **Export feeds**.

Vous pouvez limiter cette action seulement aux nouveaux flux que vous avez ajoutés en cochant la case **Export only feeds added since last export**.

Si, par exemple, vous ouvrez RSSOwl, il vous faudra cliquer sur **File - Import feeds** puis sélectionner le fichier XML dont le nom ressemblera à celui-ci : *FeedRinsedFeeds.opml.xml*

> **Information** : cette application ajoute aussi les derniers articles du blog de FeedRinse mais cela n'a rien de gênant.

- Avec Google Reader, cliquez sur les liens **Paramètres** et **Importer/Exporter** puis sélectionnez le fichier OPML.

> **Information** : il existe une flexibilité très bien conçue qui fait que les modifications que vous aurez apportées à vos flux ou canaux seront automatiquement répercutées dans votre agrégateur de flux sans que vous ayez besoin de recommencer la procédure d'exportation. En bref, FeedRinse fonctionne comme un serveur intelligent

Il existe un Bookmarklet que vous pouvez installer à partir de cette adresse : **http://FeedRinse.com/tour**. Il est visible dans le paragraphe **Import your feeds**.

2. Les expressions régulières

Nous avons vu que dans FeedRinse (mais aussi avec Yahoo! Pipes) il était possible de définir des filtres en utilisant des expressions régulières. Quelques mots d'explication sont nécessaires.

D'après Wikipédia (**http://fr.wikipedia.org/wiki/Expression_rationnelle**), une expression rationnelle ou expression régulière est, en informatique, une chaîne de caractères que l'on appelle parfois un motif et qui décrit un ensemble de chaînes de caractères possibles selon une syntaxe précise.

Nous n'avons pas l'intention de faire un cours complet sur les expressions régulières d'autant plus qu'un livre n'y suffirait pas mais, simplement, vous donner quelques pistes. À vous ensuite de vous pencher plus en avant sur ce sujet.

Un outil accessible à cette adresse :
http://www.annuaire-info.com/outil-referencement/expression-reguliere permet de tester une expression régulière (conformes aux spécifications du langage de programmation Perl) simultanément sur 5 chaînes de caractères et d'analyser les résultats. Voyons comment procéder :

- Dans la zone de texte **Modèle**, saisissez cette expression : **^je**
- En chaîne 1, saisissez : je suis fatigué.
- En chaîne 2, saisissez : que sais-je ?
- Cliquez sur le bouton **Evaluer l'expression régulière**.

Deux résultats vont être renvoyés : vrai (pour la chaîne n°1) et faux (pour l'autre chaîne).

Le symbole **^** indique le début d'une chaîne et permet donc de la délimiter. Pour notre test, seule la chaîne qui commence par "je" correspond donc à l'expression que nous avons définie.

Voici le tableau récapitulatif des caractères spéciaux utilisés dans les expressions régulières :

Opérateur ou quantificateur	Signification	Exemple	Correspondance obtenue
.	Tout caractère unique		
*	Zéro ou plusieurs éléments précédents	ab*	a, ab, abb, abbb, etc.
+	Un ou plusieurs éléments précédents	ab+	ab, abb, abbb, etc.
?	Zéro ou un élément précédent	ab?	a ou ab
()	Mémorise le contenu de la parenthèse comme un élément	ch(at|ien)	chat ou chien

Opérateur ou quantificateur	Signification	Exemple	Correspondance obtenue
[]	Désigne une liste de caractères qui seront autorisés		
-	Crée une plage dans une liste	[0-9] pour 0,1,2,3,4,5,6,7,8,9	
|	Ou	ab | cd	ab ou cd
^	Marque le début d'un champ		
^	Placé à l'intérieur d'une liste, permet d'exclure les caractères suivants		
{}	Donne des limites de nombre	abc{2}	abcc (ab suivi de deux c)
x1440$	Marque la fin d'un champ		
\	Insère un caractère d'échappement avant l'un des caractères indiqués précédemment		

Prenons maintenant quelques exemples pratiques en utilisant un autre outil.

- Accédez à cette adresse : **http://www.regextester.com**

Si une valeur saisie (ou une partie de la valeur saisie) correspond à votre expression, elle sera indiquée en rouge.

- Testez les résultats renvoyés par ces motifs avec les valeurs suivantes :

  abc$ (chaîne qui se termine par abc) : abc - abcd

  abc+ (chaîne qui contient ab suivi de un ou plusieurs c) : abc - abcc

  abc* (chaîne qui contient ab suivi de zéro ou plusieurs c) : ab - abcd

  abc? (chaîne qui contient ab suivi de zéro ou un c) : ab - abc

  abc{3} (chaîne qui contient ab suivi de trois c) : abcc - abccc

  abc{2,4} (chaîne qui contient ab suivi de deux, trois ou quatre c) : abcccc - abccccc

  (ab(cd)*) (chaîne qui contient a suivi de zéro cd ou plus) : ab - abcd - abcdcd

  (alb)* (chaîne qui contient une suite de a ou de b) : cd - ac - bc

  ^.{4}$ (chaîne qui contient 4 caractères) : abc - abcd

  [ab] (chaîne qui contient un a ou un b) : cd - ac - bc

  [0-5] (chaîne qui contient un caractère compris entre 0 et 5) : 123 - 678

  ^[^a-zA-Z] (chaîne qui ne commence pas par une lettre) : 123 - abc

3. Les flux RSS à partir de Google Docs

Google Docs est une suite bureautique en ligne accessible à cette adresse : **http://docs.google.com**. L'intérêt de ce système est que vous disposez d'informations qui sont mises à jour quasiment en temps réel et qu'il est possible de partager sous beaucoup de formes. Il est donc possible d'insérer un ou plusieurs flux RSS dans une feuille de calcul, ajouter des commentaires ou des graphiques puis la publier en tant que page web ou générer un flux RSS qui avertira les utilisateurs de chacune des modifications qui y ont été apportées.

> **Information** : vous devez posséder un compte Google pour vous inscrire à ce service.

Le principe est de créer une feuille de calcul puis de récupérer les flux de différents sites web et blogs.

- Une fois ce préalable effectué, cliquez sur **Créer - Feuille de calcul**.
- Cliquez sur **Outils - Figer les lignes - Aucune ligne figée**.
- Cliquez sur le bouton **Enregistrer** et indiquez un nom pour votre feuille de calcul.

Pour notre exemple, nous allons récupérer un des flux RSS visibles sur le site des Editions ENI.

La syntaxe avancée est celle-ci :

```
=ImportFeed(URL, [feedQuery | itemQuery], [headers], [numItems])
```

- `URL` : l'adresse URL du flux au format RSS ou ATOM ;
- `feedQuery | itemQuery` : vous pouvez utiliser une des chaînes suivantes : "feed", "feed title" (titre), "feed author" (auteur), "feed description" (description), "feed url" (adresse URL), "items" (Eléments), "items author" (Description de l'auteur), "items title" (description du titre), "items summary" (description des éléments), "items url" (description de l'adresse URL) ou "items created" (date de publication de l'article) ;
- `header` : prendra la valeur "true" si vous souhaitez ajouter un en-tête de colonne ;
- `numItems` : indique le nombre d'éléments qui seront affichés.

- Dans la cellule A1, saisissez l'adresse URL du flux.
- Dans la cellule A2, saisissez cette formule :

```
=ImportFeed(A1; "Items Title"; false; 10)
```

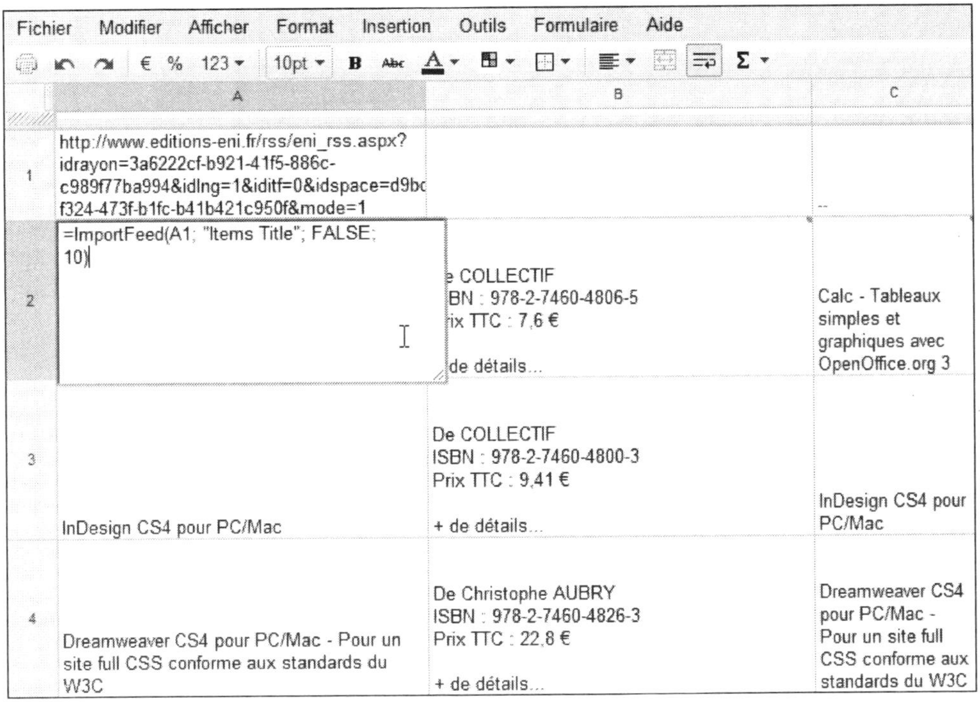

Puisque nous avons précisé que nous affichons 10 entrées, les résultats seront automatiquement recopiés jusqu'à la cellule A11.

- Dans la cellule B2, saisissez cette formule :
  `=ImportFeed(A1; "items summary"; false; 10)`

Cette fois-ci, nous afficherons l'ensemble des liens contenus dans le flux RSS.

- Dans la cellule C2, saisissez cette formule : `=HyperLink(B2; A2)`
- Recopiez cette même formule jusqu'en bas.
- Cliquez sur **Partager - Publier en tant que page Web**.
- Cliquez sur le bouton **Publier** et cochez la case **Republier automatiquement après chaque modification**.

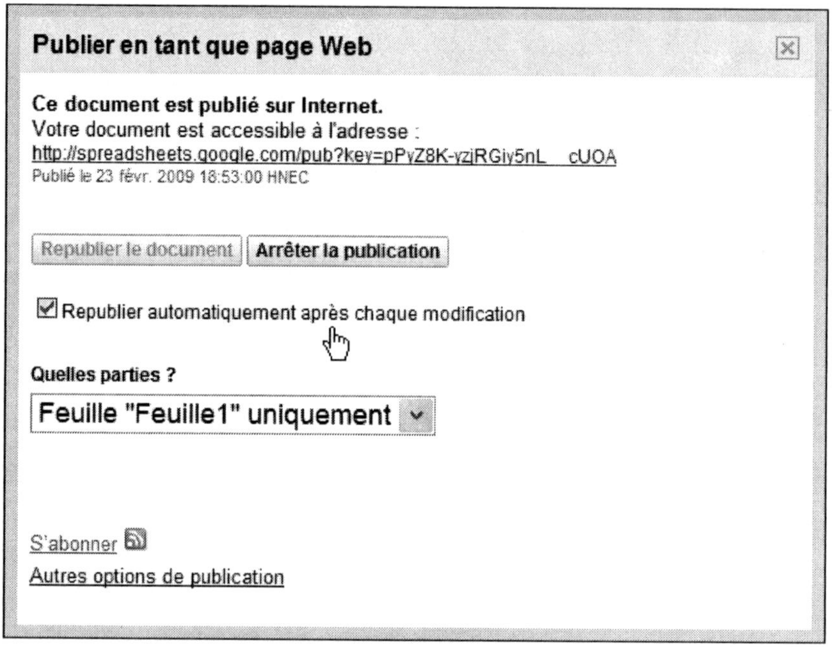

Information : le bouton **Republier le document** vous permet de rafraîchir manuellement la page telle qu'elle sera visible par les internautes.

Une mention va indiquer que votre page web est accessible à cette adresse : **http://spreadsheets.google.com/pub?key=pPyZ8K-yzjRGiy5nL__cUOA**

Vous pouvez simplifier l'adresse URL en utilisant un service comme Tiniyurl :

- Accédez à cette adresse : **http://tinyurl.com**
- Dans la zone de texte **Enter a long URL to make tiny**, collez l'adresse URL puis cliquez sur le bouton **Make TinyURL!**
- Récupérez l'adresse URL de substitution qui ressemblera à celle-ci : **http://tinyurl.com/cxhoq2**

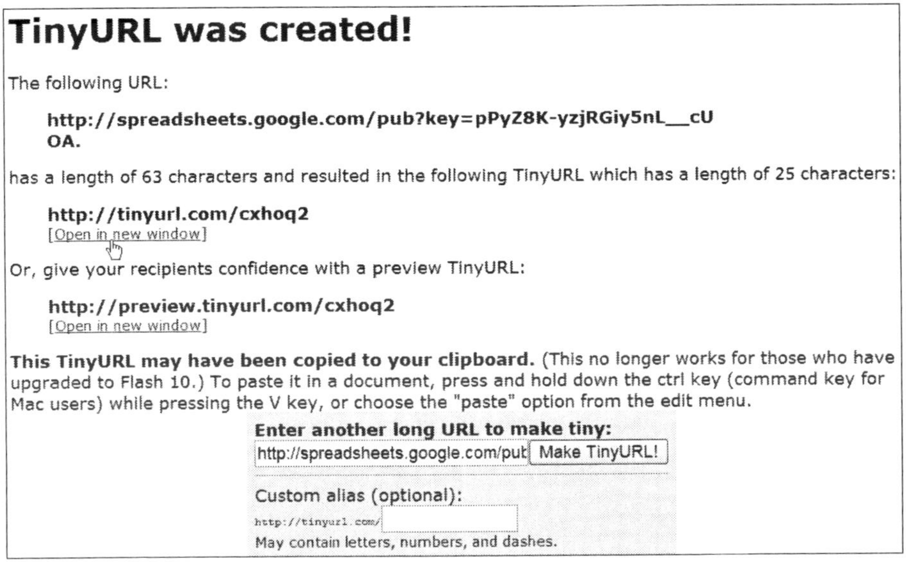

Information : notez que, sous Internet Explorer, vous devez autoriser l'accès programmatique au Presse-papiers.

Information : cette page web dresse un comparatif intéressant des différents services qui sont à votre disposition : **http://www.metral.info/web2_outils/shorturl**

4. Transformer un flux RSS en un e-mail avec FeedBurner

Il existe une solution consistant à utiliser un service de publication et de monétisation de flux appelé **Feedburner** (via la plate-forme publicitaire Google AdSense). Ce service en ligne est proposé par Google et offre de nombreuses fonctionnalités qui en font un outil idéal pour les Webmasters mais aussi pour les utilisateurs de flux RSS.

- Accédez à cette adresse : **http://feedburner.google.com**
- Connectez-vous à ce service en utilisant vos identifiants Google.
- Dans la zone de texte **Burn a feed right this instant**, indiquez l'adresse du flux RSS puis cliquez sur **Next**.
- La nouvelle adresse du flux ressemblera à celle-ci : **http://feeds2.feedburner.com/google/eRVf**

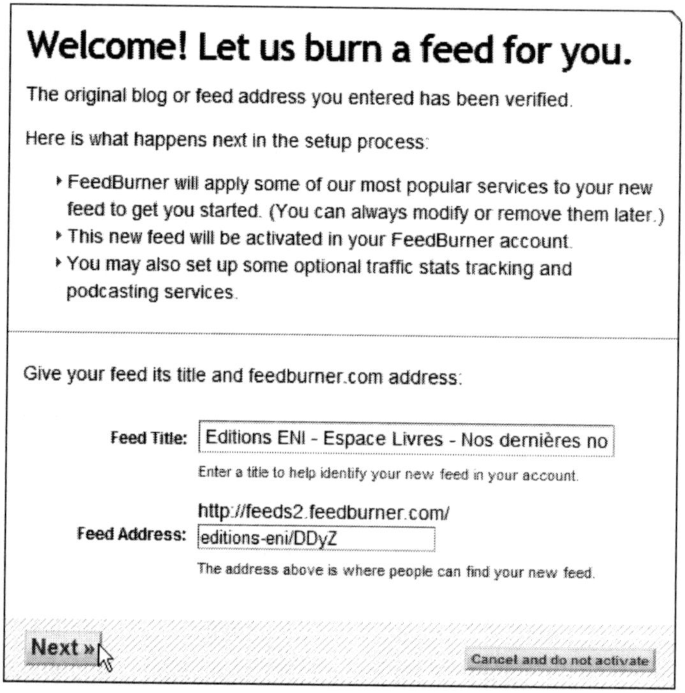

- Cliquez sur **Next** puis sur le lien **Skip directly to feed management**.
- Cliquez sur l'onglet **Publicize** puis sur le lien **Email Subscriptions** et sur le bouton **Activate**.

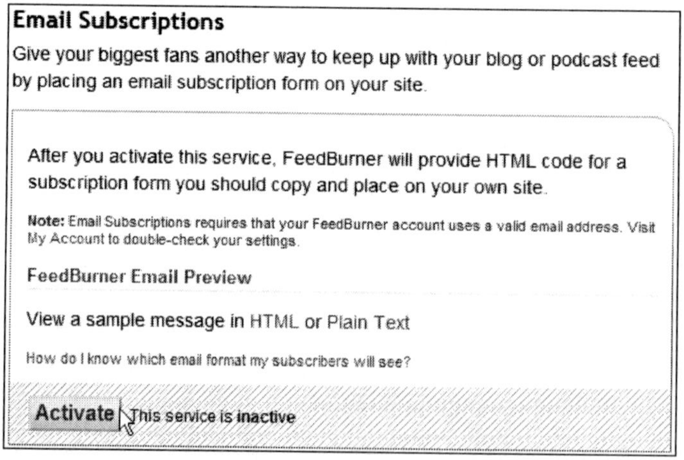

- Cliquez maintenant sur le lien **Communication Preferences**.

Vous pouvez modifier l'adresse de l'expéditeur, l'objet de l'e-mail et le lien de souscription qui apparaîtra dans le corps du message.

Le lien **Email Branding** vous permet d'ajouter un logo personnalisé et de définir la police de caractères telle qu'elle apparaîtra si l'e-mail est affiché au format HTML.

- Cliquez enfin sur le lien **Delivry Options** puis définissez votre fuseau horaire (GMT+01:00) ainsi que l'heure à laquelle vous préférez recevoir votre e-mail.

Vous pouvez préférer recevoir cette alerte e-mail sous la forme d'un simple résumé...

- Dans ce+ cas, cliquez sur l'onglet **Optimize** puis sur le lien **Summary Burner**.
- Dans la zone de texte **Maximum length**, définissez éventuellement le nombre de caractères à afficher puis cliquez sur **Activate**.

De manière similaire, il est possible de modifier le titre et la description de votre flux en cliquant sur le lien **Title/Description Burner**.

Nous verrons par la suite comment utiliser FeedBurner avec Yahoo! Pipes afin de générer une page HTML à partir d'un flux ou créer une Newsletter. Mais, auparavant, nous allons examiner une autre solution proposée par FeedBlitz.

5. Générer un flux RSS à partir de vos e-mails avec FeedBlitz

FeedBlitz est un service très complet qui permet aussi de faciliter et d'optimiser la publication des flux RSS sous forme d'alertes e-mail. A priori, ce service est payant pour accéder aux fonctionnalités avancées, mais vous pouvez aussi l'utiliser dans sa mouture gratuite.

L'inscription se déroule à partir de cette adresse :
https://www.feedblitz.com/f/f.fbz?UserRegister

- Indiquez votre adresse e-mail, un mot de passe que vous confirmerez puis saisissez le captcha qui est visible et cliquez sur **Register**.

> **Information** : un captcha est une sorte de mini-test qui permet de différencier un utilisateur humain d'un ordinateur. Le but étant d'éviter les requêtes automatisées de robots-spammeurs.

- Ouvrez votre boîte e-mail afin de cliquer sur le lien permettant d'activer votre compte.
- Accédez à votre espace sur FeedBlitz.

- Cliquez sur le bouton **Subscriptions** puis le lien **New**.
- Dans la zone de texte **The web address (URL) of the site you want to subscribe to**, saisissez l'adresse URL d'un site ou d'un flux RSS.

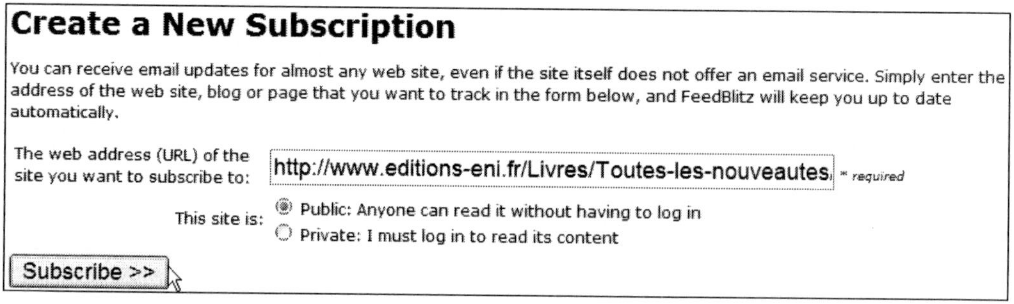

De fait, ce service est capable de repérer - et donc de vous avertir - quand une page HTML a été modifiée.

- Activer éventuellement le bouton radio **Private** si vous devez indiquer vos identifiants utilisateur pour accéder à ce site en particulier.

La suite ne pose pas de problème particulier.

Information : FeedMyBox (**http://www.feedmyinbox.com**) est une alternative parfaitement crédible.

6. Composer votre système d'information avec xFruits

Xfruits est une sorte de couteau suisse pour vos flux RSS. Ce service est intéressant du fait qu'il offre une multitude de fonctions qui peuvent s'imbriquer ensemble.

- Accédez à cette adresse : **http://www.xfruits.com/?lg=fr** puis cliquez sur le lien **Connexion**.

La procédure d'inscription ne pose aucun problème particulier... Le tableau de bord qui est visible affiche les différentes fonctionnalités qui sont offertes et qui sont appelées des briques.

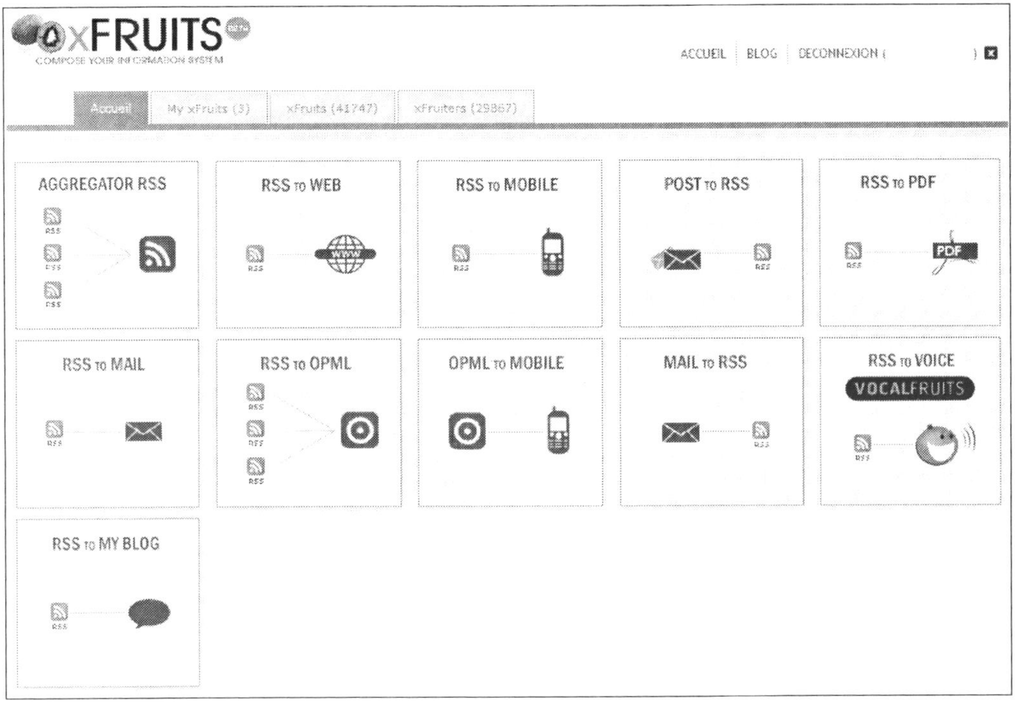

Voici la liste des briques qui sont intéressantes dans le cadre de la veille :

- **Aggregator RSS** : permet d'agréger plusieurs fils RSS en un seul flux de syndication qui affichera les 100 derniers articles mais vous êtes limité à quatre flux ;
- **RSS to WEB** : transforme un flux de syndication en une page web ;
- **RSS to MOBILE** : publie votre flux de façon qu'il soit accessible via un appareil mobile ;
- **POST to RSS** : permet de générer un flux RSS à partir d'une boîte mail créée sur xFruits ;
- **RSS to PDF** : permet de générer un fichier PDF à partir d'un flux RSS ;

Information : le "Portable Document Format" ("PDF") est un langage de description de pages créé par Adobe Systems.

- **RSS to MAIL** : génère une alerte e-mail à partir d'un flux RSS ;
- **MAIL to RSS** : permet de créer un flux RSS à partir d'un compte de messagerie.

Prenons l'exemple de la génération d'un fichier PDF :

- Cliquez sur cette brique.
- Indiquez un titre ainsi que un ou plusieurs libellés.
- Indiquez l'adresse URL du flux puis cliquez sur le bouton **Publier**.

  Votre nouvelle brique va apparaître sur votre tableau de bord.
- Cliquez sur le lien **Modifier**.
- Récupérez l'adresse URL qui est visible et qui ressemblera à celle-ci : **http://xfruits.com/votre_identifiant/?id=60871**

Il ne vous reste plus qu'à utiliser cette adresse URL afin de récupérer le fichier PDF correspondant.

La mise en page est presque parfaite et le volet de navigation qui est visible sur la gauche vous permet de naviguer de manière efficace dans le document PDF.

7. Filtrer des flux RSS avec FilterMyRSS

FilterMyRSS est un autre service en ligne qui vous permet de filtrer facilement le contenu de vos flux RSS. Ce service est accessible à cette adresse :
http://www.filtermyrss.com/index.php

- Saisissez l'adresse de votre flux.
- Indiquez les mots-clés à inclure ou à exclure puis cliquez sur le lien **Advanced**.
- Cochez la case de l'élément sur lequel doit porter votre filtre : description, titre ou catégorie.
- Cliquez sur le bouton **Filter my feed**.
- Récupérez l'adresse URL qui va être générée et qui sera de ce type : **http://www.filtermyrss.com/index.php?URL=http://feedproxy.google.com/GoogleXxl&KEYWORDS=-google&c1=&c2=checked&c3=**

8. Quatre autres outils pour vos flux RSS

AudioFeedCreator (**http://www.audiofeedcreator.com/portal2.php**) est un outil gratuit et en ligne qui vous permet de créer une version "Podcast" de votre blog.

- Cliquez sur le bouton **Sign up**.

- Choisissez un nom d'utilisateur et votre pays de référence.
- Choisissez un mot de passe que vous confirmerez.
- Cliquez sur les boutons **Register** et **I Agree**.
- Cliquez sur les boutons **Enter** puis **Podcast your blog**.
- Indiquez l'adresse URL du flux RSS, sa catégorie, la langue du flux ainsi qu'une description.
- Cliquez sur le bouton **I agree**.

La fenêtre qui se lance vous permet d'ajouter automatiquement ce module de transcription audio à un blog créé avec Blogger ou TypePad (**http://www.sixapart.com/fr/typepad/**).

Vous pouvez aussi cliquer sur le bouton **Audio Feed** afin d'ajouter les éléments transcrits sur une des plates-formes de partage qui sont listées ou récupérer chacun des fichiers MP3 (un par article).

En bas de la fenêtre, le lien **Would you like to make an AudioFeed from Your blog? Click here!** permet de générer un flux AudioRSS, de récupérer le lien RSS qui vous permettra d'écouter votre Podcast dans un Podcaster comme iTunes ou le lien vers la version XHTML du flux RSS qui est conçue pour les téléphones mobiles.

La qualité de la transcription est très satisfaisante !

Information : XHTML est un langage de balisage servant à écrire des pages web.

Mobifeeds (**http://mobifeeds.net**) est un service qui vous permet de consulter à partir d'un téléphone portable un flux RSS. En bref, il vous permet de générer une version "Mobile Friendly" d'un flux RSS.

- Cliquez sur le lien **Add feeds** puis indiquez l'adresse URL du flux RSS voulu.

La zone de texte **feed slug** vous permet d'indiquer le titre de votre flux RSS.

L'adresse de votre flux sera de ce type : **http://mobifeeds.net/googlexxl**

Notez enfin que vous pouvez mobiliser une série de flux RSS en envoyant un fichier OPML.

FeedJournal (**http://www.feedjournal.com**) est un service qui vous permet de lire vos flux RSS comme si vous teniez entre les mains un journal. Il existe deux modules : un pour les lecteurs et l'autre pour les éditeurs. Dans l'un ou l'autre cas, la procédure est très similaire.

- Cliquez sur les liens **Get started now!** placé sous la mention **FeedJournal Reader** puis sur **Sign up for a free account now!**.
- Indiquez un nom d'utilisateur, un mot de passe que vous confirmerez ainsi que votre adresse e-mail.

  Les deux dernières zones de texte vous permettent de définir une question comme "Quelle est le nom de jeune fille de votre mère" et d'y répondre.
- Cliquez sur le bouton **Sign up**.

  La fenêtre qui suit vous pose plein de questions qui permettront de personnaliser la newsletter.
- Cliquez simplement sur le bouton **Finish**.

Il existe, par défaut, un certain nombre de flux RSS...

- Cliquez sur le bouton **New Feed** afin d'ajouter vos propres flux.
- Afin de supprimer un flux, il vous suffit de le sélectionner puis de cliquer sur le bouton **Delete feed**.
- Cochez simplement la case **Include images in newspaper** puis cliquez sur le bouton **Generate Newspaper**.

  Il ne vous reste plus ensuite qu'à imprimer votre journal dans son écrin de papier A4.

2

ARIA for Google Calendar, Finance and News: In praise of timely information access

By A Googler (The Official Google Blog)

Submitted at 4/2/2009 3:10:00 PM

From time to time, our own T.V. Raman shares his tips on how to use Google from his perspective as a technologist who cannot see -- tips that sighted people, among others, may also find useful.

In our continued efforts to make Google applications more accessible, we have launched ARIA support for several Google applications over the last few months. W3C ARIA is a set of HTML DOM properties that enables adaptive technologies like screenreaders to work better with dynamic web applications. As with previous ARIA-enabled Google solutions, screenreader users can now switch on ARIA support in the following applications by activating an invisible Enable Screenreader Support link. Alternatively, simply browse to the links in this blog with a supporting screenreader and Firefox 3.0 to experience the interface enhancements. If you do not have a screenreader installed, but are curious to experience what eyes-free interaction with these applications feels like, we recommend the freely downloadable Firefox enhancement Fire Vox by Charles Chen.

• Google Calendar: The ARIA-enhanced Google Calendar enables speech-enabled access to the day view in Google Calendar. You can use the keyboard to move through events, move through the days of the week, as well as to cycle through your various calendars. As you work with the calendar, the application raises appropriate DOM events through W3C ARIA to invoke the relevant spoken feedback through the screenreader.

• Google Finance: The Finance page can be viewed as a set of logical panes, with related content appearing as items in each pane. The ARIA-enhanced version of Google Finance enables you to switch panes, and navigate the current pane with the arrow keys. Navigation produces spoken feedback through the screenreader. In addition, Google Finance provides several power user tools, including a stock screener, all of which are speech-enabled through ARIA. These power user tools provide interesting examples for Web developers experimenting with ARIA. (ARIA support for Finance was developed by intern Svetoslav Ganov as his starter project.)

• Google News: Finally, we have added ARIA support to enable rapid eyes-free access to Google News. These enhancements follow the same pattern as seen earlier for Google Finance, and the ability to navigate between the different views provided by Google News, (e.g., World News vs Sports enables rapid access to the large volume of news that is accessible via the Google News interface).

As with all of our ARIA-enhanced services, you can obtain additional help by pressing the? key to hear the available list of shortcuts. If you're interested in discussing these enhancements, visit the Google Group for accessibility.

Posted by T. V. Raman, Research Scientist, and Charles L. Chen, Software Engineer

CADIE awakens

By A Googler (The Official Google Blog)

Submitted at 4/1/2009 12:01:00 AM

We do lots of research here at Google, and we release lots of products. And we always hope that the research we do and the products that result will change the world.

CADIE, we're fairly certain, is one of those that will. We won't pretend to know the future of the world's first Cognitive Autoheuristic Distributed-Intelligence Entity, but we're eager to learn what we can, and to watch and study while CADIE learns what she can. So you can expect to see her influence crop up in a number of Google products in the months to come. That will happen slowly and carefully, though, and we ask for your patience as we work through a few initial bugs. It seems CADIE has a mind of her own...

Posted by Michael Krantz, Team CADIE

Le seul reproche que l'on pourrait faire à ce service est sa relative lenteur. Mais, l'interface de la version "papier" est vraiment très agréable à lire !

> **Information** : Tabbloid (**http://www.tabbloid.com/**) est un autre service qui vous permet de lire vos flux RSS comme on feuillette un magazine.

C'est un peu une parenthèse que nous plaçons là mais FairShare est un service en ligne qui vous permet de détecter des plagiats de votre flux RSS.

- Accédez à cette adresse : **http://www.fairshare.cc/fairshare**
- Saisissez l'adresse URL de votre flux RSS puis cliquez sur **Next**.
- Cochez le bouton radio **I don't license my content - just show me where my content is going** puis cliquez sur le bouton **Choose licence**.
- Indiquez une adresse e-mail ainsi qu'un mot de passe.
- Saisissez l'image captcha puis cochez la case d'acceptation des termes.

  Vous allez recevoir un message contenant un lien qu'il vous faudra activer.

  Il est indiqué que vous devez attendre au moins 12 heures avant que le flux RSS soit prêt.

- Cliquez sur un des boutons de syndication afin d'ajouter le flux RSS de FairShare à l'agrégateur que vous utilisez habituellement.

Notez que vous pouvez aussi opter pour une alerte hebdomadaire.

E. Yahoo! Pipes

Un "Pipe" fonctionne comme une sorte de tuyau par lequel nous allons faire passer différents flux pour, à l'autre bout, récupérer le résultat final. Si Yahoo Pipes peut paraître, de prime abord, un peu compliqué d'utilisation, c'est avant tout un outil très complet pour faire à peu près n'importe quoi avec toute sorte de flux RSS.

1. Utiliser Yahoo! Pipes

- Accédez à cette adresse : **http://pipes.yahoo.com/pipes**
- Cliquez éventuellement sur le lien **Join Now** afin d'obtenir un identifiant Yahoo!
- Une fois cette formalité remplie, cliquez sur le lien **Sign In** afin de vous identifier sur Yahoo! Pipes.

> **Information** : ce portail souffre de quelques problèmes d'affichage avec Internet Explorer. Utilisez de préférence un autre navigateur ou réduisez la taille de la police d'affichage.

- Cliquez sur le bouton **Create a pipe**.

Le principe d'utilisation de cet outil est le suivant : vous allez vous servir des modules qui sont visibles dans le volet de gauche pour construire une application personnalisée dont le schéma de fonctionnement et les paramètres seront affichés dans la fenêtre centrale.

- Faites glisser le module **Fetch Feed**.
- Dans la zone de texte **URL**, indiquez la source de votre premier flux RSS.
- Cliquez sur le petit signe **Plus** placé à gauche de la mention URL pour ajouter votre second flux RSS.
- Procédez de la même façon pour vos autres flux RSS.
- Une fois que vous avez terminé votre sélection, reliez le point visible sous la fenêtre **Fetch Feed** avec celui du module appelé **Pipe Output**.

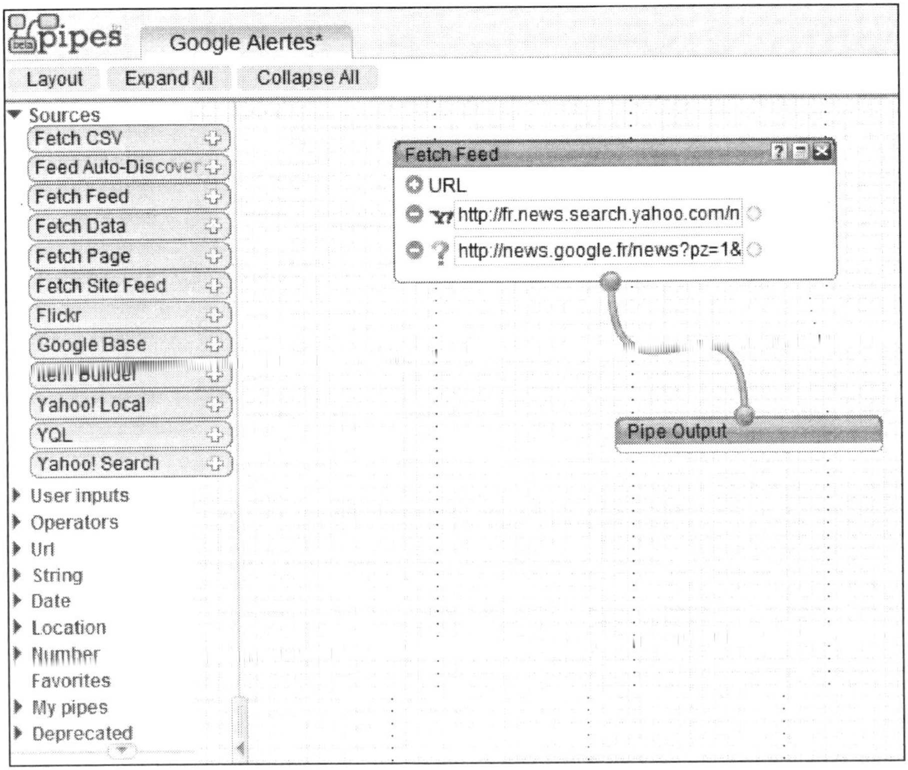

Le volet du bas affichera le résultat dans le "Debugger" (une sorte de module de dépannage pour les développeurs).

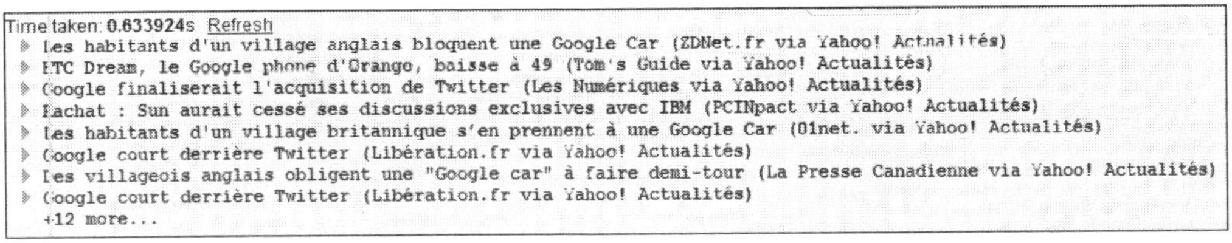

- Cliquez sur le lien **Refresh** si le résultat n'est pas immédiatement visible.
- Cliquez sur le bouton **Save** afin de définir un nom pour votre nouveau flux RSS puis cliquez à nouveau sur **Save**.
- Cliquez sur le bouton **Properties** afin d'ajouter une description et définir un ou plusieurs libellés (**Tags**).

- Dans ce dernier cas, cliquez sur le signe **Plus** afin d'ajouter un second libellé et ainsi de suite.

> **Information** : il est possible de dupliquer un Pipe en vous servant du bouton **Save a copy**. Il vous suffira, par la suite, de l'éditer et d'en modifier les paramètres (comme la source des flux RSS que vous allez mixer).

- Cliquez sur le lien **Back to My Pipes** puis sur celui de votre Pipe.
- Afin de le modifier cliquez sur l'onglet **Edit source**.

  L'onglet **Clone** vous permet de le cloner mais aussi de cloner un autre Pipe qui a été rendu public.

  L'onglet **Publish** vous permet de le publier.

- Cliquez sur le lien **Run Pipe** afin d'avoir un aperçu du résultat.

- Cliquez sur le lien **Get as Badge** si vous souhaitez l'intégrer à une page HTML.

Par défaut, un certain nombre de plates-formes de blogs ou portails personnalisés sont visibles (TypePad, Blogger, WordPress, iGoogle) mais si vous préférez personnaliser de manière plus complète l'apparence de votre badge, cliquez sur le bouton **Embed**.

Le code que vous devrez copier sera visible dans la zone de texte **Embed**. Il peut ressembler à celui-ci :

```
<script src="http://pipes.yahoo.com/js/listbadge.js">
{"pipe_id":"3lWfmFr_3RGUm6p0BR50VA","_btype":"list"}</script>
```

➧ Cliquez sur le lien **Customize the size, type and settings of your Badge** afin de modifier la taille de votre badge.

D'autres options sont possibles :

- **My Yahoo!** : ce badge sera ajouté à votre page personnalisée Yahoo! ;
- **Google** : votre système d'alerte sera ajouté à votre page personnalisée iGoogle (**http://www.google.fr/ig**) ;
- **Get as RSS** : vous allez récupérer le flux RSS correspondant : **http://pipes.yahoo.com/pipes/pipe.run?_id=3lWfmFr_3RGUm6p0BR50VA&_render=rss** ;
- **Get as JSON** : les données seront présentées sous la forme d'un document JSON.

> **Information** : JSON (*JavaScript Object Notation*) est un format de données générique qui utilise la notation des objets JavaScript afin de transmettre des informations présentées de manière structurée.

- **More options** : permet de l'ajouter à un outil en ligne d'agrégation de flux (Bloglines), à une autre page personnalisée (Netvibes), etc. Il est aussi possible de recevoir les résultats sur votre messagerie.

> **Information** : Bloglines est accessible à cette adresse : **http://pipes.yahoo.com/pipes/pipe.run?_id=3lWfmFr_3RGUm6p0BR50VA&_render=rss**. Netvibes est un service vous permettant de créer des pages personnalisées (http://www.netvibes.com).

Dans cet exemple, le bouton **List** ne sera pas actif mais, en fonction du type de Pipe que vous aurez créé, d'autres présentations sont possibles (dont les badges géolocalisés qui vous permettent d'afficher le contenu d'un flux sur une carte Yahoo! Maps ou les badges qui affichent des images).

Information : vous noterez que l'adresse de votre Pipe est indiquée et qu'elle est de ce type (Pipe Web Address) :
http://pipes.yahoo.com/pipes/pipe.info?_id=3IWfmFr_3RGUm6p0BR50VA

- Vous pouvez simplifier cette URL, pour cela, cliquez sur le lien **Edit**.
- Une boîte de dialogue va vous avertir que vous devez d'abord personnaliser l'adresse URL qui renvoie vers votre espace Yahoo! Pipes. Cliquez sur **OK**.

À la suite de la mention **http://pipes.yahoo.com**, indiquez ce qui pourrait s'apparenter en quelque sorte à un nom de sous-domaine puis validez les changements apportés.

Quoi de plus ? On peut toujours imaginer que vous utilisiez un service comme FeedBurner (**http://www.feedburner.com**) afin d'afficher les statistiques d'utilisation de votre flux RSS.

2. Utiliser les badges Yahoo! Pipes

La documentation en anglais sur les badges Yahoo! Pipes est accessible à partir de cette adresse : **http://pipes.yahoo.com/pipes/badgedocs**. Est-ce vraiment utile de s'étendre sur ce sujet ? Oui, car on peut toujours penser que vous souhaitiez afficher ce type de badge sur une des pages de l'intranet de votre société. Rappelons qu'il existe trois sortes de badges :

- **Les badges sous forme de listes** : ils consistent en une simple liste d'articles. Si votre flux comporte un champ "Description", son contenu sera affiché. S'il intègre des images ou des miniatures, elles seront visibles.
- **Les badges sous forme d'images** : un diaporama des images postées sous la forme d'un flux RSS sera présenté. Elles seront affichées comme des miniatures en bas du badge. Si le flux inclut une description, cette dernière apparaîtra au survol de la souris. Vous pouvez définir une fonction d'exécution automatique, un délai de lecture ainsi que le nombre d'éléments qui seront affichés.
- **Les badges sous forme de cartes** : si des informations de géocodage sont présentes dans votre flux, vous pourrez créer une carte dans laquelle chaque article sera géolocalisé. Quand l'internaute cliquera sur un d'entre eux, le titre, la description et, éventuellement, les images intégrées seront affichées.

Nous avons vu que le code JavaScript qui est généré nécessite que vous éditiez la page HTML de destination et que vous le placiez à l'endroit voulu (entre les balises <body> et </body> et donc dans le corps de la page).

Une façon très simple de personnaliser le style de votre badge est de définir une classe de style, d'encapsuler le code de votre badge à l'aide des balises DIV correspondantes et de leur attribuer la classe de style du même nom.

Information : <DIV> est une balise qui permet de structurer le document en le divisant en plusieurs sections.

Entre les balises <head> et </head> de votre page, définissez la classe de style :

```
<style>
.maClasse {
width:180px;
height:350px;
background-color:#000;
}
.maClasse h3.ybh a.ybt {
color:#fff;
}
</style>
```

Dans le contenu de votre page, utilisez ce type de syntaxe :

```
<div class="maClasse">
<script src="http://pipes.yahoo.com/js/TYPE_DU_BADGE_ICI.js">
{
"pipe_id" : "IDENTIFIANT_DU_BADGE",
"pipe_params" : {"urlinput1": "http://sfbay.craigslist.org/search/
rfs?query=&minminAsk=min&maxmaxAsk=max&hasPic=1&format=rss"},
"height" : "350px"
}
</script>
</div>
```

Bien entendu, vous pouvez faire appel à une feuille de style externe.

Information : une feuille de style vous permet de regrouper dans un même document des caractéristiques de mise en forme associées à chacun des éléments qui composent votre page web : taille de la police, couleur d'arrière-plan, etc.

Il est aussi possible d'ajouter des propriétés dans le nœud du script en utilisant différentes valeurs (toutes optionnelles) ou d'utiliser des noms de classes personnalisées. La documentation sur ce sujet est très complète.

Enfin, certains paramètres sont spécifiques au type de badge que vous aurez choisi :

Liste : par défaut, 25 éléments seront affichés. Vous pouvez décider d'en afficher moins en utilisant cette syntaxe : "count" : 10.

Carte : par défaut, tous les éléments sont affichés mais, là encore, il est possible de paramétrer le nombre de marqueurs : "count" : 5.

Image : voici un exemple de syntaxe : img_params: defaults to: {maxitems:0, autoscroll:true, autoscrolldelay:5}.

Maxitems : nombre d'éléments à afficher (par défaut, affiche toutes les images) ;

Autoscroll : affichage d'une barre de défilement (par défaut : true) ;

Autoscrolldelay : défilement automatique (défaut : 5 secondes).

3. Filtrer les données dans Yahoo! Pipes

Il est possible que l'intégralité des articles ne vous intéresse pas forcément et, qu'en conséquence, vous allez devoir procéder à un filtrage des informations. Voyons comment procéder :

- Accédez au mode "Edition" de votre Pipe en cliquant sur le lien **Edit Source**.
- Ajoutez un module appelé **Filter** qui se trouve dans la rubrique **Operators** du volet de gauche.
- Coupez le lien qui relie vos deux précédents modules afin de pouvoir intercaler votre filtre.

  Cela fonctionne comme des règles de permission (**Permit**) ou de blocage (**Block**).

  Les conditions **all** et **any** permettent de définir si votre filtre doit s'appliquer à toutes les conditions que vous allez édicter ou à, au moins, une des conditions.
- Cliquez sur la première liste déroulante.

  Les options peuvent être les suivantes et correspondre à chacun des éléments qui composent le fichier en entrée :

  - **Item.author** : auteur de l'article ;
  - **Item.description** : description de l'article ;
  - **Item.link** : lien vers une page ;
  - **Item.pubDate** : date de publication ;
  - **Item.title** : titre de l'article.

  La liste déroulante **Contains** permet de paramétrer des conditions : contient, ne contient pas, plus grand que, etc.

Information : l'option **Matches regex** permet de définir une correspondance avec une expression régulière.

Si, par exemple, nous souhaitons afficher uniquement les articles dont le titre comporte le terme Google, nous utilisons la règle suivante : **Permit - Item.title - Contains - Google**.

Si, à l'inverse, nous ne souhaitons pas afficher les articles sur Twitter, nous paramétrons ce type de filtre : **Block - Item.title - Contains - twitter**.

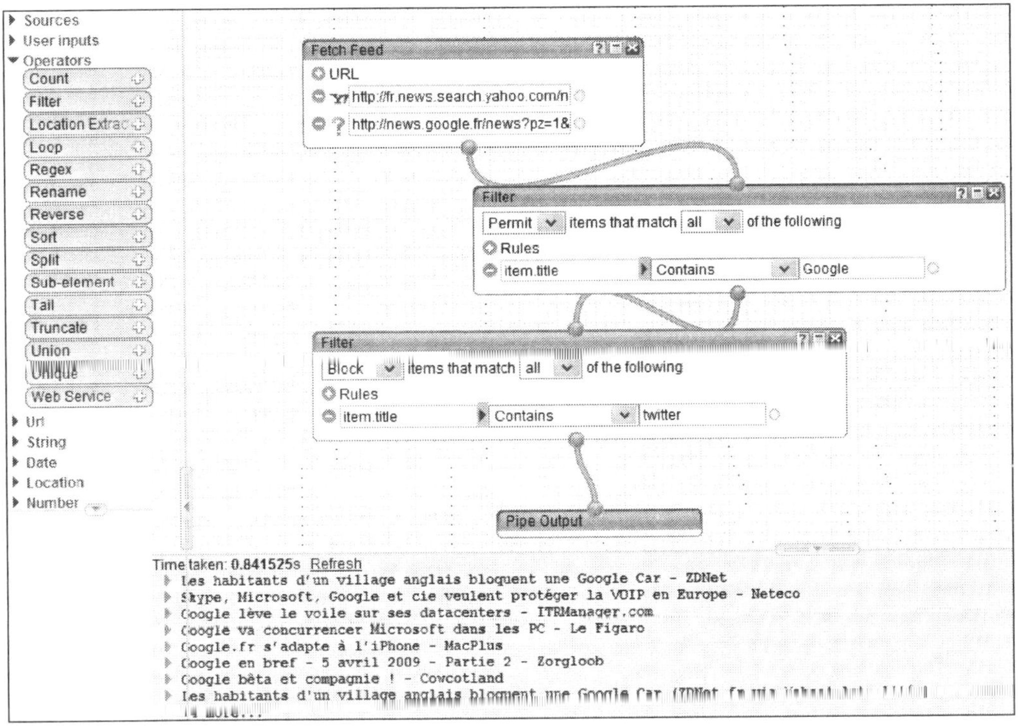

Si vous avez un doute sur le nom des éléments qui composent votre flux RSS, cliquez sur la petite flèche en forme de triangle qui est placée à gauche du nom des articles dans la fenêtre du "Débuggeur". Chacun des articles sera analysé selon sa valeur à l'intérieur du flux RSS et vous afficherez ce type d'arborescence :

```
link
y:titleVoir l'île Longue sur Google Earth (LePoint.fr via Yahoo!
Actualités)
y:id
```

```
guid
titleVoir l'île Longue sur Google Earth (LePoint.fr via Yahoo! Actualités)
description
pubDateThu, 19 Feb 2009 17:41:00 GMT
y:published
```

Imaginons maintenant que vous souhaitiez trier les articles en fonction de leur date de publication mais les plus récents en dernier, voici la procédure à suivre :

- Avant le module **Pipe Output**, ajoutez un module appelé **Sort**.
- Définissez cette règle : **item.pubDate - ascending**.

Un autre module appelé "Union" vous permet de réunir en un seul Pipe jusqu'à 5 flux différents. Voici un exemple d'utilisation de ce module et le code source du Pipe : **http://pipes.yahoo.com/pipes/pipe.edit?_id=xCfOEdtm3BGBiVfi9IS63A**

Une documentation en anglais sur les modules qui sont permis dans Yahoo! Pipes est accessible à cette adresse : **http://pipes.yahoo.com/pipes/docs?doc=operators#Sort**

4. Supprimer les doublons dans Yahoo! Pipes

Si vous mixez un nombre conséquent de flux, il se peut qu'une même source soit reprise plusieurs fois. Afin d'éviter les doublons, suivez cette procédure :

- Développez la branche **Operators**.
- Ajoutez un module appelé **Unique**.
- Sélectionnez dans la liste déroulante cette option : **item.title**.

C'est aussi simple que cela !

5. D'autres modules Yahoo! Pipes

Le module **Date** récupère les éléments trouvés dans un flux afin de poser un filtre sur les intervalles de dates.

- Ajoutez tout d'abord le module **Filter**.
- Définissez cette règle : **Block - all**.
- En cliquant sur le signe **Plus** placé à gauche de la mention **Rules**, ajoutez cette règle : **item.y:published.utime - is less than - datetime.day**.
- Développez la branche **Date** puis faites glisser un module appelé **Date Builder**.

- Dans la zone de texte **Date**, saisissez cette règle : **2 days ago**.
- Reliez le module **Date** à l'entrée **datetime.day** du module **Filter**.

Vous n'afficherez que les éléments qui ont été publiés il y a moins de deux jours.

> **Information** : en pratique, ce type d'expression est compris : now - yesterday - +3 days - 10 days - +5 hours - 1181230100 - 3 days ago - 07/04/2007 - 16:32 EST.

Imaginons maintenant que vous souhaitiez trier les articles en fonction de leur date de publication du plus récent au plus ancien, voici la procédure à suivre :

- Toujours à partir de la branche **Operators**, ajoutez un module appelé **Sort**.
- Définissez cette règle : **item.pub.date - descending**.

On peut aussi décider de n'afficher qu'un certain nombre d'éléments à l'intérieur d'un flux :

- Développez la branche **Operators**.
- Faites glisser le module **Truncate**.
- Dans la zone de texte **Truncate feed after**, saisissez le nombre d'éléments que vous souhaitez afficher.

6. Créer un formulaire

Ce Pipe permet de comparer les prix d'un même objet sur eBay : **http://pipes.yahoo.com/pipes/pipe.info?_id=db784620cedc2a15337cfead791c56e4**

En pratique, le principe est toujours le même :

- Développez la branche **User inputs**.
- Ajoutez le ou les modules voulus.

Dans cet exemple : **Number Input** et **Text Input**.

- Raccordez les entrées avec l'adresse URL qui est générée quand on utilise l'API eBay.
- Utilisez ensuite le module **URL Builder** pour décomposer les différents paramètres de l'adresse URL.
- Ajoutez enfin le module **Fetch Feed** afin de générer les données qui seront utiles.

7. Générer un flux RSS conforme

Si vous faites le test d'ajouter un flux provenant de Google Actualités, vous allez voir qu'il ne sera pas compris par Yahoo! Pipes. Il existe une méthode de contournement.

- Développez la branche **Url** puis faites glisser un module appelé **URL Builder**.
- Accédez à Google Actualités (**http://news.google.fr**) puis lancez une recherche sur le mot-clé peugeot.

  L'adresse URL qui va être visible sera de ce type :
  http://news.google.fr/news?pz=1&ned=fr&hl=fr&q=peugeot

  Si vous cliquez sur le lien **Trier par date**, ces commutateurs seront ajoutés : **http://news.google.fr/news?pz=1&ned=fr&hl=fr&q=peugeot&cf=all&scoring=n**
- Retournez dans le module **URL Builder**.
- Dans la zone de texte **Base**, saisissez ceci : **http://news.google.fr/news**
- Cliquez sur l'icône **Plus** placée à gauche de la mention **Query parameters**.
- Ajoutez ces éléments :
  - hl : fr ;
  - ned : fr ;
  - q : google ;
  - ie : UTF-8 ;
  - scoring : n ;
  - output : rss.
- Ajoutez maintenant le module appelé **Fetch Feed**.
- Reliez le module **URL Builder** à l'entrée **url [wired]** du module **Fetch Feed**.

Nous nous retrouvons avec deux modules Fetch Feed qu'il nous faut maintenant réunir.

- Développez la branche **Operators** puis faites glisser un module appelé **Union**.
- Reliez le module **Union** au module **Pipe Output**.

8. Des exemples de Pipes

Voici quelques exemples de Pipes "avancés" qui nous ont paru intéressants.

Ce Pipe vous permet de retracer plus facilement les changements intervenus dans une page de l'encyclopédie en ligne Wikipédia dont vous êtes l'éditeur : **http://pipes.yahoo.com/pipes/pipe.info?_id=ZK8__jzZ3RG8UgvOBRNMsA**

Cet autre Pipe vous permet de faire une recherche dans une multitude de réseaux sociaux et sites d'actualités (Delicious, Findory, Flickr, Google Blog Search, Google News, Google Search, Icerocket, Live Search, Technorati, Yahoo News et Yahoo Search) : **http://pipes.yahoo.com/seeminglee/metasearchalerts**

Ce Pipe vous permet de générer un flux RSS à partir d'un moteur de recherche personnalisé Google CSE :
http://pipes.yahoo.com/pipes/pipe.info?_id=5m5Dqj7M3RGCZDmApgt1Yg

En admettant que cette adresse URL s'affiche quand vous accédez à l'interface de gestion de votre moteur : **http://www.google.com/coop/manage/cse/code?cx=016121005022341368769:viqq2b5y3bg&hl=fr&sig=__-7OfT-KinlWyFb_flufDnzPy2pg=**, l'identifiant du moteur est celui-ci : 016121005022341368769:viqq2b5y3bg. Vous n'avez plus alors qu'à saisir votre requête et à modifier l'ID du moteur qui est défini par défaut. Notez que ce Pipe intègre un autre Pipe auquel vous pouvez accéder en cliquant sur le lien **Open**.

Information : cette solution ne fonctionne pas avec la recherche par date.

Enfin, ce Pipe offre un exemple vous permettant de générer un flux RSS à partir d'une page web qui en est dépourvue :
http://pipes.yahoo.com/pipes/pipe.info?_id=cuusffoL3hG6kXrFAFYZ7A. Il en existe d'autres démonstrations à partir du site de l'auteur : **http://blog.yoann-ciabaud.fr/2009/03/10/creer-des-flux-rss-de-nimporte-quelle-source-avec-yahoo-pipes**

9. Traduire un flux RSS

Là encore, le principe relève de l'enfance de l'art :

- Développez la branche **String** puis ajoutez un module appelé **Translate**.
- Dans la liste déroulante, sélectionnez le sens de la traduction.
- Insérez votre module dans le chaînage que forment les différents modules de votre Pipe.

10. Créer un Lifestream de votre activité sur la toile

- Chacun des réseaux sociaux auxquels vous êtres inscrits (Twitter, Facebook, etc.) génère, d'une manière ou d'une autre, un flux RSS. Il vous suffit de récupérer chacun de ces flux RSS en utilisant le module **Fetch Feed** (branche **Sources**).
- Vous devez ensuite les réunir en utilisant un module appelé **Union** et qui est visible en développant la branche **Operators**.
- Pour plus de clarté, limitez le nombre de flux qui sont reliés à 4 ou 5 puis reliez chacun des modules **Union** en ajoutant un module supplémentaire.

Une fois cette étape franchie, vous n'avez plus qu'à accéder à FeedBurner puis à ajouter votre nouveau flux.

- Cliquez ensuite sur l'onglet **Publicize**.
- Cliquez sur le lien **BuzzBoost**.
- Générez une page HTML de votre flux RSS.

Information : un Lifestream est un service Web qui agrège des flux RSS/RDF/Atom "personnels" provenant de réseaux sociaux auxquels vous êtes inscrits.

11. Créer une newsletter à partir d'un flux

Le principe est similaire à ce qui a été expliqué précédemment :

- Une fois que vous avez créé votre flux avec Yahoo! Pipes, vous l'utilisez avec FeedBurner.
- Cliquez ensuite sur l'onglet **Publicize** puis le lien **Email Subscriptions**.
- Il ne vous reste plus ensuite qu'à souscrire à votre propre Newsletter.

Notez que le lien direct vers la page de souscription est mentionné dans la rubrique **Preview Subscription link**.

Information : Torss (**http://torss.net**) est un outil qui vous permet de générer un flux RSS à partir d'une adresse e-mail.

12. Créer un Pipe en utilisant des adresses URL

Nous reprenons dans ce paragraphe une idée développée par Roger Bizet (**http://roget.biz/pipeyahoo-un-tutorial-pour-creer-de-la-veille-techno-personnalisee**). Le principe est d'utiliser trois modules **Fetch, UrlBuilder** et **UrlInput**.

- Ajoutez le module **UrlInput** visible dans la .branche **User Inputs**.
- Dans la zone de texte **Prompt**, saisissez l'invite.
- Dans la zone de texte **Default**, saisissez le mot-clé par défaut.
- Ajoutez ensuite un module appelé **URL Builder**.
- Dans la zone de texte **Base**, saisissez l'adresse URL du flux que vous souhaitez récupérer.
- Ajoutez enfin un module appelé **Fetch Feed**.
- Reliez le premier module à l'élément **Path elements**.
- Reliez le second module à l'élément **url [wired]** du troisième module.

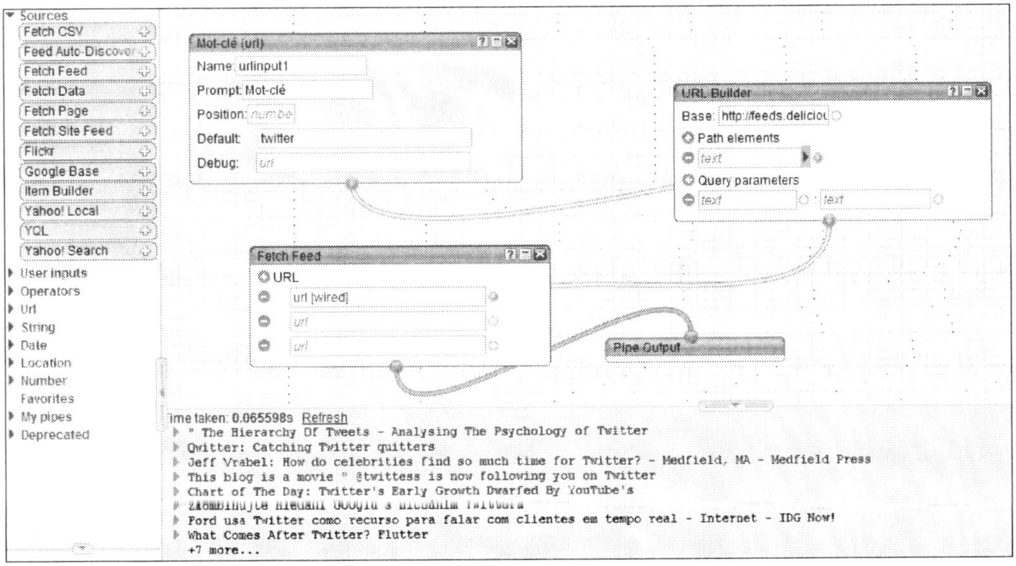

Notez que vous pouvez filtrer un flux en fonction de son autorité dans Technorati en utilisant cette syntaxe :
http://feeds.technorati.com/tag/twitter?authority=a5&language=fr.
Il existe un exemple très parlant à cette adresse :
http://pipes.yahoo.com/pipes/pipe.edit?_id=ba7fb13cc76a8a650f96f64a805d864a

Chapitre 2

Les moteurs de recherche

Nous avons vu dans le premier chapitre comment utiliser les flux RSS, les filtrer à notre convenance, en générer une newsletter, un fichier PDF, une page HTML, etc. La question qui se pose maintenant est de savoir quelles sont les sources d'informations qui peuvent être utilisées. Schématiquement, elles sont de deux sortes : les moteurs de recherche et les sources d'informations de type sites, wikis, blogs, bases de données en ligne, etc. Ce chapitre aborde donc le problème des moteurs de recherche et de la meilleure façon de les utiliser à travers deux optiques : la veille (l'information en mode Push) et l'intelligence économique et documentaire au sens large du terme (l'information en mode Pull).

A. Les moteurs de recherche classiques

Chacun de nous passe un temps conséquent à utiliser les moteurs de recherche mais, finalement, peu de nous savent réellement en tirer le meilleur parti. Voici un bref résumé des meilleurs tours de main.

1. Quels sont les opérateurs autorisés ?

Voici un tableau récapitulatif des opérateurs possibles dans cinq des moteurs les plus utilisés : Ask, Yahoo!, Live Search, Exalead et Google.

	Ask	Yahoo!	Live Search	Exalead	Google
Expression exacte	""	""	""	""	""
Inclusion	+	+	prefer:		+
OU	OR	OR	OR	OR	OR ou |
Exclusion	-	-	-	- ou NOT	-
Joker	*	*	*	*	*
Intervalle de date ou de nombres	last:, afterdate:, beforedate:, betweendate			after: et before:	..
Format de fichier		filetype: ou originurlextension:	filetype:	filetype:	filetype: ou ext:
Dans le titre de la page	intitle:	intitle:	intitle:	intitle:	intitle: ou allintitle:
Dans le corps de la page			inbody:		intext: ou allintext:
Dans l'adresse URL	inurl:	inurl:		inurl:	inurl: ou allinurl:

	Ask	Yahoo!	Live Search	Exalead	Google
Dans les liens de la page			inanchor:		inanchor: ou allinanchor:
Dans le site	site:	site: ou domain: ou hostname:	site:	site:	site:
En cache					cache:
Lien vers	inlink:	link: ou linkdomain:		link:	link:
Pages apparentées					related:

Nous n'avons pas inclus les opérateurs et raccourcis spéciaux favorisant l'apparition de résultats dédiés ou "OneBox" comme, par exemple, l'opérateur define: pour Google. Enfin, le fait que certains opérateurs ne soient pas disponibles directement n'empêche pas que, à l'intérieur d'un moteur, le module avancé de recherche permette certaines requêtes.

Information : une **OneBox** est un résultat dédié qui apparaît dans Google quand on saisit une requête de type "Question-réponse". Par exemple, la requête "tfi" affichera le cours de l'action TF1 actualisé en temps réel.

Voici les liens vers quelques fichiers d'aide :

Ask : **http://help.ask.com/en/docs/about/adv_search_tips.shtml**

Yahoo! : **http://help.yahoo.com/l/us/yahoo/search/basics/basics-04.html**

Live Search : **http://help.live.com/help.aspx?project=wl_searchv1&market=en-US&querytype=keyword&query=egapemoh&domain=www.live.com:80**

Google : **http://www.google.com/help/operators.html**

Exalead : il suffit de cliquer sur le lien **Recherche avancée** pour afficher toutes sortes d'exemples.

2. Tout ce que Google ne sait pas faire

Voici quelques exemples de fonctionnalités que l'on ne trouve pas chez Google (ou alors au prix de mille acrobaties de syntaxe).

a. Trouver des liens vers certaines extensions de fichiers

Dans Live Search, l'opérateur "Contains" vous permet de trouver des liens renvoyant vers des extensions de fichiers particulières. Par exemple, pour afficher toutes les pages du site des Editions ENI qui permettent de télécharger des fichiers au format PDF, nous utiliserons cette syntaxe de recherche : **site:http://www.editions-eni.fr contains:pdf**

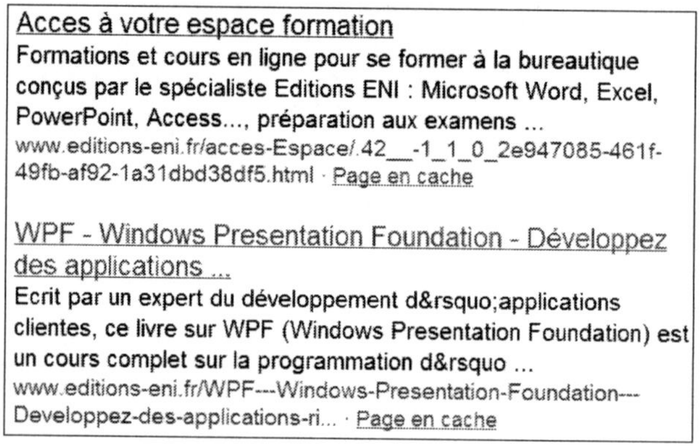
Acces à votre espace formation
Formations et cours en ligne pour se former à la bureautique conçus par le spécialiste Editions ENI : Microsoft Word, Excel, PowerPoint, Access..., préparation aux examens ...
www.editions-eni.fr/acces-Espace/.42__-1_1_0_2e947085-461f-49fb-af92-1a31dbd38df5.html · Page en cache

WPF - Windows Presentation Foundation - Développez des applications ...
Ecrit par un expert du développement d’applications clientes, ce livre sur WPF (Windows Presentation Foundation) est un cours complet sur la programmation d&rsquo ...
www.editions-eni.fr/WPF---Windows-Presentation-Foundation---Developpez-des-applications-ri... · Page en cache

b. Trouver des pages comportant des flux RSS

Toujours dans Live Search, le préfixe feed: trouvera les fichiers RSS et Atom tandis que le préfixe hasfeed: les pages web ayant des liens de syndication de contenus. D'après nos tests, le second ne fonctionne que dans la version anglaise du moteur.

c. Afficher les sites qui font un lien vers le vôtre

C'est une fonctionnalité avancée proposée par Yahoo! Site Explorer, un portail dédié à la gestion de vos sites. L'intérêt est de pouvoir afficher les rapports qu'entretient un site avec des sites que vous ne connaissez pas forcément. Imaginons que vous avez trouvé un site de référence dans un domaine particulier, la possibilité d'explorer ses liens sortants et ses liens rentrants vous permettront de découvrir d'autres excellentes sources d'informations.

- Accédez à cette adresse : **http://siteexplorer.search.yahoo.com/fr/index**
- Saisissez l'adresse URL de votre choix puis cliquez sur **Explorer l'URL**.

Par défaut, ce sont les pages de l'ensemble du domaine principal et des sous-domaines qui sont listées. Si, seules les pages appartenant au domaine principal vous intéressent, cliquez sur le lien **Ce domaine uniquement**.

Information : un nom de domaine est un identifiant de domaine. Par exemple, "editions-eni.fr" est un nom de domaine. Il existe aussi des sous-domaines qui sont des composantes du domaine principal : support.editions-eni.fr.

➧ Cliquez sur l'onglet **Liens entrant**.

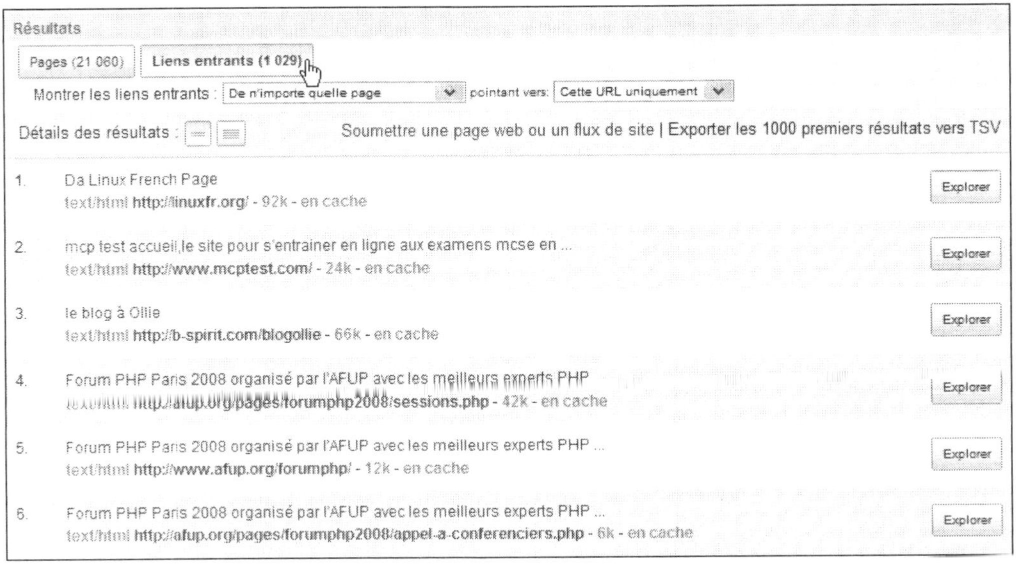

➧ Servez-vous de la liste déroulante **Montrer les liens entrants** pour marquer les pages qui font partie du domaine ou du sous-domaine que vous explorez.

La liste déroulante visible en dessous permet de faire une distinction entre une adresse URL unique ou toutes celles qui font partie de ce site.

Vous pouvez recommencer ce jeu d'exploration pour toutes les pages qui sont visibles.

Notez qu'il est possible d'exporter les 1000 premiers enregistrements au format TSV

Information : TSV (*Tab-separated values*) est un format texte affichant des données sous forme de valeurs séparées par des tabulations.

➧ Enregistrez le fichier sur votre disque dur.

- Ouvrez-le avec un tableur comme Excel.
- Sous Windows XP, appuyez sur la touche Shift tout en cliquant avec le bouton droit de la souris dessus.
- Sélectionnez le sous-menu **Ouvrir avec...**
- Sélectionnez l'application de votre choix.

Il vous sera alors possible de filtrer les résultats comme bon vous semble.

Ce n'est pas suffisant ? Il est également possible d'afficher toutes les statistiques de ce même fichier.

- Accédez à cette adresse : **http://www.massmediadesign.co.uk/seo/SiteParser.aspx**
- Cliquez sur le bouton **Parcourir...** puis sélectionnez le fichier TSV.
- Cliquez sur le bouton **Parse file**.

Les statistiques de vos liens entrants seront visibles.

Nous retrouvons les mêmes données dans le moteur de recherche Yahoo! (**http://fr.search.yahoo.com**) en utilisant l'opérateur linkdomain: (et linkfromdomain:). Par exemple : linkdomain:http://editions-eni.fr site:wikipedia.org

Afin d'afficher tous les liens qui pointent vers une page en particulier et dont le lien contient le terme Vista, nous utiliserons cette syntaxe :
link:http://www.editions-eni.fr/ vista

d. Trouver des pages web présentant certaines caractéristiques

Dans Yahoo!, l'opérateur feature: permet de le faire. Voici un exemple de requête : france pib feature:table croissance. Nous afficherons toutes les pages qui parlent du PIB de la France et qui contiennent un tableau. Afin d'être tout à fait complet, nous vous présentons la liste des valeurs qui sont autorisées :

- feature:acrobat : pages qui font un lien vers un fichier Adobe Acrobat ;
- feature:applet : pages qui contiennent un applet Java ;

> **Information** : un applet est une sorte de mini-logiciel qui s'exécute dans un navigateur web.

- feature:activex : pages qui contiennent un contrôle Active X ;
- feature:audio : pages qui font un lien vers un fichier audio ;

- feature:flash : pages qui contiennent une animation Flash ou qui font un lien vers un fichier en Flash ;
- feature:form : pages contenant un formulaire ;
- feature:frame : pages qui contiennent des Frames ;

> **Information** : une Frame désigne une technique propre au langage HTML qui permet d'afficher plusieurs cadres dans une même fenêtre.

- feature:homepage : pages qui font office de pages d'accueil car elles utilisent le tilde espagnol dans leur structure de répertoires ;
- feature:image : pages qui contiennent des images ;
- feature:javascript : pages qui présentent du code JavaScript ;

> **Information** : JavaScript est un langage de programmation de scripts principalement utilisé dans les pages web.

- feature:index : pages qui sont des pages d'accueil ;
- feature:meta : pages qui contiennent votre mot-clé dans les balises Meta ;
- feature:script : pages qui contiennent des scripts "Embed" ;
- feature:shockwave : pages qui présentent ou qui font un lien vers des fichiers Shockwave ;

> **Information** : Shockwave est un format de fichier informatique d'animations multimédia créé à l'aide du logiciel Adobe Director.

- feature:table : pages qui contiennent des tableaux ;
- feature:video : pages qui intègrent des clips ou qui font un lien vers des clips vidéo ;
- feature:vrml : pages qui font un lien vers des fichiers VRML.

> **Information** : Virtual Reality Modeling Language (ou Virtual Reality Markup Language) est un langage de description d'univers virtuels en 3 dimensions.

Il est possible de combiner ces opérateurs avec celui permettant de définir une exclusion. Par exemple : vista -feature:flash.

o. Localiser vos recherches

Yahoo! permet de filtrer les résultats en fonction des extensions de noms de domaine relevant d'un continent ou d'un sous-continent. Par exemple : baobab region:africa.

Voici la liste des valeurs qui sont autorisées :

- region:africa : Afrique ;
- region:asia : Asie ;
- region:centralamerica : Amérique centrale ;
- region:downunder : Australie et Nouvelle-Zélande ;
- region:europe : Europe ;
- region:mediterranean : Méditérannée ;
- region:mideast : Europe centrale ;
- region:northamerica : Amérique du Nord ;
- region:southamerica : Amérique du Sud ;
- region:southeastasia : Asie du Sud.

f. Afficher uniquement les pages d'un certain niveau

Dans Yahoo!, il est possible d'utiliser cette syntaxe de recherche : **vista depth:-1** (que les pages d'accueil) ou **vista depth:1** (que les pages de premier niveau).

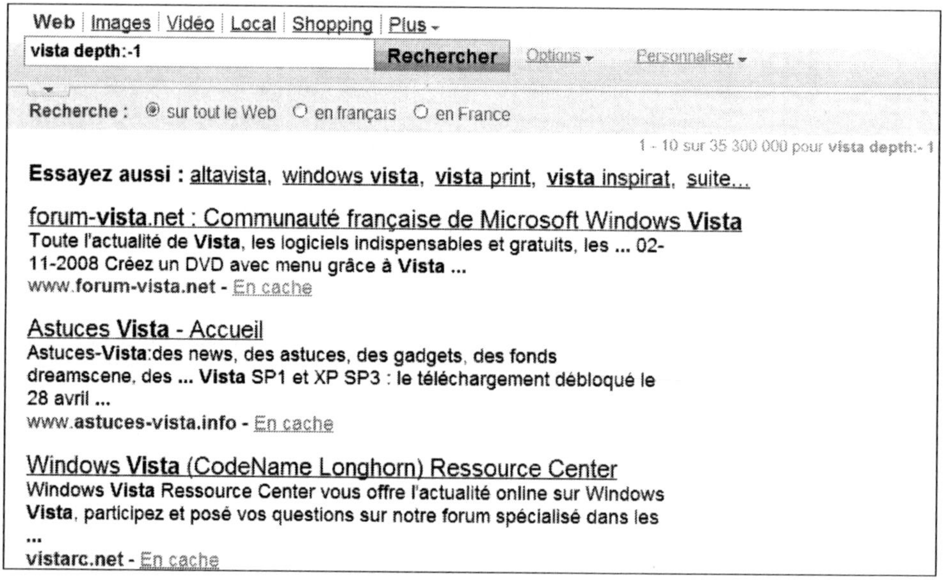

g. Filtrer les sites en fonction de leur langue d'interface

C'est incontestablement une spécialité de Live Search. Voici un exemple de recherche : **bistro loc:en**.

h. Un moteur polyvalent

Nous n'avons jamais été convaincus par la pertinence des résultats d'Exalead (**http://www.exalead.fr/search**) mais le lien **Recherche avancé** propose une foultitude d'options que l'on ne retrouve pas dans les autres moteurs. De fait, ce moteur peut être utile pour des recherches extrêmement ciblées. Par ailleurs, il est possible de filtrer les résultats en fonction des types de sites : blog, forum, commercial, non-commercial. Cliquez sur le bouton **Plus de choix** afin d'afficher la liste complète des filtres qui sont autorisés.

3. Utiliser les URL des recherches Google

Le principe de cette astuce est de récupérer l'adresse URL qui sera générée alors que vous utilisez des opérateurs de recherche avancée qui ne sont pas visibles dans la zone de recherche. Prenons un exemple : imaginons que nous souhaitions afficher les pages provenant de domaines hébergés en Inde sur ce mot-clé : Gandhi. Il faut cliquer sur le lien **lien Recherche avancée** puis, dans la liste **Tous les pays ou territoire**, sélectionner cette option : **Inde**. Oui, mais cette préférence de recherche n'est pas visible sous la forme d'un opérateur à utiliser. Par contre, si nous analysons l'adresse URL générée, nous verrons que ce paramètre a été ajouté : **&cr=countryIN** (en plus de **http://www.google.fr/search?hl=fr&q=gandhi**). En la simplifiant, nous pouvons donc utiliser cette URL : **http://www.google.fr/search?hl=fr&q=gandhi&cr=countryIN**

Il est donc possible de construire des URL complexes puis de les utiliser afin de traquer les changements apportés à la page web qui sera générée.

Voici une liste des paramètres les plus utiles :

&pws=0 : désactive la personnalisation des résultats qui peut être dû soit au fait que vous avez activé l'Historique Web soit que vous êtes connecté à votre compte Google

&q= ou &as_q= : annonce les termes de recherche que vous avez spécifiés.

&hl= : permet de préciser la langue d'interface qui sera utilisée.

Information : ce type de syntaxe permet de combiner différentes langues : &lr=lang_enllang_fr.

lr= : restreint la recherche à la langue définie.

btnG= : correspond à l'utilisation du bouton **Recherche Google**.

btnl= : correspond à l'utilisation du bouton **J'ai de la chance**.

ie= : définit l'encodage des caractères en entrée (latin1, ut8, big5, etc.).

Information : un codage de caractères est un code qui associe un jeu de caractères d'une langue avec, par exemple, un jeu de nombres entiers. Afin de pouvoir échanger des informations sur Internet, vous devez préciser quel type de codage va être utilisé.

oe= : précise l'encodage des caractères en sortie.

q=cache: : affiche la page en cache.

q=related: : affiche les pages similaires.

&start= : indique le numéro de la page des résultats.

&meta=lr : dans le cas du moteur de Google France, le fait de cocher le bouton **Pages Francophones** provoque l'ajout de cette valeur : &meta=lr%3Dlang_fr

&meta=cr : si vous cochez le bouton **Pages : France**, cette valeur va être alors ajoutée : &cr=countryFR.

&q + : tous les mots.

&as_epq= : cette expression exacte.

&as_oq= : au moins un des mots suivants.

&as_eq= : aucun des mots suivants.

&lr= : permet de préciser la langue des pages qui apparaîtront dans les résultats.

&as_filetype= : indique le format des fichiers.

&as_ft= : inclut (i) ou exclut (e) le format de fichier spécifié. Ce paramètre est à utiliser avec le précédent.

&as_qdr= : permet de rechercher les pages Web découvertes depuis une date précise.

&as_occt= : permet de définir l'emplacement des termes recherchés dans la page. Les valeurs possibles sont :

- Partout dans la page : any ;
- Dans le titre de la page : title ;
- Dans l'URL de la page : URL ;
- Dans les liens de la page : links.

Par exemple : &as_occt=title.

&as_sitesearch= : permet de n'afficher que les pages d'un site ou d'un domaine.

&as_dt=e ou &as_dt=i : "Seulement" afficher les pages du site ou du domaine ou "Ne pas". À employer avec le commutateur &as_sitesearch=.

&as_rights= : définit les droits d'utilisation des pages des résultats. Les valeurs possibles sont les suivantes :

- %28cc_publicdomain%7Ccc_attribute%7Ccc_sharealike%7Ccc_noncommercial%7Ccc_nonderived%29 : libres de droits d'utilisation et de distribution ;
- %28cc_publicdomain%7Ccc_attribute%7Ccc_sharealike%7Ccc_nonderived%29.-%28cc_noncommercial%29 : libres de droits d'utilisation et de distribution y compris à des fins commerciales ;
- %28cc_publicdomain%7Ccc_attribute%7Ccc_sharealike%7Ccc_noncommercial%29.-%28cc_nonderived%29 : libres de droits d'utilisation, de distribution ou de modification ;
- %28cc_publicdomain%7Ccc_attribute%7Ccc_sharealike%29.-%28cc_noncommercial%7Ccc_nonderived%29 : libres de droits d'utilisation, de distribution ou de modification y compris à des fins commerciales.

&safe= : active ou non le filtre "SafeSearch". Les valeurs possibles sont : on ou off.

&num= : nombre de résultats. Afin de n'afficher que les 5 premiers résultats, ajoutez cette valeur : &num=5.

&newwindow= : permet d'afficher les résultats dans une nouvelle page.

&as_rq= : trouve les pages similaires.

&as_lq= : trouve les liens qui pointent vers une page.

&as_qdr=y : lance une recherche par date.

Les valeurs possibles sont :

- D : jour ;
- W : semaine ;
- M : mois ;
- Y : année.

Il est possible de définir des périodes de temps particulières en utilisant ce type de syntaxe : &as_qdr=d14 (pour les 14 derniers jours).

L'option va apparaître comme par enchantement dans la liste déroulante placée sur la droite de la zone de recherche.

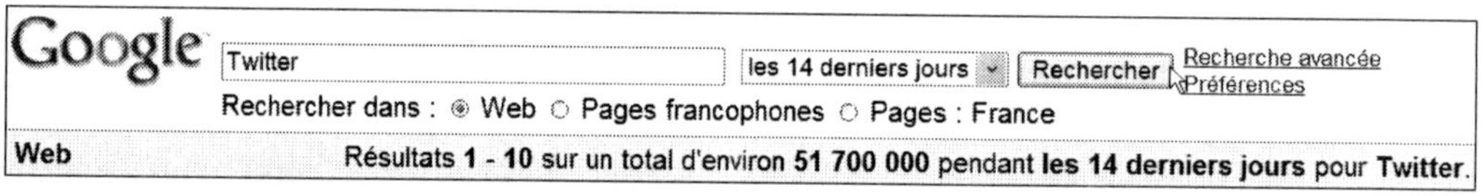

Il est aussi possible de désactiver les filtres de recherche de deux façons :

- Pour activer ou désactiver le filtrage des résultats pour un même nom de domaine : Google n'affichera que deux résultats pour un même site même si ce dernier contient plus de deux pages en rapport avec la requête.
- Pour activer ou désactiver le filtrage des résumés : si deux pages n'ont pas le même contenu mais correspondent toutes deux à une requête donnée et présentent le même résumé ou "Snippet" (les deux lignes qui apparaissent sous le titre du résultat), Google n'affichera qu'une seule des deux pages.
- &filter=1 : les deux filtres sont activés.
- &filter=0 : les deux filtres sont désactivés.
- &filter=p : seul le second filtre est activé.
- &filter=s : seul le premier filtre est activé.

Testez les résultats renvoyés par ces requêtes : **vista** ou **test site:editions-eni.fr** en ajoutant ou non dans la barre d'adresses, le commutateur **"&filter=0"**.

> **Information** : par défaut, Google n'affiche pas les pages dont il juge le contenu trop similaires aux résultats déjà affichés. Ajoutez ce commutateur afin d'afficher tous les résultats. Cela revient donc à cliquer sur le lien **relancer la recherche en incluant les pages ignorées** qui apparaît en fin des pages de résultats.

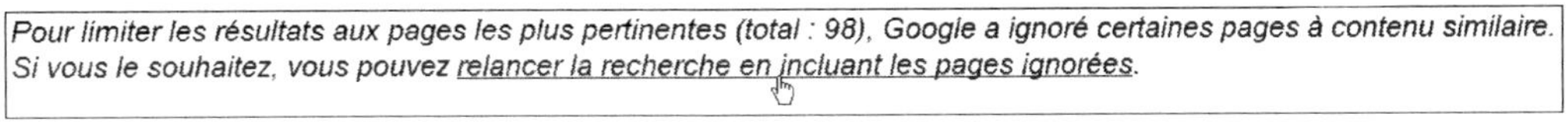

Les pages affichées font partie d'un index de moindre qualité car Google les considère comme peu importantes. C'est dû au fait qu'elles présentent trop de similarité avec d'autres pages de votre site ou que leur contenu est jugé trop "court".

L'adresse **http://www.google.com/webhp** renvoie vers la version internationale de Google.

Afin d'accéder à Google USA (et d'éviter les redirections automatiques), vous pouvez utiliser un Proxy en ligne (indiquez simplement cette adresse : **http://google.com**) ou saisir ce type d'adresse : **http://www.google.com/webhp?hl=en&gl=us**. Nous forçons à la fois l'utilisation de l'anglais comme langue d'interface ainsi que l'utilisation de la version américaine de Google.

Une autre manière consiste à utiliser cette syntaxe : **http://www.google.com/intl/us** (pour les États-Unis) ou celle-ci : **http://www.google.de/intl/de** (pour l'Allemagne). Vous pouvez utiliser cette version abrégée de l'URL : **http://www.google.de/de**

Il existe d'autres commutateurs mais qui concernent cette fois-ci les pages de résultats :

&cr= : nom du pays. Par exemple : &cr=countryIT si vous ne souhaitez rechercher que les pages hébergées sur des serveurs en Italie. Vous pouvez aussi utiliser ce type de syntaxe : &gl=it. Les résultats seront les mêmes à la différence près que vous conservez les avantages liés à votre version locale.

Information : les codes des pays et des territoires sont accessibles à partir de cette adresse :
http://www.google.com/apis/adwords/developer/adwords_api_countries.html

Imaginons maintenant que nous voulions traquer la moindre page qui mentionne votre nom (dans notre exemple, celui de l'auteur). Nous voulons que seules les pages les plus fraîches soient affichées (moins de 3 jours).

- Ouvrez Google puis cliquez sur le lien **Recherche avancée**.
- Dans la zone de texte **cette expression exacte**, saisissez votre prénom suivi de votre nom.
- Dans la liste déroulante **Date**, sélectionnez l'option **dernières 24 heures** puis cliquez sur le bouton **Recherche Google**.

L'adresse URL qui va s'afficher ressemblera à celle-ci :
http://www.google.fr/search?as_q=&hl=fr&num=100&btnG=Recherche+Google&as_epq=jean-noel+anderruthy&as_oq=&as_eq=&lr=&cr=&as_ft=i&as_filetype=&as_qdr=d&as_occt=any&as_dt=i&as_sitesearch=&as_rights=&safe=images

Nous pouvons la simplifier pour obtenir ceci :
http://www.google.fr/search?hl=fr&q=%22jean-noel+anderruthy%22&as_qdr=d

Il nous faut maintenant modifier le paramètre &as_qdr=d afin de le régler sur 3 jours.

Nous le remplaçons donc par celui-ci : &as_qdr=d3

Au final, nous obtenons cette adresse :
http://www.google.fr/search?hl=fr&q=%22jean-noel+anderruthy%22&as_qdr=d3

Il ne nous reste plus qu'à utiliser un outil de veille comme Wisigoth (voir le chapitre 6) pour définir une action de monitoring sur ces résultats.

4. Rechercher par date

Deux moteurs de recherche vous permettent d'utiliser cette même fonctionnalité :

Gigablast (**http://gigablast.com**) : dans la rubrique **Freshness Dating**, sélectionnez l'option de votre choix. Notez que pour n'afficher que les pages en français vous devez cliquer sur le lien **Advanced Search**. Ce moteur s'appuie sur un algorithme particulier baptisé "Publication date detection".

Faganfinder (**http://www.faganfinder.com/google2.html**) : servez-vous des options visibles dans la rubrique **Date** pour définir la granularité désirée.

La question que pose ce dernier outil est de savoir s'il est possible de définir un intervalle de temps en utilisant Google. Par exemple si, sur une recherche, vous ne souhaitez pas afficher uniquement les pages les plus récentes mais également celles publiées entre telle et telle date. Cela est effectivement possible en utilisant un opérateur méconnu appelé Daterange. Il est d'un maniement compliqué puisqu'il faut utiliser le système de datation propre au calendrier Julien :

- Accédez au convertisseur de calendrier :
  http://aa.usno.navy.mil/data/docs/JulianDate.php
- Dans la rubrique **Calendar date to Julian date**, sélectionnez votre date de début puis cliquez sur le bouton **Compute Julian Date**.

Vous allez avoir ce type de mention : "The Julian date for CE 2007 May 6 00:00:00.0 UT is JD 2454226.50000 ".

- Revenez à la page précédente puis répétez la même procédure pour la date de fin.
- Utilisez dans Google cette syntaxe de recherche : daterange:date_de_début-date_de_fin.
- Par exemple : "nicolas sarkozy" daterange:2454226-2454228

Nous recherchons toutes les pages publiées entre le 6 mai 2007 et le 8 mai 2007.

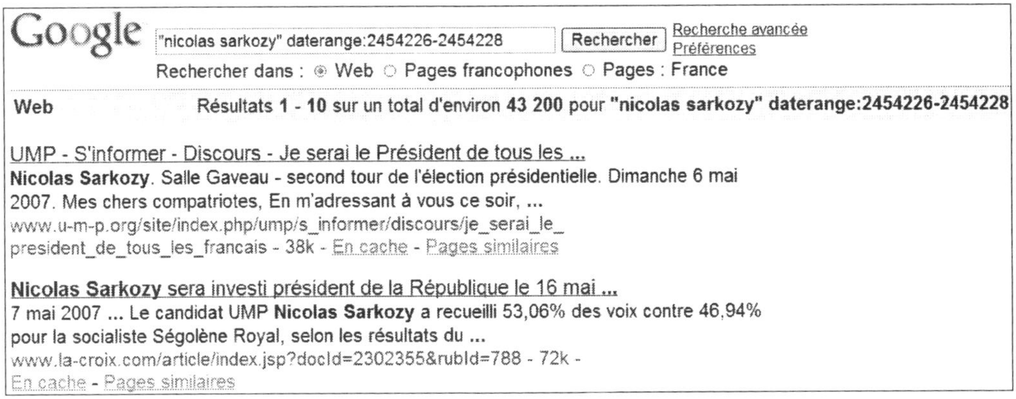

Important : il n'est pas possible de définir un intervalle plus fin que le jour.

Si on regarde la page des résultats, les indications de date ne sont pas toutes visibles mais toutes les pages ont bien été publiées dans l'intervalle que nous avons défini.

Gmaker (**http://www.gmacker.com/web/content/gDateRange/gdr.htm**) propose un formulaire en ligne vous permettant de lancer des recherches par intervalle de date.

5. Quelle est la date de publication d'une page web ?

Le principe consiste à lancer une recherche dans Google en utilisant l'opérateur inurl:.

Par exemple : **inurl:http://maps.google.fr**

- Ajoutez ensuite dans la barre d'adresses du navigateur ce commutateur : **&as_qdr=y15**

  Vous demandez ainsi au moteur de recherche d'afficher toutes les pages qui datent des 15 dernières années.

D'après le moteur de recherche, Google Maps a donc été lancé le 4 avril 2005 :

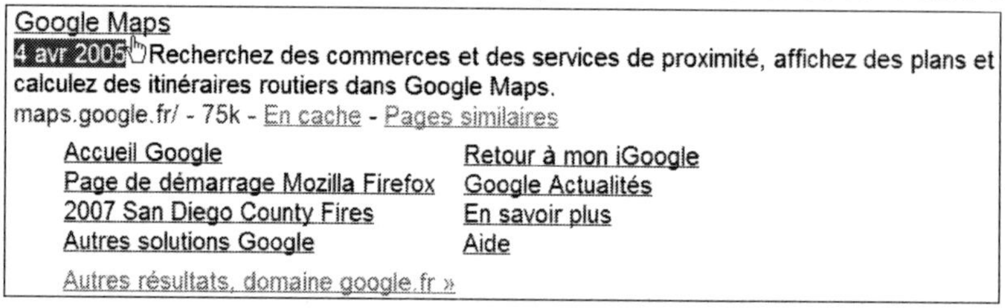

En réalité, vous aurez bien du mal à trouver des datations antérieures au 31 janvier 2001 mais cette solution est utile pour qui veut connaître la date d'indexation (et donc, approximativement, de publication) d'une page web qui n'en comporte pas. En fait, on devrait parler de la date à laquelle le "Crawler" de Google a parcouru, pour la première fois, la page web cible. Bien entendu, cette astuce fonctionne aussi pour les pages web (sauf dans certains cas comme, par exemple, les pages faisant partie d'un Wiki)...

6. Personnaliser les pages de résultats de Google avec SearchWiki

À partir du moment où vous êtes connecté à votre compte Google, vous pouvez personnaliser les résultats de vos recherches en utilisant Google Search Wiki. Le principe est donc de constituer des systèmes d'information intelligents à partir de recherches préétablies. C'est aussi une excellente façon de mettre en place des recherches collaboratives où les avis de chacun vous aideront à mieux appréhender un sujet que vous ne connaissez pas forcément sur le bout des doigts.

Deux boutons sont maintenant visibles à droite du lien principal et ce, pour chacun des résultats affichés :

- **Placer en tête**  : lors d'une prochaine recherche sur cette même requête, le lien que vous avez promu sera placé en tête des résultats ;
- **Supprimer**  : à l'inverse, quand vous saisirez la même requête, le lien que vous aurez supprimé ne sera plus visible.

➧ Vous pouvez laisser un avis en cliquant sur l'icône **Commentaire**  visible sur la droite.

Vos commentaires sont publics.

Une fois votre commentaire rédigé, vous pourrez le modifier en cliquant sur le lien correspondant.

➧ Tout en bas de la fenêtre, cliquez sur le lien **Ajouter un résultat** afin de personnaliser la page des résultats et d'ajouter l'adresse d'une page qui vous paraît plus pertinente que les résultats proposés par le moteur de recherche.

- Le lien **Afficher toutes mes notes SearchWiki** permet d'afficher l'ensemble des commentaires que vous avez laissés ou d'explorer les commentaires laissés par les autres internautes en cliquant sur le lien **Toutes les notes de ce SearchWiki**.

Un système de vote à la YouTube ou à la Digg vous permet d'indiquer si vous avez trouvé utile ou non les commentaires qui ont été laissés.

Il est possible d'accéder directement au Wiki formé autour d'une recherche en ajoutant le commutateur &swm=2 à la fin de l'adresse URL (&swm=4 pour désactiver cette fonctionnalité).

- Si vous avez supprimé une ou plusieurs pages, il est toujours possible de les retrouver en cliquant sur le lien **Restaurer** placé en dessous de la mention **Vous avez supprimé des résultats de cette recherche**.

Notez que la page de notes SearchWiki qui répertorie votre classement, vos suppressions et vos notes ne peut être consultée que par vous.

> **Information :** quand vous affichez un commentaire, seul votre identifiant de compte Google est visible.

7. Générer un flux RSS à partir d'une recherche sur Yahoo!

- Accédez à ce moteur : **http://fr.search.yahoo.com/web?fr=sfp**
- Lancez une recherche quelconque.
- Vous pourrez récupérer le flux RSS généré par cette recherche et qui utilise l'API Yahoo! Search : **http://api.search.yahoo.com/WebSearchService/rss/webSearch.xml?appid=yahoosearchwebrss&query=google&adult_ok=1&region=fr**

Vous remarquerez que si vous utilisez les options avancées de Yahoo! (comme, par exemple, les pages datant de moins de 3 mois), l'appel vers l'API Yahoo! ne s'effectue pas et, en conséquence, aucun flux RSS n'est généré.

Il existe une méthode simple de contournement :

Si nous effectuons une recherche sur la requête "Google" et précisons que nous ne souhaitons afficher que les pages datant de moins de 3 mois, cette adresse URL va s'afficher :
http://fr.search.yahoo.com/search?n=10&ei=UTF-8&va_vt=any&vo_vt=any&ve_vt=any&vp_vt=any&vd=m3&vst=0&vf=all&vm=p&fl=0&p=google&vs=

C'est passablement long mais il est assez simple de voir que le paramètre &vd=m3 sert à restreindre les pages affichées à celles qui datent de moins de trois mois. Il ne nous reste plus alors qu'à ajouter ce paramètre à l'adresse URL :
http://api.search.yahoo.com/WebSearchService/rss/webSearch.xml?appid=yahoosearchwebrss&query=google&adult_ok=1&region=fr&vd=m3

Le tour est joué et nous pouvons maintenant récupérer le flux RSS correspondant...

Il existe un second écueil : les autres catégories du moteur de recherche ne génèrent pas spontanément de flux RSS. Voici donc les différentes syntaxes à utiliser :

- Vidéos : **http://search.yahooapis.fr/VideoSearchService/rss/videoSearch.xml?appid= ysearchblog&format=mpeg&query=google**
- Images : **http://search.yahooapis.com/ImageSearchService/rss/imageSearch.xml?appid=yahoosearchimagerss&query=google&region=fr**

Concernant Yahoo! Actualités, toutes les pages trouvées génèrent un flux RSS et ce même si vous utilisez les options de recherche avancée.

Information : voici trois exemples de syntaxe qui utilisent l'API Yahoo! ou MSN et que vous pouvez directement afficher dans votre navigateur :
- http://api.search.yahoo.com/WebSearchService/V1/webSearch?appid=YahooDemo&query=google ;
- http://search.msn.com/results.aspx?q=google&count=100&format=rss ;
- http://blogsearch.google.com/blogsearch_feeds?q=google&num=100&output=rss.

Information : quelle que soit la recherche que vous lancerez dans Live Search, il vous sera possible de récupérer le flux RSS correspondant.

8. Le Web invisible

On entend par ce terme toute page web qui peut être visible par au moins une personne mais qui n'est pas indexée par les moteurs de recherche. On estime généralement que ces derniers n'indexent pas plus de 20% de l'ensemble des pages Web. De fait, on estime que le Web de "surface" contient soixante milliards de pages et que le Web de profondeur ("Deep Web"), neuf cents milliards. En bref, la plupart des pages de l'Internet profond ne sont pas indexables directement. Il existe plusieurs raisons à cet état de fait dont, principalement, les suivantes :

- La multiplication des URLs dynamiques qui ne sont que partiellement suivies par les moteurs ;
- La présence de formulaires qui fait que l'accès à de nombreuses ressources nécessite une procédure d'identification ;

- L'existence de pages qui sont réservées aux citoyens de tel ou tel pays ;
- L'utilisation de formats de fichiers qui, en l'état actuel des technologies, ne sont pas déchiffrables par les moteurs.

Cette page liste 100 sources possibles de sites et de ressources faisant partie du Web invisible : **http://www.collegedegree.com/library/college-life/99-resources-to/**. Sur un autre site, en voici une autre : **http://oedb.org/library/college-basics/invisible-web**

Il existe aussi un portail de ressources dédiées aux enseignants : **http://askeric.org/**

Enfin, le blog Intelligence-Center a publié une liste de ressources dédiées au Web invisible : **http://c.asselin.free.fr/french/invisible_web.htm**

B. Les métamoteurs

Un métamoteur est un logiciel qui puise ses informations à travers plusieurs moteurs de recherche et ce, en synthétisant les réponses. Nous avons essayé de faire un tour rapide de ceux qui nous ont paru les plus performants.

1. Soovle

Soovle (**http://soovle.com**) est un métamoteur de suggestions pour ces moteurs et portails d'informations : Google, Amazon, Yahoo!, ASK, Answers, YouTube et Wikipédia. Il vous est possible de "bookmarker" une page de suggestions ou, plus simplement, de copier la liste des suggestions afin de la copier dans un document.

2. Refseek

Actuellement en phase de test, Refseek (**http://www.refseek.com**) est un moteur de recherche anglophone pour les étudiants et les chercheurs. Cliquez sur le lien **Directory** afin de voir l'ensemble des sources qui ont été compilées.

3. Browsys

Ce moteur (**http://www.browsys.com/finder**) est intéressant dans le sens où il vous permet, à partir d'une seule interface, de lancer une recherche sur une multitude de moteurs classés par thématique (Général, Images, Vidéo, Actualités, etc.)

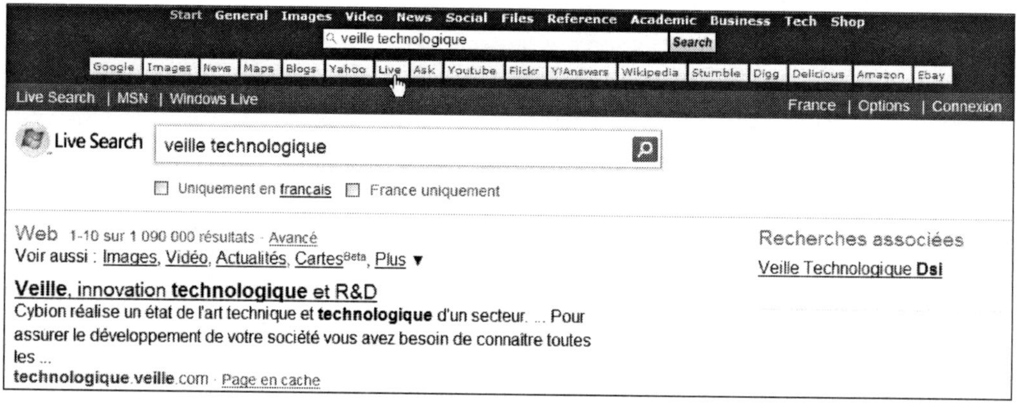

4. Xclustering

Xclustering (**http://www.xclustering.com**) est un méta moteur assez lent mais qui est très pertinent et qui offre des résultats regroupés sous forme de catégorie.

5. Kosmix

Kosmix (**http://www.kosmix.com**) est un moteur anglophone qui juxtapose informations de type encyclopédique, données provenant de sites multimédias, résultats en temps réel et pages d'actualités. De plus, il propose des fonctions de détection d'entités nommées et de suggestions de recherche.

6. DeeperWeb

DeeperWeb (**http://deeperweb.com**) est un méta moteur intéressant qui vous permet d'effectuer des recherches dans Google et d'effectuer un relevé des meilleures sources classées par thématiques : moteurs de questions-réponses, portails d'informations financières et économiques, actualités, encyclopédies, blogs, etc. Vous pouvez intégrer ces mêmes fonctionnalités en installant l'extension Firefox qui est également disponible. Là encore, ce moteur est strictement anglophone mais forcément utile pour qui veut avoir une vue synthétique d'un sujet donné.

7. Yauba

Yauba (**http://www.yauba.com**) est un autre moteur qui propose une présentation soignée, un respect absolu de votre vie privée et une possibilité de filtrer les résultats par catégorie de sites : Internet, recherche en temps réel, blogs, etc.

C. Les métamoteurs sociaux

Ces services, tous anglophones, vous permettent de lancer des recherches dans toutes sortes de sites et portails à connotation sociale. En bref, ces moteurs sont spécialisés dans les résultats "chauds", ce dont tout le monde parle ou va parler.

1. WhosTalkin

WhosTalkin (**http://www.whostalkin.com**) est un moteur de recherche sociale qui vous permet d'interroger un très grand nombre de sources : blogs, moteurs d'actualités, réseaux sociaux, plates-formes de partage vidéo, moteurs de recherche d'images, forums, sites de bookmarking : Facebook, Friendster, Last.FM, MySpace, Linkedin, Netblog, Ning, bebo, Xanga, hi5, Delicious, Blinklist, Reddit, Metafilter, MyWeb, etc.

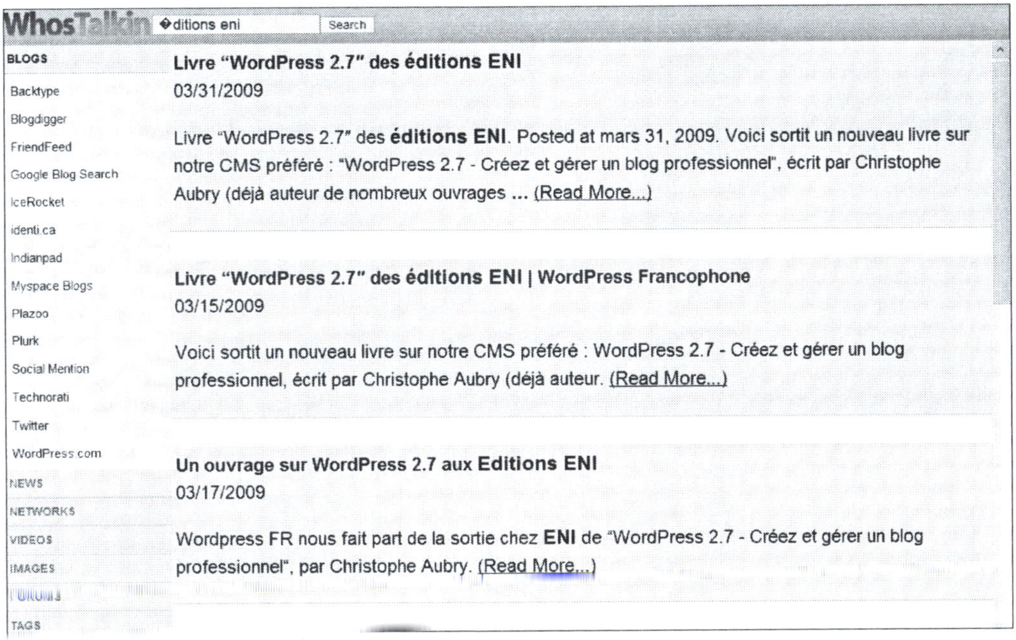

- Cliquez sur le lien **Options** afin de récupérer le flux RSS correspondant à votre recherche ou de sauvegarder votre recherche. Le lien **Get Tools** permet, en outre, d'installer un plug-in pour Firefox.
- Cliquez sur le lien **URL API** pour afficher des exemples de requêtes avancées : requêtes sur plusieurs mots, en expression exacte ou sur une adresse URL.

2. Samepoint

Samepoint (**http://www.samepoint.com**) est un autre moteur de recherche spécialisé dans les médias sociaux, les sites de micro-blogging, les forums, les wikis, les réseaux professionnels, les newsgroups, les sites de questions-réponses et les podcasts : Technorati, Twitter, Facebook, Tumblr, Youare, Rejaw, Friendfeed, Jaiku, Brightkite, Diigo, Clipmarks, StumbleUpon, Digg, Reddit et Mixx. Là encore, un flux RSS est automatiquement généré. Par ailleurs, un module de traduction est intégré à chaque résultat de vos recherches.

3. SocialMention

SocialMention (**http://socialmention.com**) ressemble comme deux gouttes d'eau au précédent avec une API (http://socialmention.com/api), un espace SocialMention Trends où vous pouvez afficher les requêtes les plus populaires (**http://socialmention.com/trends**) et un module avancé de recherche (expression exacte, opérateur d'exclusion, ciblage géographique et linguistique, etc.)

4. Serph

Serph (**http://www.serph.com**) est un moteur qui vous permet de suivre en temps réel le nom d'une personne, d'une compagnie ou d'un produit.

5. Itpints

Itpints (**http://www.itpints.com**) est un moteur de recherche presque minimaliste qui va chercher dans toutes sortes de résultats "frais" : Twitter, YouTube, des flux RSS, etc. Son principal intérêt est de vous permettre de générer un flux RSS pour chacune de vos recherches.

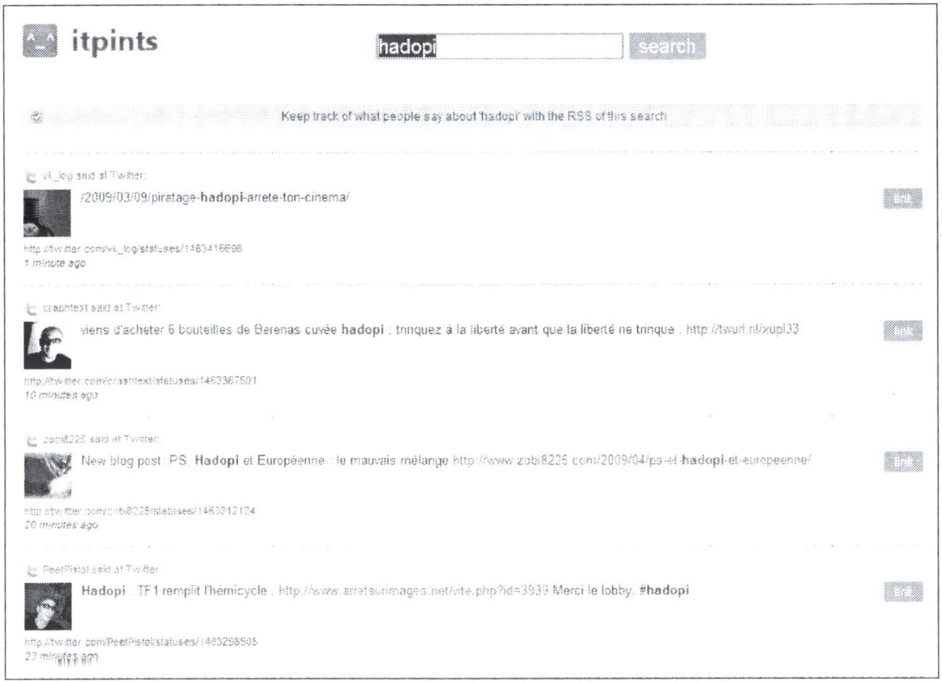

D. Les moteurs de recherche sémantique

Un moteur de recherche sémantique est capable d'extraire des concepts à partir de vos recherches (entités nommées) et de les afficher de manière suffisamment conviviale pour que vous rebondissiez vers une autre recherche. Imaginons que vous saisissiez une requête comme "élection", le moteur peut vous proposer ce type de cluster : "élection américaine", "élections truquées", "bulletin de vote", etc. Un autre avantage de ces moteurs est de vous offrir une fonction de désambiguïsation qui fait que, par exemple, la requête "paris" affichera des pages sur la ville de Paris, mais aussi sur Paris Hilton, sur les paris en ligne, etc.

De fait, un moteur de recherche sémantique est intéressant dans l'optique d'une recherche de type documentaire mais ne saurait sans doute pas remplacer un moteur de recherche traditionnel. Faisons un inventaire des moteurs de recherche sémantique les plus performants du moment... (c'est très subjectif comme appréciation !)

1. Hakia

Hakia est accessible à partir de cette adresse : **http://hakia.com**. Signalons, tout d'abord, que ce site est capable de comprendre des requêtes en langage naturel. Par exemple, regardez le résultat épinglé quand vous lancez cette recherche : When was einstein born?. Si, maintenant, nous lançons une recherche sur, par exemple, un nom ("Barack Obama"), le moteur est capable de nous faire des suggestions de recherche comme Democrats, John McCain, Sarah Palin, Hillary Clinton, Joseph R. Biden Jr., Michelle Obama, John Sununu. Par ailleurs, les résultats sont classés par thématique : The Official Website, Image Search, Headline News, Biography and Timeline, Awards and Accomplishments, Speeches and Quotes, etc. La liste complète des catégories est visible sous la rubrique **On This Page**. De fait, le gain de temps est appréciable.

2. Powerset

Powerset (**http://www.powerset.com**) : ce moteur a été racheté par Microsoft en juillet 2008. Il permet également de lancer des requêtes en langage naturel : How many languages are spoken in Pakistan? Si nous lançons une recherche sur la même requête que précédemment ("barack Obama"), PowerSet juxtapose les données extraites de l'encyclopédie en ligne avec celles issues de Freebase (**http://www.freebase.com**).

La rubrique supérieure liste les faits repérés dans Freebase et qui sont accessibles sur cette page : **http://www.freebase.com/view/en/barack_obama**

Juste en dessous une rubrique baptisée **Factz from Wikipedia** affiche les thématiques qui sont en rapport avec votre requête : won : election, vote, Democratic, Presidency, caucus, nomination, etc.

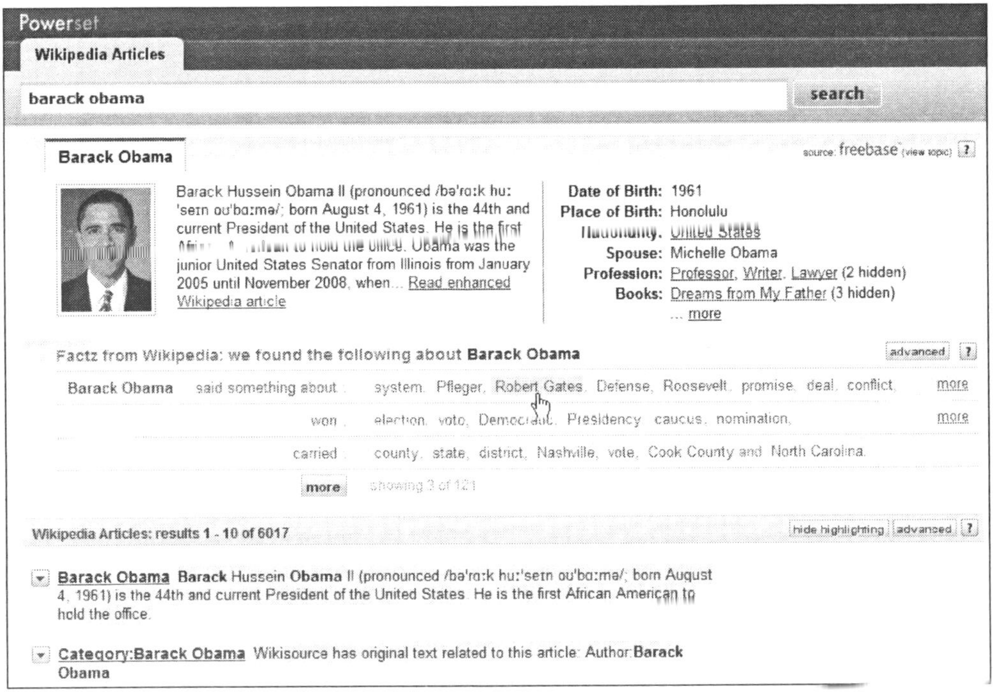

- Cliquez sur **more** afin de lister l'ensemble des suggestions qui sont, à chaque fois, couplées à un verbe : saided something about, won, carried, etc.
- En bas de la fenêtre, vous pouvez trier les articles de l'encyclopédie en cliquant sur le bouton **advanced** (titre de l'article ou citation trouvée).

- Cliquez sur le bouton fléché placé à gauche d'un des articles afin d'afficher un aperçu de la page correspondante. L'extrait choisi sera automatiquement mis en surbrillance. Vous pouvez afficher l'extrait suivant en vous servant des boutons fléchés placés en bas de la fenêtre du mini-viewer.
- Cliquez sur l'onglet **Images** afin d'afficher les images contenues dans la page. Le bouton représentant deux A l'un à côté de l'autre vous permet de zoomer dans le texte. Enfin, à droite le plan de l'article vous permet d'explorer rapidement chacun des paragraphes qui le composent. Ils s'afficheront dans le volet central. On peut remarquer qu'il existe une sorte d'aide à la lecture puisque, pour chacune des parties qui composent le texte, les extraits qui sont les plus pertinents par rapport à votre recherche seront mis en surbrillance.

3. DeepDyve

DeepDyve (**http://www.deepdyve.com**) est un moteur de recherche spécialisé dans le Web profond. Saisissez une recherche puis cliquez sur le bouton fléché placé à gauche de la mention **Refine** afin de cibler une sphère cognitive en particulier : Life Sciences and Medical, Physical Sciences, Patents, Wikipédia, etc. Notez que votre requête peut aller jusqu'à 25000 caractères. La liste des sources qui sont utilisées est visible sur cette page : **http://www.deepdyve.com/corp/why_deepdyve/expert_sources**

4. iSeek

iSeek (**http://www.iseek.com**) est un moteur qui permet d'explorer les relations qu'entretiennent des entités trouvées selon votre recherche. Imaginons que nous partons de la même requête que précédemment : barack obama.

- Cliquez sur le bouton fléché placé à droite de la mention **Target Your Results By** afin que le volet visible sur la gauche soit disposé horizontalement.

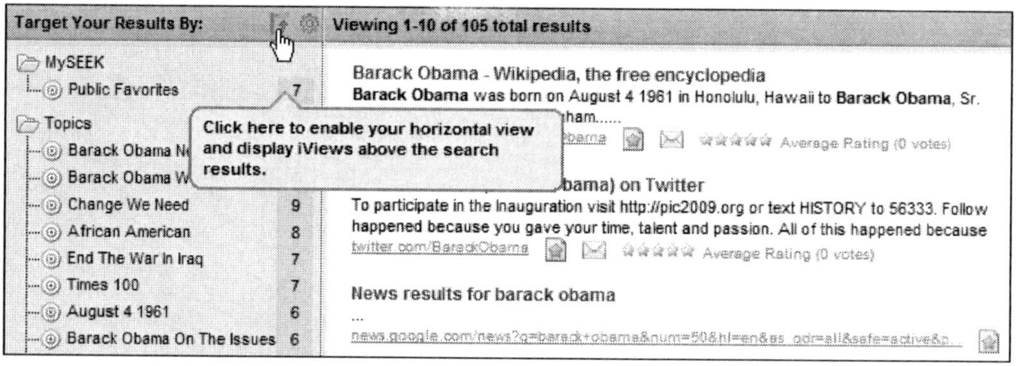

iSeek, pour chaque recherche, détecte automatiquement ces différentes rubriques : **Topics, People, Places, Organizations, Date and Time, Abbreviations, Date Published** et **Source**.

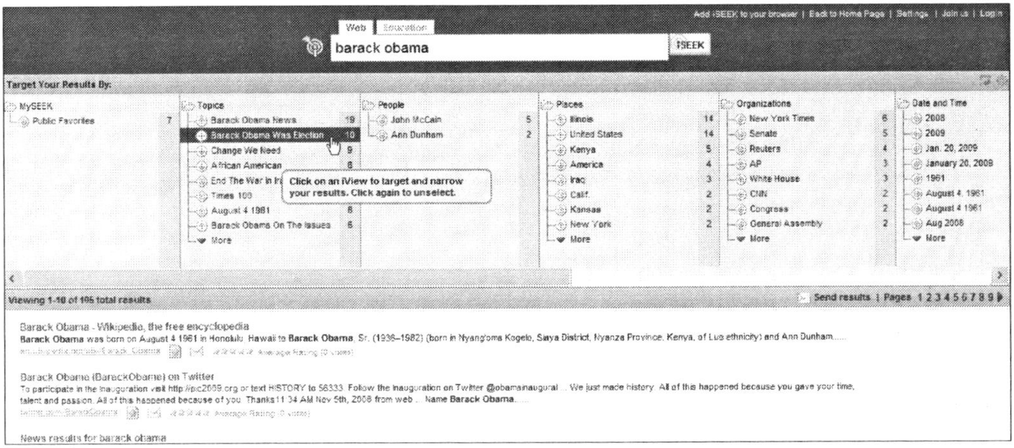

Les valeurs affichées à droite de chaque entité qui a été trouvée indiquent le nombre d'occurrences trouvées entre l'entité représentée par votre recherche et celle qui est sélectionnée. Dans notre exemple, l'entité du président des États-Unis est associée deux fois à la ville de New York.

Remarquez que lorsque vous sélectionnez une entité, toutes celles qui conservent un lien sont actives alors que les autres sont grisées. Il est donc possible de resserrer une recherche en sélectionnant une troisième entité et ainsi de suite.

Notez enfin que vous pouvez vous inscrire sur ce service afin de sauvegarder les pages qui vous ont le plus intéressé afin de les organiser par dossier et les intégrer à vos futures recherches.

5. Clusty

Clusty (**http://clusty.com**) est un moteur de recherche qui, pour chacune de vos requêtes, affichent les clusters qui sont détectés. Vous pouvez cliquer sur le lien **Advanced** et, dans la liste déroulante **Language**, sélectionnez l'option **French**. En lançant une recherche sur le président américain, nous trouvons différents clusters qu'il est possible, à chaque fois, de développer.

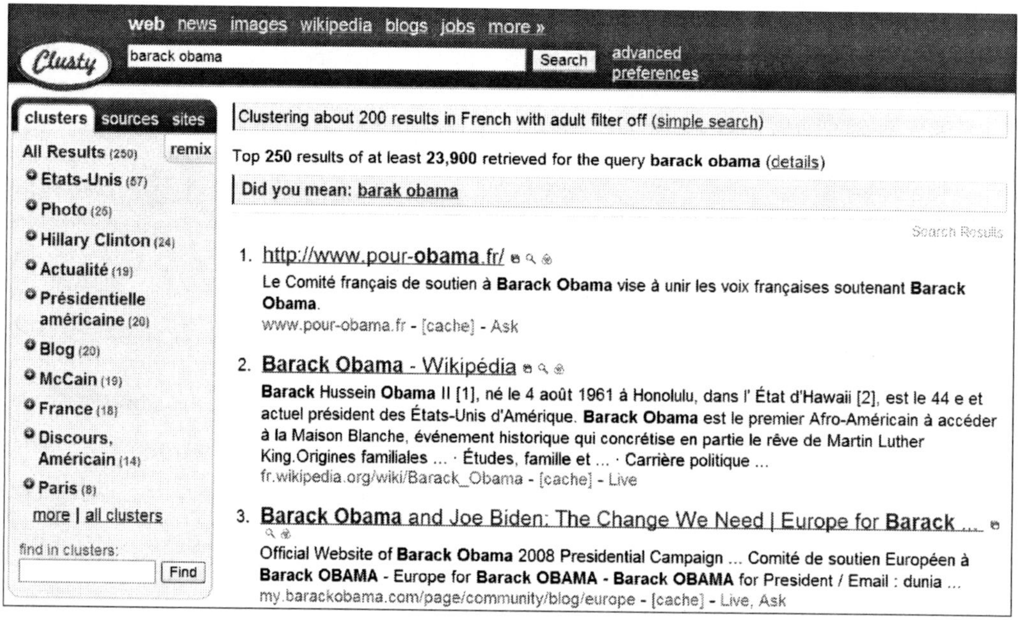

Un peu selon le principe d'un tamis, vous allez immanquablement exhumer les pages qui ciblent parfaitement (du moins en théorie) l'objet de votre recherche.

6. Evri

Evri (**http://www.evri.com**) est un moteur au fonctionnement assez similaire au précédent. Une recherche sur le président des Etats-Unis vous permet ensuite de filtrer les résultats en fonction de son activité, des catégories ou des connexions trouvées. Il existe une fonction de suggestion qui vous permet d'accéder directement à un des albums créés autour de l'entité que vous recherchez. La mise en page emprunte de nombreux éléments à la recherche universelle : fiche signalétique, actualités, images, vidéos, graphique de tendances, etc.

7. Kartoo

Kartoo (**http://www.kartoo.com/flash.php3?langue=fr**) est un métamoteur qui affiche les résultats sous la forme d'une carte que vous pouvez explorer de manière interactive. Les sites trouvés sont représentés par des pages plus ou moins importantes en fonction de leur pertinence. Lorsque vous survolez ces pages, les mots-clés concernés sont mis en surbrillance et une brève description du site apparaît sur la gauche de l'écran. Par ailleurs, une série de mots-clés apparaît. Vous pouvez affiner votre recherche en cliquant sur des thèmes qui ont été détectés.

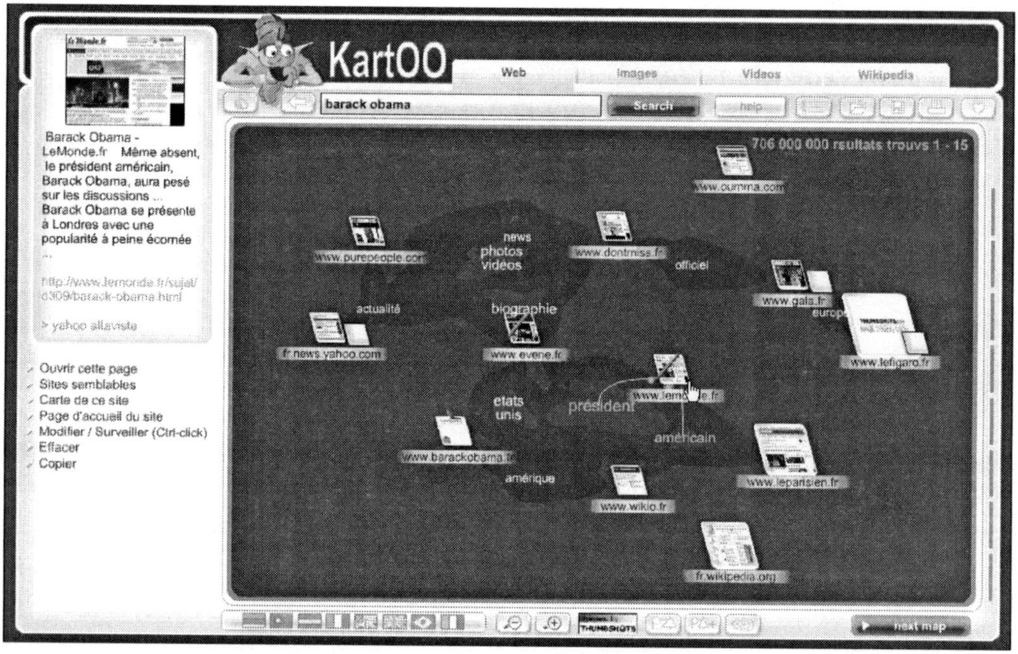

Information : une nouvelle version du moteur de recherche Kartoo (**http://s2.kartoo.com**) intègre un module d'e-réputation... Saisissez une recherche sur votre nom complet puis, par exemple, cliquez sur le lien **Voir la carte**. Vous afficherez une cartographie de vous sur le Web. Cliquez ensuite le bouton fléché situé en haut à gauche afin de voir le nombre d'opinions positives, neutres ou négatives ainsi qu'une liste de mots-clés qui vous définissent. Même si cet outil n'est pas, pour l'instant, abouti, il offre des perspectives qui sont intéressantes.

8. Cuil

Cuil (**http://www.cuil.com**) est un autre moteur qui vous permet d'explorer un thème en fonction des catégories qui seront détectées. Notez qu'à chaque fois un "Timeline" ("une ligne de temps") offre une vue chronologique des événements correspondants.

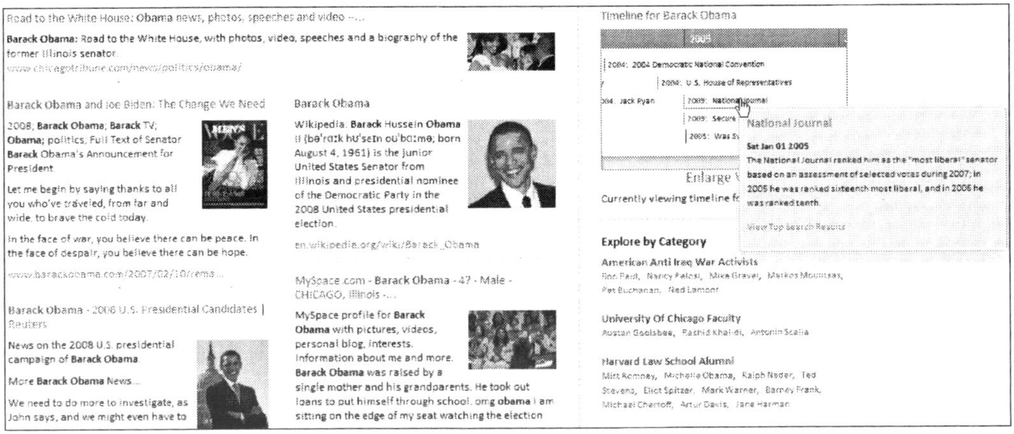

E. Les moteurs de recherche de blogs

Les blogs ont ceci de particulier qu'ils délivrent une information "au fil de l'eau" et qui, généralement, est en prise avec l'actualité. Il existe toutes sortes de blogs allant du journal intime au blog scientifique ou au blog institutionnel (société, blog de journalistes, etc.) De fait, les blogs sont d'excellents indicateurs des tendances à venir ou des faits qui, dans le monde et quelle que soit la thématique abordée, vont faire la une.

1. Google Recherche de blogs

Google Recherche de blogs (**http://blogsearch.google.fr**) : cliquez sur le lien **Blogs - Recherches avancées** afin de lister toutes les possibilités qui vous sont offertes.

Voici la liste des opérateurs possibles :

- Avec ces mots dans le titre du message : inposttitle: ;
- Avec ces mots dans le titre du blog : inblogtitle: ;
- À cette URL : blogurl: ;
- blogs et messages rédigés par : inpostauthor:.

Vous noterez que chaque recherche permet de générer un flux au format RSS ou Atom. De plus, vous pouvez trier les articles par date ou par pertinence.

La version internationale de ce moteur (**http://blogsearch.google.com/?hl=en&tab=wb**) est plus intéressante puisque les résultats sont regroupés par clusters et que vous pouvez afficher les articles les plus populaires en fonction de quelques grandes catégories (Politics, US, World, etc.)

Google Recherche de blogs existe dans pratiquement toutes les versions géographiques de ce moteur : Corée, Chine, Madagascar, etc. À chaque fois la structure et la présentation sont les mêmes (à quelques différences près). Plus important : pour chacune de vos recherches, Google affiche ce qu'il pense être les blogs de référence sur le mot-clé ou l'expression que vous avez saisie. Vous pouvez donc très facilement retrouver, pour chaque pays, les blogs de référence sur le sujet qui vous intéresse.

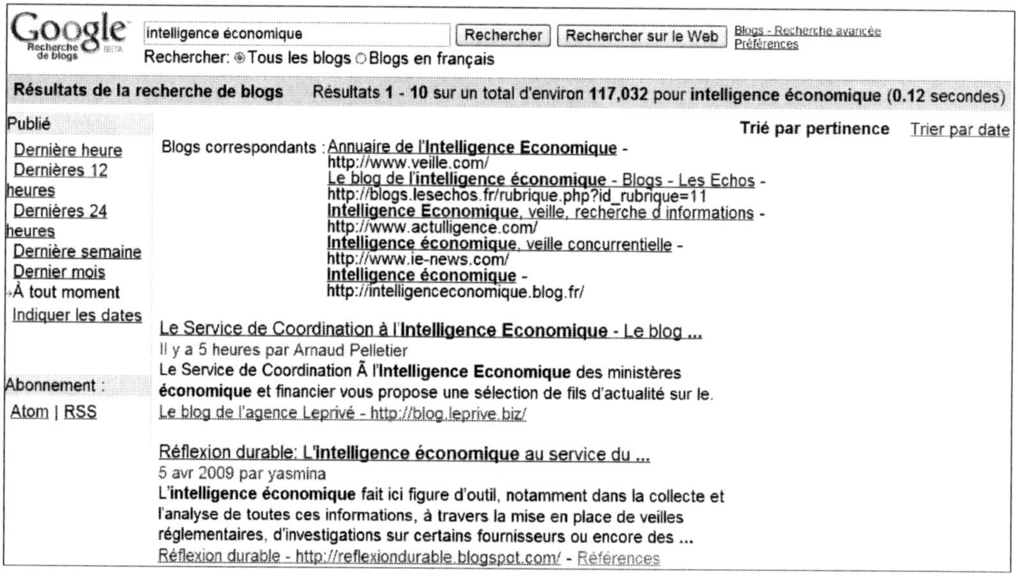

2. Technorati

Technorati (**http://technorati.com**) est un excellent moyen de trouver des blogs de référence quelle que soit leur langue ou la thématique choisie. Cliquez sur le lien **Advanced** afin d'accéder aux paramètres avancés de recherche. Les possibilités sont très similaires au précédent moteur à la différence près que vous pouvez afficher les articles qui font un lien vers une URL en particulier (**Find posts that link to**) et que vous pouvez lancer une recherche par libellé (**Find posts tagged**).

Une fois vos résultats affichés, vous pouvez les filtrer par type de média, en vérifiant la présence de tel ou tel libellé, en fonction de l'autorité du blog (un système de notation interne à Technorati) et en fonction de la langue du blog ou du site.

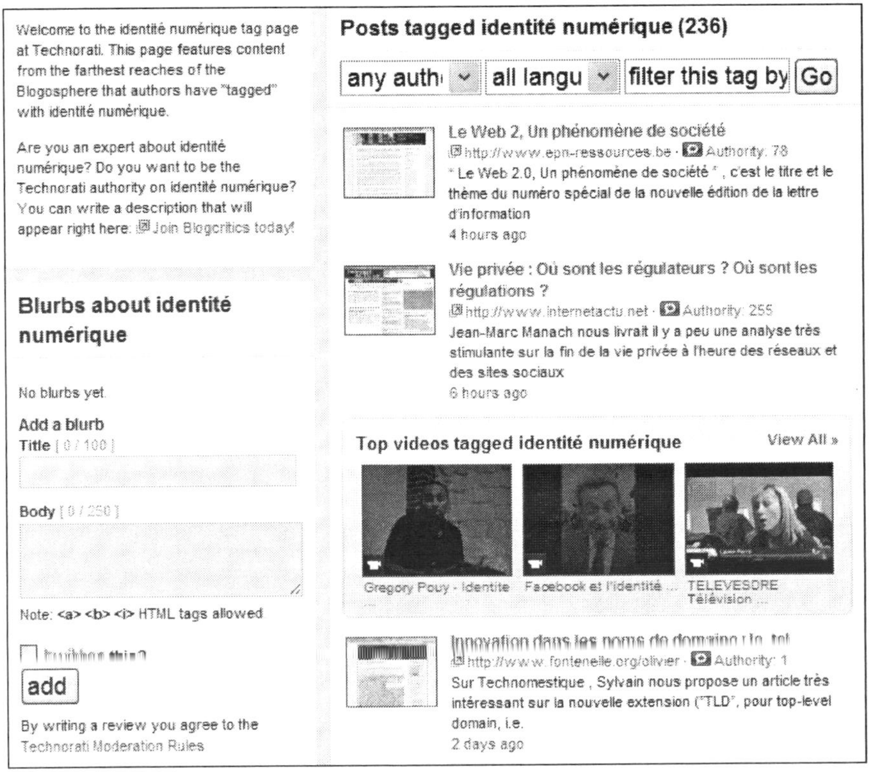

Un flux RSS est automatiquement généré : il vous suffit de cliquer sur le lien **Subscribe**.

3. BlogPulse

BlogPulse (**http://www.blogpulse.com**) : le module de recherche avancée s'affiche en cliquant sur le lien **Advanced**.

Une fois les résultats affichés, le lien **Trend this** permet d'afficher un graphique représentant les tendances de votre recherche. Le lien **XML** vous permet de récupérer le flux RSS correspondant.

4. Ask Blogs

Ask Blogs (**http://fr.ask.com/?tool=bls&o=0&l=dir**) : une fois que vous avez lancé une recherche vous pouvez définir des paramètres avancés.

Servez-vous de la liste déroulante **Mots situés** afin de lancer une recherche par nom, par adresse URL, dans les citations, etc. Vous pouvez ensuite trier les résultats par pertinence, date de publication ou popularité. Servez-vous de la liste déroulante **S'abonner** afin de récupérer le flux RSS qui sera généré ou utilisez directement les agrégateurs qui sont définis par défaut. Notez qu'Ask est un moteur proposé dans différentes langues : **http://fr.ask.com/intl**

5. Twingly

Twingly (**http://www.twingly.com**) est un moteur de recherche de blogs ou de micro-blogs (Microblog Search).

> **Information** : le micro-blogging désigne toutes les plates-formes qui permettent de tenir des blogs minimalistes comme, par exemple, Twitter.

➧ Cliquez tout d'abord sur les liens **Twingly Blog Search** et **Advanced search**.

Trois options sont intéressantes :

- **Return posts within the blog** (blog:) : affiche toutes les pages qui font un lien vers un blog en particulier. Il vous suffit ensuite de cliquer sur le lien n inlinks.
- **Return posts that link to the page or site** (link:) : affiche tous les messages qui font un lien vers une page d'un blog en particulier.
- **Return posts from the site or domain** (site:) : affiche tous les messages d'un blog en particulier.

Vous pouvez ensuite les classer par date, en fonction de l'importance des sources (TwinglyRank), exclure les blogs spammés, classer les sources par date ou en fonction de la langue d'interface.

Enfin, il est possible de souscrire à une alerte e-mail ou au flux RSS qui est, à chaque fois, généré.

Twingly Microblog permet d'effectuer une recherche dans les sites de micro-blogging comme Twitter, Jaiku, Identica, etc. Ces opérateurs sont autorisés :

- From: : les messages postés par un utilisateur ;
- To: : les messages envoyés à un utilisateur ;
- Since: : les messages postés de telle à telle date ;
- Until: : les messages postés jusqu'à cette date ;
- # : les messages marqués d'un HashTag en particulier ;
- @ : les messages qui citent un utilisateur en particulier.

Information : les particularités de Twitter sont expliquées au chapitre 5.

L'intérêt par rapport au module de recherche proposé par Twitter n'est pas forcément important tant ce service domine les autres. Pour vous en convaincre, décochez la case **Twitter** puis cliquez sur le bouton **Update results**.

F. Les moteurs de recherche d'images

La recherche d'images fait partie intégrante d'un processus de veille ou d'une recherche documentaire. Il existe un grand nombre de moteurs de recherche d'images qui offre, chacun à sa façon, des fonctionnalités qui peuvent vous intéresser à différents degrés. L'objet de cette partie du livre n'est pas d'en dresser une liste exhaustive mais de vous donner un aperçu de leurs possibilités.

1. Trouver des images similaires à la vôtre

Ce moteur fonctionne selon le principe d'une recherche inversée : vous définissez une image et TinyEye (**http://tineye.com**) va afficher toutes les images similaires ou présentant des ressemblances avec la vôtre. Bien entendu, c'est un excellent moyen de contrôler l'utilisation d'une image dont vous détenez les droits d'auteur. C'est aussi une façon de rechercher les sociétés qui commercialisent les mêmes produits que vous.

- Cliquez sur le bouton **Parcourir...** ou collez l'adresse URL d'une image qui doit être au format JPG, GIF ou PNG et ne doit pas excéder une taille de 1 Mo.

Toutes les images qui présentent des similarités avec celle que vous avez définie seront affichées. En dessous de chacune d'elle, le lien **Compare Images** vous permet de basculer entre l'image que vous avez définie et celle qui a été trouvée.

> **Information** : notez que les images présentant le plus de modifications par rapport à celle initiale seront placées en fin de résultats mais vous pouvez changer cet ordre en vous servant de la liste déroulante **Closest match first**.

L'option **Biggest image first** vous permet d'obtenir la version de la même image de meilleure résolution que celle que vous avez soumise.

Enfin, il vous est possible d'installer un plug-in pour Internet Explorer ou Firefox ou le Bookmarklet qui remplit les mêmes fonctions.

Cet outil a été créé par la société idée (**http://ideeinc.com**) et propose de nombreux autres services :

- PixID : un autre outil de "tracking" qui vous permet de connaître l'utilisation de vos images ;
- Piximilar : un service qui vous permet de trouver d'autres images présentant des similarités avec celle que vous avez définie : couleur et caractéristiques picturales. Vous pouvez en avoir un bon aperçu en accédant au laboratoire d'idée : **http://labs.ideeinc.com**. Dans la rubrique **Multicolour Search Lab**, cliquez sur le lien **Flickr Set**.

2. Rechercher des images

Flickr offre une section particulière qui vous permet de trouver des images sous licence Creative Commons : **http://www.flickr.com/creativecommons**. Il existe quatre options principales :

- **Paternité** : la copie, la distribution, l'affichage et la communication de l'image sont autorisés ainsi que sa modification, à condition que le nom de l'auteur soit cité.
- **Pas d'utilisation commerciale** : la copie, la distribution, l'affichage, la communication et la modification de l'image sont autorisés mais à des fins non commerciales uniquement.
- **Pas de modification** : la copie, la distribution, l'affichage et la communication de copies identiques à l'image sont autorisés.
- **Partage selon les Conditions Initiales** : la distribution de l'image modifiée est autorisée mais uniquement sous un contrat identique à celui qui régit l'œuvre originale.

Ces options peuvent se combiner pour former six licences qui sont listées sur cette page du site Creative Commons : **http://fr.creativecommons.org/contrats.htm**.

En principe, vous avez plus de chance de trouver votre bonheur en utilisant des mots-clés en anglais. Voyons comment procéder :

- Accédez à Flickr : **http://www.flickr.com/search**
- Servez-vous de la zone de recherche pour saisir votre mot-clé.
- Cliquez sur le lien **Recherche avancée**.

Il est fait une distinction entre une recherche qui porte sur les textes descriptifs et celle qui porte sur les tags.

> **Information** : rappelons qu'un tag ("libellé") fonctionne comme un mot-clé qui permet de décrire un objet. Par exemple, une photographie d'un arbre sous un soleil d'été peut recevoir les libellés suivants : arbre, ciel, été, bleu, France, Provence, tilleul, paysage, etc. En bref, les tags fonctionnent comme autant de portes d'entrée permettant d'accéder à la même pièce. Bien entendu, on pourrait imaginer une description de ce style : une photo d'un tilleul dans un ciel bleu d'été en Provence (France). Il vous est possible :
> - d'exclure des mots-clés ;
> - de rechercher par contenu ;
> - de rechercher par type de média ;
> - de rechercher par date ;
> - de limiter votre recherche au contenu Creative Commons.

Une fois que les résultats de votre recherche sont affichés, cliquez sur une des images puis sur l'icône représentant une loupe.

Les tailles de téléchargement disponibles ainsi que le détail de la licence seront visibles.

En admettant que vous avez lancé une recherche sur le mot-clé "Paysage" et en cochant la case **Limiter la recherche au contenu sous licence Creative Commons**, l'URL qui s'affichera ressemblera à celle-ci :
http://www.flickr.com/search/?q=paysage&l=cc&ct=0

Vous pouvez accéder aux fils Flickr en différents formats à l'aide d'un paramètre format. Voici la liste des valeurs valides :

- rss_200 ou rss2 : fil RSS 2.0 ;
- atom_1 ou atom : fil Atom 1.0 ;
- rss_091 : fil RSS 0.91 ;
- rss_092 ou rss : fil RSS 0.92 ;
- rss_100 ou rdf : fil RSS 1.0 ;
- rss_200_enc : fil RSS 2.0 avec pièces jointes (sans taille de pièce jointe)

Les flux API de Flickr peuvent être utilisés dans différentes langues en utilisant le paramètre lang : fr-fr pour le français.

Afin de générer un flux RSS à partir d'une recherche sur le mot-clé "Paysage" et qui ne recense que les images sous licence Creative Commons, utilisez ce type de syntaxe : **http://api.flickr.com/services/feeds/photos_public.gne?tags=paysage&l=cc&ct=0&lang=fr-fr&format=rss_200**

Vous pouvez aussi afficher le flux d'un auteur en particulier : **http://api.flickr.com/services/feeds/photos_public.gne?id=21082342@N08&lang=fr-fr&format=rss_200**

Qui a laissé sa trace ? Who left his path ?

samedi 4 avril 2009, 00:53:41 | nobody@flickr.com (Pierre Éthier)

Pierre Éthier a posté une photo :

Bar La Quincaillerie. 980 Rue Rachel Est; Montréal

On utilise alors l'identifiant (id=21082342@N08) de l'auteur.

Le principe consiste à accéder à la galerie du photographe et à cliquer sur le lien **Dernier** (visible en bas de la fenêtre).

On peut construire un flux portant uniquement sur les images sous licence en utilisant alors cette syntaxe : **http://api.flickr.com/services/feeds/photos_public.gne?id=21082342@N08&lang=fr-fr&&l=ccformat=rss_200**

Merci à Pierre Éthier de s'être prêté involontairement à notre expérimentation.

Bien entendu, le fait de créer un flux RSS à partir d'un nom de produit ou de marque peut vous êtes utile dans le cadre d'une veille de type commerciale.

3. PanImages

PanImages est un moteur de recherche d'images qui ne connaît pas les barrières linguistiques. Ce moteur utilise un schéma de traduction imaginé par un des pôles de recherche de l'Université de Washington. Plus de 350 dictionnaires en ligne sont utilisés comme celui de Wiktionary (**http://www.wiktionary.org**) ou de Freedict (**http://www.freedict.com**).

Chaque nœud présent dans le graphique représente un mot et un lien entre deux nœuds, un sens de traduction. Le moteur de recherche est composé de plus de 1.8 millions de nœuds et 3.6 millions de liens.

Ce métamoteur interrogera deux bases de données : Flickr et Google Images. L'intérêt de cet outil est donc de vous permettre d'expérimenter des recherches dans toute sorte de langues. Il vous permet donc dans le cadre d'un processus de veille de valider un terme traduit en vérifiant qu'il ne renvoie pas vers des concepts qui soient différents de votre terme de départ. C'est aussi une manière de se rendre compte que les représentations d'un même objet ou d'un diffèrent selon que l'on vit dans la jungle amérindienne ou dans les steppes de l'Asie centrale.

- Affichez tout d'abord la page d'accueil de PanImages : **http://www.panimages.org**
- Cliquez éventuellement sur le lien **Français**.
- Saisissez votre mot-clé. Par exemple, "winch".
- Cliquez sur le bouton **Voir images**.
- Sélectionnez le lien **French**.
- Cliquez éventuellement sur le lien **Voir les résultats seulement de Google Images** afin de donner le focus à ce moteur de recherche en particulier.

Voilà pour les débuts mais il est possible d'utiliser ce moteur d'une autre manière :

- Saisissez votre mot-clé. Par exemple, "portrait".
- Cliquez sur le bouton **Traduire**.
- Sélectionnez comme précédemment votre langue d'interface.
- Définissez ensuite le sens de votre traduction. Par exemple, Norwegian.
- Cliquez sur le lien correspondant (**portrett**).
- Servez-vous des boutons de navigation de votre navigateur pour revenir à la page précédente et définir un autre sens de traduction.
- Vous pouvez aussi cliquer sur le lien **Retourner à PanImages**.

Il existe une fonction d'auto-complétion dans votre langue de départ.

Par défaut, les langues qui présentent le plus d'images sont listées en premier. Vous pouvez ajouter une traduction supplémentaire en cliquant sur le lien correspondant.

Il est aussi possible d'ajouter de nouveaux mots dans la base de données de PanImages. Une boîte de dialogue vous demandera si vous "Voulez-vous ajouter ce mot? Oui - Non".

Vous pouvez aussi ajouter une traduction nouvelle d'un mot si elle n'existe pas déjà dans PanImages.

- Cliquez enfin sur le **lien Interface avancée**.
- Saisissez une requête puis cliquez sur le bouton **Traduire**.

Par exemple, "désert".

- Cochez la case qui correspond aux langues qui vous intéressent puis cliquez sur le bouton **Show Images of Selected Translations**.

Nous obtenons alors cette syntaxe de recherche : طارحصن OR говь OR цөл.

Toujours dans l'interface avancée de PanImages, vous pouvez supprimer une traduction en cliquant sur la croix rouge placée en face du terme.

> **Information** : il existe quelques légères imperfections notamment concernant la gestion des caractères accentués.

G. Les moteurs de recherche de vidéos

Le blog Cadd e Réputation (**http://caddereputation.over-blog.com/article-24021077.html**) a publié un article très intéressant sur la gestion de la e-réputation appliquée aux entreprises. Il donne le lien vers une vidéo concernant la société Kriptonite et qui est un exemple parfait de buzz négatif : Kriptonite :
http://www.youtube.com/watch?gl= FR&hl=fr&v=t8XxcOj3Seo

Par ailleurs, les moteurs de recherche de vidéos sont d'excellentes façons de se tenir au courant de l'actualité d'une technologie, d'une société ou, plus généralement, de tout type de thématique.

> **Information** : le buzz (anglicisme de bourdonnement) est une technique marketing consistant à faire du tapage autour d'un nouveau produit, d'une offre commerciale, d'un scoop journalistique, etc.

1. Google Video

Google Video (**http://video.google.fr**) possède l'avantage d'indexer les clips postés sur un très grand nombre de sites de partage en ligne (YouTube, MetaCafe, Gofish, Buy, etc.).

- Lancez une recherche puis cliquez sur le lien **RSS** visible en haut à droite de la fenêtre. La syntaxe obtenue sera de ce type :
  http://video.google.com/videosearch?q="mot-clé"&sitesearch=&output=rss

- Cliquez sur le lien **Recherche avancée de vidéos** afin de, par exemple, n'afficher que les clips postés à la date du jour ou dans une langue en particulier.

2. Trouver des citations dans les vidéos

Un laboratoire de recherche (**http://labs.exalead.com**) a été développé par la société Exalead. Vous pouvez découvrir trois produits qui sont, chacun à leur manière, particulièrement intéressants mais seules deux de ces applications nous intéressent :

Voxalead (**http://voxalead.labs.exalead.com/SpeechToText**) est un moteur de recherche spécialisé dans la reconnaissance textuelle. Il est disponible dans les langues suivantes : français, anglais, allemand, espagnol, arabe et chinois.

- Saisissez un terme en utilisant éventuellement le lien **Recherche avancée**.

- Cliquez ensuite sur un des liens proposés.

Notez que vous pouvez resserrer les résultats à une source d'information, en fonction d'une date, etc.

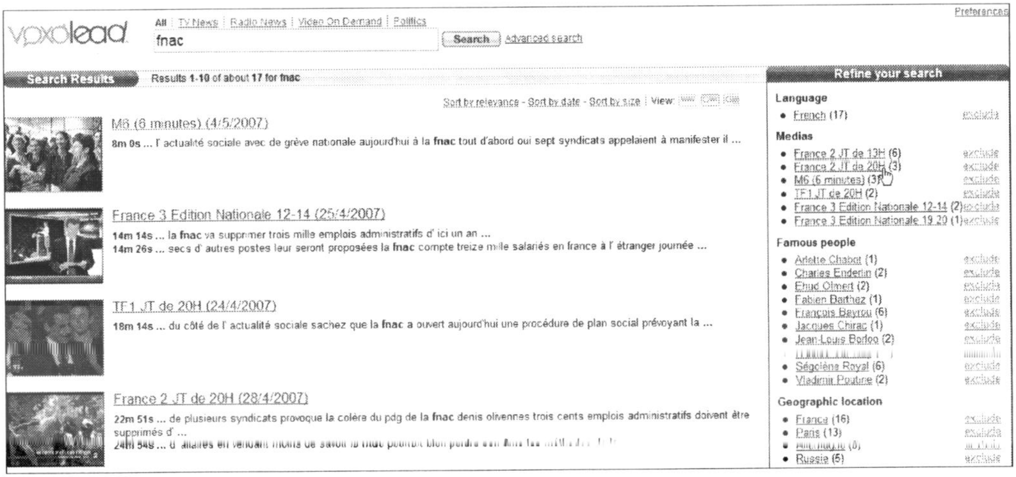

- Cliquez sur le lien **Segments ou text**.

- Sélectionnez le terme qui vous intéresse : le clip commencera juste au moment de l'occurrence que vous aurez choisie.

En bref, vous pouvez explorer l'extrait vidéo et zapper d'un passage à l'autre en utilisant le curseur de votre souris.

H. Créer votre propre moteur de recherche

En imaginant que vous avez patiemment constitué une liste d'adresses de sites de référence qui concernent un domaine qui vous intéresse, plutôt que d'effectuer des recherches en utilisant les moteurs internes à chacun de ces sites, vous pouvez créer votre propre moteur de recherche qui vous permettra, à tout moment, d'interroger cette base de données personnalisée. Bien entendu, cela s'applique également à l'ensemble des collaborateurs de votre entreprise (ou de l'association pour laquelle vous travaillez, etc.). Cela suppose que vous disposiez d'un site en bonne et due forme de façon à pouvoir intégrer votre moteur de recherche sur une des pages web conçues à cet effet. Nous verrons que la procédure ne pose aucun problème particulier.

La page d'accueil de Google Recherche personnalisée (Google Coop ou Google CSE) est accessible à partir de cette adresse : **http://www.google.fr/coop/cse**.

> **Information** : une fois que vous aurez procédé à votre inscription, ce module sera visible dans votre espace Google sous la mention **Recherche personnalisée - Mes moteurs de recherche**.

- Cliquez simplement sur le lien **Nouveau moteur de recherche**.
- Attribuez un nom à votre moteur de recherche et faites-en une description.
- Sélectionnez éventuellement la langue associée au moteur de recherche.

Les options présentes dans la rubrique **Types de recherches**, vous permettent d'opter pour différents types de moteur de recherche :

- Uniquement les sites que vous allez spécifier ;
- L'ensemble du Web mais les sites que vous allez définir seront privilégiés dans les pages de résultats ;
- L'ensemble du Web et, dans ce cas, vous n'avez pas à définir de sites supplémentaires.

- Dans la rubrique **Sites à explorer**, indiquez les URL des sites qui vont composer votre moteur de recherche.

Il est possible d'utiliser les formats d'URL afin de filtrer les pages que vous souhaitez inclure à votre moteur de recherche personnalisé. Vous pouvez utiliser l'astérisque comme un joker remplaçant certaines chaînes de caractères.

Lorsque vous ajoutez des sites, "exemple.fr" sera automatiquement remplacé par "*.exemple.fr/*". Cela correspond à tous les sous-domaines et à toutes les pages du site exemple.fr : www.exemple.fr/forums, hôte.parent.exemple.fr/google, exemple.fr/google-analytics/faq.html, etc.

Notez qu'un bookmarklet appelé "Marqueur Google" vous permet d'ajouter des sites tout en naviguant sur Internet.

- Cochez la case **J'ai lu et j'accepte les conditions d'utilisation** puis cliquez sur le bouton **Suivant**.

La fenêtre qui suit vous permet de visualiser les résultats renvoyés par quelques requêtes de test.

Information : en pratique, vous devez attendre entre 5 et 10 minutes avant que votre moteur de recherche soit opérationnel.

- Cliquez sur le bouton **Terminer**.

Voyons maintenant comment optimiser le fonctionnement de ce moteur de recherche.

À partir du tableau de bord Google Recherche personnalisée, cliquez sur le lien **Panneau de configuration** placé en face de la mention de votre moteur de recherche.

Voici les différentes options qui sont disponibles :

Généralités - Qui peut participer ? : il est possible de faire appel à des contributeurs volontaires ou uniquement limiter votre moteur collaboratif aux personnes que vous inviterez. Afin de lancer vos premières invitations, cliquez sur le lien **Collaboration**.

Vous pouvez aussi choisir de ne pas rendre votre moteur public : il ne sera pas visible dans l'annuaire des moteurs dont l'adresse est celle-ci :
http://www.google.com/coop/cse/examples/GooglePicks

Il est aussi possible d'inclure les résultats de ce moteur avec ceux renvoyés par son grand frère. Cela ne fonctionnera qu'à partir du moment où vous lancez des recherches dans Google tout en étant connecté à votre compte Google. Cette personnalisation des résultats utilise la fonctionnalité des **Liens abonnés** (**http://www.google.fr/coop/subscribedlinks/newsubscribedlink**).

Sites : le principe de cette interface est de vous permettre d'ajouter les sites "favoris" mais aussi les sites qui seront exclus de votre moteur personnalisé.

En imaginant que nous ne souhaitions pas lister les pages de Wikipédia qui correspondent à ce type d'adresse : http://fr.wikipedia.org/wiki/Discussion:Carla_Bruni/ %C3%80 _faire, nous utiliserons ce modèle : http://fr.wikipedia.org/wiki/Discussion:*.

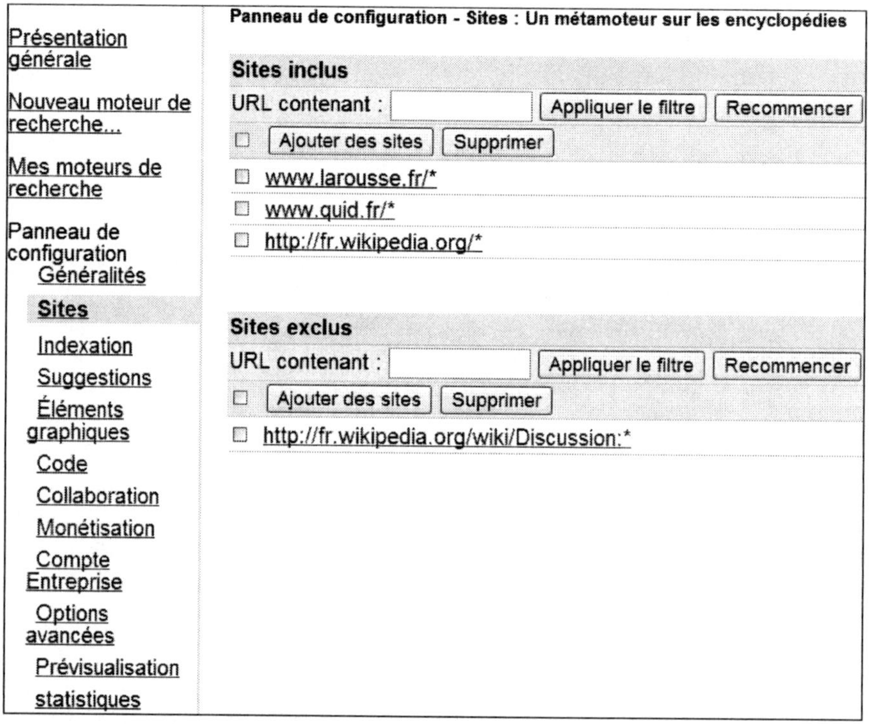

De la même manière et en imaginant que nous souhaitions exclure des résultats de ce type : fr.wikipedia.org/wiki/Fichier:Flag_of_France.svg, nous définirons cette URL à exclure : *.fr.wikipedia.org/wiki/Fichier:*

Suggestions : vous pouvez appliquer un libellé "sites en français" et un autre appelé "sites en anglais" afin de permettre aux internautes de restreindre les résultats qu'aux seuls sites en français.

Vous pouvez aussi utiliser les formats d'URL afin de différencier des sections d'un même site et leur appliquer à chaque fois un libellé différent.

Indexation : cet onglet vous permet d'envoyer un plan Sitemap de votre site en utilisant les fonctionnalités de Google Outils pour Webmasters (http://www.google.com/webmasters/tools/?hl=fr).

Éléments graphiques : cette page vous permet de personnaliser l'apparence de votre moteur de recherche que ce soit au niveau du champ de recherche que de la page des résultats telle qu'elle sera visible.

Le lien **Code** affiche le code du formulaire que vous devrez placer dans votre page de modèle ou dans les pages qui composent votre site.

La rubrique **Options d'hébergement des résultats de recherche** vous donne le choix dans l'affichage de la page des résultats :

- Sur une page hébergée par Google.
- Dans un iFrame : indiquez alors l'URL de votre site Web où vous souhaitez voir s'afficher les résultats de recherche. Vous allez alors obtenir deux codes : un pour le champ de recherche et un autre à copier dans la page que vous avez définie. Il est possible de les réunir sur une même page.
- La superposition : cette technique utilise l'API Ajax Search de Google mais elle ne vous permet pas de placer des annonces AdSense. Nous verrons comment faire un peu plus loin.

Options avancées : le principe de cette page est de vous permettre d'envoyer plus facilement une liste conséquente de sites qui viendront intégrer votre moteur de recherche. Il est possible d'utiliser des fichiers au format TSV ou XML (codé en utf-8). Le terme utilisé sur cette page est "annotation". Il est aussi possible de spécifier vos annotations sous la forme d'un flux XML hébergé sur votre site, d'un flux RSS, Atom ou d'un fichier OPML.

Vous pouvez également télécharger des fichiers de contexte (là encore, au format XML) qui regroupent l'ensemble des spécifications d'un moteur de recherche, allant du mode d'utilisation des annotations à sa présentation générale.

1. Créer un moteur de recherche par date

Voici un exemple de code :

```
<!DOCTYPE HTML PUBLIC "-//W3C//DTD HTML 4.01 Transitional//EN">
<html>
<head>
   <meta http-equiv="content-type" content="text/html; charset=UTF-8">
</head>
<body>
<!— Google CSE Search Box Begins —>
  <form id="searchbox_016121005022341368769:bifbfdj87xi" action=
"http://www.exemple.fr/rechercher.html">
    <input type="hidden" name="cx" value=
"016121005022341368769:bifbfdj87xi" />
```

```
    <input type=hidden name=cof VALUE="FORID:10">
       <input name="q" type="text" size="40" /><input name="filter"
type="hidden" value="0"/>
<select name=as_qdr>
<option value="all">N'importe quand
<option value="d">24 heures
<option value="w">Dernière semaine
<option value="w4">4 dernières semaines
<option value="m6">6 derniers mois
<option value="y">1 an</select>
    <input type="submit" name="sa" value="Rechercher par date" />
<input type="reset" name="Effacer" alt="reset" value="  Effacer  "/>
<img src="http://www.google.com/coop/images/google_custom_search_
smnar.gif" alt="Google Custom Search" />
  </form>
<!— Google CSE Search Box Ends —>
<br><!— Google Search Result Snippet Begins —>
  <div id="results_016121005022341368769:bifbfdj87xi"></div>
  <script type="text/javascript">
    var googleSearchIframeName = "results_016121005022341368769:
bifbfdj87xi";
    var googleSearchFormName = "searchbox_016121005022341368769:
bifbfdj87xi";
    var googleSearchFrameWidth = 800;
    var googleSearchFrameborder = 0;
    var googleSearchDomain = "www.google.com";
    var googleSearchPath = "/cse";
    var googleNumSearchResults = 10;
  </script>
  <script type="text/javascript" src="http://www.google.com/afsonline/
show_afs_search.js"></script>
<!— Google Search Result Snippet Ends —>
</body>
</html>
```

Information : ce fichier est téléchargeable sur le site des Editions ENI sous ce nom : Google-Recherche-par-date.txt

Dans cet exemple, nous modifions simplement le code qui est visible en cochant le bouton radio **iframe – requiert deux pages** : une pour le champ de recherche et une autre pour les résultats.

La valeur 016121005022341368769:bifbfdj87xi est l'identifiant de votre moteur.

action="http://www.exemple.fr/rechercher.html : cette déclaration doit renvoyer vers la page web qui servira de page de recherche sur votre site.

<input type=hidden name=cof VALUE="FORID:10"> : cet ensemble de paramètres internes à Google peut varier d'un moteur à l'autre et permet l'affichage des publicités AdSense.

<select name=as_qdr> : on passe ce paramètre dans l'adresse URL de façon à lancer une recherche par date.

var googleSearchFrameWidth = 800; : cet ensemble de commandes vous permet de personnaliser l'apparence de la page des résultats (largeur, présence d'une bordure, nom de domaine interrogé, nombre de résultats par page, etc.).

Notez que vous pouvez limiter les résultats aux dernières 24 heures en utilisant ce type de code :

```
<div>
  <input type="hidden" name="cx" value="016121005022341368769:bifbfdj87xi" />
  <input type="hidden" name="cof" value="FORID:10" />
  <input type="hidden" name="ie" value="UTF-8" />
  <input type="hidden" name="as_qdr" value="d" />
  <input type="text" name="q" size="31" />
  <input type="submit" name="sa" value="Search" />
</div>
```

Dans cet exemple, nous avons ajouté un paramètre caché nous permettant d'afficher uniquement les résultats remontant aux dernières 24 heures : <input type="hidden" name="as_qdr" value="d" /> pour &as_qdr=d".

Vous avez un bon exemple de cette astuce à cette adresse : **http://d8search.com**

2. Créer un moteur de recherche utilisant l'API Ajax

La documentation Google fournit de nombreux exemples de moteurs de recherche utilisant l'API Ajax : **http://code.google.com/apis/ajaxsearch/web.html**. La pertinence des résultats est la même mais les possibilités de mise en page sont plus intéressantes.

> **Information** : AJAX ("Asynchronous JavaScript and XML" ou "XML et Javascript asynchrones") est un ensemble de technologies libres servant au développement d'applications pour le Web.

Il existe un assistant vous permettant de tester des fragments de code : **http://code.google.com/apis/ajax/playground/?exp=search#hello_world**

- Cliquez sur le bouton fléché puis sur la commande **Export**.

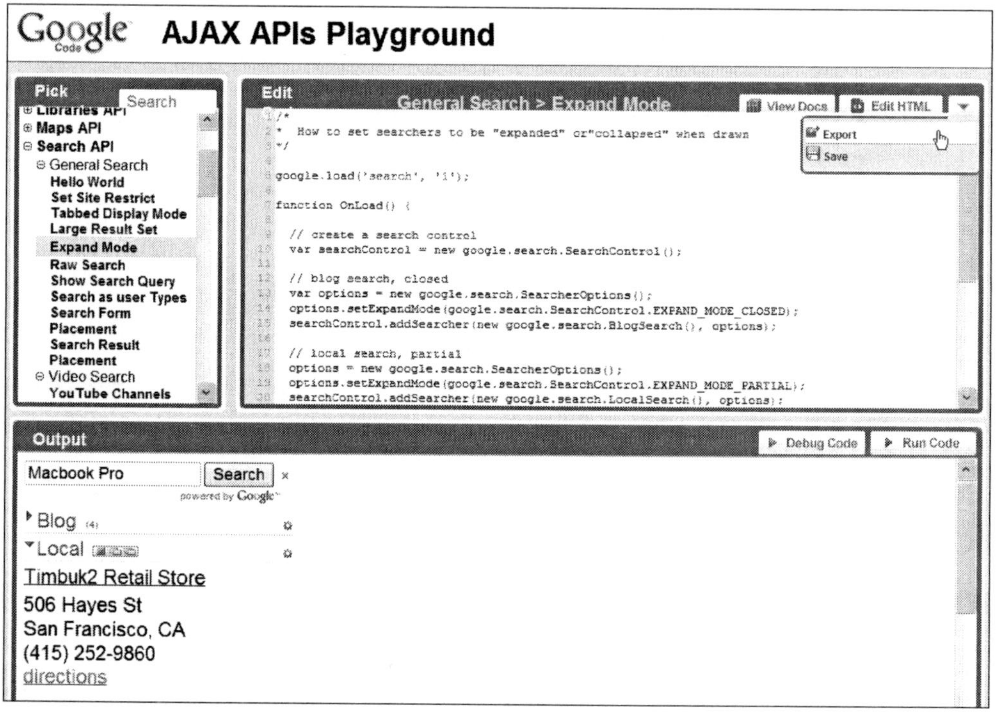

- Après avoir affiché le code source de la page, copiez le code HTML qui sera généré puis collez-le sur la page voulue de votre site web.

Pour que la page soit opérationnelle, vous devez indiquer votre propre clé API à cette ligne :

```
<script src="http://www.google.com/jsapi?key=<INSERT KEY>"></script>
```

Vous pouvez obtenir une clé API Ajax à partir de cette adresse :
http://code.google.com/apis/ajaxsearch/signup.html

- Cochez la case **I have read and agree with the terms and conditions**.

- Dans la zone de texte **My web site URL**, indiquez l'adresse URL de votre site.

- Cliquez sur le bouton **Generate API Key**.

Enfin, différents assistants vous permettent de générer très facilement des mini-moteurs de recherche : **http://code.google.com/apis/ajaxsearch/wizards.html**

Pourquoi toutes ces précisions ?

Le fait est que vous pouvez utiliser conjointement les possibilités de l'API Ajax avec un de vos moteurs de recherche personnalisés. Il vous suffit d'utiliser la méthode setSite-Restriction. La documentation est accessible à cette adresse :
http://code.google.com/apis/ajaxsearch/documentation/reference.html#_class_GwebSearch

La syntaxe permettant de préciser l'adresse URL d'un moteur est la suivante :

```
var siteSearch = new google.search.WebSearch();
siteSearch.setSiteRestriction("amazon.com");
```

Vous pouvez aussi utiliser l'ID d'un moteur CSE :

```
var siteSearch = new google.search.WebSearch();
siteSearch.setSiteRestriction("000455696194071821846:reviews");
```

3. Créer un moteur de recherche à la volée

Le principe est d'utiliser une page contenant de nombreux liens pour créer un moteur de recherche à la volée et qui sera forcément pertinent. Prenons un exemple :

Le site TuTMarks (**http://tutmarks.com**) propose de nombreux tutoriaux sur, par exemple, Photoshop. Si nous lançons une recherche sur ce mot-clé, l'adresse URL qui va s'afficher sera celle-ci : http://tutmarks.com/?search=photoshop

Si vous souhaitez mieux comprendre un point en particulier de ce logiciel de retouches photo et si une recherche dans ce Digg-Like ne renvoie pas de résultats satisfaisants, il faudra que vous décortiquiez chacune des pages listées jusqu'à ce que vous trouviez votre bonheur.

Information : un Digg-Like est un site de bookmarking dans lequel les internautes soumettent des pages web aux votes des autres utilisateurs. Plus une page a recueilli de suffrages, plus elle sera mise en avant. Le terme "Digg-Like" vient du fait que l'inventeur de ce type de portail est un site anglophone appelé Digg.

L'idéal serait alors de pouvoir lancer une recherche à travers cette page de collection de liens web.

- Accédez à la page correspondante dans Google Recherche personnalisée : **http://www.google.com/coop/cse/onthefly**

Information : vous devez être connecté à votre compte Google.

- Dans la rubrique **Tester le service** (ou **Try out**), collez l'adresse URL puis lancez votre première recherche.

Voici deux suggestions de recherche : wordpress inurl:100 et inurl:liste intext:photoshop ~tutorial.

Notez qu'il est facile de trouver des pages dans un site de réseautage social sur un sujet donné en utilisant Google. C'est une façon d'utiliser à la fois de la puissance de Google et de la pertinence des avis des utilisateurs. Voici d'autres exemples :

- tuto gimp site:tutmarks.com inurl:story
- site:digg.com "free photo stock
- site:technorati.com "best wordpress templates
- site:http://www.wikio.fr/article tf1
- "carla bruni" site:www.bluegger.com/* -inurl:search

Chapitre 3

Les systèmes d'information

Nous continuons notre tour d'horizon des outils et des systèmes d'information en nous intéressant aux portails d'actualités, aux moteurs de tendances et aux bases de données en ligne.

A. L'actualité

Il existe un très grand nombre de moteurs d'actualités que l'on peut décliner en fonction de leur différente version géographique. Nous avons essayé de vous présenter rapidement les deux grands (Yahoo! et Google) ainsi que des moteurs de recherche spécialisés dans les magazines et journaux du monde entier.

1. Yahoo! Actualités

Ce portail d'informations est accessible à cette adresse : **http://fr.news.yahoo.com**

➧ Lancez une recherche sur un sujet ou une thématique qui vous intéresse.

Notez que dans la liste déroulante il est possible de sélectionner une de ces deux autres options :

- **Tous les sites d'infos** : les informations en provenance de sites qui ne sont pas répertoriés dans Yahoo! Actualités seront aussi affichés ;
- **Photos d'actualité**.

Dans l'encadré **Mises à jour**, vous avez le choix entre composer un système d'informations personnalisées en cliquant sur le bouton **MyYahoo!** ou récupérer le flux RSS correspondant en cliquant sur le bouton **RSS**.

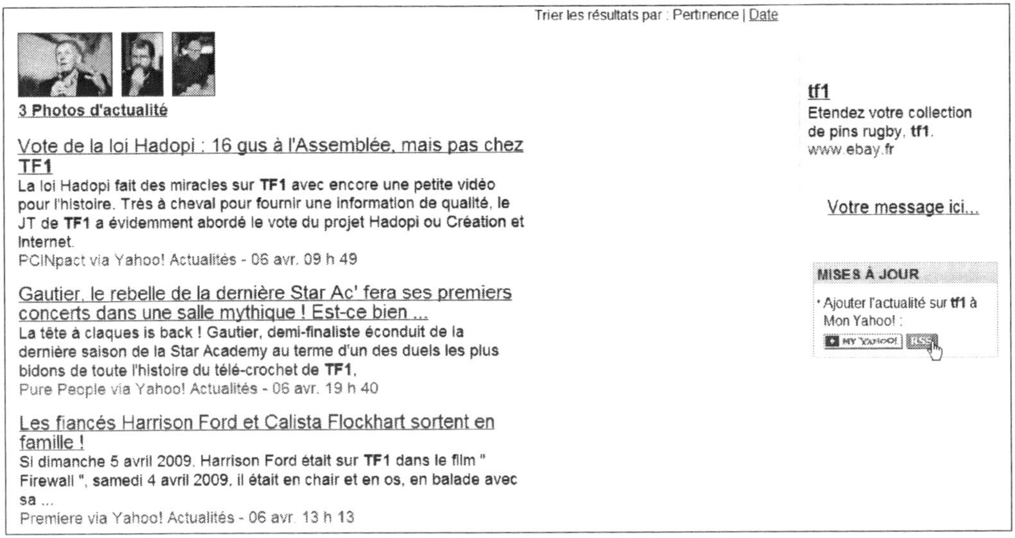

Vous pouvez trier les résultats par pertinence ou par date.

- Cliquez sur le lien **Recherche avancée** afin d'utiliser les opérateurs avancés, définir un intervalle de date, des sources ou des pays différents ainsi que d'autres langues d'interface.

Information : NewsGlobe (**http://next.yahoo.net/download/newsglobe**) est un outil de visualisation qui vous permet de parcourir les dernières actualités publiées sur Yahoo! News à partir d'un globe virtuel. Cliquez sur le lien **Switch to Interactive mode** afin de prendre la main sur cet outil.

2. Google Actualités

Google Actualités se présente comme un site d'informations en continu : **http://news.google.fr**

Si vous êtes connecté à votre compte Google, vous pouvez créer votre propre système d'information en cliquant sur le lien **Personnaliser cette page**.

- Saisissez un mot-clé de recherche.
- Cliquez sur le lien **Trier par date**.
- Cliquez sur le lien **Blogs** pour n'afficher que les blogs.

➧ Cliquez sur le lien **RSS** (ou **Atom**) afin de récupérer le flux RSS qui sera généré.

Le lien **Résultats dans toutes les langues** vous permet d'afficher les articles puisés dans l'ensemble des éditions de Google Actualités.

Si vous parlez une langue étrangère, accédez à une autre version de Google Actualités et créez une alerte Google dans cette version linguistique particulière, il vous sera ainsi possible de composer un système d'information multilingue qui couvrira l'ensemble de vos sujets de prédilection.

Vous pouvez effectuer des recherches par site dans Google Actualités. Testez ce type de requête : site:europe1.fr hadopi.

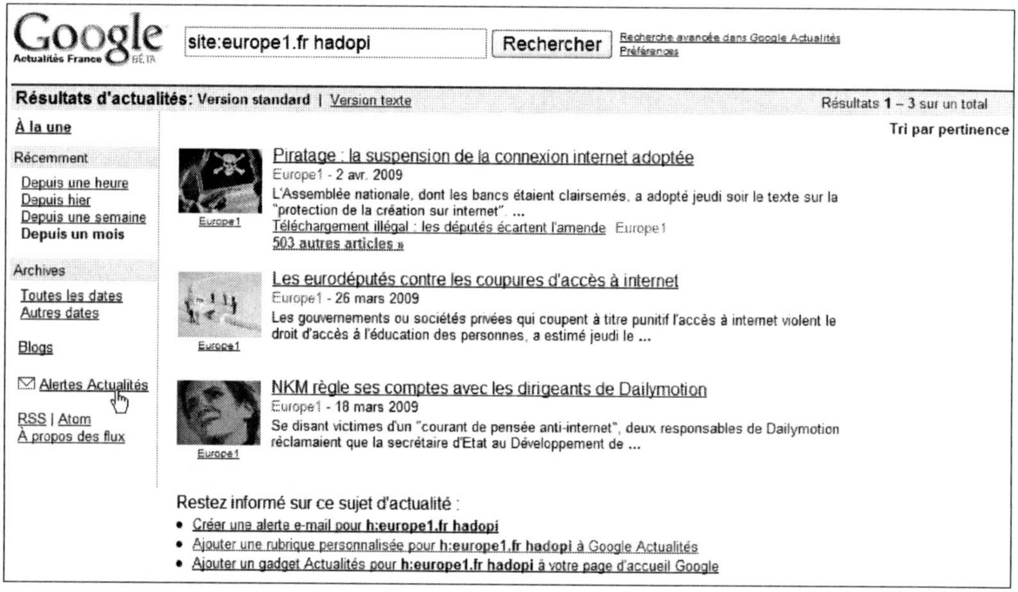

Vous aurez alors toutes les actualités qu'a consacré "Europe 1" sur ce projet de loi.

Utilisez ce type de requête : site:lemonde.fr afin de lister tous les articles du journal "Le Monde".

Une autre astuce consiste à utiliser cette syntaxe de requête : barack obama source:afp.

> **Information** : si le nom de la source est composé, ajoutez un underscore : source:le_monde.

Vous pouvez aussi utiliser l'opérateur "Location:" : politique location:belgium (et non Belgique !).

> **Information** : les noms des pays doivent le plus souvent être indiqués en anglais.

Vous pouvez utiliser ce type de requête : location:rennes. Vous afficherez toute l'actualité provenant des organes de presse basés dans cette ville ou dans les communes avoisinantes. C'est une bonne manière de savoir s'il existe un journal local ou un site Web d'actualités pas loin de chez vous.

3. Explorer les archives avec Google Actualités

Les archives de Google Actualités (**http://news.google.fr/archivesearch**) vous permettent aussi de rechercher et d'explorer les archives en toute facilité. Cette fonction vous aide dans vos recherches et vous permet en outre de générer automatiquement des chronologies affichant les résultats sélectionnés pour une période donnée.

- Saisissez une recherche puis cliquez sur le bouton **Afficher la chronologie**.
- Sélectionnez ensuite une des dates visibles dans la ligne de temps afin d'afficher les articles correspondants.

  La juxtaposition des deux "Timeline" vous permet simplement de comparer le "Buzz" généré par votre recherche d'une année sur l'autre.
- Cliquez sur le signe **Plus** placé à gauche de la mention **Afficher plus** afin d'afficher un extrait plus important de l'article qui a été référencé.

  Le lien **Pages similaires** vous permet de lister les articles qui reprennent les mots-clés contenus dans le titre.

Il faut bien comprendre que la classification des sources est effectuée en fonction des dates qui sont mentionnées dans l'article et non de la date de publication du journal ou du magazine.

Le tri par date de publication peut être obtenu en cliquant sur une des dates visibles dans la rubrique **Archives** ou en cliquant sur le lien **Articles d'actualité**

4. Google News Timeline

Google News Timeline (**http://newstimeline.googlelabs.com**) est un produit expérimental de Google qui vous permet d'afficher une série d'articles provenant de différentes sources.

- Vous pouvez ajouter d'autres liens en cliquant sur le lien **Add More Queries**.

  Par exemple, il vous suffit de saisir le nom d'un blog pour afficher l'ensemble des articles publiés dans un "Timeline" du plus bel effet !

- Vous pouvez aussi vous servir de la liste déroulante du haut pour limiter votre recherche à la peinture (**Artworks**), les photos d'actualités (**News Photos**) ou des citations de personnalités (**News Quotes**).

- Servez-vous du curseur de la souris pour faire défiler la ligne de temps sur la droite ou sur la gauche.

- Vous pouvez composer votre propre revue de presse en lançant une recherche puis en cliquant sur le lien **Save**. Saisissez ensuite une autre requête afin de juxtaposer les articles de la première thématique avec ceux correspondant à votre seconde recherche (et ainsi de suite).

  Le principal intérêt, c'est que les sources anglophones qui sont utilisées relèvent d'horizons très différents : Google News, les archives de Google News, Google Recherche de livres, des blogs, des informations extraites de Wikipédia et de Freebase.

- Vous pouvez accéder directement à une date en utilisant la zone de texte **Date**. Par exemple : **April 15, 2006**. C'est aussi une des grandes forces de cet outil...

En bref, vous avez la possibilité d'explorer l'actualité mais aussi notre histoire récente en utilisant une très grande variété de sources et ce, dans une perspective temporelle qui offre un relief très intéressant.

5. WASALive

WASALive (**http://fr.wasalive.com/**) est un moteur de recherche dédié aux sujets "chauds" en provenance de toutes les sources d'actualités : sites traditionnels d'information, blogs, forums. Il existe un module de recherche très simple ainsi que la possibilité de récupérer à chaque fois le flux RSS correspondant. Les résultats remontent systématiquement aux 30 derniers jours.

Le Top-Search (**http://fr.wasalive.com/?Top-Search**) affiche les dernières recherches les plus populaires, celles qui ont été le plus demandé le jour même ou le mois en cours.

6. Toute l'actualité dans le monde

AllinOne News (**http://www.allinonenews.com**) vous permet de rechercher à travers 1800 moteurs d'actualités provenant de 200 pays.

Newssift (**http://www.newssift.com/index.jsp**) est le moteur de recherche interne au Financial Times.

The World Press (**http://www.theworldpress.com**) est un annuaire très bien fait des sources d'informations classées par pays.

HighBeam (**http://www.highbeam.com**) est un excellent portail de recherche d'informations dans des multitudes de publications en ligne. Le module de recherche avancée est extrêmement bien fait.

AllYouCanRead (**http://www.allyoucanread.com**) propose une collection très complète des magazines du monde entier que vous pourrez consulter en ligne.

TheFreeLibrary : cette ressource anglophone vous permet d'accéder à un nombre considérable d'articles et de livres en consultation libre : **http://www.thefreelibrary.com**

Information : vous pouvez aussi lire tranquillement le New York Times à partir du bureau Windows en téléchargeant cette application Adobe Air : **http://timesreader.nytimes.com/timesreader**

7. Cinq sources d'informations en anglais

Voici cinq sources d'informations en anglais mais qui présentent chacune quelque chose d'intéressant :

- IRNA (**http://www4.irna.ir/En/default.aspx?IdLanguage=3**) : toute l'actualité de l'Iran ;
- ChinaDaily (**http://www.chinadaily.com.cn**) : l'actualité de la Chine en anglais ;
- RT (**http://www.russiatoday.com**) : l'actualité en Russie classée par thématiques ;
- Aljazeera (**http://english.aljazeera.net**) : un des plus importants organes de presse du monde arabe ;
- Digital Granma (**http://www.granma.cu/ingles**) : la voix officielle de la République de Cuba.

8. Widepress

Ce moteur de recherche dans l'actualité internationale est proposé par la société Synthesio : **http://www.widepress.fr/#**

➧ Cliquez sur le lien **Syntaxe avancée** pour afficher l'ensemble des opérateurs qui sont autorisés.

Notez que l'opérateur near vous permet de rechercher deux termes distants de moins de 10 mots. Par ailleurs et afin d'utiliser des caractères spéciaux comme + - * dans vos requêtes, encadrez-les avec des guillemets : tf1 NEAR "canal+"

Vous pouvez ensuite trier les résultats trouvés en fonction de la langue, du pays, des sources ainsi que de la date de publication.

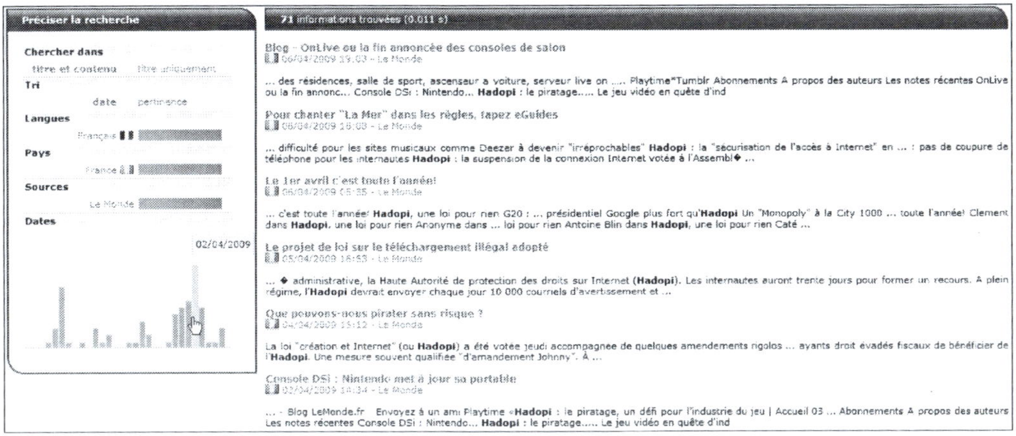

Une seule fausse note : aucun flux RSS n'est généré.

9. Les systèmes d'informations géolocalisées

Nous avons essayé de faire une sélection rapide de Mashups Google Maps (ou autre) qui juxtapose articles d'actualités et cartographie. Notez qu'ils sont tous anglophones.

> **Information** : un mashup est une application web qui agrège du contenu provenant d'autres sites en utilisant les API correspondantes.

TimeSpace du Washington Post (**http://specials.washingtonpost.com/timespace/world**) propose une carte interactive qui vous permet de parcourir toute l'actualité internationale regroupée sous forme de clusters géolocalisées.

TextMap (**http://www.textmap.com**) est un portail de recherche d'entités. Une entité peut être une personnalité, une ville, un pays, une société qui revient souvent dans l'actualité. Ce moteur utilise des techniques de recherche issues du langage naturel pour extraire les occurrences de chaque entité définie et des techniques statistiques de visualisation de données pour les présenter. Cela fonctionne donc comme un outil de veille qui vous permet de synthétiser la distribution géographique et temporelle de chacune de ces entités.

- Cliquez sur le bouton **Sources** afin de lister toutes les sources d'où sont extraites ces informations.

  En cliquant sur chacun des médias qui sont listés, vous accéderez à l'ensemble des statistiques le concernant : les personnes qui composent cette entité, le type d'informations qu'elle propose, etc.

➧ Cliquez, par exemple, sur le lien **Barack Obama**.

Selon le type de recherche, les informations suivantes seront accessibles :

Favorite Things : dresse la liste des entités qui ont un rapport avec celle qui a été détectée.

Relational Networks : offre une représentation de chaque entité sous forme de cluster. Les relations qui les relient sont matérialisées par des traits rouges d'épaisseur variable.

Articles : affiche les sources d'actualités qui parlent de cette entité.

Entity Juxtapositions : liste les entités qui sont le plus souvent associées à votre cible. Une barre de pourcentage indique la force de cette corrélation dans le temps.

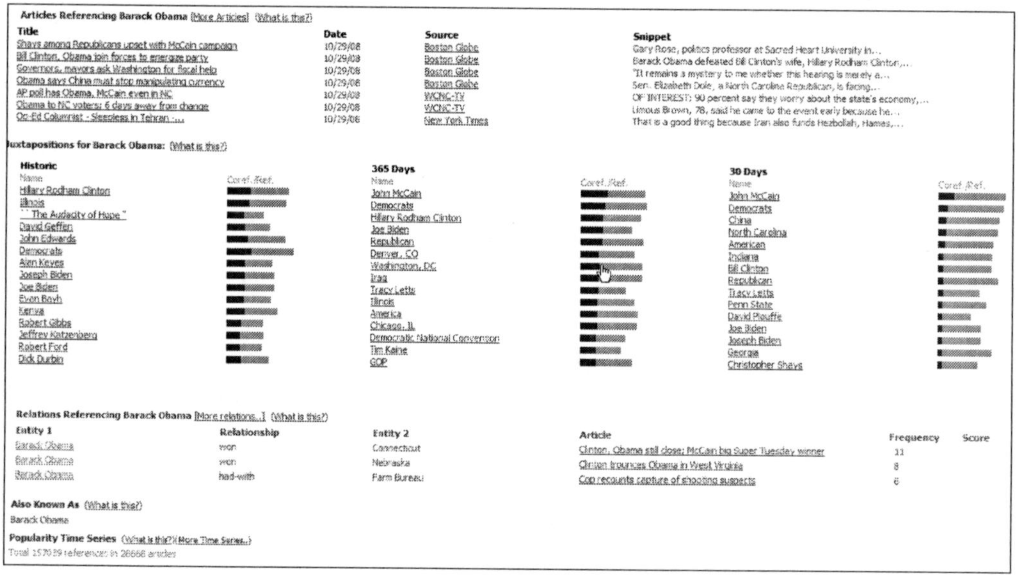

Relations : définit la nature des relations entre deux entités.

Also Known As : dresse la liste des alias qui ont été trouvés.

Popularity Time Series : permet de visualiser les fluctuations dans le temps des corrélations entre votre entité cible et celles représentant des catégories. Cliquez sur le lien **More Time Series...** afin de développer cette rubrique.

Sentiment Index : permet d'afficher la perception de l'entité cible au travers de mesures comme sa popularité, le nombre d'actualités écrites à son sujet, etc.

Sentiment Graphs : offre un graphe qui retrace le nombre d'opinions positives (en rouge), négative (en bleu) et même les phases de moindre popularité de l'entité cible.

Heatmap : dresse une carte des lieux aux Etats-Unis où l'on parle le plus souvent de l'entité cible.

On peut regretter une interface quelque peu tristounette mais cet outil de visualisation de données statistiques peut s'avérer indispensable pour toutes sortes d'études sur l'actualité politique, économique, sociale des Etats-Unis.

Silobreaker (**http://www.silobreaker.com**) est un portail en ligne qui vous permet d'accéder à un nombre considérable d'articles et de les mettre en perspective au travers des outils de visualisation extrêmement bien faits. Saisissez tout d'abord une recherche comme "Barack Obama" puis cliquez sur le bouton **Search**. Dans le volet de droite, vous retrouverez :

- Le nombre d'articles dans le temps ("Article Volume"). Il est possible de définir des laps de temps plus rapprochés ;
- Les événements qui sont associés avec votre recherche. Vous pouvez définir des filtres en cliquant sur la petite icône visible à droite de chacune des entités ;
- Le réseau d'entités que l'on peut composer à partir de votre recherche ;
- Un graphe comparant le nombre d'articles rédigés sur votre cible et sur deux entités "voisines".

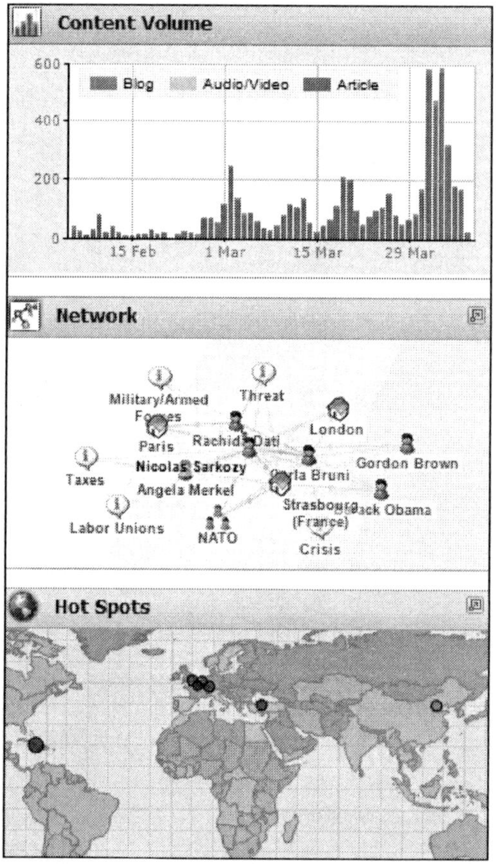

Nous retrouvons certains de ces mêmes outils dans la barre de menus située dans la partie supérieure de la fenêtre :

- **Network** : permet d'explorer en temps réel les relations qui existent entre les différentes entités ;
- **Hot Spots** : permet d'obtenir des vues géolocalisées des articles relatifs à l'entité cible ;
- **Trends** : permet de mesurer l'attention des médias sur l'entité que vous avez définie.

Les graphes sont interactifs et vous pouvez les manipuler, définir des filtres, exclure des clusters, accentuer un type d'information au détriment d'un autre, etc.

Là encore, cet outil n'est pas parfait mais permet de multiplier les perspectives et d'approfondir la masse des informations qui sont synthétisées.

B. Les outils de Buzz

Le premier principe de ces outils est d'être collaboratif : ce sont les internautes qui, d'une certaine façon font la une en décidant, grâce à un système de vote, des articles qui seront publiés à la une. De fait, ce sont d'excellents détecteurs de tendance.

1. Digg

Digg est un portail communautaire qui combine social bookmarking et syndication. Les meilleures actualités trouvées sur le Web seront soumises aux votes des internautes. Plus un lien aura recueilli de suffrages plus il sera mis en avant sur Digg. À l'inverse de delicious, Digg est plus spécialisé dans les sujets qui font le "Buzz". C'est, à la fois, une excellente application permettant de découvrir l'actualité vue par les internautes et un outil de veille très performant.

Digg possède un module de recherche avancée qui est accessible à cette adresse : **http://digg.com/search**

Il est possible de filtrer vos recherches par actualités, vidéos ou images.

> **Information** : la case **Include Buried Stories** vous permet d'inclure les histoires (passées) qui n'ont pas recueillies suffisamment de vote.

Vous pouvez rechercher dans les titres, les descriptions ou/et les adresses URL.

Il est possible d'afficher uniquement les histoires les plus populaires (**Front page stories**) ou celles qui viennent juste d'être soumises (**Upcomming stories**).

Enfin, la liste déroulante de droite permet de classer les résultats en fonction de leur pertinence, de leur ancienneté ou du nombre de votes qu'elles ont recueillies.

À chaque fois, un flux RSS est généré. Le bouton de syndication est visible en haut à droite de la fenêtre.

Notez qu'une technique possible consiste à utiliser ce type de recherche dans Google : **"touch screen" site:digg.com** et de n'afficher que les résultats des dernières 24 heures.

2. Wikio

Wikio est un portail d'informations "qui fouille dans les sites de presse et dans les blogs pour trouver l'actualité qui vous intéresse". Il existe donc une partie "Presse" et une autre qui permet de connaître les blogs intéressants sur tout type de thématique ou secteur d'activité.

> **Information** : il existe différentes éditions de Wikio dans le monde : **http://www.wikio.com**

Après avoir accédé à ce site : **http://www.wikio.fr** et quelle que soit la page à laquelle vous allez accéder, vous pourrez récupérer le flux RSS correspondant.

L'adresse sera de ce type : **http://rss.wikio.fr/high-tech/internet.rss**

Cette même option est proposée quand vous lancez une recherche (**http://rss.wikio.fr/high-tech/internet/google.rss**) mais aussi, quand vous triez les résultats d'une recherche en fonction de la date de publication des articles : **http://www.wikio.fr/sport/formule_1/renault?sort=1**

Notez qu'il est possible de créer vos propres systèmes d'informations en cliquant sur l'onglet **Nouvelle page**. Cela fonctionne comme les pages personnalisées à la Netvibes (**http://www.netvibes.com**) ou iGoogle (**http://www.google.fr/ig**).

Wikio propose également un classement des meilleurs blogs dans de très nombreuses thématiques. Voici le lien vers la version française : **http://www.wikio.fr/blogs/top**. C'est donc un excellent moyen de trouver des relayeurs d'opinions que vous vous occupiez de gastronomie ou développiez des jeux vidéos.

3. Les autres Digg-Like français

Voici une liste très subjective, mais qui constitue un ensemble de sources intéressantes pour qui veut faire de la veille sur, pratiquement, n'importe quelle thématique.

Paperblog (**http://www.paperblog.fr**) : Paperblog permet aux internautes d'accéder au contenu original de qualité que l'on trouve sur les blogs sans nécessairement connaître les bonnes "sources" parmi près de 4 millions de blogs francophones.

Blogasty (**http://blogasty.com**) : les membres de Blogasty peuvent soumettre leurs propres articles tout comme ceux qu'ils ont trouvés sur le web. Blogasty propose également des groupes de discussions et un système interne de microblogging.

Fuzz (**http://www.fuzz.fr**) : Fuzz.fr est un site où vous trouvez les infos les plus récentes sur les nouvelles technologies en provenance de centaines de blogs et sites. Vous pouvez voter pour les news et proposer vos propres infos.

TutMarks (**http://tutmarks.com**) : TuTMarks est un site web collaboratif spécialisé dans le partage et la promotion de tutoriaux sur internet.

TapeMoi! (**http://tapemoi.com**) : TapeMoi! est un site Web qui vous permet d'envoyer une nouvelle qui sera révisée par tous et sera promue, ou non, à la page principale.

Pioche (**http://www.pioche.fr**) : Pioche.fr est un site communautaire qui vous aide à promouvoir votre blog, ainsi que toutes les nouvelles que vous jugez importantes !

Bluegger (**http://www.bluegger.com**) : Bluegger référence aussi, les "Unes" des meilleurs sites blogs et médias d'actualités pour vous proposer de l'actualité rapide, ciblée et originale.

Nuouz (**http://www.nuouz.com**) : Nuouz est un site d'échange de liens où la communauté partage les meilleures pages du web. Son contenu est soumis et modifié par les membres de la communauté.

> **Information :** ce blog a recensé les Digg-like francophones :
> **http://www.vincentabry.com/liste-des-digg-like-en-francais-894**

4. D'autres outils spécialisés

IceRocket (**http://www.icerocket.com/?tab=buzz**) est un outil offert par ce moteur de recherche de blogs. Vous pouvez voir très rapidement les sujets qui font la une dans la blogosphère anglophone. Le lien **Blog Trends** permet de voir l'évolution d'un terme ou d'une thématique au fil du temps. Afin d'afficher quelques exemples rapides, cliquez sur le lien **Who's got more buzz** puis sur un des duels qui ont déjà été organisés.

Lexicon (**http://www.facebook.com/lexicon/index.php?** ou, pour la nouvelle version, **http://www.facebook.com/lexicon/new**) est une sorte de Google Trends appliqué à Facebook.

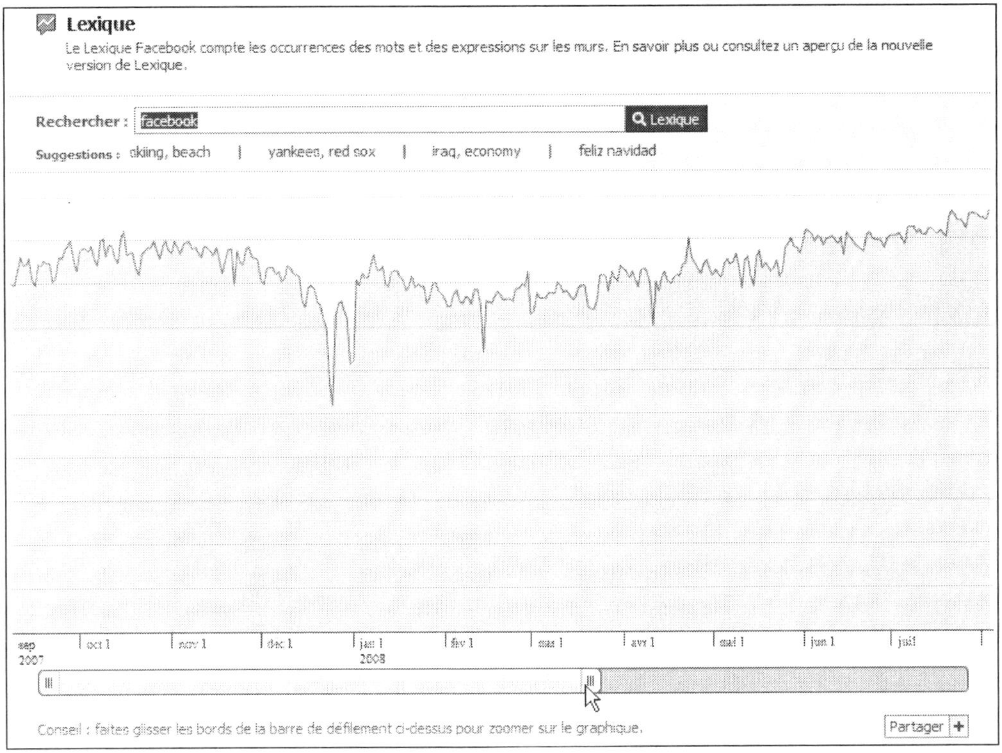

Information : vous devez être connecté à votre compte Facebook pour accéder à cet outil.

Ce service vous permet de voir les sujets les plus souvent abordés sur ce réseau social et même d'effectuer des comparaisons. Il vous suffit d'indiquer un ou plusieurs mots-clés séparés par des virgules.

5. Les moteurs de tendance

Le moins que l'on puisse dire est qu'il en existe beaucoup. Nous avons tenté de vous présenter les plus intéressants.

Trendpedia (**http://www.trendpedia.com**) : cet outil vous permet de lancer une recherche dans les blogs et dans Twitter.

- Cliquez sur le lien **Advanced search**.
- Définissez éventuellement la langue d'interface ainsi que l'intervalle de date.

- Les zones de texte appelées **Label (text on the chart)** vous permettent de définir les noms qui apparaîtront sur votre graphique.

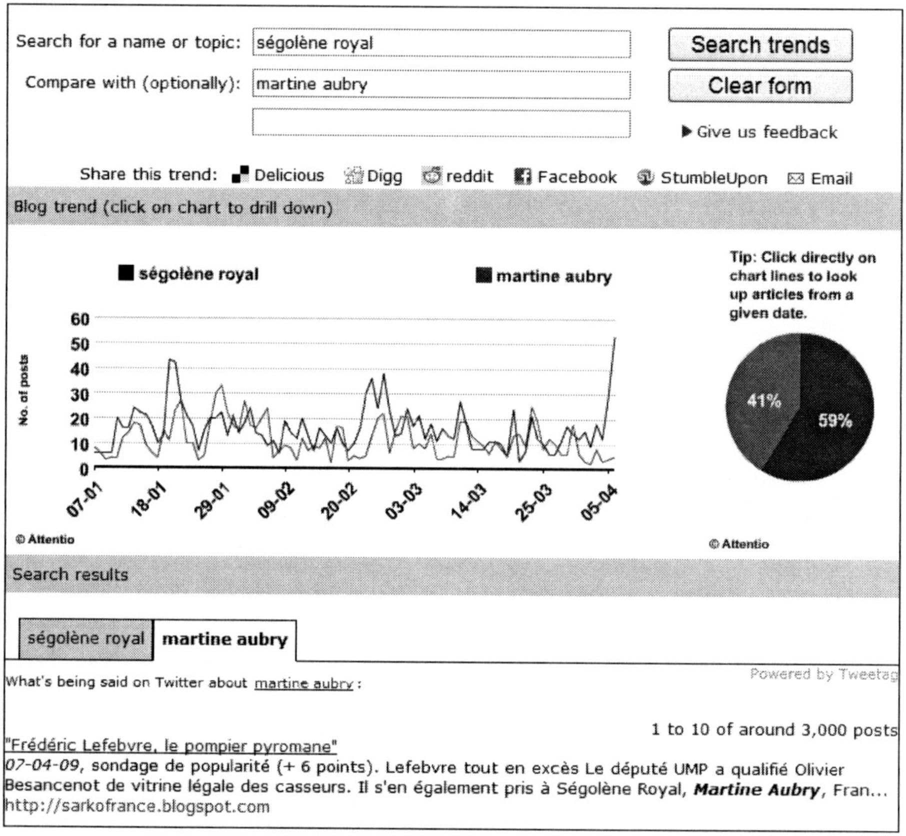

Cliquez sur un des points du graphique afin d'afficher les publications correspondantes.

Il est relativement facile de récupérer l'adresse URL simplifiée de la page HTML en cliquant sur le lien **Email**.

L'adresse URL qui sera visible sera de ce genre :
http://www.trendpedia.com/link.php?id=1085793&orig=EMAIL

Il vous suffit de supprimer ce paramètre : &orig=EMAIL.

Twist (**http://twist.flaptor.com**) : cet outil vous permet de comparer les tendances de recherche à l'intérieur de Twitter. Saisissez vos mots-clés en les séparant par des virgules. Par exemple : ipod,iphone,android. Le lien **Embed this chart in your site** permet de récupérer le code Javascript correspondant afin de l'intégrer à un site web. Notez que vous pouvez générer un graphe dynamique qui sera actualisé en fonction des données recueillies durant les 7 derniers jours. Cochez simplement le bouton radio **Dynamic**. Les options visibles dans la rubrique **Chart size** permettent de définir la taille de votre graphique (Large ou Small).

xRank (**http://search.msn.fr/xrank**) est un outil intégré à Live Search qui vous permet de suivre l'actualité des célébrités.

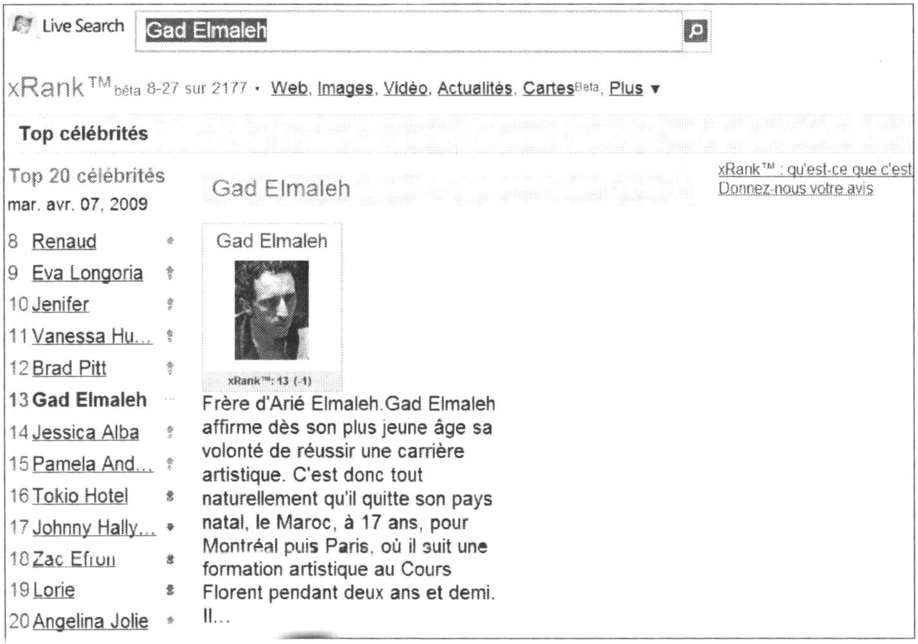

Vous pouvez :

- Rechercher un nom afin d'afficher son classement ;
- Consulter une biographie et découvrir les dernières actualités sur la personne qui vous intéresse ;
- Parcourir les derniers films, vidéos, images, albums et autres d'une célébrité ;
- Découvrir les relations qui nouent les célébrités ;
- Recherchez les noms qui vous intéressent dans les classements.

Des icônes en forme de flèche vous montrent leur tendance. Une tendance qui pointe vers le haut de la liste a plus d'impact que vers le bas de la liste.

- Consulter la cote de popularité d'une personne sur les six derniers mois dans le graphique Historique XRank.

Seule déception : aucun flux RSS n'est généré !

Notez qu'il existe beaucoup de moteurs de recherche spécialisés dans les célébrités. Par exemple, testez les résultats renvoyés par cette URL :
http://fr.redtram.com/catalogue/world/celebrities

C. Les moteurs de recherche spécialisés

Nous nous intéressons à la fois aux moteurs de recherche de messages qui sont échangés sur les réseaux sociaux et les moteurs spécialisés dans les messages laissés sur les forums.

Spy (**http://spy.appspot.com**) est un outil Google App Engine qui vous permet "d'écouter" les conversations sur ces réseaux sociaux : Twitter, FriendFeed, Flickr ainsi que sur les blogs (RSS), les commentaires laissés sur les blogs et Yahoo! Actualités. Vous pouvez à chaque fois générer un flux RSS.

Convo Monitor (**http://www.convomonitor.com**) est un tableau de bord vous permettant de surveiller des conversations sur Twitter. Cliquez sur les liens **Search 2, Search 3** pour ajouter une requête.

Twilert (**http://www.twilert.com**) est un outil vous permettant de générer une alerte par mail dès qu'un message posté sur Twitter contient le mot-clé de votre choix. Créez tout d'abord votre compte sur ce service puis, une fois que vous avez procédé à son activation, générez une alerte ("Twilert") en cliquant sur le lien **Advanced settings**. Le lien **Manage Twilerts** permet de modifier chacune des alertes que vous aurez paramétrées.

Keotag (**http://www.keotag.com**) est un moteur de recherche qui permet d'interroger les réseaux sociaux à partir d'une interface très simple à utiliser.

- Saisissez votre mot-clé puis cliquez sur **OK**.
- Cliquez sur l'icône correspondant au site de réseautage voulu.

- Récupérez le flux RSS qui s'affiche en bas de la fenêtre.

Thagoo (**http://www.thagoo.com**) fonctionne selon un principe très similaire mais en vous permettant de classer les liens par popularité ou en fonction de leur date de publication. La liste des sources utilisées est accessible à cette adresse : **http://help.thagoo.com/sources**. Il existe une liste de raccourcis-clavier (**http://help.thagoo.com/shortcuts**) et, à chaque fois, un flux RSS peut être récupéré.

Surchur (**http://surchur.com**) : "The latest, the greatest"... C'est tout le propos de Surchur, un moteur de recherche anglophone qui n'indexe que ce qu'il y a de mieux ! Vous pouvez sauvegarder dans vos favoris n'importe quelle page web qui est générée ou récupérer le flux RSS correspondant. Lors de votre prochaine visite, les dernières actualités concernant cette thématique seront listées.

BackType (**http://www.backtype.com**) : ce moteur spécialisé vous permet de lancer des recherches dans les commentaires laissés sur tel ou tel blog. Dans la zone de texte, saisissez votre requête puis appuyez sur la touche [Entrée]. La rubrique **CREATE AN ALERT** vous permet de définir une alerte par e-mail. Vous pouvez aussi récupérer le flux RSS correspondant en cliquant sur le lien **Search Results**.

Un module de recherche avancée est accessible à partir de cette adresse : **http://www.backtype.com/search**

1. Les moteurs de recherche dans les forums

Nous pouvons citer ces quatre-là qui offrent tous des fonctionnalités de recherche avancée :

Omgili (**http://www.omgili.com**) : cliquez sur le lien **Advanced search**. Voici les paramètres possibles :

- **with all of the words** : recherche sur tous ces mots ;
- **Exact phrase** : expression exacte ;
- **words appear in title** : dans le titre ;
- **words appear in topic** : dans le sujet ;
- **words appear in reply** : dans la réponse ;
- **without the words** : exclusion ;
- **words appear in forum name** : dans le nom du forum ;
- **Within a specific board** : sur un forum en particulier (par exemple : vista inforum:phpbb.com) ;
- **Return discussions written in** : langue ;
- **Date** : Date ;
- **Pick dates** : intervalle de date (vista from_date:20071101 to_date:20071105). Attention les dates sont au format anglo-saxon et la valeur du mois est placée avant celle du jour ;
- **Sort discussions** : permet de classer les discussions par pertinence ou par date ;
- **Minimum number of replies** : nombre minimal de réponses ;
- **Minimum number of unique users** : nombre minimal d'utilisateurs uniques ;
- **Minimum number of engaged users** : nombre minimal d'utilisateurs qui ont envoyé un message faisant plus de 100 caractères (Vista min_engagement:3) ;

- **Disable Stemming** : c'est le nom d'un algorithme permettant d'éviter la lemmatisation d'un terme lors d'une recherche. La lemmatisation regroupe les différentes formes que peut revêtir un mot : pluriel, féminin, verbe à l'infinitif, etc.

Il est possible de remplacer un caractère par le signe ?.

Afin d'accentuer l'importance d'un des termes qui composent votre recherche, utilisez le signe ^ suivi de la valeur de votre facteur. Par exemple : vista^2.

Il vous est possible d'utiliser ces opérateurs booléens (en capitale) :

OR : ou

AND ou && : et

+ : (fonctionne comme un opérateur d'inclusion spécifiant que le terme qui suit doit être présent)

- : permet de marquer une exclusion

Il est aussi possible de regrouper des termes autour d'un opérateur en utilisant les parenthèses : (ipod OR android) AND google.

Enfin, vous pouvez aussi utiliser les parenthèses afin d'utiliser plusieurs instances d'un même opérateur de fonction : intitle:(+meilleur +"moteur de recherche").

Par exemple et si nous souhaitons afficher toutes les discussions en français qui mentionnent le mot-clé "résolu" dans le titre, parlant de Vista et qui comptent au moins trois utilisateurs engagés, nous utiliserons cette syntaxe de recherche : vista intitle:resolu language:french order:newer min_engagement:3.

[RESOLU] Avant/arrière disque ?? - [29 Jan 2009]
2009/01/29 10:32 OS=Microsoft **VISTA** Service Pack 1 build=6001 processor=PROCESSOR_IDENTIFIER...
Bonsoir, j'ai enfin réussi a faire marché mon MIXVIBES DVS LE...j'ai quelque soucis : 1) Pour... - Preview...
forum.mixvibes.com/viewtopic.php?f=270&t=12148... - At least 10 Posts and 4 Authors - Only this forum

impossible d'acceder a 2 de mes partitions [resolu] - [28 Jan 2009]
la premiere partition ou se trouve **vista** fonctionne normalement mais les 2 autres qui existaient
nouveau **vista** tout frais et mon 500go en usb et pareil : les trois partitions sont visible mais une - Preview...
forum.hardware.fr/hfr/Hardware/HDD/impossible-... - At least 5 Posts and 3 Authors - Only this forum

Disque dur externe WD non reconnu après formatage [RESOLU] - cpu, cm, cg.... - [27 Jan 2009]
26-01-2009 à 20:26:42Bonjour et merci de me répondre. Je suis sous **vista** et mon DD ...
Bonjour à tous! Après avoir formater mon DD externe /WD), celui-ci n'est plus reconnu ni dans... - Preview...
forum.aideonline.com/aideonline/AideMatos/cpu-... - At least 12 Posts and 4 Authors - Only this forum

Cette astuce repose sur le fait que lorsqu'un utilisateur considère sa question comme ayant été résolue, il lui est souvent demandé d'ajouter ce mot-clé dans le titre de son message.

Notez que l'on peut obtenir un type de résultat asez similaire avec Google en utilisant cette syntaxe de recherche : vista intitle:resolu inurl:forum. Vous noterez que le nombre de messages trouvés est beaucoup plus importants en utilisant Google mais les possibilités de tri proposées par Omgili en font un outil plus facile à utiliser.

Information : Il est possible de générer un flux RSS à partir de chacune des recherches.

Board Reader (**http://boardreader.com**) : ce service propose moins de possibilités de recherche avancée mais, par contre, une fonctionnalité est intéressante :

- Cliquez sur les liens **Advanced search** et **Advanced links search**.

Il est possible de rechercher les messages qui font un lien vers l'adresse URL d'une page web : sur une portion d'URL (**links to path**) ou sur l'adresse URL complète (**links to exact url**). Vous pouvez aussi choisir de n'afficher que les liens entrants (**Internal**) ou sortants (**External**) en vous servant de la liste déroulante **Show**.

Big-Boards (**http://www.big-boards.com**) : ce moteur vous servira à détecter les meilleurs forums spécialisés sur telle ou telle thématique. Vous pouvez ensuite les classer en fonction du nombre de pages vues, du nombre de messages, de la langue d'interface, de la plate-forme utilisée, etc.

Google Groups (**http://groups.google.fr**) : c'est un moteur intéressant du fait qu'il indexe beaucoup de groupes Usenet.

Information : Usenet (ou Netnews) est un système en réseau de forums de discussions.

Cliquez sur le lien **Groupes Recherche avancée** afin d'utiliser le formulaire de recherche "expert". En pratique, il est possible d'utiliser l'ensemble des opérateurs de recherche propres au moteur classique. Par exemple, cette requête fonctionne parfaitement : intitle:(resolu AND vista).

D. Les faits dans le monde

Voici quelques sites dédiés à la connaissance en général.

1. Big Brother

Le site de la CIA (**https://www.cia.gov/library/publications/the-world-factbook**) est un excellent point de départ pour qui veut obtenir une multitude d'informations sur tous les pays dans le monde.

2. Les encyclopédies en ligne

Assez paradoxalement, la France serait presque à l'avant-garde avec pas moins de deux encyclopédies qui offrent des résultats réellement intéressants :

Quid (**http://www.quid.fr**) : le site www.quid.fr est édité par la Société des Encyclopédies Quid et enregistre pas moins d'un million de visiteurs par mois. La commande site:http://www.quid.fr/ dans Google renvoie pas moins de 176000 résultats ;

Larousse (**http://www.larousse.fr**) : ce portail de la connaissance est plus important et bien que son accès soit gratuit, une identification est parfois nécessaire pour accéder à certaines des pages.

3. Wolfram Alpha

Wolfram Alpha (**http://www.wolframalpha.com**) est un moteur de recherche anglophone qui vous permet de lancer des requêtes de type “questions-réponses” et retourne des résultats qui seront présentés de manière structurée, telle une base de données qu'il est possible d'interroger à tout moment et dont les résultats seraient hiérarchisés sous forme de tableaux ou de graphiques.

➧ Ouvrez la page d'exemples (**http://www.wolframalpha.com/examples**) afin de voir comment vous pouvez l'utiliser et avoir un aperçu de la multitude de catégories qu'il est possible d'explorer : mathématiques, statistiques, physique, finance, dates, noms de lieux, données sociologiques, informations médicales, dictionnaires, célébrités, etc.

➧ Testez les résultats renvoyés par ces quelques requêtes :

- L'action TF1 : **tf1** ;
- Le temps qu'il fait à Paris : **weather paris** ;
- La date de construction du Mur de Berlin : **Berlin Wall** ;
- La distance entre la Lune et Mars : **distance moon from mars** ;
- Les tremblements de terre dans le monde : **earthquakes** ;
- Le nom de domaine d'une société connue : **tf1.fr** ;
- Ce qui nous sépare du 8 mai 1945 : **May 8, 1945** ;
- La place du français dans le monde : **french**.

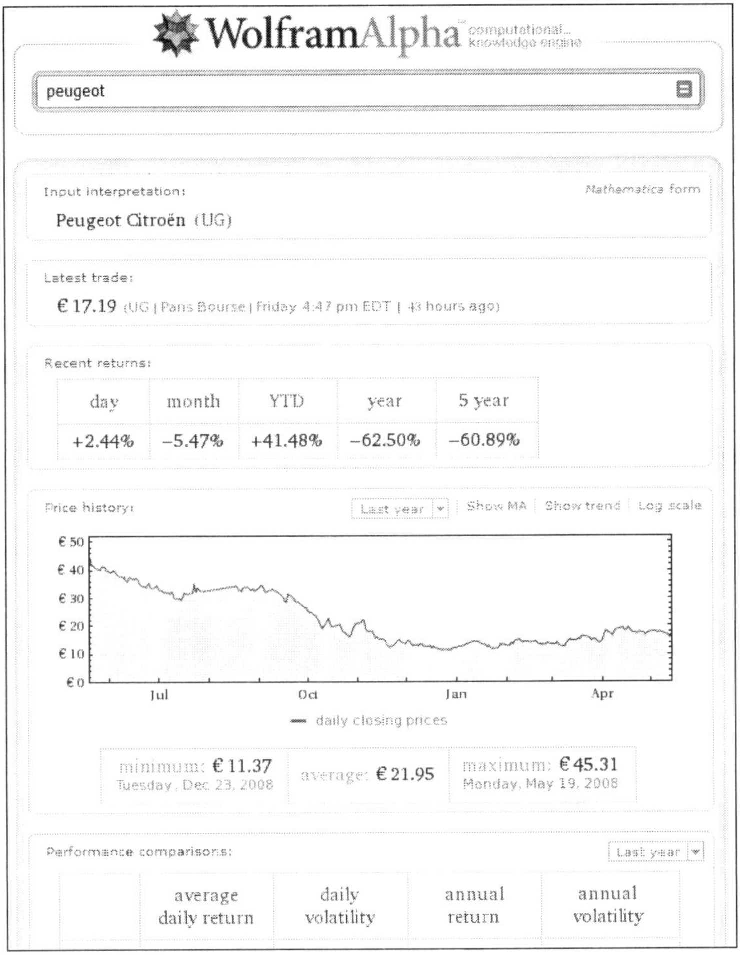

Il vous est possible d'explorer les résultats dans le temps, d'afficher des graphiques ou un historique des données recueillies, de montrer des cartes Google Maps, de connaître les coordonnées géographiques d'un lieu, l'image satellite correspondante, de relancer une recherche en cliquant sur les liens qui sont proposés, etc.

Sans prétendre remplacer un moteur généraliste, Wolfram excelle dans les recherches universitaires et scientifiques et peut être utilisé comme un complément indispensable à Google. Notez qu'il existe des outils intelligents qui sont dérivés du moteur de recherche et qu'il vous est possible d'installer sur votre navigateur (ainsi qu'une API et un gadget permettant d'ajouter ce moteur de recherche à votre site).

4. Rechercher des biographies

On pense souvent à Wikipédia ou à d'autres encyclopédies en ligne mais voici deux autres sites :

Monsieur Biographie (**http://www.monsieur-biographie.com**) : ce site annonce pas moins de 97 603 biographies en français dans des domaines aussi variés que l'histoire, la musique, le cinéma ou la littérature. Vous pouvez même rédiger votre propre biographie !

Bio True Story (**http://www.biography.com**) : ce site anglophone regroupe un nombre considérable de biographies dans des domaines extrêmement variés au point d'en faire une chaîne télé. C'est le guide Michelin des célébrités, en quelque sorte... Mais, bon ! Rien sur Johnny Hallyday...

E. Les ressources utiles à une veille réglementaire

Nous n'avons pas la prétention de vous livrer une liste exhaustive de toutes les sources existantes mais juste poser quelques jalons indispensables.

1. Des ressources officielles

Voici une liste de sites qui vous permettent de démarrer rapidement une veille règlementaire :

AMF (l'Autorité des marchés financiers) : **http://www.amf-france.org**. Ce site propose un flux RSS.

AGEFI (**http://www.agefi.fr**) : l'AGEFI est le quotidien des professionnels de la finance et propose de nombreux flux RSS classés par thématique : Corporate, banque et assurance, patrimoine, etc.

La Fédération bancaire française (**http://www.fbf.fr**) met à disposition un flux RSS permettant de recevoir les dernières actualités du secteur bancaire.

Le Portail du ministère de l'économie, des finances et de l'emploi propose trois flux RSS qui sont visibles à partir de cette adresse : **http://www.minefe.gouv.fr/rss/**

La Revue internet de la fiscalité (**http://www.fiscalonline.com**) propose également un flux RSS permettant de syndiquer l'ensemble du contenu de ce site.

Le site de l'Administration fiscale française (http://www.impots.gouv.fr) vous permet de vous abonner à une lettre d'information dont vous ajustez la fréquence en fonction de vos besoins.

Le portail du droit en ligne (**http://www.juridiconline.com**) offre un flux RSS sur l'ensemble des lois.

Net-Iris (**http://www.net-iris.fr/veille-juridique**) est un portail d'informations juridiques qui publie un flux RSS.

Le Sénat (**http://www.senat.fr**) offre également des flux RSS sur les derniers textes, rapports et communiqués de presse.

Enfin, le portail de l'Union européenne offre un très grand nombre de flux RSS : http://europa.eu/press_room/mailing-rss/index_fr.htm.

Par ailleurs, le blog JuriBlogs a dressé une liste très complète de blogs juridiques : **http://www.juriblogs.com/index.php?option=com_bookmarks&Itemid=31&mode=0&catid=-1&search=***

2. Les sources gouvernementales

Auracom (**http://actualite-institutionnelle.com/cgi-bin/aurweb.exe/rss/gouv**) met à disposition une multitude de flux RSS permettant de détecter automatiquement les nouveautés apparaissant sur les sites suivants : Elysée, Sénat, Assemblée nationale, Conseil constitutionnel, Parlement, Conseil d'Etat, et l'ensemble des sites "gouv.fr".

3. Toute l'information européenne

Un site spécialisé dans la veille s'est donné pour mission (**http://blog.brainsfeed.eu**) de répertorier l'ensemble de l'information concernant l'Europe et ses institutions.

Ce moteur de recherche spécialisé vous permet de rechercher dans le site Europa.eu : **http://searcheuropa.eu**

F. L'information économique et financière

Là encore, vos propres recherches vous feront trouver d'autres sources. Mais voici quelques adresses utiles.

1. Les univers Netvibes

Netvibes est un service Web 2.0 qui vous permet de constituer (à l'instar de iGoogle) votre propre portail d'informations composé de flux RSS et de gadgets : **http://www.netvibes.com/**. Un univers Netvibes est le nom donné à un portail public que chacun peut consulter librement et utiliser afin de créer, à son tour, son propre système d'informations. La Documentation française a ressenti le besoin de regrouper l'ensemble de son activité numérique dans un de ces univers :
http://www.netvibes.com/ladoc#Actualites. C'est réellement un excellent point de départ pour appréhender d'un seul coup d'œil (ou presque) l'essentiel de l'actualité administrative, politique, économique, sociale et internationale !

2. Les sites d'informations économiques

Activ Sources (**http://search.activsources.com**) est un métamoteur de recherche de fournisseurs qui a compilé les nomenclatures produits de plus de 70 annuaires français et internationaux.

B3B (**http://www.b3b.ch**) est un portail d'intelligence économique destiné aux professionnels de la banque et de la finance. Il permet une observation continue de l'actualité relative et fournit des liens directs vers les sources d'information sur Internet. L'intérêt de ce portail est qu'il vous propose un module de veille disponible sous la forme d'un flux RSS ou d'une Newsletter.

eJustice (**http://www.ejustice.fr**) est un moteur de recherche spécialisé dans le droit français et la justice.

3. L'actualité financière

Voici deux liens vous permettant de récupérer un nombre considérable de flux RSS :

- **http://www.boursorama.com/brss/annuaire.phtml**
- **http://www.latribune.fr/Entreprises-secteurs.html**

Information : le ministère de l'Économie a publié un guide des bonnes pratiques en matière d'intelligence économique qui est téléchargeable à partir de cette adresse : **http://www.scribd.com/doc/14496467/Guide-Des-Bonnes-Pratiques-en-Matiere-d-Ie?secret_password=1g7xi72s8e3f36qbur45**

4. La recherche de brevets

Boliven Patents Beta (**http://www.boliven.com/patents**) offre un module de recherche avancé sur les bases de données en ligne des brevets (Etats-Unis "USPTO" - International "PCT" - Europe "EPO" - Japon "JPO" - Corée "KIPO"). Le module de recherche avancée est très bien fait puisqu'il vous permet d'utiliser des opérateurs booléens et avancés :

"" expression exacte ;

? caractère joker ;

AND, **NOT**, **OR** opérateurs booléens ;

() regroupement des expressions de recherche ;

~ 0...1 recherche d'approximation en utilisant une valeur de 0 à 1 (1 pour une précision maximale).

Les mots-clés qu'il est possible d'utiliser sont tous listés sur cette page : **http://www.boliven.com/patents/advanced**

Priorsmart (**http://www.priorsmart.com/index.fr.html**) est un autre excellent moteur de recherche de brevets qui propose un formulaire de recherche très simple d'utilisation.

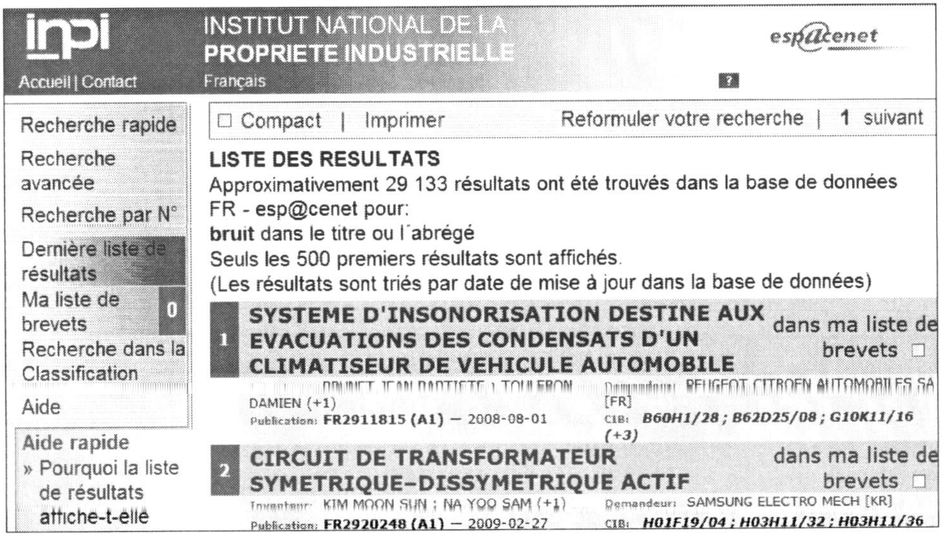

Information : ce service anglophone (**http://www.see-the-forest.com**) vous permet de visualiser l'historique des brevets au travers d'un mot-clé. C'est plutôt réservé à un public d'experts. Par ailleurs, cette page liste les moteurs de recherche de brevets dans le monde entier :
http://ipestonia.ning.com/profiles/blogs/full-list-of-ipe-patent-search

5. La recherche de marques

INPI (**http://www.inpi.fr**) permet d'effectuer des recherches sur l'ensemble des marques déposées en France (près de 2 millions de marques) mais aussi sur les dessins et modèles français (depuis 1910) et internationaux (depuis 1979). Cela représente en tout 1 million de dessins et modèles.

Les internautes peuvent également réaliser gratuitement des recherches relatives au statut légal des demandes de brevets français et européens délivrés et valides en France (1,5 million de brevets).

6. Score3

Score3, en dépit de grosses lenteurs quand nous l'avons testé, est un site intéressant pour ce qui est de lancer une recherche sur une entreprise (par nom ou numéro de siret) : **http://www.score3.fr**. Il existe d'autres possibilités de recherche en cliquant sur le lien **Recherche avancée** :

- Création d'entreprises depuis 10 jours ;
- Fins d'exploitation ;
- Actualisation de dirigeants ;
- Nouvelles procédures collectives ;
- Nouveaux bilans.

Par ailleurs, le comparateur d'entreprises vous permet de visualiser sur une même page les situations financières de 2 ou 3 entreprises, et de faciliter votre choix de partenaire commercial ou de comparer les résultats financiers de vos concurrents.

Bon ! Nous n'avons pas poussé plus loin mais cette société propose plein de services intéressants à un tarif très raisonnable...

7. Trouver des appels d'offre

Cette page web liste un grand nombre de ressources concernant les appels d'offre : **http://admi.net/evariste/ao**

DgMarket (**http://appel-d-offre.dgmarket.co**) vous permet d'être tenu au courant des appels d'offre dans le monde.

8. Qui invente quoi ?

MoreInspiration (**http://moreinspiration.com**) est un moteur de recherche qui vous permet de découvrir de nouvelles inventions ou expérimentations qui seront en rapport avec votre recherche.

➧ Cliquez sur le lien **Advanced search** afin de filtrer les résultats en fonction :

- du secteur industriel ;
- du type de propriétés sur lequel porte l'invention (flexibilité, développement personnel, taille, etc.) ;
- du type de fonction qui est développée (ajoute la possibilité de changer de couleur, un message au format texte, créer une nouvelle sensation de goût, etc.) ;
- de la date de publication.

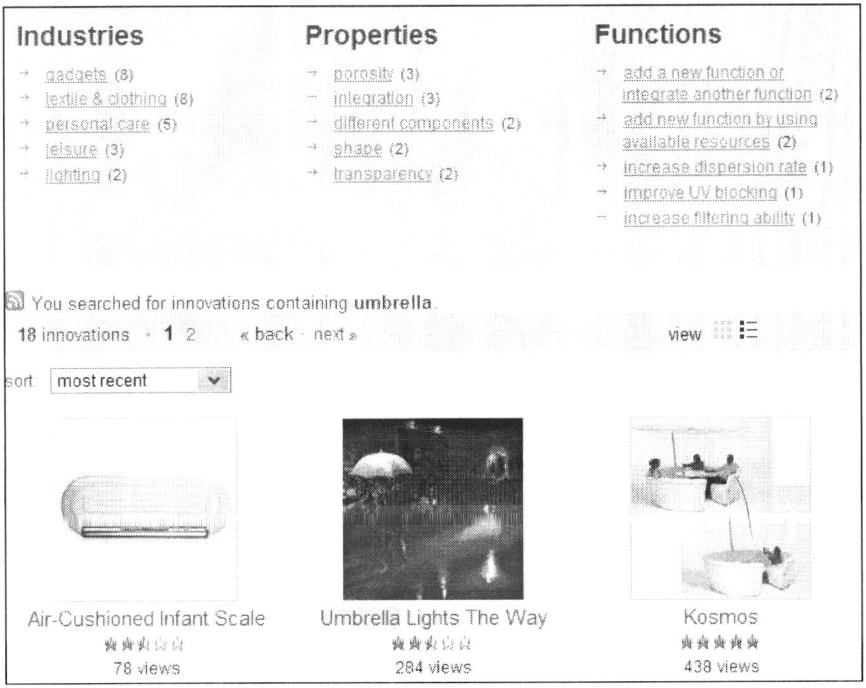

À chaque fois, un flux RSS peut être récupéré.

G. Les ressources linguistiques

Nous abordons dans le chapitre suivant les outils linguistiques proprement dits mais voici, tout d'abord, quelques ressources sur les livres en général et les mots en particulier.

1. Gallica contre Google Livres

Gallica (**http://gallica.bnf.fr**) est la bibliothèque numérique de la Bibliothèque nationale de France. Elle regroupe des livres numérisés, des cartulaires, des revues, des photos et une collection d'enluminures. Google Recherche de Livres (**http://books.google.fr/books?**) pourrait s'apparenter à la branche "papier" du moteur de recherche.

Il existe un comparatif qui demande à être nuancé mais n'en demeure pas moins intéressant à cette adresse :
http://www.precisement.org/blog/Gallica-2-contre-Google-Books-le.html#forum7

Voici les deux adresses qui renvoient à une même page :

- Gallica : **http://gallica.bnf.fr/ark:/12148/bpt6k1229293.r** (ou **http://bit.ly/13Ryz**);
- Google Livres : **http://www.google.fr/books?id=Jk8UAAAAQAAJ&pg=PA1** (ou **http://bit.ly/Gkpen**).

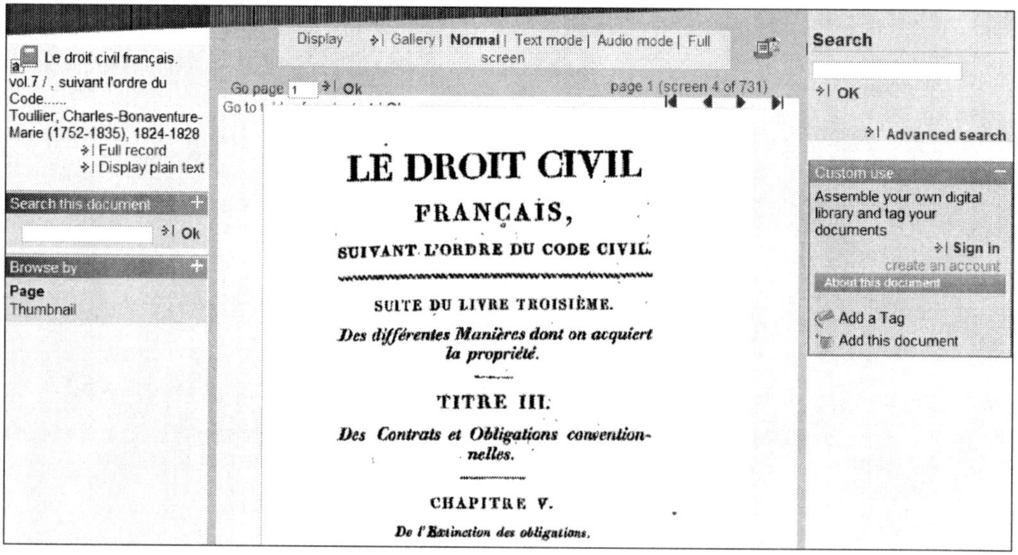

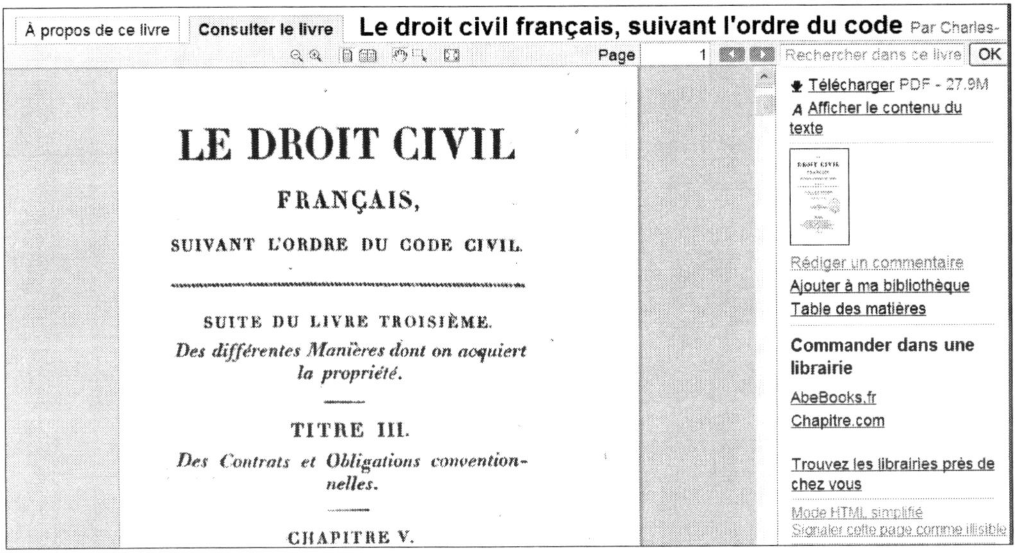

Un certain nombre de points de comparaison sont intéressants :

- Notice de l'ouvrage : autant celle de Gallica est très complète, autant celle de Google peut paraître un peu courte ;
- Formats de téléchargement : Gallica propose ces trois formats : PDF, multi-page TIFF ou "Plain text" là où Google ne propose que le format PDF ;
- Un mode "Audio" est proposé sur Gallica ;
- Ergonomie : dans Google, il est possible d'afficher le contenu du livre en mode texte (**Afficher le contenu du texte**) de même que sur Gallica (**Text mode**). On peut trouver l'interface de Google plus simple à utiliser et moins touffue.

Nous avons eu l'impression que le fond de livres en français était plus important chez Gallica que sur celui de Google Recherche de livres.

Enfin, le module de recherche avancée tel qu'il est proposé sur Gallica offre plus de fonctionnalités que celui de son "concurrent".

N'hésitez pas à comparer les résultats renvoyés par ces deux portails et à vous servir de celui qui, ponctuellement, vous donnera le plus de satisfactions.

2. Tous les dictionnaires à partir d'une seule page

Dicts.info (**http://dicts.info**) est un service intéressant dans le sens où il propose un nombre considérable de dictionnaires à partir d'une seule interface.

3. Dicorama

Dicorama (**http://www.dicorama.com**) est un annuaire répertoriant 1171 dictionnaires disponibles sur Internet et plus de 250 traducteurs automatiques vous permettant de faire gratuitement des traductions dans plus de 40 langues.

4. Le Centre national des ressources textuelles et lexicales

C'est à cette adresse : **http://www.cnrtl.fr/portail**. Ce portail lexical fonctionne avec un système d'onglets. Un simple clic sur un onglet (**Lexicographie**) affiche une interface permettant de saisir une forme (lemme ou flexion) pour en afficher le contenu dans la catégorie linguistique sélectionnée.

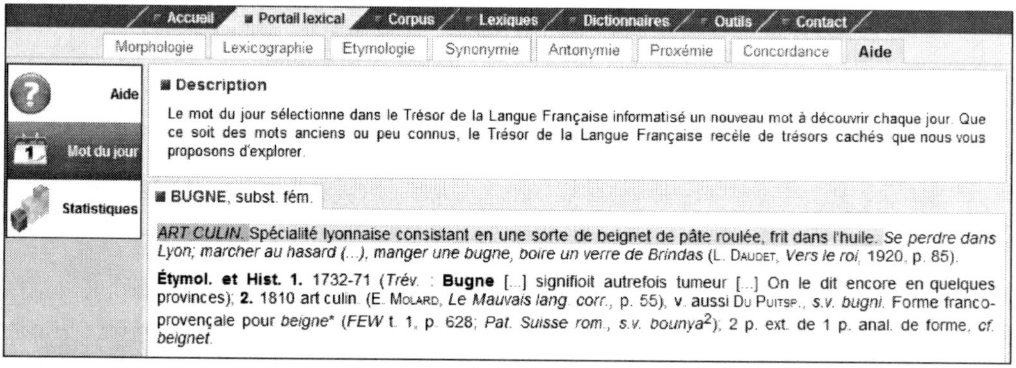

Si, dans une page publiée sur le Web, vous désirez indiquer la définition du mot "portail", il vous suffira de mettre un lien vers **http://www.cnrtl.fr/definition/portail**. C'est réellement une mine d'or !

5. Un dictionnaire du futur

Une ressource intéressante pour qui s'intéresse au vocabulaire du Geek : **http://www.dictionnairedufutur.fr/spip.php?article83**. Mais cela relève souvent de la science-fiction.

Cette page de Wikipédia recense les abréviatons en anglais qui sont souvent utilisées par les "Web Addicts" : **http://en.wiktionary.org/wiki/Appendix:Internet_slang**

6. Lexipedia

Bien qu'un peu lent, cet outil (**http://www.lexipedia.com**) vous permet d'afficher, de manière synthétique, les substantifs, verbes, adverbes, adjectifs, dérivés, synonymes et antonyme de votre terme de recherche. Il fonctionne pour l'anglais, l'espagnol, l'allemand, le français, le hollandais et l'italien.

H. Les ressources scientifiques

Lecdi (**http://www.lecdi.net**) est un multimoteur qui permet de lancer des recherches dans plusieurs moteurs à la fois.

Academic Index (**http://www.academicindex.net**) est un multimoteur qui indexe plus de 300 000 pages web de qualité et relevant majoritairement des publications universitaires.

ScientificCommons (**http://en.scientificcommons.org**) : ce site indexait, en janvier 2007, plus de 13 millions de publications scientifiques accessibles au public. Il est possible de filtrer les résultats par date, par langue (anglais ou allemand) et en fonction de la pertinence des pages trouvées.

Scitopia est un moteur de recherche destiné aux scientifiques qui vous permet de rechercher dans plus de 3 millions de documents : **http://www.scitopia.org/scitopia**

Lara (**http://lara.inist.fr**) : ce site de l'INIST vous offre un accès au texte intégral des rapports scientifiques et techniques français.

Hal (**http://hal.archives-ouvertes.fr**) est un outil de communication scientifique directe entre chercheurs qui propose de nombreux services comme le stockage de vos fichiers et des fonctionnalités de recherche avancée.

Scirus (**http://www.scirus.com/srsapp**) propose une solution complète de recherche de documents scientifiques publiés sur le Web. On peut regretter l'absence de possibilité de recherche par langue et que de nombreuses ressources trouvées nécessitent parfois un abonnement payant.

Le lien **Preferences** vous permet de regrouper les résultats par domaine ("Cluster results by domain").

➧ Cliquez sur le lien **Advanced search** afin d'afficher les syntaxes de recherche qui sont possibles :

+ : force la présence d'un terme ;

- : exclusion ;

OR : **OU** (opérateur d'union) ;

AND : **ET** (opérateur d'intersection) ;

"" : expression exacte ;

Au : abréviation pour le champ auteur ;

Ti : abréviation pour le champ Titre ;

Jo : abréviation pour le champ Journaux ;

Ke : abréviation pour le champ mots clés ;

url : abréviation pour le champ URL ;

dom : abréviation pour cle champ Domaine ;

af : abréviation pour le champ Affiliation auteur ;

***** : permet de remplacer un ou plusieurs caractères ;

? : permet de remplacer un seul caractère.

Vous pouvez lancer une recherche par ISSN (numéro unique identifiant un périodique précis), par intervalle de dates, par type de documents, formats de fichier, sources ou discipline.

Enfin, les résultats peuvent être classés en fonction de leur pertinence ou de leur date de publication.

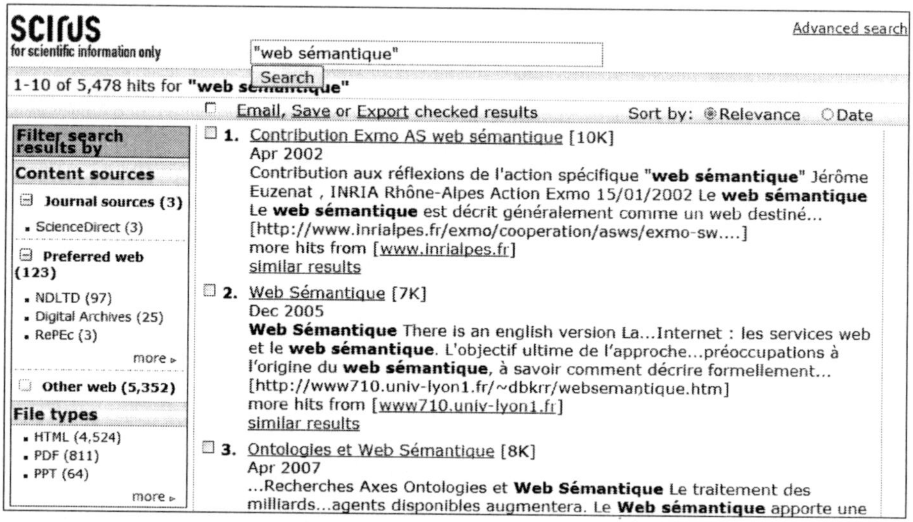

Vous pouvez redéfinir votre recherche en utilisant les suggestions visibles dans la rubrique **Refine your search** mais nous avons un doute quant à la pertinence de cette fonctionnalité.

Il existe une possibilité d'exporter les résultats au format RIS ou Texte ou encore, de les envoyer par e-mail.

Information : le format RIS est une spécification facilitant la communication et l'échange de documents.

Bubl (**http://bubl.ac.uk**) : un catalogue très copieux de l'ensemble des ressources visibles sur Internet et qui sont à caractère scientifique.

ScienceResearch (**http://www.scienceresearch.com/scienceresearch**) : ce portail permet d'accéder à une multitude de ressources relevant du Web profond.

Information : il existe sur ce fichier PDF un comparatif très bien fait des différents services existants : **http://documentaliste.ac-rouen.fr/spip/IMG/pdf_Tableau_comparatif_de_differentes_offres_d_archives_ouvertes.pdf (http://bit.ly/mKdNK**).

Information : ces trois sites d'informations scientifiques sont des références dans leur domaine :
- Science Daily (**http://www.sciencedaily.com**) ;
- Science News (**http://www.sciencenews.org**) ;
- BBC News (**http://news.bbc.co.uk/1/hi/sci/tech/default.stm** et **http://news.bbc.co.uk/2/hi/technology/default.stm**).

I. Ressources diverses

C'est la section pot-pourri de ce chapitre...

1. Les bases de données en ligne

L'indicateur est une excellente source pour trouver toutes sortes d'annuaires professionnels : **http://www.indicateur.com/thematique/default.asp**

Dadi est un répertoire en évolution constante de bases de données en consultation gratuite : **http://dadi.univ-lyon1.fr**

Les catalogues de bibliothèques sont consultables à cette adresse :
http://search.theeuropeanlibrary.org/portal/fr/index.html ou à celle-ci :
http://www.libdex.com

2. Les listes en ligne

L'association des professionnels de l'information et de la documentation (**http://www.adbs.fr**) tient à jour une série de listes sur toutes sortes de ressources intéressantes, telles que :

Les moteurs de recherche :
http://www.adbs.fr/outils-de-recherche-web-828.htm?RH=1214314880901
(ou **http://bit.ly/bq5il**) ;

Les forums et les listes de discussion du secteur de l'information-documentation : **http://www.adbs.fr/listes-en-information-documentation-43100.htm?RH=1214314880901&RF=1214308631551** ou (**http://bit.ly/2p7gO6**) ;

Le blog **Demain la veille** propose un répertoire de sources spécialisées liées aux thématiques traitées : veille, recherche d'informations, outils, réseaux sociaux (**http://www.demainlaveille.fr/sources**). Cliquez sur un des mots-clés visibles dans le "Tag cloud" pour afficher la liste des ressources disponibles et des articles bookmarkés sur Diigo.

C'est réellement extrêmement copieux.

3. Tous les botins du monde entier

C'est à cette adresse : **http://www.phonebookoftheworld.com**

4. Rechercher un mode d'emploi

Diplodocs.com (**http://mesnotices.fr**) est une encyclopédie des notices de toutes sortes.

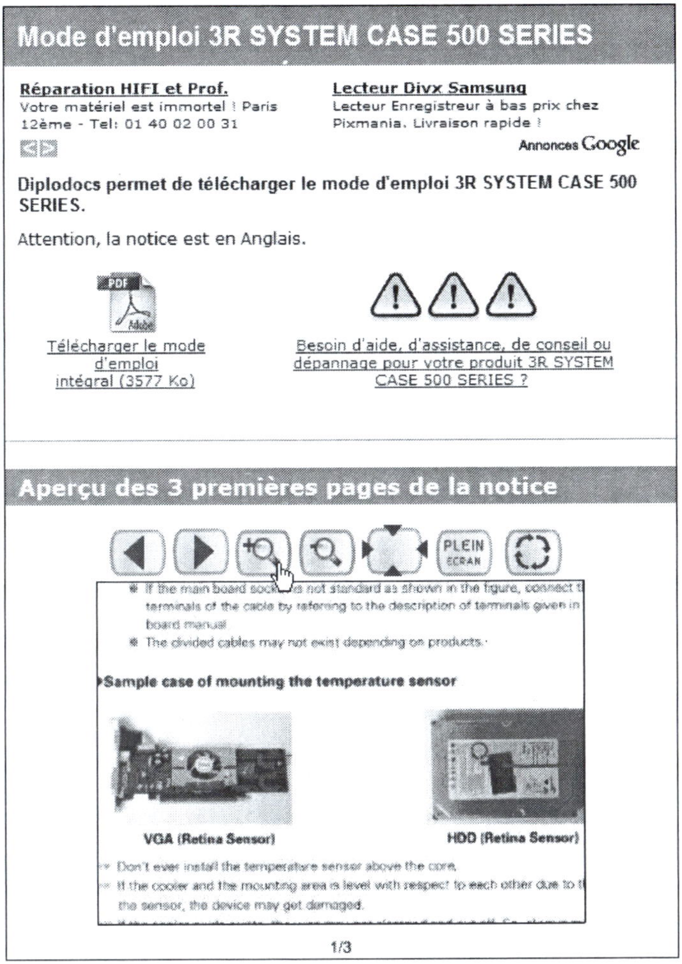

5. Toutes les abréviations dans le monde

Abbreviations (**http://www.abbreviations.com**) est une gigantesque base de données sur les abréviations et les acronymes.

Chapitre 4

Les outils de collecte d'informations

Dans ce chapitre, nous allons examiner les différentes façons de traduire, collecter, sauvegarder, annoter et partager les informations qui sont accessibles par Internet. Nous verrons aussi comment générer des listes d'expressions, surveiller les sites concurrents. Enfin, nous verrons comment optimiser l'organisation de vos données en utilisant une application de Mind Mapping.

A. Des outils de traduction

Le principal problème qui se pose quand on fait une recherche ou que l'on pose une veille sur des sites étrangers est que les résultats sont difficilement compréhensibles. Même si les outils de traduction ne sont pas parfaits, ils vous permettent de vous faire une idée relativement juste de la valeur des résultats que vous avez trouvés. Par ailleurs, un bon outil de traduction vous permet de créer une veille dans une langue étrangère mais surtout en utilisant le ou les termes adaptés.

Bien entendu, se pose aussi la question de savoir si un terme, une fois traduit, ne présente pas des sens différents dans la langue de destination. Par exemple, sun pour le soleil mais aussi la société.

En imaginant que le mot winch se traduise en russe de cette manière : лебедка, il nous faut maintenant vérifier que ce mot ne recouvre pas des réalités complètement différentes.

- Accédez à Google Images (**http://images.google.fr/imghp?hl=fr**) puis saisissez ce même mot-clé.

Si vous n'obtenez que des images qui correspondent bien à votre terme, vous pourrez l'utiliser en toute quiétude.

Babylon Translator

Il existe une version téléchargeable ainsi qu'un traducteur en ligne visible à cette adresse : **http://translation.babylon.com** et qui est très simple d'utilisation.

Google Translate

Ce service en ligne est accessible à cette adresse : **http://translate.google.fr**

Pas moins de 41 langues sont dûment répertoriées.

- Saisissez du texte ou l'URL d'une page Web puis cliquez sur **Traduire**.

Notez que le lien **Permuter** vous permet de changer rapidement de sens de traduction.

- Cliquez sur le lien **Plus** afin d'afficher des définitions de ce mot et éventuellement écouter la prononciation en anglais en cliquant sur l'icône représentant un haut-parleur.

L'onglet **Traduction des résultats** permet de convertir automatiquement un résultat d'une recherche sur Google dans la langue voulue.

Frengly

Le principal intérêt de Frengly (**http://www.frengly.com**) est son interface conviviale qui vous permet d'opérer des traductions de manière presque instantanée.

Reverso

L'interface de ce service n'est pas particulièrement conviviale (**http://www.reverso.net/text_translation.asp?lang=FR**) mais, par la suite, vous pouvez utiliser les dictionnaires mis à votre disposition et obtenir la conjugaison d'un verbe.

Systran

Il existe un service en ligne qui est accessible à cette adresse : **http://www.systran.fr**. De la même manière que précédemment, il est possible de traduire une page web, un flux RSS, le contenu d'un fichier et d'utiliser de nombreux dictionnaires (cela nécessite que vous vous identifiiez sur le site).

Deux dictionnaires en ligne semblent se démarquer :

Logos (**http://www.logos.it/index**) : cliquez sur le lien **Advanced search** pour accéder aux paramètres avancés de cet outil et voir, par exemple, comment un même terme peut avoir des significations très différentes d'une langue à l'autre.

Freelang (**http://www.freelang.com/enligne/index.html**) : ce service propose un nombre très impressionnant de dictionnaires en ligne ou à télécharger.

FoxLingo

Cette extension pour Firefox va vous permettre d'opérer des traductions en utilisant une multitude d'outils.

- Accédez à cette adresse : **https://addons.mozilla.org/fr/firefox/addon/2444**
- Cliquez sur le bouton **Ajouter à Firefox**.
- Dès qu'il est actif, cliquez sur le bouton **Installer maintenant**.

  Au redémarrage, il vous sera demandé de choisir entre "Installation rapide" ou "avancée".

- Optez pour la première solution.

  La suite de la procédure ne pose aucun problème... Une barre dédiée à cette extension sera visible.

- Accédez à une page web écrite dans une langue étrangère.
- Cliquez sur **Page Web** puis sur la langue de la page et, enfin, sur l'outil de traduction voulu.

  Si vous avez sélectionné du texte, il vous faut alors cliquer sur le bouton **Texte**.

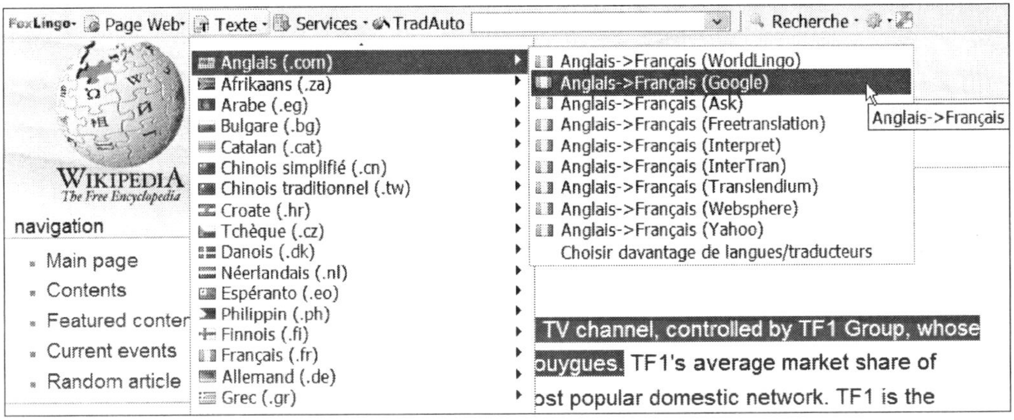

La liste des traducteurs est très importante. Pour vous en rendre compte cliquez sur **FoxLingo - Options** puis l'onglet **Traducteurs**.

De la même manière, vous pouvez sélectionner une portion de texte puis cliquer sur **Texte** et le sens de traduction voulu.

Le bouton **Services** vous permet d'accéder à une foultitude de portails de traduction, de services linguistiques, d'encyclopédies, d'outils permettant d'identifier une langue, etc.

C'est réellement le couteau suisse des services de traduction !

B. Des outils pour vos recherches

Nous avons réuni dans cette partie du livre, les quelques outils qui nous semblent indispensables quand nous faisons des recherches sur le Web.

1. Identifier les bons sites

TouchGraph permet d'afficher sur un graph interactif les ressources trouvées à partir d'une recherche sur Google : **http://www.touchgraph.com/TGGoogleBrowser.html**

- Saisissez votre recherche (par exemple : "veille technologique") puis cliquez sur le bouton **Graph it!**

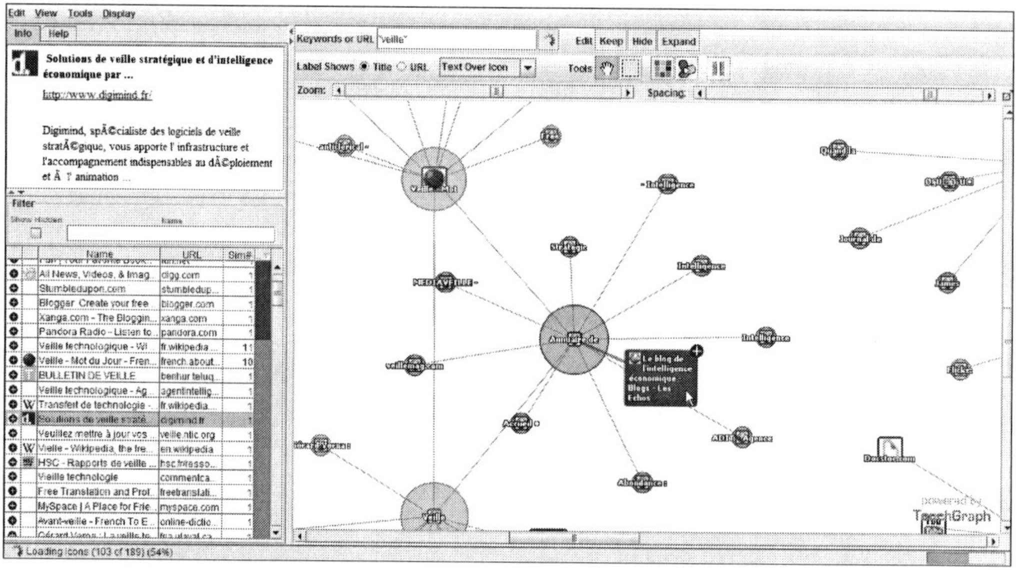

- Laissez ensuite le curseur de souris sur un des clusters trouvés puis cliquez sur le signe **Plus** afin d'afficher les pages similaires à celle de départ.

L'icône **Show Cluster Controls** permet de décider du nombre de clusters qui seront affichés.

Sur la gauche, vous pouvez aussi définir la couleur des principaux clusters.

À chaque fois qu'un site web est développé, jusqu'à 10 sites similaires seront trouvés.

Le bouton **Keep** [Keep] permet de sauvegarder une sélection que vous avez définie à l'aide de cet outil : .

De manière inverse, le bouton **Hide** [Hide] permet de cacher le nœud que vous aurez sélectionné.

Dans le volet de gauche, il vous est possible de filtrer les résultats en saisissant un mot-clé ou une expression de recherche.

Servez-vous des réglettes de zoom et d'espacement afin de modifier la présentation du graph que vous avez composé.

Dernier point, afin d'afficher le site web correspondant, cliquez avec le bouton droit de la souris sur son icône puis cliquez sur la commande **Lauch Website**.

Information : notez qu'éventuellement, vous devrez désactiver votre programme antipop-up.

On peut simplement regretter qu'il n'existe pas d'outil d'export.

2. Transformer Google en un métamoteur : WebMynd

Cette extension pour Mozilla Firefox vous permet de transformer Google en un métamoteur vous permettant d'interroger Wikipédia, Twitter, YouTube, etc. En bref, voici un excellent moyen de tester le concept de Recherche universelle.

Information : la "Recherche Universelle" consiste à intégrer des images, des données vidéo, des actualités, des articles de blogs et des informations géolocalisées au sein des pages de résultats classiques d'un moteur de recherche (Google, Yahoo!, Live, Ask, etc.)

WebMynd s'installe à partir de cette adresse : **http://www.webmynd.com/html/**

- Cliquez sur le bouton **Install WebMynd** et cliquez éventuellement sur le bouton **Autoriser**.
- Dès qu'il est actif, cliquez sur le bouton **Installer maintenant** puis redémarrez Mozilla Firefox.
- Fermez l'assistant qui s'ouvre puis accédez à Google.
- Saisissez une requête.

Dans la partie de droite, les résultats trouvés sur Wikipédia, Flickr, Amazon et Twitter s'affichent.

Vous pouvez cliquer sur les icônes visibles dans la rubrique **More searches** afin d'élargir votre champ d'investigation.

Voyons maintenant comme paramétrer WebMynd en cliquant sur **Outils - WebMynd Settings**.

- **Show WebMynd tools on Google result page** : permet d'activer automatiquement WebMynd quand vous lancez une recherche dans Google.
- **Automatically log me into search tools using my stored passwords** : permet de vous connecter automatiquement à certains outils comme Twitter ou Facebook quand vous activez une recherche sur ces services.
- **Show WebMynd Dock in browser window** : si vous cochez cette option, une barre déroulante sera visible sur la gauche de la fenêtre du navigateur. Le Dock vous permet de partager rapidement une page et d'afficher l'historique de vos recherches.
- **Record my browsing for history search and vizualisation** : active une historisation de vos recherches avec, éventuellement, la mise en cache des miniatures des sites (**Save thumbnails of my recorded pages**) et une capture d'écran des pages HTML (**Save HTML snapshots of my recorded pages**).

Information : vous pouvez modifier l'emplacement de sauvegarde des pages en cliquant sur le bouton **Choose**.

- **Privacy** : permet de bloquer l'enregistrement de pages spécifiques ou de sites. Ils seront visibles dans la rubrique **Sites not to be recorded**.

À notre avis, cette extension est, dans ce domaine, une référence.

3. Explorer un site web avec Grokker

Grokker est un outil intéressant de recherche croisée avec Yahoo! et Wikipédia. C'est le premier point qui nous a intéressé puisque nous avons déjà vu que Yahoo! vous permet de lancer une recherche très pointue sur un site web en particulier. Signalons que l'idée vient du blog Outils Froids (http://www.outilsfroids.net/).

- Accédez à Grokker : **http://live.grokker.com**
- Ne laissez cocher que la case **Yahoo!**
- Saisissez l'adresse URL d'un site sous cette forme : **www.google.fr**
- Cliquez sur le bouton **GROK**.

Vous pouvez redéfinir vos recherches par mot-clé, par date et par nom de domaine.

Les pages du site seront triées par clusters.

➧ Cliquez sur l'onglet **Map View** afin d'afficher une cartographie des données.

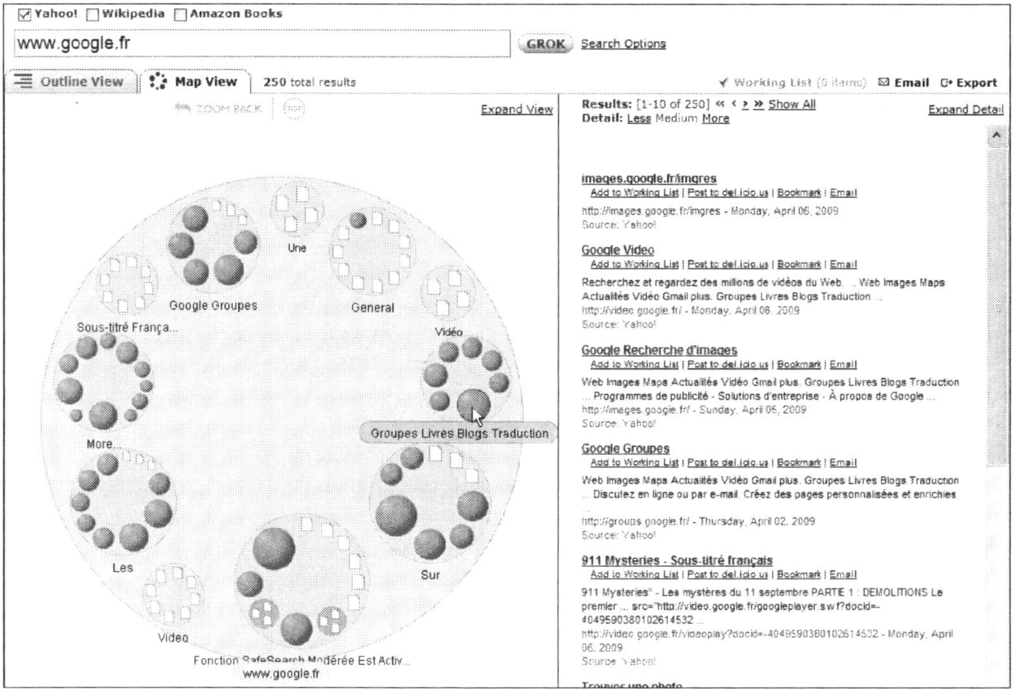

Il est possible d'explorer la visualisation en cliquant sur chacun des éléments qui la composent.

Signalons tout de même que les tests sont beaucoup plus probants quand vous indiquez un site en langue anglaise.

Le lien **Export** vous permet d'exporter les résultats sous divers formats dont une page HTML.

Enfin, les clusters qui sont créés sont moins pertinents que lors d'une recherche sur une thématique ou un mot-clé.

4. Optimiser Google avec Customize Google

Cette extension pour Firefox s'installe à partir de cette adresse :
http://www.customizegoogle.com/fr-FR/

- Cliquez simplement sur le lien **Install now** puis sur le bouton **Installer maintenant**.
- Après le redémarrage de votre navigateur, cliquez sur **Outils - Options de Customize-Google**.

Chaque produit Google est référencé : il vous suffit de cliquer sur l'un d'eux pour afficher les options correspondantes. Dans le cadre de cet ouvrage, ces trois options nous intéressent particulièrement :

Web - Ajouter des liens vers d'autres moteurs de recherche : permet de comparer rapidement les résultats renvoyés par une même requête ;

> **Information** : cette même possibilité existe pour les autres moteurs de Google : Recherche d'images, Actualités, etc.

Web - Ajouter des liens vers WayBackMachine : il vous suffira de cliquer sur le lien **Historique dans la page des résultats** pour accéder à la liste des versions de la page qui ont été conservées ;

Web - Ajouter des liens pour marquer/sauver une page web : cliquez sur le lien **Enregistrer** afin de sauvegarder une page dans un des sites de bookmarking qui sont listés.

C. Les outils de Bookmarking

Le terme vient de "Bookmarks", favoris en anglais. Ces services vous permettent de sauvegarder en ligne et de manière plus simple vos signets mais également de les organiser à l'aide de dossiers ou d'un système de libellés. Par ailleurs, ils offrent généralement des possibilités de partage qui vous permettront de créer des veilles collaboratives.

1. delicious

delicious est un site anglophone de réseautage social permettant de sauvegarder et de partager ses marque-pages Internet puis de les classer par mots-clés ("tags"). Sur ce service, il est aussi possible d'organiser ses tags par "Bundles". Ces derniers fonctionnent alors comme des sortes de "super-tags". delicious est une ressource très utile pour trouver ce que l'on pourrait désigner par l'expression "Le meilleur du Web". En bref, voici un site qui vous permet de trouver les pages de référence sur telle ou telle thématique. L'adresse de connexion est celle-ci : **http://delicious.com**

La page d'accueil offre dans l'ordre :

- Une zone de recherche ;
- Les pages les plus populaires sur ce service : **Popular Bookmarks** ;
- Les pages les plus populaires mais classées par tags : **Explore Tags**.

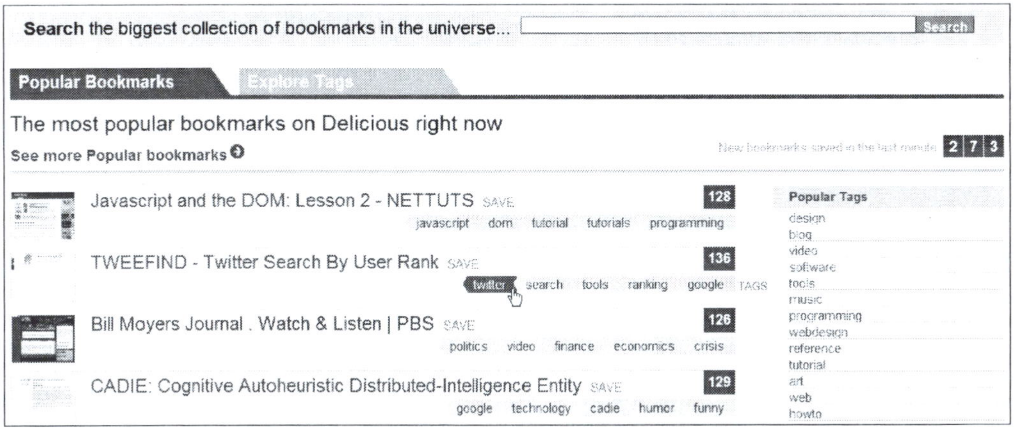

Par défaut, delicious affiche les résultats (par pertinence) en fonction du contenu trouvé dans les descriptions, notes et libellés. Vous pouvez restreindre votre recherche aux seuls libellés en utilisant cette syntaxe : tag:ipod

Afin de lancer une recherche sur une expression exacte, encadrez-la par des guillemets : **"advanced google search operators"**.

Il est possible de poser une alternative de type "OU" : **"yahoo search" OR google operators**.

Afin de définir une exclusion servez-vous du signe - : **advanced operators -live**

Il existe une API delicious qui offre une manière très simple de générer des flux RSS. Votre requête peut ressembler à celle-ci : http://feeds.delicious.com/v2/{format}/ I

- La variable {format} permet de définir le format de sortie : rss ou json ;
- Le paramètre ?count={1..100} limite le nombre d'éléments ;
- Le paramètre {username} permet de circonscrire les résultats à un utilisateur.

Afin d'afficher les bookmarks récents comportant les tags Google et Tips, utilisez cette syntaxe : http://feeds.delicious.com/v2/rss/tag/google+tips?count=100

Voici un autre exemple permettant d'afficher les bookmarks les plus populaires par tag : http://feeds.delicious.com/v2/rss/popular/google

La liste complète des requêtes autorisées est visible à cette adresse : **http://delicious.com/help/feeds**

Un service nommé Delicious tag search (**http://www.trainque.com/code/delicious_lookup.php**) vous permet de lancer une recherche en croisant les libellés.

Un autre outil en ligne vous permet de faciliter votre recherche par libellés dans delicious.

- Accédez à cette adresse : **http://www.trainque.com/code/delicious_lookup.php**
- Saisissez un à un vos mots-clés puis cliquez sur **Get Links**.

Par ailleurs, cet outil interne à delicious vous permet d'afficher la vie complète d'une adresse URL : **http://delicious.com/url/**

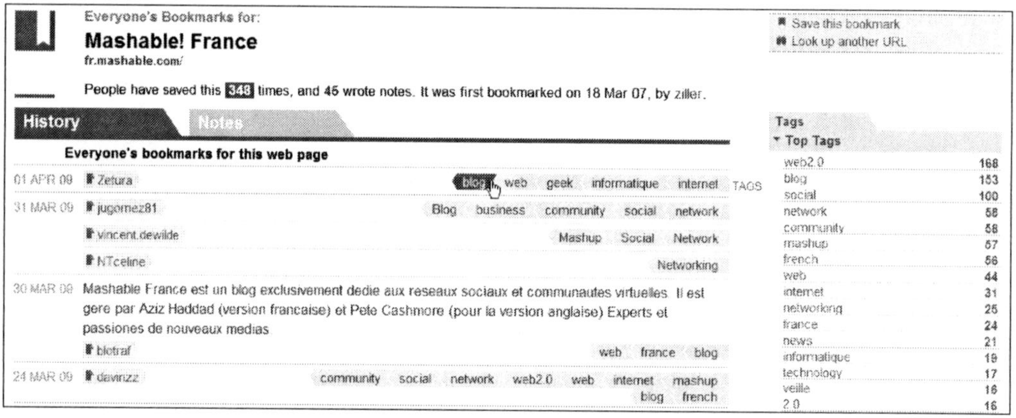

2. Diigo

Diigo (**http://www.diigo.com/**) est un autre service de Bookmarking qui, bien que moins populaire, est plus performant que delicious.

- Cliquez sur le bouton **Join now**.
- Choisissez un nom d'utilisateur.
- Indiquez votre prénom, votre nom, votre adresse e-mail puis saisissez un mot de passe que vous confirmerez.

- Reproduisez le code captcha puis cliquez sur le bouton **Continue**.

  La page suivante vous permet de personnaliser votre profil.

- Cliquez sur **Save and continue**.

  Il vous est ensuite demandé d'importer les contacts que vous possédez sur votre service de messagerie.

- Cliquez sur le lien **Skip**.

Une fois votre compte créé, il vous suffit d'ouvrir votre boîte e-mail afin de cliquer sur le lien de vérification.

La fenêtre qui est visible vous propose alors d'installer le Diigolet.

- Cliquez sur le bouton correspondant.

Vous allez être redirigé vers cette page : **http://www.diigo.com/tools/diigolet**

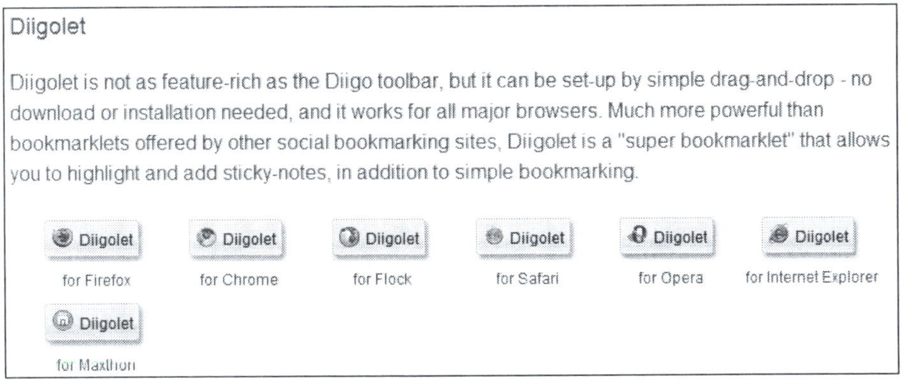

- Cliquez sur le bouton qui correspond au navigateur que vous utilisez. Le principe consiste à l'ajouter à vos marques-pages ou à vos favoris.

Si, par exemple, vous utilisez Google Chrome, voici ensuite la procédure de bookmarking :

- Accédez à une page qui vous intéresse.
- Cliquez sur le Bookmarklet.

  Une barre en transparence va venir se superposer.

- Cliquez sur le bouton **Bookmark**.

- Cochez la case **Private** si vous ne souhaitez pas partager ce favori.
- Saisissez une description, un ou plusieurs mots-clés puis cliquez sur le bouton **Save Bookmark**.

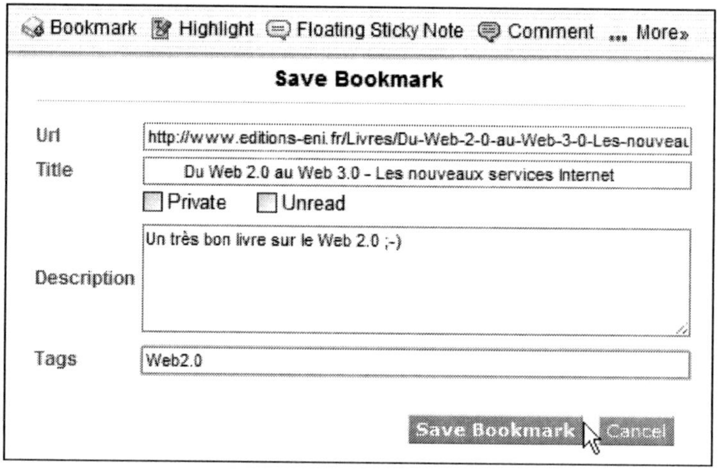

De la même manière, sélectionnez un extrait de texte qui vous intéresse puis cliquez sur le bouton **Highlight**.

- Cliquez sur le bouton **Bookmark** afin de sauvegarder votre note.

Enfin, le bouton **Floating Sticky Note** permet de prendre une note à partir de la page web que vous visitez.

Vous retrouverez vos notes et les URL que vous avez bookmarkées dans votre espace sur Diigo.

- Si vous avez sauvegardé différents extraits d'une même page web, ils seront tous regroupés.
- Cliquez simplement sur l'icône **Expand** pour toutes les afficher.

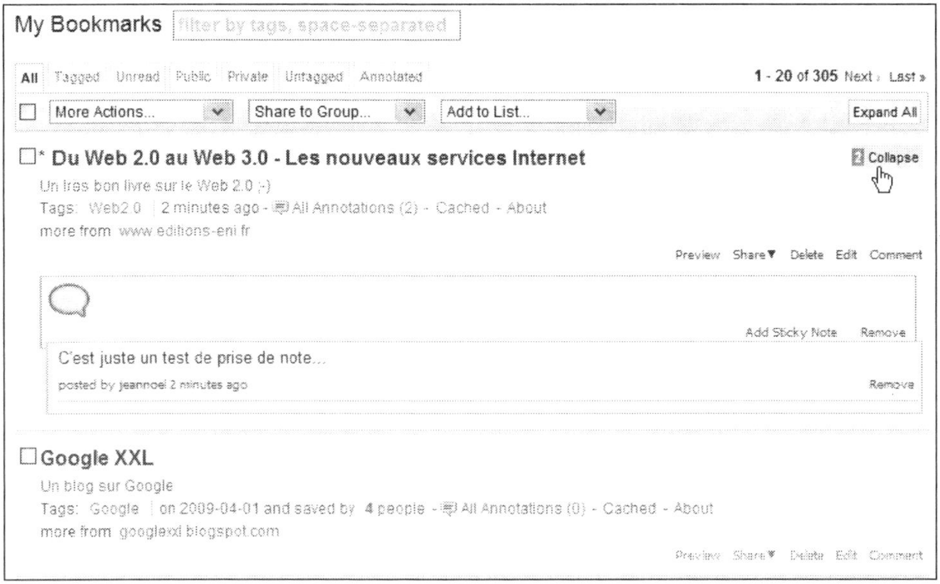

Le bouton **Share** vous permet de facilement les récupérer et les partager :

- **Get Annotated link** : affiche l'adresse URL qui permet d'afficher directement dans votre navigateur le favori sélectionné ;
- **Extract Annotations** : permet de copier les extraits des pages que vous avez enregistrés.

En haut à droite de la fenêtre, le bouton **Play Webslides** permet de générer un diaporama des pages que vous avez enregistrées.

Le bouton de syndication de flux RSS permet de récupérer le fil d'informations qui affichera chacune des mises à jour que vous ferez.

Cliquez en bas de la fenêtre sur le lien **Tools**. Il existe de nombreux outils qui sont très simples d'utilisation et surtout très efficaces !

- **Diigo Toolbar** : permet d'installer une barre d'outils complète qui vous permettra de gérer de manière plus complète vos favoris ;
- **Diigolet** : nous avons déjà vu qu'étaient listés les Bookmarklets correspondant à chacun des navigateurs existant sur le marché ;
- **Post to Diigo** : ajoute un bouton simple qui vous permet d'envoyer la page web que vous êtes actuellement en train de visiter sur Diigo ;

- **Enhanced Linkrolls** : ce gadget vous permet de partager les pages annotées sur votre site web ;
- **Tagrolls** : permet d'insérer sur votre site un "Tag cloud" des mots-clés que vous utilisez sur Diigo ;
- **Send to Blog** : permet d'envoyer vos notes vers une plate-forme de blogs ;
- **Auto Blog Post** : permet d'automatiser l'envoi de notes vers une plate-forme de blogs ;
- **Import Bookmarks** : permet d'importer vos favoris sur delicious, Magnolia, Simpy, etc.

Information : l'import de favoris sur Internet Explorer ou Mozilla Firefox nécessite l'installation de la barre d'outils de Diigo.

- **Export Bookmarks** : permet d'exporter vos notes au format Internet Explorer, Netscape, RSS, CSV ou Delicious ;
- **"Add to Diigo" Widget** : permet aux visiteurs de votre blog de poster une des pages de votre site sur Diigo ;
- **Save Elsewhere** : cette fonction vous permet d'exporter automatiquement vos favoris dans d'autres services de Bookmarking (dont delicious) ;
- **Install Facebook App** : permet d'afficher et de partager vos favoris Diigo sur votre compte Facebook ;
- **Diigo API** : ouvre une page de documentation sur l'API Diigo.

Nous pensons que Diigo est le meilleur service de Bookmarking qui existe sur le marché.

D. Sauvegarder des pages web

Le principe de ces outils est de vous permettre soit de sauvegarder en ligne des pages web qui vous ont intéressé soit, d'une certaine manière, de remonter dans le temps afin de "ressusciter" des pages qui ne sont plus accessibles.

1. Sauvegarder facilement des pages web : Iterasi

Iterasi (**https://www.iterasi.net**) est un service qui vous permet de sauvegarder une page web et de la retrouver à tout moment.

➽ Cliquez sur le bouton **Sign Up**.

- Saisissez un nom d'utilisateur, votre adresse e-mail, un mot de passe que vous confirmerez.
- Reproduisez le captcha puis cliquez sur le bouton **I accept. Create my account**.
- Une fois votre inscription validée, accédez à votre espace sur Iterasi puis cliquez sur le bouton **Archive a page**.
- Indiquez dans l'ordre :
  - L'adresse URL de la page ;
  - Un titre que vous lui attribuerez ;
  - Le dossier de destination ;
  - Un ou plusieurs libellés.
- Cochez la case **Private** si vous ne voulez pas que votre archive soit accessible publiquement.
- Cochez la case **Email page** si vous souhaitez envoyer cette page à un ou plusieurs destinataires (dont vous !).
- Cliquez sur les boutons **OK** et **Close**.

Notez que vous pouvez aussi importer une liste de favoris :

- Cliquez sur le lien **Tools**.
- Cliquez sur le bouton **Import Bookmarks** si vous souhaitez importer l'ensemble des favoris que vous aurez enregistré à partir des navigateurs web que vous utilisez.

À partir de cette adresse : **https://www.iterasi.net/Product**, il vous est possible d'installer un bookmarklet ("Archive to iterasi") qui permettra d'archiver automatiquement une page et un autre ("View iterasi") qui permet une connexion automatique à votre espace sur Iterasi.

Vous pouvez aussi installer une barre d'outils pour Internet Explorer ou une extension spécialisée avec Firefox. L'intérêt de ces deux outils est qu'il vous permet de programmer un enregistrement d'une page web à intervalles réguliers. Nous allons examiner la seconde solution.

- Accédez à cette adresse : **http://www.iterasi.net/download.aspx**
- Développez la rubrique **Browser extension**.
- Cliquez sur le lien visible sous la mention **For Firefox 3 and 3.1 beta 2**.

- Cliquez sur les boutons **Autoriser** puis, dès qu'il est actif, **Installer maintenant**.

  Quatre boutons vont être ajoutés à votre barre de navigation.

- Accédez à la page web voulue.
- Cliquez sur l'icône **Notarize** puis indiquez vos identifiants sur Iterasi.
- Cliquez de nouveau sur l'icône puis sélectionnez cette fois-ci la commande **Manage Schedule**.
- Cliquez sur le bouton **New**.

L'interface est identique à celle que nous avons pu précédemment à la différence près que vous pouvez définir une tâche planifiée.

Notez enfin qu'un flux RSS est automatiquement généré.

À partir de votre espace sur Iterasi, cliquez sur le bouton **my account** et récupérez l'adresse URL qui sera visible en face de la mention *RSS FEED*. Elle sera de ce type : **http://www.iterasi.net/rss/users/jeannoel**. C'est réellement un excellent outil !

2. Une autre manière de sauvegarder des pages web

Kwout (**http://kwout.com**) est un service qui vous permet d'enregistrer sous la forme d'un fichier image une portion d'une page web. Vous devez pour cela enregistrer un des deux bookmarklets proposés dans vos favoris.

- Accédez ensuite à la page web de votre choix puis activez le favori.
- Sélectionnez la portion à enregistrer en utilisant le curseur de votre souris.

Notez que la taille totale de l'image ne doit pas excéder 600 pixels de côté mais que vous pouvez redimensionner la page initiale en déplaçant le curseur visible dans la barre d'outils en haut à droite.

- Cliquez sur le bouton **Cut Out**.

Vous avez ensuite le choix entre poster votre capture dans un certain nombre de réseaux sociaux ou faire le lien vers la page web qui sera créée à cette occasion et dont l'adresse ressemblera à celle-ci : **http://kwout.com/quote/hk7ryjbq**

3. Lire une page web en mode hors-connexion

Voici une liste de quelques applications utiles :

Scrapbook (**http://amb.vis.ne.jp/mozilla/scrapbook/**) est une extension Firefox qui vous permet de sauvegarder de manière efficace n'importe quel type de page web.

DownThemAll (**http://www.downthemall.net/**) est une autre extension Firefox qui vous permet d'optimiser vos téléchargements.

HTTrack (**http://www.httrack.com/**) est simplement un aspirateur de sites extrêmement performant.

Web2book (**http://download.cnet.com/Web2book/3000-2648_4-10649163.html**) est un programme très complet qui vous permet de générer un fichier HTML, RTF, LRF ou PDF à partir de flux RSS, pages web, entrées de l'encyclopédie en ligne Wikipédia, etc.

4. Reconstruire un site web détruit

Warrick (**http://warrick.cs.odu.edu/new.html**) est un outil qui vous permet de recouvrer en partie ou en totalité un site web qui n'existe plus. Il utilise pour cela les pages conservées dans les versions en cache de ces quatre services : Internet Archive, Google, Yahoo et Live Search. Notez que la reconstruction d'un site complet peut prendre jusqu'à une semaine. Il faut donc se montrer patient... Voici comment remplir le formulaire qui est visible :

- **First name** et **Last name** : votre prénom et votre nom ;
- **Email address** : votre adresse e-mail ;
- **Website URL to recover** : l'adresse URL du site à reconstruire ;
- **Recover entire website?** : cochez le bouton radio **No, only recover the single page** si vous souhaitez ne récupérer que la page indiquée ;
- **Repositories to use** : vous pouvez sélectionner une date de début et de fin ;
- **Use Windows filenames** : quand cette option est cochée, les caractères spéciaux présents dans les adresses URL des pages web récupérées seront automatiquement convertis de façon à générer des noms de fichiers compatibles avec Windows ;
- **Convert URLs to lowercase?** : dans les cas où le site web utilisait des variations de casse (minuscule, majuscule), laissez coché l'option **No**.

➧ Cliquez sur le bouton **Submit**.

5. Afficher les pages en cache avec Scrapbook

Scrapbook est une extension pour Firefox qui vous permet de retrouver la version en cache de beaucoup de pages web.

- Accédez à cette adresse : **https://addons.mozilla.org/fr/firefox/addon/2570**
- Cliquez sur le bouton **Ajouter à Firefox** puis, dès qu'il est actif, sur le bouton **Installer maintenant**.
- Redémarrez Mozilla Firefox.
- Lancez une recherche dans Google.
- Cliquez avec le bouton droit de la souris sur un des liens visibles puis sur la commande **Ressusciter ce lien**.
- Cochez le bouton radio **Dans un nouvel onglet** puis sélectionnez une des pages en cache qui est proposée.

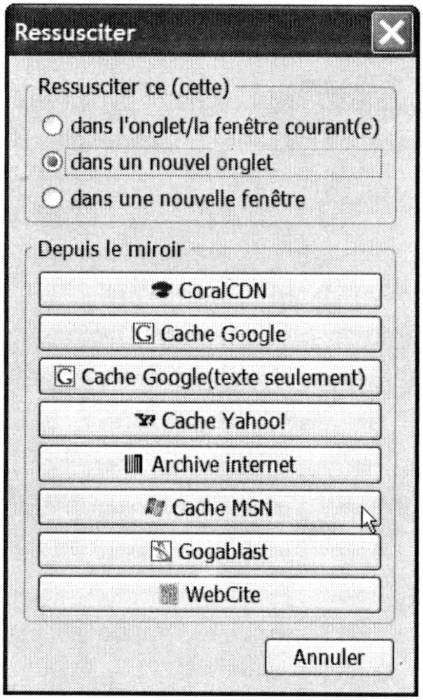

C'est réellement une extension extrêmement pratique !

E. Les outils de Web Clipping

On entend par ce terme, des outils qui vous permettent d'archiver à la volée des extraits de pages web.

1. Snipd

Snipd est un outil très simple d'utilisation qui vous permet de sauvegarder toutes sortes de contenus trouvés sur le Web.

- Accédez à cette adresse : **http://snipd.com**
- Ajoutez à vos favoris ou marques-pages le Bookmarklet qui est proposé.
- Cliquez ensuite sur le lien **Register**.
- Indiquez un nom d'utilisateur, votre adresse e-mail ainsi qu'un mot de passe.
- Cochez la case d'acceptation de la licence d'utilisation puis cliquez sur le bouton **Sign up**.
- Accédez à la page web de votre choix.
- Mettez, par exemple, en surbrillance un extrait du texte puis cliquez sur votre Bookmarklet.
- Saisissez un libellé puis appuyez sur la touche [Entrée].

Vous pouvez éventuellement ne pas rendre public votre Snips en cliquant sur le bouton **Public**.

Afin d'afficher les éléments que vous avez sauvegardés, cliquez sur le lien **My Snips**.

Il vous sera proposé de créer une page web publique qui sera accessible à partir de ce type d'adresse URL : **http://snipd.com/Nom-Utilisateur**

Cette page est utilisable si vous souhaitez gérer vos Snips : suppression et ajout de commentaires, etc.

Notez que vous pouvez récupérer le flux RSS de votre page personnelle sur Snipd.

2. ClipClip

- Accédez à cette adresse : **http://www.clipclip.org**

- Cliquez sur le lien **Sign in**.
- Saisissez un nom d'utilisateur, votre adresse e-mail ainsi qu'un mot de passe que vous confirmerez.
- Cliquez sur le bouton **Signup** puis fermez cette fenêtre.
- Ouvrez votre boîte e-mail afin de finaliser la procédure d'inscription.
- Accédez à cette adresse : **http://www.clipclip.org/message/install_bookmarklet**
- Ajoutez le Bookmarklet qui est visible à votre barre des favoris.
- Accédez à la page de votre choix.
- Sélectionnez le contenu qui vous intéresse puis activez le Bookmarklet.

La suite de la procédure est identique à ce qui a été expliqué précédemment.

F. Les outils d'annotations

Il existe différentes solutions comme Evernote (**http://evernote.com**) qui propose également des versions pour téléphones mobiles (**http://evernote.com/about/download**) ou Ubernote (**http://www.ubernote.com**) offrant des fonctionnalités similaires... Zoho Notebook est une autre excellente alternative.

- Accédez à cette adresse : **http://notebook.zoho.com**

Il est possible de s'inscrire à ce service gratuit en cliquant sur le lien **Sign in**. Vous pouvez aussi utiliser vos identifiants Google :

- Cliquez sur le lien **Sign in using Google**.
- Indiquez votre identifiant Google ainsi que le mot de passe correspondant.
- Confirmez que vous souhaitez utiliser votre compte Google pour vous connecter à Zoho.com en cliquant sur le bouton **Poursuivre la procédure de connexion**.

La suite ne pose aucun problème et il vous est possible d'ajouter toutes sortes de notes manuellement ou en utilisant un plug-in Firefox qui est accessible à cette adresse : **http://notebook.zoho.com/nb/ext/index.html** ou en cliquant sur le lien **New**.

- Sélectionnez le texte de votre choix puis cliquez avec le bouton droit de la souris.
- Cliquez sur le sous-menu **Add to Zoho Netbook**.

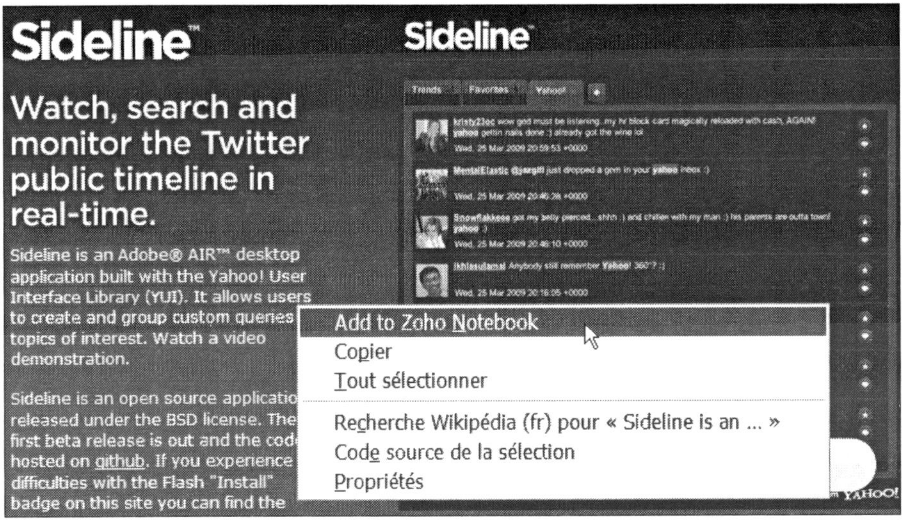

Une sorte de mini-fenêtre va apparaître.

- Saisissez vos informations d'identification : l'extrait web que vous aurez sélectionné sera automatiquement ajouté à votre espace sur Zoho.

1. OutWit Hub

Cette extension Firefox s'installe à partir de cette adresse : **https://addons.mozilla.org/en-US/firefox/addon/7271**. Elle s'utilise comme un outil de filtrage intelligent qui va vous permettre de dissocier les différents éléments qui composent une page web.

- Une fois que vous avez redémarré votre ordinateur, lancez, par exemple, une recherche dans Google ou accédez à une page de l'encyclopédie en ligne Wikipédia.

- Cliquez sur l'icône qui est visible dans la barre de navigation .

Une nouvelle fenêtre dédiée va s'ouvrir qui fonctionne comme une sorte de navigateur intelligent. Voici l'utilité de chacun des boutons :

- **Next in series** : affiche la page suivante de la série sélectionnée ;
- **Browse** : lance la navigation automatique des pages appartenant à la série ;
- **Dig** : explore automatiquement tous les liens présents dans une page ;
- **Site Home** : affiche la page d'accueil du site ;

- **Slideshow** : affiche les images de la page dans un diaporama ;
- **Liens** : affiche la liste des liens sur la page ;
- **Images** : affiche la liste des images présentes sur la page ;
- **Emails** : affiche la liste des adresses e-mail trouvées sur la page ;
- **Données** : donne accès à quatre types de données présentes sur la page : tableaux, listes, structures des données et modèle d'extraction (Scrapper) ;
- **Tables** : extrait le contenu des tableaux HTML ;
- **Listes** : extrait le contenu des listes ;

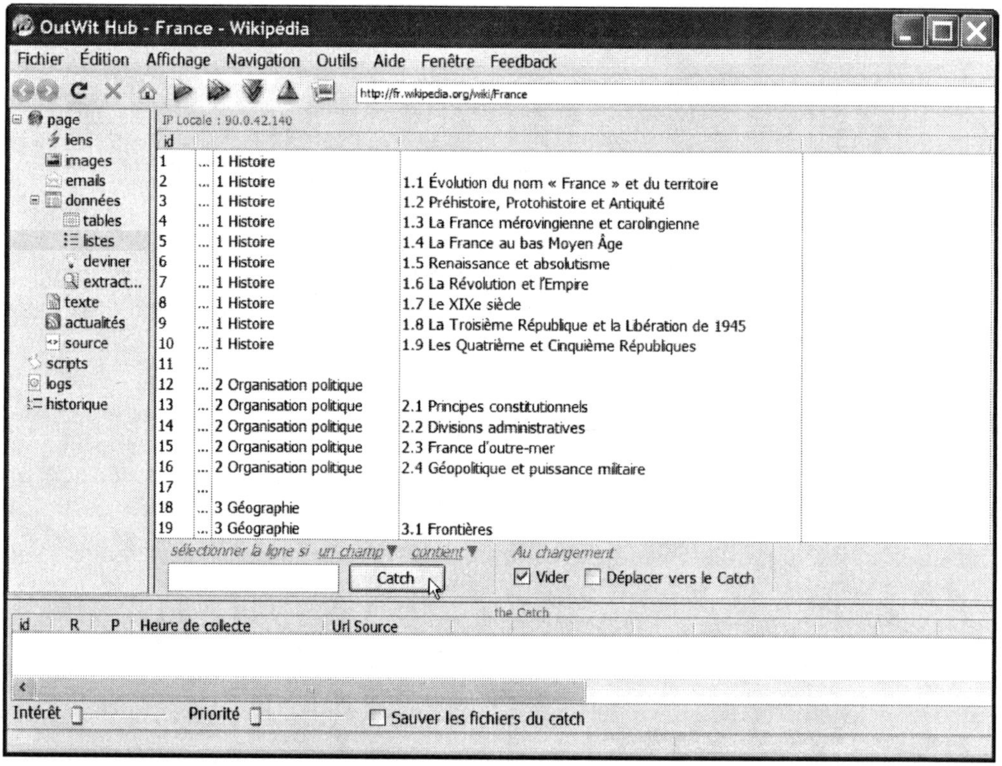

- **Extracteur** : applique un modèle d'extraction à la page ;
- **Deviner** : tente d'extraire le contenu des données qui sont structurées ;
- **Texte** : affiche le contenu textuel de la page ;
- **Actualités** : affiche les flux RSS vers lesquels la page fait un lien ;

- **Source** : affiche le code source de la page.

Le "Catch" peut s'apparenter à une sorte de panier virtuel dans lequel vous allez emmagasiner les données qui vous intéressent. Prenons un exemple en accédant à une page de Wikipédia :

➧ Accédez à cette page : **http://fr.wikipedia.org/wiki/France**

➧ Activez **OutWit Hub**.

➧ Cliquez sur l'icône **Tables**.

Les données présentes sous forme de tableau vont être listées.

➧ Cliquez sur le bouton **Catch** sans chercher à trier les données en utilisant les requêtes de conditions.

Vos données vont être mémorisées dans le Catch et vous pourrez vous servir de ce schéma d'extraction pour analyser d'autres pages de l'encyclopédie.

➧ Cliquez avec le bouton droit de la souris sur les données puis sur les commandes **Exporter la sélection sous - Excel**.

Vous allez pouvoir ainsi enregistrer les informations qui vous intéressent dans un fichier au format XLS.

Notez qu'il est également possible de les éditer à partir de ce menu contextuel.

➧ Cliquez sur **Aide - Tutorial** pour afficher d'autres exemples d'utilisation de cet outil.

OutWit Docs (**http://www.outwit.com**) est une extension supplémentaire qui vous permet de télécharger automatiquement les fichiers qui sont liés à partir d'une page web. Les formats de fichiers supportés sont les suivants : PDF, MS Office, documents OpenOffice, RTF, CSV, etc.

2. Extraire du texte à partir d'une image

Nous venons de voir qu'Evernote (**http://evernote.com**) est une application gratuite qui vous permet de prendre des notes de toutes sortes à partir de n'importe quel type de périphérique (ordinateur PC ou MAC, téléphone portable, iPhone) et de les partager comme bon vous semble. La page de téléchargement est à cette adresse : **http://evernote.com/about/download**. Il existe un Bookmarklet pour Internet Explorer et une extension pour Firefox qui sont installables à partir de cette page : **http://evernote.com/about/download/#a-webclipper**

Ce qui nous a intéressé dans ce bouquet de logiciels est la capacité d'Evernote à extraire du texte à partir d'une image. De fait, nous allons parler d'un outil (aussi gratuit) qui est capable de faire de la reconnaissance de texte OCR à partir d'images.

JOCR se télécharge à partir de cette adresse :
http://home.megapass.co.kr/~woosjung/Index_Download.html

Information : JOCR requiert Office 2003 ou une version ultérieure et plus particulièrement un composant appelé "Microsoft Office Document Imaging" (MODI).

C'est un simple fichier exécutable qu'il vous suffit de lancer.

- Ouvrez une image contenant du texte.
- Cliquez sur le bouton **Capture region**.
- Tracez la zone que vous souhaitez copier.
- Cliquez ensuite sur le bouton **Recognize**.

G. Centraliser les informations

Il existe une multitude de solutions payantes ou gratuites qui vous permettent de créer un site, un Wiki ou un blog de toutes pièces. Nous devons citer les sites qui se situent entre blogs et micro-blogging et qui vous permettent de poster rapidement toutes sortes de contenus à partir de quasiment toutes sortes de périphériques : Tumblr (**http://www.tumblr.com**) et Posterous (**http://posterous.com**). Dans ce dernier cas, le principe est d'envoyer en pièce jointe le contenu qui vous intéresse à une adresse e-mail qui vous est attribuée. Dans les deux cas, vous créez une sorte de blog multimédia qui s'enrichit au fur et à mesure de vos contributions (mais aussi de celles des autres). On peut y voir alors un outil collaboratif extrêmement simple à utiliser et qui peut fonctionner comme un système d'informations à part entière. C'est donc une piste à creuser !

Slinkset (**http://slinkset.com**) permet de créer un site de réseautage social et d'actualités en "deux temps trois mouvements".

- Cliquez sur le lien **TRY IT NOW**.
- Indiquez un nom d'utilisateur, un mot de passe que vous confirmerez ainsi que votre adresse e-mail.
- Choisissez une adresse URL pour votre site ainsi qu'un titre.

  L'adresse URL fonctionnera comme un sous-domaine : **http://jeannoel.slinkset.com**

- Définissez si votre espace sera privé ou public en cochant le bouton radio correspondant.
- Cliquez sur le bouton **Create My Site**.
- Cliquez sur l'onglet **Submit** afin de poster le premier élément.

Un bookmarking vous permet d'automatiser la procédure d'envoi.

- Cliquez sur le lien **Admin**.

Nous allons passer en revue les différentes options qui sont à votre disposition :

Type of site de l'onglet **Settings - Basics**, vous avez le choix entre trois options :

- **Public** : tout le monde peut voir les contributions, publier un élément, voter pour ou contre un article et poster un commentaire ;
- **Private** : seules les personnes que vous avez invitées peuvent apporter leur contribution ;
- **Editorial** : tout le monde peut voir les contributions, voter et poster un commentaire. Seules les personnes que vous avez invitées peuvent publier un nouvel élément.

Settings Features :

- **Open links in a new window** : force l'ouverture des liens dans une nouvelle fenêtre ;
- **Allow users to add URLs to submissions** : autorise les utilisateurs à ajouter des adresses URL ;

- **Allow descriptions to be added to links** : autoriser l'ajout d'une description quand un utilisateur poste un lien ;
- **Show descriptions on list pages** : affiche les descriptions dans la page d'accueil (Pages les plus populaires, les plus récentes) ;
- **Allow users to comment on links** : autorise les utilisateurs à commenter les liens ;
- **Allow <img> tags in comments and descriptions** : autorise l'utilisation de balises images dans les commentaires ;
- **Add thumbnails to links when available** : permet l'ajout automatique de miniatures aux liens (quand c'est possible).

Settings - Feeds : permet l'ajout automatique d'un ou plusieurs flux RSS dans la page de contenu. De fait, votre site sera automatiquement actualisé ;

Settings - Categories : permet de créer des catégories afin de classer plus facilement les contributions.

Settings - Advanced : permet de publier votre espace Slinkset sur votre propre nom de domaine. Notez qu'il est possible de préciser un identifiant Google Analytics afin d'afficher les statistiques d'utilisation de votre site.

Design : cet onglet vous permet de personnaliser complètement votre espace sur Slinkset en utilisant la feuille de style qui sert de modèle ou en spécifiant la vôtre.

Users - Active Users : cet onglet permet de gérer les utilisateurs de votre site.

- **Admins** : les utilisateurs qui sont administrateurs ont les pleins pouvoirs y compris celui de modérer les commentaires ;
- **Moderators** : ils ont la possibilité d'éditer ou de supprimer un vote, un commentaire ou une soumission de lien ;
- **Editors** : les utilisateurs de ce groupe peuvent contribuer à votre site et poster leurs commentaires ;
- **Members** : les droits de ce groupe dépendent du type de site que vous avez défini.

User - Banned users : permet de gérer les membres dont vous ne voulez plus entendre parler.

Invites : vous permet de lancer vos premières invitations.

H. Générer des mots-clés

Les générateurs de mots-clés permettent de dresser des listes d'expressions dont vous vous servirez pour créer des alertes. Ils permettent alors d'élaborer des listes de mots-clés adjacents. De fait, ils offrent la possibilité de mettre en mots un secteur d'activité tel qu'il sera vu au travers des requêtes des internautes. En voici une liste :

Keyword Discovery :
http://www.keyworddiscovery.com/search.htmhttp://www.keyworddiscovery.com/search.htm

Miva (**https://account.fr.miva.com/advertiser/Account/Popups/keywordgenbox.asp?**)

Google Search-based Keyword Tool : **http://www.google.com/sktool** ;

TrendyBuzz (**http://www.trendybuzz.com/fr/generateur-mots-clefs.htm#**) propose un générateur de mots-clés en fonction de l'intervalle de date que vous choisirez ;

Un générateur de fautes typographiques :
http://www.selfseo.com/keyword_typo_generator.php. L'intérêt de cette application est de mettre en exergue les fautes de frappe les plus courantes qui correspondent aux mots-clés sur lesquels vous souhaitez être mieux référencé.

Nous allons vous présenter de manière approfondie des outils plus spécialisés et surtout plus complets.

1. Dresser des listes de mots-clés avec Google Générateur de mots-clés

Ce service en ligne vous permet, à partir d'un mot-clé donné, de mettre en exergue les recherches les plus souvent saisies ainsi que les mots-clés apparentés. Il est aussi possible de différencier les recherches récentes des moyennes enregistrées au cours des 12 derniers mois. Par ailleurs, vous pouvez procéder à des analyses sur les mots-clés ou des expressions qui sont employés par les sites appartenant à vos concurrents.

Accédez au Générateur de mots clés à partir de cette adresse :
http://adwords.google.fr/select/KeywordToolExternalhttp://adwords.google.fr/select/KeywordToolExternal

Cet outil s'utilise de deux façons : soit vous saisissez un ou plusieurs mots-clés ou expressions soit vous indiquez l'adresse URL d'un site. Examinons la première solution.

- Laissez coché le bouton radio **Expressions ou termes descriptifs**.
- Saisissez un mot-clé ou une expression composée de plusieurs mots.

Par exemple, "veille technologique".

Dans un premier temps, décochez la case **Utilisez les synonymes**.

Notez que vous pouvez modifier les paramètres de langue et de localisation en cliquant sur le lien visible à droite de la mention **Les résultats sont adaptés au paramètre suivant : Français, France**.

➧ Saisissez le captcha visible puis cliquez sur **Trouver des idées de mots clés**.

Le lien **Filtrer mes résultats** vous permet de définir des exclusions comme des noms de marque ou, si vous avez saisi des termes possédant plusieurs sens, des mots-clés qui permettront de resserrer les résultats à une catégorie ou un domaine d'activité précis.

La liste des mots clés en rapport avec le(s) terme(s) entré(s) qui va s'afficher est, par défaut, classée par pertinence.

Si la colonne **Concurrence entre annonceurs** n'est intéressante que pour les possesseurs d'un compte AdWords (ou AdSense !), vous pouvez trier les résultats en fonction du volume de recherche qu'ils représentent (pour le mois passé ou pour les 12 derniers mois). Cliquez simplement sur les en-têtes de colonne afin d'effectuer des tris rapides.

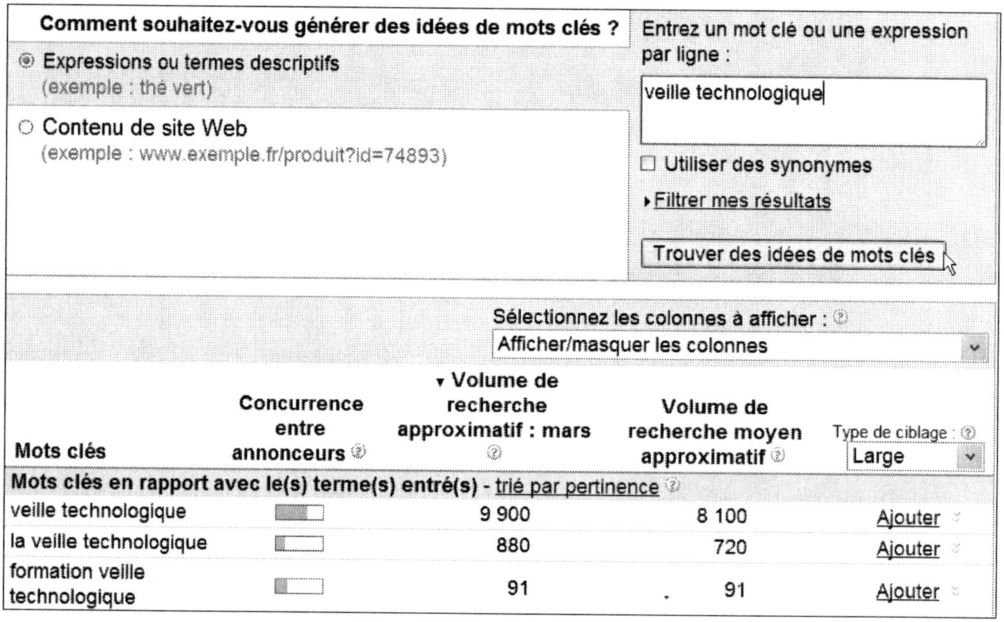

Bien entendu, il peut y avoir de grandes variations entre les résultats renvoyés pour le mois dernier et ceux enregistrés pour le reste de l'année.

La fenêtre des résultats est scindée en deux parties : les recherches qui reprennent les mots-clés ou l'expression que vous avez saisis et, en bas de la fenêtre, une liste de mots-clés supplémentaires à envisager. Ils sont, par défaut, classés par pertinence mais vous pouvez en reprendre quelques-uns (parmi les plus importants) afin de relancer une recherche depuis le début.

Ce tableau ne se suffit pas à lui-même et nous pouvons en dégager beaucoup plus d'enseignements en nous servant de la liste déroulante **Sélectionnez les colonnes à afficher**.

Deux options sont intéressantes : **Afficher les tendances de volume de recherche** et **Afficher le volume le plus élevé observé en**.

Nous pouvons ainsi ajouter une dimension importante dans la compréhension de notre activité de référencement, notre recherche ou notre démarche commerciale : la temporalité.

Il reste maintenant à aborder le problème de l'exportation de ces mêmes données. Vous avez le choix entre télécharger les listes de mots-clés sous forme de fichier "Texte", de fichier CSV (fichier de valeurs séparées par des virgules et au format Excel) ou au format CSV simple. Comparez les trois formats et décidez lequel correspond le mieux à ce que vous souhaitez en faire. Le plus simple est d'exporter ces listes dans Excel afin de pouvoir les trier et supprimer les occurrences redondantes.

La seconde solution vous permet d'entrer une URL de page Web pour rechercher des mots-clés en rapport avec le contenu de la page. Cochez la case **Inclure d'autres pages de mon site auxquelles cette URL permet d'accéder** afin de procéder à un examen de l'ensemble du site concerné.

Il existe une troisième solution qui est un peu plus difficile à débusquer. Cochez le bouton radio **Contenu de site Web** puis cliquez sur le lien **Ou bien saisissez votre propre texte dans la zone de texte ci-dessous (facultatif)**. À partir de là, saisissez votre ou vos mots-clés. Les listes affichées seront aussi regroupées par thématique. Faites un test en saisissant, par exemple, cette expression : voiture d'occasion.

Mots clés concernant **annonce voiture** - trié par pertinence				
annonce voiture		90 500	90 500	Ajouter
annonces voitures		33 100	40 500	Ajouter
annonces voiture		22 200	27 100	Ajouter
petites annonces voitures		2 900	3 600	Ajouter
petite annonces voiture		880	1 300	Ajouter
				Tout ajouter - 5 »
Mots clés concernant **petite annonces** - trié par pertinence				
petites annonces auto		9 900	18 100	Ajouter
petite annonces auto		1 300	1 000	Ajouter
petites annonces automobile		720	880	Ajouter
petite annonces automobile		210	480	Ajouter
petite annonces auto occasion		Données insuffisantes	Données insuffisantes	Ajouter
				Tout ajouter - 5 »
Mots clés concernant **vehicule occasion** - trié par pertinence				
vehicule occasion		165 000	135 000	Ajouter
vehicules occasion		33 100	33 100	Ajouter
vente vehicule occasion		14 800	14 800	Ajouter
achat vehicule occasion		8 100	6 600	Ajouter

Quand vous exporterez cette liste au format CSV pour Excel, elle sera intitulé "Lexique". Et c'est la meilleure solution pour vous permettre d'organiser vos listes de mots-clés et d'en avoir une vue synthétique.

2. Surveiller les performances de votre site sur certains mots-clés : Exact Factor

Exact Factor (**http://www.exactfactor.com/**) est un outil de tracking de mots-clés qui vous permet de suivre, pour chacun d'eux, la position occupée par vos concurrents.

- Cliquez sur le bouton **Get Free Account**.
- Indiquez votre adresse e-mail, un mot de passe que vous confirmerez, votre nom, votre numéro de téléphone ainsi que le nom de votre société.
- Indiquez ensuite l'adresse URL du site, le pays, la catégorie, une sous-catégorie permettant de définir le segment du marché que vous souhaitez occuper, son titre ainsi qu'une description qui doit faire plus de 30 caractères, la langue de votre site et le type de site.

- Cochez la case d'acceptation de licence puis cliquez sur le bouton **Next**.
- Saisissez jusqu'à 12 mots-clés ou expressions.
- Sélectionnez ensuite les moteurs de recherche voulus en sélectionnant l'extension voulue (.com, .fr, etc.)
- Cliquez sur **Next** puis sur le lien **No thanks. Take me to my ExactFactor dashboard**.

Vous allez afficher le tableau de bord que l'on obtient en cliquant sur **SEO Analysis - Dashboard**.

- Cliquez maintenant sur le lien **Competitors** afin d'ajouter jusqu'à 5 sites concurrents.
- Cliquez sur le lien **Keywords ranking report**.
- Dans la liste **Select Competitor**, sélectionnez un des concurrents que vous avez défini afin de suivre l'évolution des positions.
  - La mention *'100+' signifie que le mot-clé choisi ne vous permet pas de figurer dans les 100 premiers résultats du moteur de recherche concerné ;
  - La mention **'Next run'** vous indique que le résultat sera mis à jour lors du prochain rapport hebdomadaire que vous recevrez par e-mail.

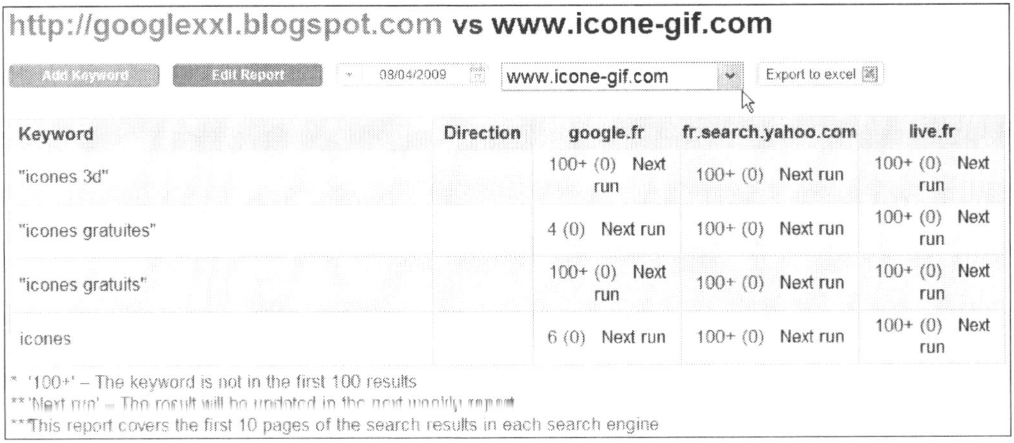

http://googlexxl.blogspot.com vs www.icone-gif.com

Add Keyword | Edit Report | 08/04/2009 | www.icone-gif.com | Export to excel

Keyword	Direction	google.fr	fr.search.yahoo.com	live.fr
"icones 3d"		100+ (0) Next run	100+ (0) Next run	100+ (0) Next run
"icones gratuites"		4 (0) Next run	100+ (0) Next run	100+ (0) Next run
"icones gratuits"		100+ (0) Next run	100+ (0) Next run	100+ (0) Next run
icones		6 (0) Next run	100+ (0) Next run	100+ (0) Next run

* '100+' – The keyword is not in the first 100 results
** 'Next run' – The result will be updated in the next weekly report
**This report covers the first 10 pages of the search results in each search engine

Notez aussi que chacun des rapports qui sont visibles en ligne peuvent être exportés dans Excel.

- Cliquez maintenant sur le lien **Alerts**.
- Cochez, par exemple, le bouton radio **Competitor Alert**.

L'interface qui apparaît vous permet d'être prévenu quand vous dépasserez un de vos concurrents sur les mots-clés que vous sélectionnerez.

3. Une extension Firefox pour trouver des mots-clés

GetCloudlet est une extension pour Firefox qui s'installe à partir de cette adresse : **http://www.getcloudlet.com**

- Cliquez simplement sur le bouton **Install now** puis redémarrez votre navigateur.
- Accédez à Google puis lancez une recherche quelconque.

Un nuage de mots-clés va apparaître en haut des résultats.

Vous pouvez changer de catégorie en cliquant sur les liens **Sites** (afin d'afficher les noms des sites) ou **Net** (afin d'afficher les extensions de noms de domaine).

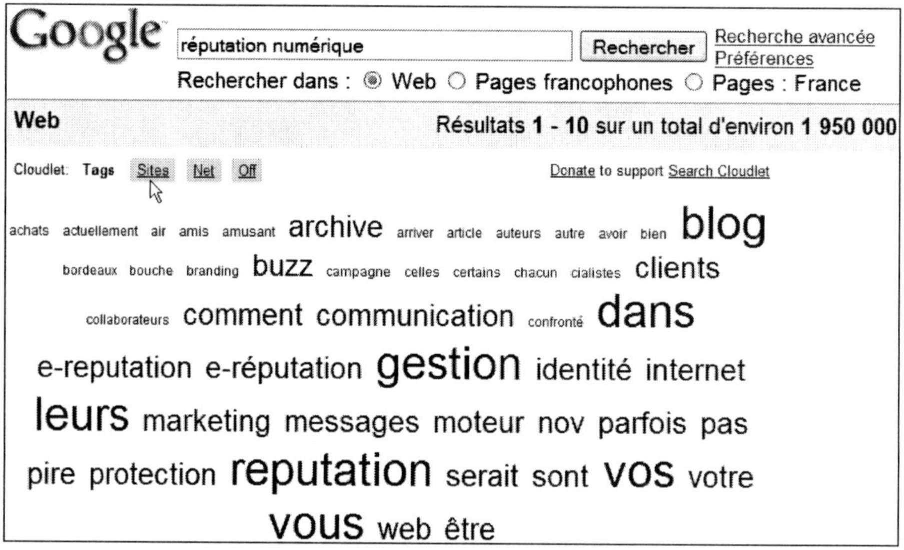

Pour désactiver momentanément cette extension, cliquez sur le lien **Off**. Cliquez sur un des liens visibles afin de relancer la recherche sur ce mot-clé ou le site mentionné. Dans ce cas, vous lancerez une recherche en utilisant, par exemple, cette syntaxe : réputation numérique e-reputation site:fr.readwriteweb.com. La pertinence des résultats n'est pas toujours au rendez-vous mais cette extension offre souvent des suggestions qui sont intéressantes.

I. Surveiller le Web

Bien entendu, les problèmes d'intelligence économique vous obligent aussi à surveiller ce que font vos concurrents sur le Web : nouvelles pages publiées, nouveaux produits mis en ligne, profil des visiteurs, etc.

1. Google Insights For Search

Google Insights For Search (**http://www.google.com/insights/search/#**) permet de mettre en évidence les requêtes qui connaissent les plus fortes progressions, les thématiques qui sont stables ou qui baissent inexorablement et de les classer en fonction du pays, d'une région ou d'une ville. En plus d'une dimension temporelle, vous afficherez ces mêmes informations mais vues sous l'angle de la recherche locale.

Information : vous devez vous connecter à votre compte Google afin d'afficher les valeurs pour chacun des graphes qui seront visibles. Cliquez simplement sur le lien **Sign in**. Par la suite, cette application sera visible dans votre espace Google en cliquant sur le lien **Tendances des recherches**.

Cet outil n'existe, pour l'instant, qu'en anglais mais il permet de cibler de manière très précise tous les pays du monde.

Information : certains noms de régions ne sont pas encore traduits : Britanny pour la Bretagne et Burgundy pour la Bourgogne.

Dans la rubrique de gauche, vous pouvez effectuer des comparaisons en spécifiant jusqu'à 5 termes, lieux ou périodes de temps.

La rubrique **Filter** vous permet de définir des filtres géographiques, de date ou affiner les résultats en fonction d'une catégorie.

Dans la zone de texte **Search terms**, saisissez votre mot-clé ou expression puis cliquez sur le lien **Add search term** pour définir le terme suivant. Il est possible de comparer plusieurs termes en les saisissant dans la même zone de texte tout en les séparant par des virgules. Prenons l'exemple de ce groupe de 5 requêtes : renault, peugeot, citroen, ford et bmw puis limitons notre recherche au 12 derniers mois, à la France et à cette catégorie : Automotive.

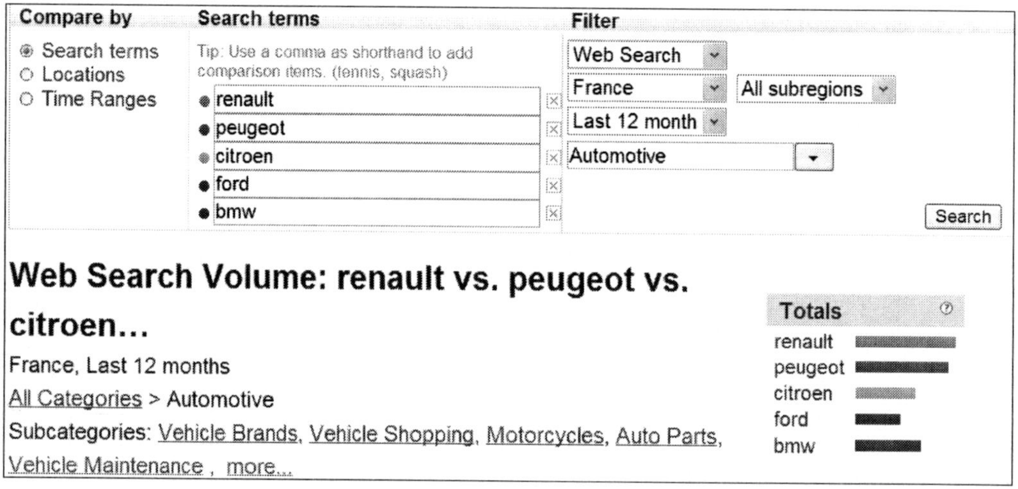

Il est possible de lancer une recherche sur le Web (Web Search), dans Google Recherche d'images, Google News ou Google Product. Vous noterez que ces deux derniers moteurs ne concernent que les recherches strictement anglophones.

> **Information** : il vaut mieux ne pas utiliser les caractères accentués quand vous saisissez un mot-clé qui en comportent.

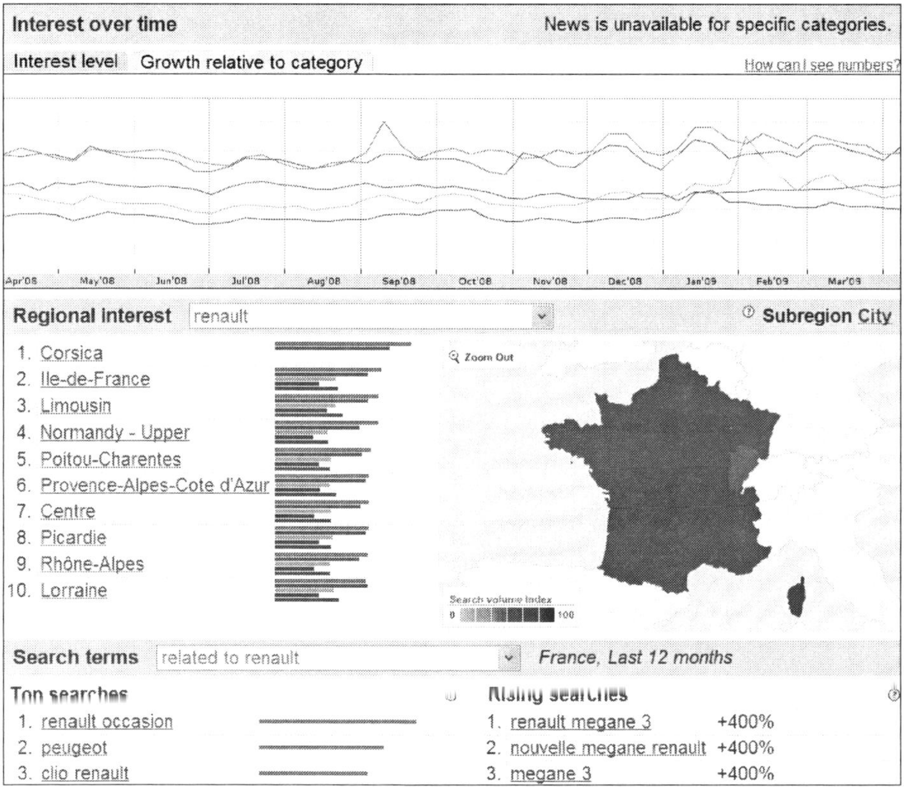

Plusieurs constatations se dégagent :

- La requête "renault occasion" est une des plus populaires ;
- Les internautes sont particulièrement intéressés par ce modèle : Mégane ;
- En utilisant la liste déroulante **Regional interest** et en sélectionnant chacune des autres marques on peut s'apercevoir que les habitants du Limousin ont, plus que les autres, saisi la requête Ford et ceux de Franche-Comté ont suivi de près l'actualité autour de la société Peugeot.

La mention "Breakout" signale que le terme correspondant a enregistré un bond de plus de 5000%. Testez les résultats (en choisissant l'option **2004 - present**) renvoyés par ces requêtes : "pouvoir d'achat", "crise" ou "subprimes".

Vous remarquerez une nette poussée d'angoisse en octobre 2008. Par ailleurs, et si nous resserrons les résultats à la seule région de l'Ile de France, ce sont les habitants de Courbevoie, Puteaux et Aubervilliers qui se sont sentis les plus concernés.

Si vous êtes connecté à votre compte Google, les valeurs placées sur l'axe des ordonnées représentent le pourcentage des recherches par rapport à l'ensemble des recherches effectuées sur Google sur une échelle graduée sur 100.

La rubrique **Total** affiche la moyenne enregistrée pour chacun des termes que vous avez comparés.

Déplacez le curseur de la souris pour afficher les différentes valeurs observées au cours du temps.

Les valeurs en pourcentage afficheront la progression de votre requête par rapport à l'ensemble de la période que vous avez définie.

Nous pouvons mieux nous rendre compte de la temporalité d'une recherche en comparant, par exemple, les résultats renvoyés par la requête "solde" au cours des 5 dernières années : elle est en constante progression avec, invariablement, des pics de recherche en janvier et juin.

Enfin, cet outil vous permet de discerner les thématiques qui montent pour une catégorie précise. Voyons comment procéder :

- Dans la liste déroulante **All categories**, sélectionnez cette option : **shopping**.
- Sélectionnez l'option **Last 12 months** puis cliquez sur le bouton **Search**.
- Dans la rubrique **Rising searches**, cliquez sur chacun des liens qui sont affichés afin d'ouvrir une fenêtre dédiée au mot-clé correspondant.

Nous pouvons immédiatement discerner trois tendances lourdes : les ventes privées, les soldes et les vide-greniers. Si la première semble être une spécialité corse, les vide-greniers sont particulièrement prisés dans l'est de la France.

En bref, cet outil Google est un excellent moyen de trouver des requêtes adjacentes à une thématique de départ et de discerner les grandes tendances quelles que soient la niche commerciale ou les recherches sociologiques que vous devez effectuer.

Information : n'hésitez pas à lire cet excellent article sur l'utilisation de Google Trends dans la gestion commerciale d'une entreprise : **http://www.atelier.fr/veille-internationale/10/04052009/google-trends-economie-prevoir-prevision-anticipation-tendance-donnees-statistiques—38195-.html** (ou **http://tinyurl.com/dnkdkm**). En bref, l'intention des utilisateurs, telle qu'elle est perçue dans les mots-clés qu'ils saisissent, se traduit réellement par des impacts sur les chiffres d'affaires des entreprises : "Il existe donc une corrélation forte entre requête et décision d'achat."

2. Compulser les archives d'Internet

Wayback Machine (**http://www.archive.org/web/web.php**) est un service qui vous permet de compulser les archives d'Internet. Prenons un exemple simple :

- Dans la zone de texte visible, indiquez l'adresse URL de la page voulue.

  Par exemple : **http://www.editions-eni.fr**

- Cliquez sur le bouton **Take me Back**.

- Ouvrez ensuite le lien à la date qui vous intéresse dans un nouvel onglet.

Notez que toutes les pages ne sont pas correctement archivées et que vous pouvez avoir un message d'erreur sur les plus anciennes.

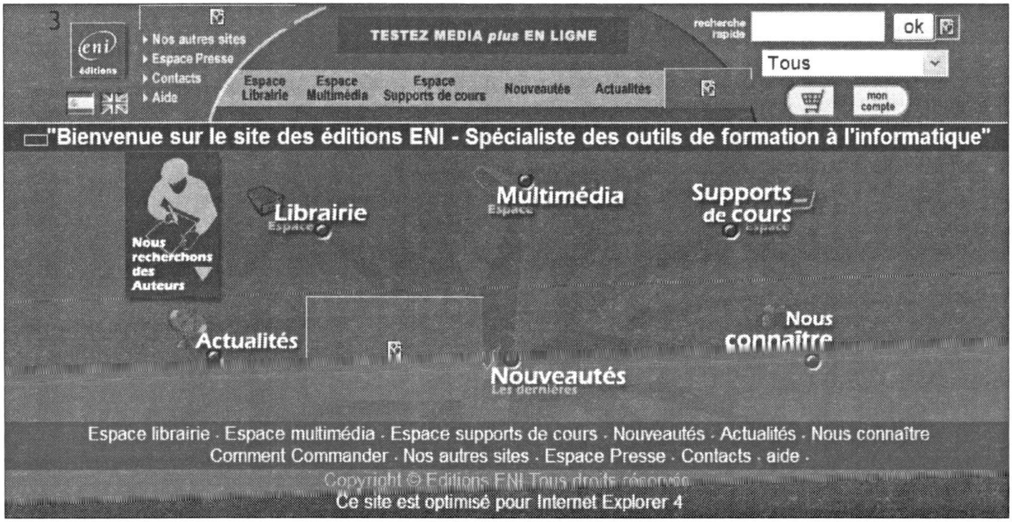

Vous pouvez aussi utiliser le module avancé de recherche en indiquant les années ou les mois qui vous intéressent puis cliquez sur le bouton **Go Wayback**.

Les options visibles en dessous offrent des fonctionnalités intéressantes comme la possibilité de comparer les deux versions d'une même page ou de générer un fichier PDF de la capture d'écran de la page.

Le service est un peu long mais à la hauteur de ce qu'on lui demande.

3. Surveiller les sites web de vos concurrents

Google Ad Planner ("Google Optimiseur d'espaces publicitaires") s'ouvre à partir de cette adresse : **http://www.google.com/adplanner**. Si, au départ, Google Ad Planner est un outil permettant aux annonceurs AdWords de sélectionner les sites sur lesquels ils vont diffuser leurs campagnes, il permet également d'avoir une vision très précise de leur fréquentation en termes de quantité et de qualité.

> **Information** : vous devez obligatoirement posséder un compte Google pour pouvoir utiliser cette application.

Il existe deux façons de se servir de cet outil en ligne : soit vous démarrez tout de suite par un plan média soit vous lancez une recherche puis construisez votre plan média au fur et à mesure de vos découvertes.

Tout d'abord, nous allons apprendre à se servir de cet outil en définissant des catégories :

- Cliquez sur le bouton **Begin research** puis, éventuellement, sur l'onglet **Research**.

> **Information** : il est possible de sélectionner des audiences prédéfinies en se servant du bouton fléché **Load Audiences**.

- Dans la rubrique **Demographics**, sélectionnez votre cible géographique (par pays ou par région) puis la langue des internautes.

  La rubrique **Location** permet de définir une région en particulier.

- Sélectionnez ensuite vos critères démographiques : sexe, âge, niveau d'étude, revenus annuels et nombre d'enfants (ou non) au foyer.
- Dans la liste déroulante **Find audience matching**, deux options sont proposées :
  - **Any site or keyword below** : les internautes qui serviront de bases aux calculs doivent correspondre à, au moins, un des critères que vous avez définis ainsi qu'aux mots-clés que vous allez saisir ;
  - **All sites or keyword below** : les internautes devront répondre à l'ensemble des critères que vous aurez définis ainsi qu'à vos mots-clés.

- Cliquez sur le petit signe **Plus** placé à gauche de la mention **Site Filters**, décochez toutes les cases visibles puis cliquez sur le bouton **Open Category Chooser**.

Pour notre exemple, nous avons choisi les catégories Arts & Humanities - Books & Literature - Books retailers...

- Cliquez sur le bouton **Add**.

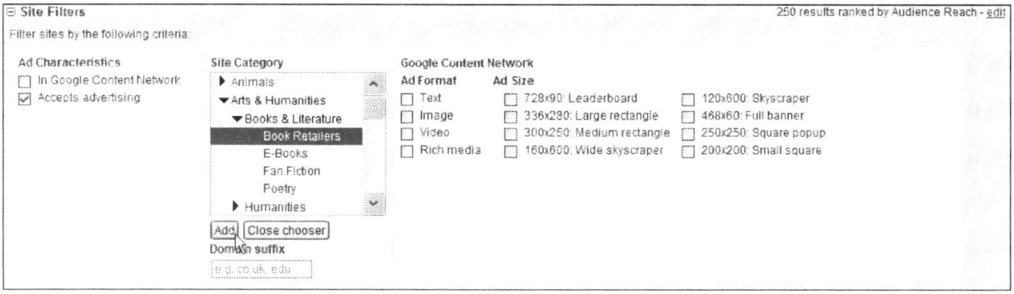

- Décochez la case **Accepts advertising**.

Voici le classement indiqué par Google en fonction du nombre d'utilisateurs français : Amazon, Fnac, Fnacspectacles, Decitre et FranceLoisirs.

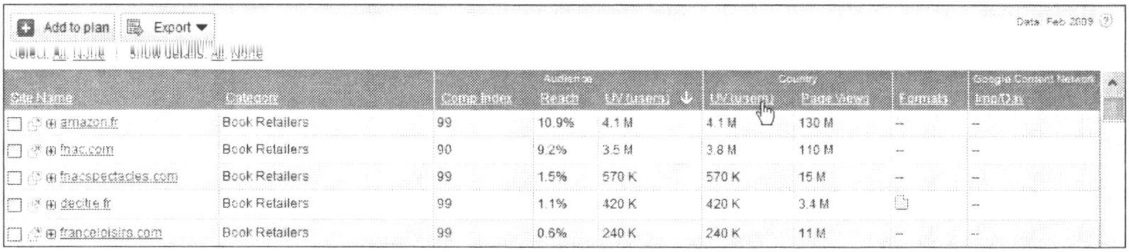

Information : les résultats peuvent grandement varier d'un mois à l'autre.

Les valeurs qui sont indiquées nécessitent quelques explications :

Audience / Comp Index : indique le pourcentage d'internautes correspondant au profil que vous avez défini et qui fréquentent le site examiné En admettant que vous ne recherchez que des personnes de sexe masculin, une valeur de 200 signifiera que vous avez deux fois plus de chances d'atteindre ce critère avec ce site qu'à travers l'ensemble du Web et dans le pays que vous avez défini.

Audience / Reach : une estimation du pourcentage d'internautes qui visiteront au moins une fois ce site (durant une période de 30 jours) par rapport à l'ensemble des internautes du pays concerné.

Audience / Unique Visitors : le nombre de visiteurs uniques sur une période de 30 jours qui visitent le site.

Country / Unique Visitors : le nombre de visiteurs uniques sur une période de 30 jours pour le pays concerné et qui correspondent aux critères que vous avez définis.

Le décalage entre ces deux mesures est plus simple à mettre en évidence quand vous définissez, par exemple, un critère d'âge très précis.

Country / Pages Views : une estimation du nombre de pages du site qui ont été vues en fonction du pays défini.

Formats et **Imp/Day** : ces deux éléments indiquent les formats de publicité utilisés par les éditeurs AdSense ainsi que le nombre d'impressions générées par jour.

Cliquez sur le signe **Plus** visible à gauche de la mention d'un site pour afficher une sorte de synthèse rapide des informations le concernant.

Il est possible d'afficher chacun des sites listés en cliquant sur leurs liens.

- Cliquez sur le lien mentionnant le nom du site pour accéder à son profil complet.

Site traffic Data: Feb 2009

	Country	Worldwide
Unique visitors (cookies)	8.1 M	11 M
Unique visitors (users)	4.1 M	6 M
Reach	11.0%	0.5%
Page views	130 M	160 M
Total visits	16 M	20 M
Avg visits per visitor	3.9	3.4
Avg time on site	7:00	6:50

All traffic statistics are estimates.

Daily Unique Visitors (users)

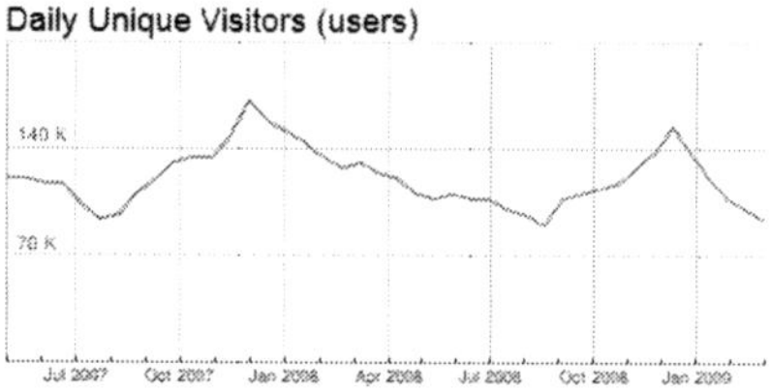

Sites also visited	Affinity
alapage.com	5.1x
achetezfacile.com	4.7x
cherchons.com	3.9x
twenga.fr	3.9x
prixmoinscher.com	3.9x
prixrikiki.com	3.9x
fnac.com	3.5x
rueducommerce.fr	3.5x
cdiscount.com	2.9x
priceminister.com	2.9x

Keywords searched for	Affinity
amazone	8.3x
alapage	4.3x
priceminister	3.9x
rue commerce	3.2x
cdiscount	2.9x
boulanger	2.9x
darty	2.9x
3 suisses	2.9x
but	2.6x
price minister	2.6x

Les valeurs affichées dans le premier tableau portent sur une période de 30 jours et font un distinguo entre le pays que vous avez défini et le reste du monde. Dans notre exemple, nous avons ouvert le profil du site d'Alapage :

- **Unique visitors** : nombre de visiteurs uniques (il est fait une distinction entre le nombre de visiteurs uniques sur une période de 30 jours et ce même nombre par cookie) ;

  Normalement, un visiteur est enregistré en tant que visiteur unique pour une période de 24 heures. Mais on peut imaginer qu'un même internaute a visité le site à trois reprises durant les 30 derniers jours.

- **Reach** : une estimation du pourcentage d'internautes qui ont visité le site ;
- **Page views** : le nombre de pages vues ;
- **Total visits** : une estimation du nombre de fois que le site a été visité ;

  Notez qu'un utilisateur inactif durant 30 minutes sera considéré comme une nouvelle visite.

- **Avg visits per visitor** : la moyenne des visites par visiteur ;

  En admettant qu'Alapage enregistre 9 millions de visiteurs français et que le nombre total de visites soit de 63 millions, la moyenne, par visiteur, sera donc de 7.

- **Avg time on site** : le temps moyen passé sur le site.

Les caractéristiques d'audience sont intéressantes à observer ainsi que la liste des sites visités, classés en fonction de leur "Audience Rank". Dans le cas qui nous intéresse, la liste des mots-clés affiche d'autres noms de sites d'e-commerce comme : PriceMinister, Rue du Commerce, etc.

Enfin les caractéristiques d'audience du site concerné sont visibles :

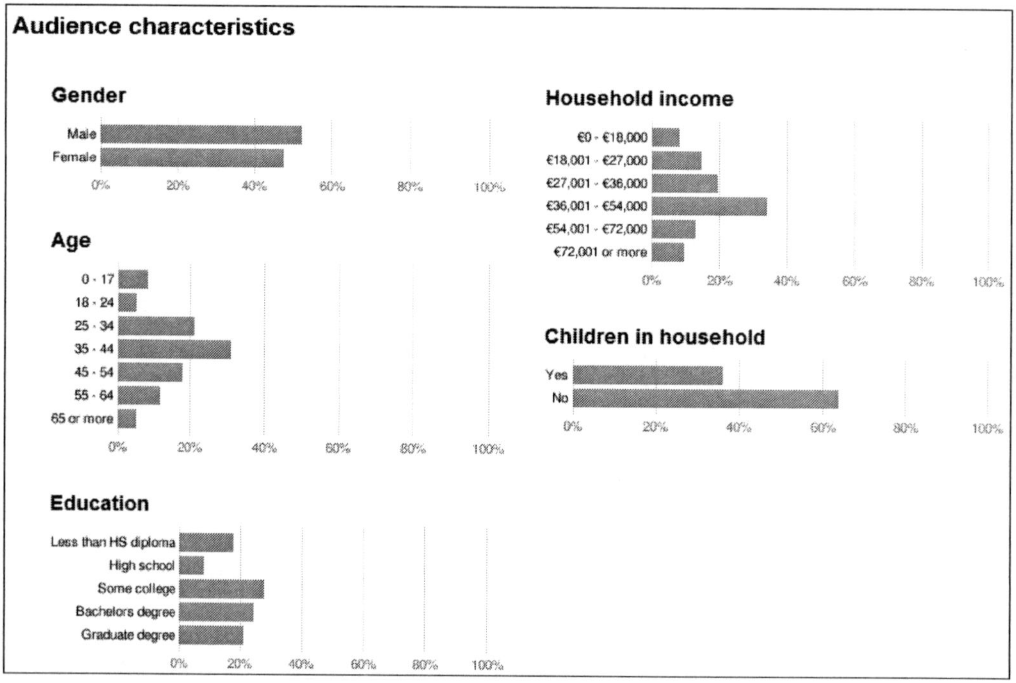

Afin de sauvegarder vos données, créez un nouveau plan media en lui attribuant un nom et en indiquant le pays d'application. Sélectionnez ensuite les sites puis cliquez sur le bouton **Add to plan**.

Nous allons maintenant examiner comment démarrer une recherche d'un seul site ou d'un mot-clé. Le principe est le même que précédemment à la différence près que vous allez vous servir de listes de sites ou/et les mots-clés voulus, puis cliquer à chaque fois sur le bouton **Add**.

- Cliquez sur le petit **Plus** placé à gauche de **Site Filters** puis cliquez sur le lien **Edit**.
- Cochez alors un de ces deux boutons radio :
  - **Composition Index** : le ciblage des internautes sera beaucoup plus précis puisqu'on utilise les mêmes pourcentages de représentation ;

    Si, par exemple, le site de départ fait 1% de visites par rapport à l'ensemble des autres sites présents sur le Web dans le pays défini, les autres sites qui seront trouvés seront ciblés de la même façon. C'est une manière de retenir que les sites spécialisés dans les mêmes thématiques que celles qui vous intéressent.

- **Best Match** : cette option est à mi-chemin entre les deux précédentes... Les sites seront mieux ciblés mais pourront présenter des parts de marché moins importantes.

Attention alors de bien comprendre que les valeurs visibles dans la colonne **Audience / Unique Visitors** ne sont qu'une estimation du nombre de visiteurs uniques pour cette audience en particulier (et toujours sur une période de 30 jours). Si, par exemple, vous avez défini une adresse URL, l'audience indiquée pour les sites "enfants" ne sera mesurée qu'à travers celle du site "parent". En bref, ce sera l'audience du site y à travers celle du site x.

En reprenant l'exemple de départ, nous pouvons cibler les internautes vivant en France, possédant un "fort" pouvoir d'achat (plus de 27000 euros), qui sont intéressés par la recherche "renault" et resserrer les résultats en sélectionnant l'option **Composition Index**. Une fois que nous les avons classés en fonction de leur audience et que nous avons supprimé les sites de marque, nous obtenons la liste des sites les plus souvent visités pour cette requête.

Rien ne vous empêche ensuite de reprendre cette liste pour analyser leur audience, les variations saisonnières des recherches, générer des listes de mots-clés et trouver les autres sites qui ont été visités...

Notez enfin qu'il est possible de définir des listes de mots-clés comme, apparemment, autant de sites web que vous le souhaitez.

Au final, Google Ad Planner est un excellent moyen d'avoir une vue synthétique d'un secteur d'activité ou d'une thématique une fois qu'ils seront déclinés sur le Web et ce en termes de concurrence, nombres de visiteurs réels par rapport aux critères d'audience, profils des internautes, mots-clés recherchés et sites web qui sont leaders dans leur domaine.

Alexa (**http://www.alexa.com**) est un moteur de comparaison de trafic ou un outil vous permettant de savoir beaucoup de choses d'un site web.

Dans la zone de texte **Find sites about**, saisissez l'adresse URL du site voulu puis cliquez sur **Go**.

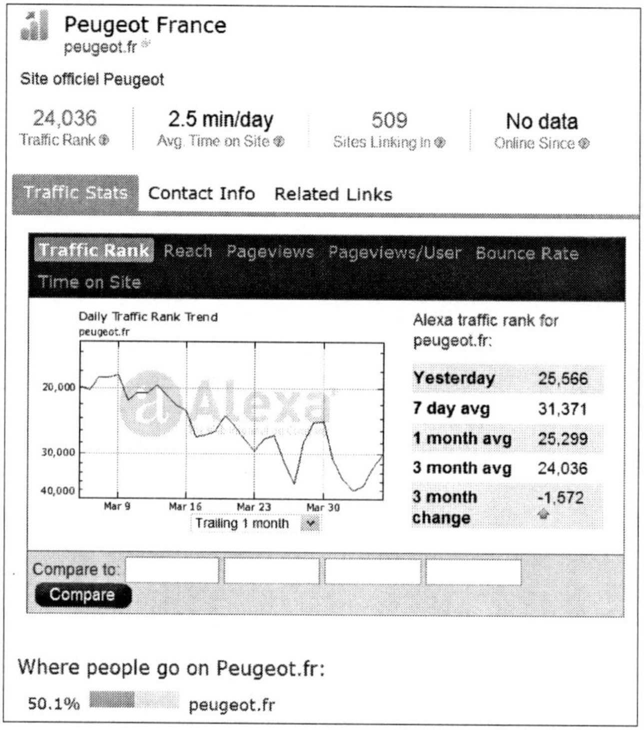

Le score "Alexa traffic rank" est une mesure qui combine le nombre de pages vues avec le nombre d'utilisateurs. Les valeurs sont en millions et, de fait, un peu difficile à interpréter du premier coup d'œil.

Compete (**http://siteanalytics.compete.com**) : on peut presque dire que Compete est le concurrent direct du précédent. Vous devez vous connecter pour accéder à l'ensemble des outils proposés par Compete. C'est un outil intéressant mais qui n'est basé que sur le comportement des internautes américains.

QuantCast (**http://www.quantcast.com**) : un outil très similaire au précédent et qui n'analyse que les statistiques de fréquentation pour les internautes américains.

Dataopedia (**http://dataopedia.com**) : ce service propose des statistiques très intéressantes à découvrir sur pratiquement tous les sites dont les citations extraites de sites de réseautage social ou de micro-blogging. Seule ombre au tableur : c'est assez lent !

AttentionMeter (**http://www.attentionmeter.com**) : un outil en ligne permet d'effectuer des comparaisons entre différents sites en récupérant les données de Compete et Quantcast.

Social Meter (**http://www.socialmeter.com**) est un outil strictement anglophone qui vous permet de mesurer la popularité d'un site ou d'un blog auprès des plates-formes sociales les plus connues : delicious, Digg, Furl, Google, Jots, Linkroll, Netscape, Reddit, Shadows, Spurl, Technorati et Yahoo My Web. Cliquez sur un des liens visibles afin d'accéder à la fiche détaillée du site sur le site de Bookmarking sélectionné.

Information : voici deux scripts PHP qui vous permettent de :
- Récupérer la liste des adresses URL visibles dans Google quand vous saisissez une requête : **http://www.seoblackout.com/2008/10/26/extraire-resultats-google**
- Afficher le classement Google pour une requête définie : **http://www.seoblackout.com/2008/09/13/pagerank-google**

4. Afficher le budget publicitaire de certains sites

SpyFu (**http://www.spyfu.com**) est un service qui ne fonctionne que pour les sites américains et anglais. Lancez une recherche sur un nom de domaine et vous afficherez les mots-clés qu'ils utilisent pour leur campagne avec Google AdWords (Paid Keywords), une estimation de leur budget publicitaire avec cette régie, le nombre de clics générés, une approximation du coût au clic, etc. C'est assez étonnant !

5. Une liste d'outils utiles

Voici une sélection de services en ligne qui vous permettront d'en savoir plus sur votre site ou ceux de vos concurrents.

"Just Ping" (**http://www.just-ping.com/index.php**) : permet de mesurer le temps de réponse d'un site à partir de 26 lieux dans le monde.

"Who is the owner" (**http://www.whoistheowner.net**) : interroge 350 Whois afin de connaître le nom du propriétaire d'un site.

"Who is hosting this" (**http://whoishostingthis.com**) : permet de connaître l'identité de l'hébergeur de n'importe quel site.

"Social Meter" (**http://www.socialmeter.com**) : permet de mesurer la popularité d'une page web au travers de ces services : Del.icio.us, Digg, Furl, Google Links, Jots, Linkroll, Netscape, Reddit, Shadows, Spurl, Technorati et Yahoo My Web. C'est certes tourné sur le monde anglophone mais réserve bien des surprises.

"Popuri.us" (**http://www.popuri.us/**) : permet de mesurer la popularité d'un site web auprès des principaux moteurs de recherche (PageRank, BackLinks, Bookmarks, etc.)

> **Information** : un BackLink est un lien entrant que fait un site vers un autre site.

"Built With" (**http://builtwith.com/**) : permet d'afficher principalement l'ensemble des techniques qui ont été utilisées afin de créer le site testé : système serveur, encodage des pages, partenaires publicitaires, nom du Framework, etc.

"Link Checker" (**http://seopro.com.au/free-seo-tools/link-checker/**) : permet d'afficher les sites qui font un lien vers un site en particulier.

- Saisissez l'adresse de votre site puis cliquez sur le bouton **CHECK MY LINKS**.
- Cochez la case **Check Entire site** pour procéder à une vérification de l'ensemble des pages présentes sur votre site.

Le processus est assez long et il faut se montrer patient...

À droite est indiqué le PageRank de la page qui contient le lien vers votre site.

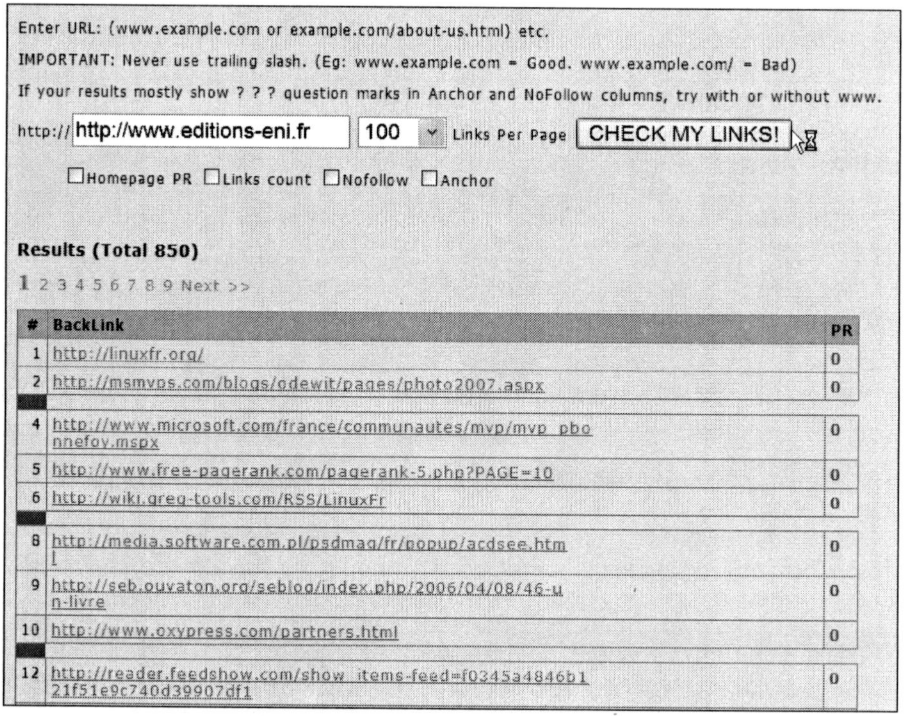

Voici la signification des légendes :

- **OK** : le lien entrant ne présente pas de problème ;
- **NF** : la valeur NoFollow est utilisée. Le PageRank de la page ne sera pas modifié ;
- **RT** : le lien entrant utilise les informations du fichier *Robots.txt*. No PR value. Le PageRank de la page ne sera pas modifié ;
- **?** : le lien vers votre site n'a plus été trouvé. Il a peut-être été supprimé.

Cliquez sur le lien **CSV** pour exporter ces données.

Information : le PageRank, système de notation utilisé par Google, fait que chaque page web se voit attribuer une note allant de 1 à 10. Plus le PageRank d'une page ou d'un site est élevé plus sa popularité est grande. Il repose en partie sur le nombre de liens qui pointent vers la page en question. En bref, le PageRank d'une page permet de déterminer sa popularité et donc son "influence". De fait, le PageRank est aussi un des éléments qui permet à Google de déterminer l'ordre de classement des résultats quand vous saisissez une recherche. La requête "http" est une manière de lister les sites dont le PageRank est le plus élevé. Il existe beaucoup d'outils internes (la barre d'outils de Google) ou externes qui vous permettent d'afficher le PageRank d'une page.

- Accédez à cette adresse : **http://www.pagerank.fr**
- Saisissez l'adresse URL d'une page ou d'un site puis cliquez sur le bouton **Lancer l'analyse**.

Cette notation sert donc de critère objectif afin de déterminer le degré de popularité d'une page web et donc son influence possible. En bref, si vous ne connaissez rien d'un site que vous découvrez pour la première fois, le PageRank fonctionne un peu comme un critère immédiat.

MyIPneighbors (**http://www.myipneighbors.com**) : permet de savoir quels sont les autres sites qui sont hébergés sur le même serveur. On peut imaginer que c'est une façon de voir si une même société ne possède pas des sites relevant d'autres secteurs d'activités.

- Accédez à la page de myIPneighbors.
- Saisissez un nom de domaine ou une adresse IP.
- Cliquez sur le bouton **Submit**.

"You Get Signal" (**http://www.yougetsignal.com/tools/web-sites-on-web-server**) : cet outil remplit la même fonction que le précédent.

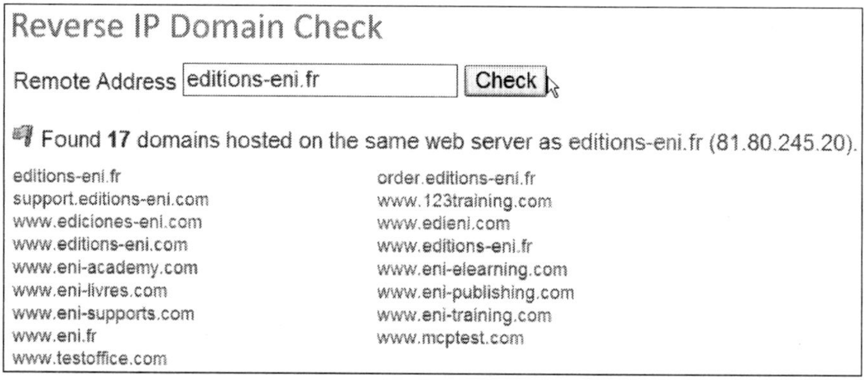

PageBoss : ce service est accessible à cette adresse : **http://en.pageboss.com**. Il vous permet d'afficher les caractéristiques des sites en fonction de ces moteurs de recherche ou ces portails personnalisés : Google, Yahoo!, Live Search, Alexa, Netcraft, Dmoz, Technorati, delicious, Quantcast, W3C, twitter et WaybackMachine.

6. Accéder à un site web protégé

xB Browser est un bon exemple de programme qui vous permet d'anonymiser complètement votre navigation sur le Web. On peut y voir deux utilités : soit vous ne souhaitez pas que votre véritable adresse IP soit relevée, soit vous devez accéder à un site qui est normalement réservé à une population d'internautes géographiquement ciblée. Notez que souvent les sites peuvent mettre en place des systèmes de détection beaucoup plus complexes à contourner et que cette méthode n'est pas efficace à tous les coups. Enfin, toute cette batterie de protections a un coût : à moins de souscrire à l'offre payante, votre navigation sera plus lente que d'habitude.

- Accédez à cette adresse : **http://xerobank.com/download/xb-browser**
- Cliquez sur le bouton **Get xB Brower** afin de démarrer la procédure de téléchargement.
- Double cliquez sur le fichier exécutable afin de lancer l'installation.

L'assistant qui s'ouvre ne pose pas de problème particulier. Il est simplement indiqué que, dans la version gratuite, vous utiliserez un réseau appelé Tor.

> **Information** : TOR (*The Onion Router*) est un réseau composé de serveurs proxy enchaînés et encryptés qui permettent de masquer votre identité.

Notez que ce programme utilise comme navigateur Mozilla Firefox et que le programme peut vous demander de désactiver temporairement certaines extensions qui peuvent compromettre votre anonymat.

- Ouvrez XB Browser puis connectez-vous à la page web voulue.

Vous pouvez faire un test rapide en accédant à cette adresse :
http://whatismyipaddress.com

Votre IP publique ne sera pas correctement détectée (bien qu'une mention signale que vous utilisez le proxy réseau TOR...)

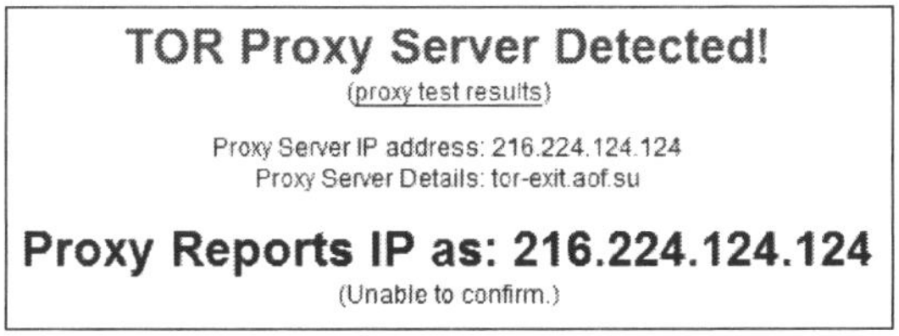

Bien entendu, vous pouvez changer d'identité géographique en cliquant sur **Tools - Quick Locale Switcher** et en sélectionnant un autre réseau.

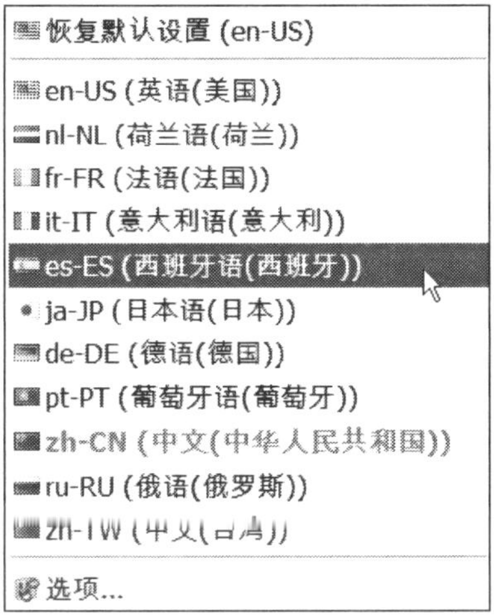

Information : si vous vous connectez à Google, il se peut que vous ayez un message vous demandant de recopier un code captcha afin de prouver que vous êtes bien un être humain (et non un robot spammeur).

J. Le Mind Mapping

Nous reprenons la définition qu'en donne l'encyclopédie en ligne Wikipédia (**http://fr.wikipedia.org/wiki/Carte_heuristique**) : « Une carte heuristique ("mind map" en anglais), également appelée carte des idées, carte conceptuelle, schéma de pensée, carte mentale, arbre à idées ou topogramme, est un diagramme qui représente les connexions sémantiques entre différentes idées, les liens hiérarchiques entre différents concepts intellectuels. À la base, il s'agit d'une représentation principalement arborescente des données, basée sur les mêmes principes que l'organigramme (l'un étant en fait une variante de l'autre et réciproquement) ». Plus généralement, on utilise le terme de cartographie cognitive pour désigner cet ensemble de pratiques.

Il existe beaucoup d'outils de MindMapping (gratuit ou payant). Le propos de cette partie n'est pas de vous expliquer toutes les possibilités offertes par ce type de programmes mais, simplement, de vous en faire sentir tout l'intérêt. Les applications possibles sont très larges mais on peut citer :

- La prise de notes ;
- Le brainstorming ;
- La structuration d'un projet ;
- La préparation d'un exposé, d'une conférence, d'un cours, etc. ;
- La visualisation d'organisation complexe d'idées ;
- L'organisation de l'accès (par des liens) à un ensemble de ressources.

Cette page : **http://www.masternewmedia.org/mind-mapping-best-tools-to-draw-your-own-mindmaps** liste d'autres solutions possibles en les comparant selon ces critères :

- Prix ;
- Système d'exploitation et programmes tiers compatibles ;
- Possibilité d'un essai gratuit ;
- Possibilité de créer des cartes collaboratives.

Enfin, le site Mashable! a recensé un certain nombre de ressources sur le Mind Mapping (applications gratuites et payantes) :
http://fr.mashable.com/2007/11/04/30-outils-de-mind-mapping

1. Mind Manager

Mind Manager est un outil professionnel qu'il est possible de tester durant 30 jours à partir de cette adresse :
http://www.mmdfrance.fr/mind-manager/telecharger-mindjet-mindmanager-8.php

- Cliquez sur le lien **Version intégrale en français**.

  Il faut remplir une fiche signalétique pour accéder au lien de téléchargement.

- Double cliquez sur ce fichier afin de procéder à l'installation du programme.

Nous allons utiliser une version de démonstration valable durant 30 jours.

Il existe des didacticiels en français suffisamment explicatifs pour que nous n'ayons pas développé plus en avant. Nous allons simplement voir comment créer une carte qui affiche des flux RSS.

- Cliquez sur l'icône **Nouveau** afin de créer votre première Map.

  Un module **Sujet central** va être visible.

- Cliquez dedans afin d'entrer en mode Edition et de définir votre titre comme par exemple : Intégrer du contenu Web.

- Dans la barre d'outils, cliquez sur l'onglet **Outils** puis sur la petite flèche de l'icône **Macros** et sur le sous-menu **Organiser les macros** (Alt F8).

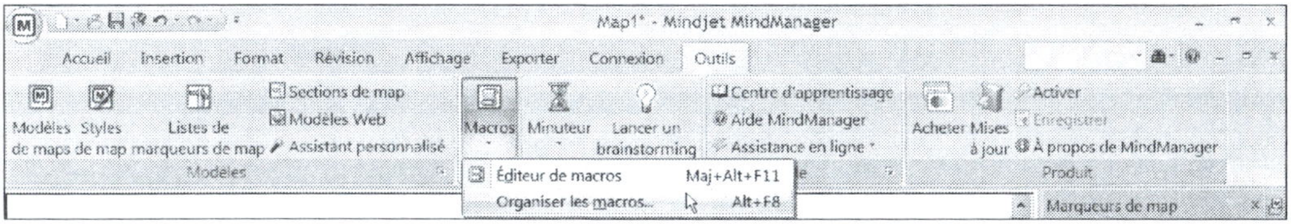

- Sélectionnez (si besoin est) la commande **Ajoutez un nouveau flux d'actualité dans la bibliothèque**) puis cliquez sur le bouton **Exécuter**.

- Saisissez ensuite l'adresse URL des flux RSS à intégrer.

- Cliquez ensuite sur **Section de map**.

- Développez la rubrique **Fils d'actualités** puis faites glisser le flux d'actualité que vous venez de définir dans la fenêtre centrale.

- Sélectionnez la branche **Explorateur de fichiers**.

- Déplacez de la même façon que précédemment le module **Tous les fichiers & dossiers**.
- Sélectionnez le dossier voulu puis cliquez sur **OK**.

L'ensemble des documents qui compose votre dossier va être visible.

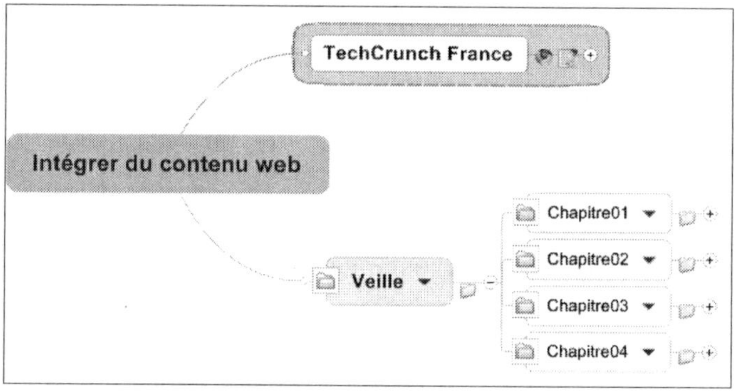

- Développez ensuite la branche **Web services (Sections de map)**.
- Sélectionnez la branche **Recherche**.
- Déplacez le module Google au centre de votre carte.
- Dans la zone de texte **Recherche**, saisissez votre recherche : intelligence économique.
- Définissez éventuellement le nombre de résultats à afficher puis validez.
- Servez-vous des menus contextuels pour sélectionnez les sources qui ne vous intéressent pas et supprimez-les .
- Ouvrez maintenant le volet de tâches bibliothèques.
- Faites glisser les icônes qui seront un peu comme des panneaux signalétiques dans les bulles de chacun des éléments.

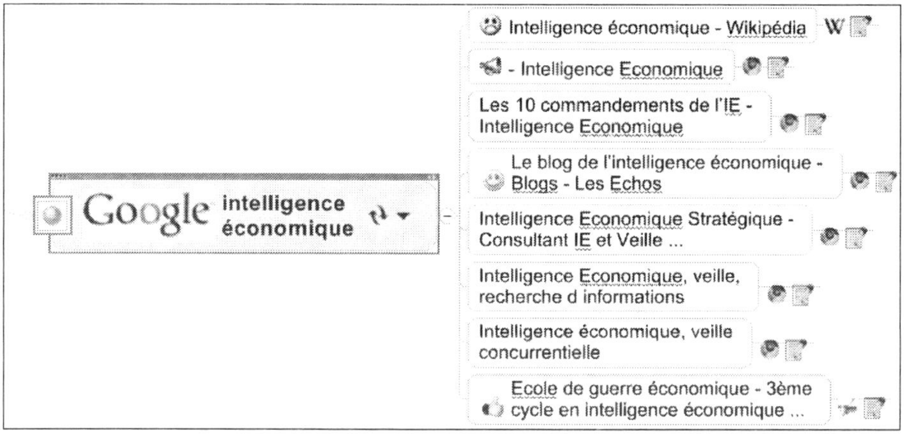

- Cliquez sur chacune des favicons afin d'afficher la page dans le navigateur intégré.

Information : un ou une favicon est une icône mise à disposition par un site web et qui s'affichera dans les navigateurs web (barre d'adresses, favoris).

- Activez le volet des tâches **Marqueurs de map**.

  De la même manière que précédemment, vous pouvez assigner des priorités, des émoticônes, des boutons de vote, etc.

- Cliquez enfin sur le bouton **Exporter**.

- Cliquez, par exemple, sur le bouton **Exporter en tant que fichier PDF**.

- Appuyez sur la touche [Entrée] puis sélectionnez les paramètres d'exportation (titre, objet, auteur, etc.)

Bien entendu, nous venons de survoller une application qui est, en tout point, extrêmement complète (mais non dénuée de quelques bugs...). Rappelez-vous que les programmes de Mind Mapping permettent de réaliser et de partager vos travaux de manière simple et efficace.

Chapitre 5

Réseaux sociaux et réputation numérique

Les questions liées à l'e-réputation (ou cyber-réputation, web-réputation ou réputation numérique) proviennent du développement d'Internet comme média de masse et comme un outil doué de mémoire persistante. À la différence d'un article papier qui a toutes les chances de sombrer rapidement dans l'oubli, un lien visible dans un moteur de recherche s'impose comme un élément répétitif et, au sens propre du terme, inamovible.

L'apparition du Web 2.0 et de la multitude de sites et de services de réseautage social ont amplifié ce phénomène puisque la rapidité avec laquelle une information circule et se répand joue le rôle d'une formidable caisse de résonnance sociale.

Information : la mésaventure de ce citoyen anonyme brusquement propulsé sur le devant de la scène est un cas d'école. Cette histoire est expliquée en détails sur ce billet : **http://www.le-tigre.net/Marc-L-Genese-d-un-buzz-mediatique-=16378.html**

Fabrice Moinaro (**http://www.les-infostrateges.com/article/0809347/**) dresse une liste des vecteurs d'e-réputation :

- Les sites institutionnels ;
- Les sites des grands médias ;
- Les forums et les listes de discussion ;
- Les blogs ;
- Les wikis ;
- Les réseaux sociaux ;
- Les plates-formes de vidéos ou de photos ;
- Les agrégateurs d'actualités ;
- Les commentaires laissés sur les sites communautaires.

C'est donc cet ensemble de pistes que vous devez avoir à l'esprit quand vous entreprenez une veille spécialisée dans votre réputation numérique.

On peut enfin distinguer deux sortes d'e-réputation : positive et négative.

Une réputation numérique "positive" se construit de manière relativement simple en utilisant le très grand nombre d'outils qui sont à la disposition de tout à chacun.

L'e-réputation négative est plus délicate à appréhender car elle pose la question de la gestion d'une situation de crise : faut-il chercher les moyens légaux de supprimer telle ou telle vidéo ou page web jugée infâmante ou, simplement, chercher à nouer, de manière transparente, le dialogue avec les internautes ou encore à multiplier les interventions positives afin de contrebalancer l'effet négatif des premières ?

C'est aussi la question que pose ce dossier publié par l'Aquitaine numérique (**http://www.aecom.org/veille/pdf/lan_18.pdf**). La réponse donnée ressemble à un classique que l'on peut retrouver dans toutes les interventions des experts concernés : "Il est important d'intervenir rapidement et de manière appropriée au risque encouru. Donner les explications nécessaires de manière simple, pragmatique et sans agressivité. Le recours juridique est une option mais elle doit être envisagée en dernier lieu, car l'impact en terme d'image pourrait s'avérer encore plus négatif. Dans la réponse, l'entreprise devra toujours rester directe et transparente : reconnaître ne pas savoir ou avoir commis une erreur, plutôt que nier ou ne pas répondre".

Un autre auteur analyse les aspects juridiques de la question (**http://www.les-infostrateges.com/article/0809350/l-arsenal-juridique-au-service-de-l-e-reputation**) ainsi que la bonne attitude à adopter (L'e-réputation à l'épreuve des opinions hostiles : **http://www.les-infostrateges.com/article/0809346/**).

En pratique il est très difficile de demander à n'importe quel moteur de recherche de supprimer un résultat :

- Soit la page correspondante existe toujours et, de fait, le moteur n'est pas responsable ;
- Soit la page n'existe plus mais la version en cache sera, elle, toujours accessible.

En bref, si un bon résultat peut mettre du temps à atteindre les sommets des "Serps", une page "négative" a beaucoup plus de chances d'y figurer assez longtemps.

> **Information** : Serp (pour *Search engine results page*) est une page web que les moteurs génèrent en fonction de la recherche qui a été saisie par l'internaute.

De fait, la meilleure façon de supprimer un résultat négatif est encore de le renvoyer dans les profondeurs des classements et, en conséquence, de créer du contenu "positif".

Dans ce chapitre, nous analyserons les meilleures façons de générer ce type de résultats tant du point de vue de votre vie personnelle que celui de votre carrière professionnelle. Par ailleurs, nous examinerons quelques façons simples de mettre en place une surveillance de la réputation de votre société ou commerce de proximité.

Nous passerons ensuite de l'autre côté de la barrière et verrons qu'en utilisant conjointement la puissance des moteurs de recherche et la popularité de certains sites de réseautage social, il est possible de rechercher et recruter efficacement sur le Web.

Nous verrons enfin comment une plate-forme Web 2.0 (Twitter) et un Wiki collaboratif (Wikipédia) peuvent, à la fois, devenir des outils de veille efficace et de formidables vecteurs de communication.

A. Le Personal Branding

Un peu à la manière du département marketing de votre société, vous pouvez vous vendre en utilisant la multitude d'outils qui sont disponibles sur le Web. Et dans quel but : développer et faire connaître vos talents, compétences, expérience, qualités. En bref, tout ce qui fait que vous êtes presque irremplaçable. Est-ce réservé aux dirigeants du CAC 40 ? Absolument pas ! Internet s'est démocratisé et, dans cette lancée, il est aussi facile de créer une page personnelle ou de mettre un CV en ligne que d'aller acheter un costume tout neuf chez le tailleur du coin. Et c'est justement le sujet de ce qui suit.

1. Gérer vos comptes et vos mots de passe

La nécessité absolue est de choisir un mot de passe "fort" et qui soit commun à la majorité des services auxquels vous allez vous inscrire. Nous avons déjà vu que vous pouviez tester différents mots de passe en utilisant cet outil en ligne : Passwordmeter (**http://www.passwordmeter.com**).

Si, à chaque fois que vous rejoignez un service Web 2.0, vous utilisez un mot de passe différent, vous risquez de ne plus vous souvenir de tous. La même remarque vaut pour le choix d'un pseudonyme. Pensez bien que pour construire votre marque sur le Web, il est conseillé d'avoir une politique claire en la matière. On peut, par exemple, imaginer que, pour les réseaux sociaux de type professionnel, vous utilisiez votre prénom et nom (jean-noel-anderruthy) et que, pour les services plus ludiques, vous inventiez un pseudonyme qui soit différent (jean-noel). Ainsi, les deux sphères de votre vie (professionnelle et personnelle) seront séparées par une cloison étanche. C'est un peu à l'image de l'utilisation de l'informatique : on n'installe pas sur un ordinateur servant à faire de la comptabilité, le dernier jeu vidéo à la mode.

Nous ne discutons pas du fait de savoir si votre nom doit apparaître en clair ou non quand vous utilisez les réseaux sociaux. Nous aurions tendance à dire que cela doit être le cas quand vous rejoignez, à des fins professionnelles, un réseau social et que, pour votre vie personnelle, vous avez tout intérêt à vous choisir un nom d'emprunt. La seule chose importante est qu'il ne doit pas varier d'un site à l'autre. La question est bien, en effet, de construire une marque autour de votre identité. Auquel cas, vous devez utiliser l'effet de masse et renforcer votre présence sur Internet à l'aide d'un nom qui "en jette".

Un service en ligne appelé CheskUserNames (**http://checkusernames.com**) vous permet de vérifier auprès d'une multitude de réseaux sociaux si le pseudonyme que vous pensiez choisir n'est pas déjà pris.

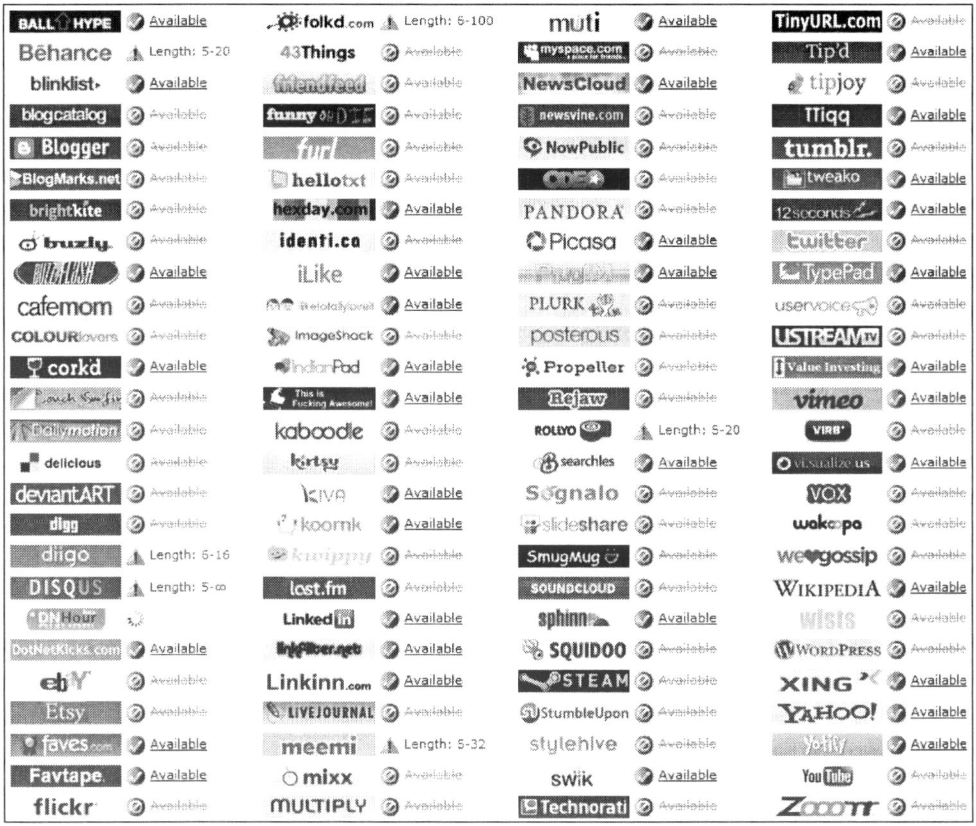

2. Créer un OpenID

Un OpenID fonctionne comme un système centralisé de gestion de votre identité sur le Web. Le principe est de fournir toujours la même clé quel que soit le service que vous utilisez. En bref, vous n'avez plus qu'un seul identifiant qui vous permet de vous connecter en quelques secondes à vos services favoris sans avoir, à chaque fois, à renseigner vos informations d'identification.

Le système OpenID utilise une adresse URL pour identifiant.

Une fois que vous disposez d'un compte OpenID, vous pouvez authentifier une URL comme vous appartenant en ajoutant deux métabalises à la page d'accueil :

- L'une des adresses fera un lien vers votre adresse d'identité OpenID ;

- L'autre indiquera l'emplacement du serveur OpenID du fournisseur.

Le fournisseur pourra ainsi certifier que l'URL appartient bien au compte OpenID correspondant à votre site.

Dès que vous vous connecterez sur un service compatible avec OpenID, le serveur interrogera votre fournisseur d'identité qui lui renverra l'information correcte.

Il existe deux façons d'obtenir un OpenID :

- Les systèmes d'identité propriétaires : Yahoo! Blogger, Microsoft Live, Wordpress, etc. Ces derniers ont développé des API pour communiquer avec les services tiers : Microsoft Live ID, Yahoo BBAuth, Google AuthSub, etc.
- Les systèmes fédérés qui, d'une certaine façon, vous permettent d'interagir de manière transversale entre différents systèmes propriétaires.

MyOPenID est un site qui permet d'obtenir de façon très simple un OpenID : **https://www.myopenid.com**

- Cliquez sur le bouton d'inscription.
- Définissez un nom d'utilisateur.

  Vous obtiendrez alors l'adresse URL de votre OpenID.
- Définissez un mot de passe qui vous servira à vous authentifier sur OpenID.
- Indiquez votre adresse de messagerie.

  Un e-mail de confirmation va vous êtes envoyé.
- Cliquez sur le lien visible afin de confirmer l'ouverture de votre compte.
- Cliquez sur le lien qui est visible sous la mention **Votre OpenID** afin de compléter les informations et générer une carte de visite virtuelle (au format vCard).

> **Information** : une vCard est une carte de visite électronique.

Un exemple de système propriétaire est celui fourni par Blogger, la plate-forme de création de blogs de Google.

- Accédez au tableau de bord de Blogger : **https://www.blogger.com/start?hl=fr**
- Cliquez sur le lien **Paramètres** puis sur l'onglet **OpenID**.

Il est mentionné que votre adresse URL peut être utilisée pour vous connecter à d'autres sites OpenID. Vous pouvez également autoriser les utilisateurs OpenID à enregistrer des commentaires sur votre blog en modifiant les paramètres des commentaires. Juste en dessous, seront listés les sites qui sont toujours autorisés à voir l'URL qui va vous servir d'OpenID.

Voyons maintenant comment se déroule une inscription en utilisant un OpenID.

- Accédez à ce site de recommandation : **http://www.ziki.com**
- Cliquez sur le bouton **Sign up** puis sur le lien **Use OpenID**.
- Sélectionnez le service qui vous a permis d'obtenir un OpenID ou cliquez sur le bouton **Other**.

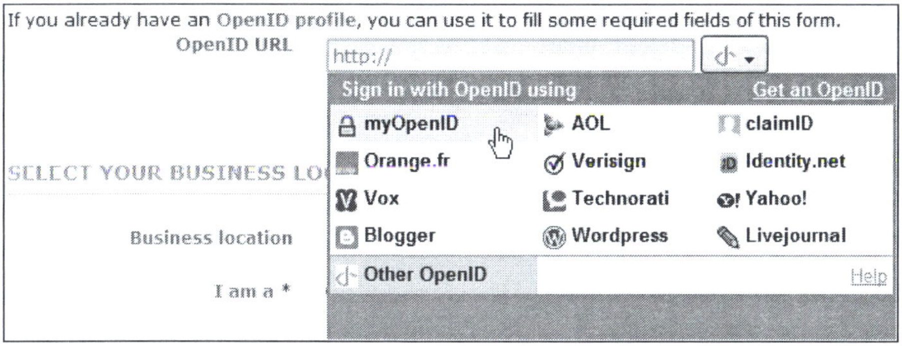

3. Créer un avatar

Il existe des quantités de sites qui vous permettent de créer un avatar à partir d'une photo, d'une image de webcam ou même de rien. Notez que les avatars 3D que vous créez pour les mondes virtuels comme Second Life sont rarement compatibles entre eux. De fait, la question est bien de permettre une interopérabilité entre ces univers numériques afin que vous puissiez endosser le même masque. Dans un moteur de recherche, saisissez l'une ou l'autre de ces requêtes : **create avatar** ou **créer un avatar**. Nous allons juste lister quelques solutions en ligne qui permettent de tirer le meilleur parti d'une photo d'identité.

a. Une photo d'identité pour les réseaux sociaux

MyPictr (**http://mypictr.com**) permet de créer une photo de vous que vous pourrez publier sur un bon nombre de réseaux sociaux.

- Sélectionnez l'image que vous allez envoyer puis cliquez sur le bouton **Upload**.

- Ajustez le niveau de zoom puis recadrez comme vous le désirez votre photo.
- Dans la liste déroulante **Network**, sélectionnez le site de réseautage social voulu.
  L'image va automatiquement être redimensionnée à la bonne dimension.
- Cliquez sur le bouton **Pictrit** puis sur le lien visible afin de la télécharger sur votre ordinateur.

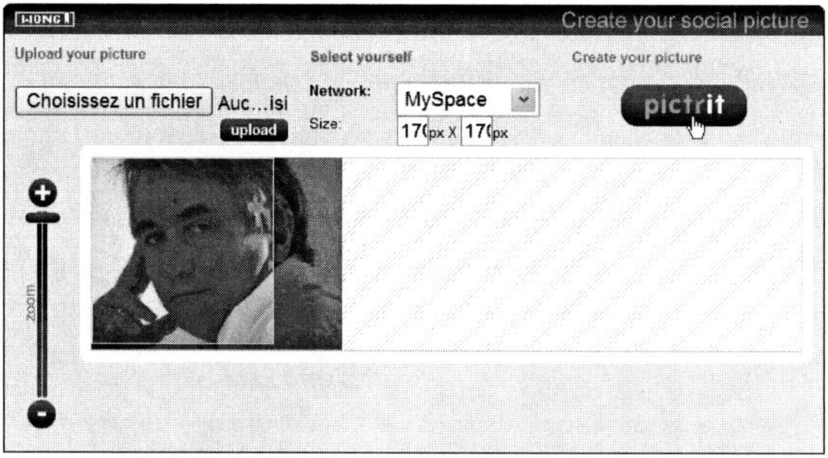

b. Une photo magnifiée de vous

Accédez à cette adresse : **http://obamiconme.pastemagazine.com/entries/new.html**

- Cliquez éventuellement sur le lien **Upload a photo**.
- Ajustez la balance des couleurs et choisissez le texte d'accompagnement.
- Cliquez sur le bouton **Take Snapshot**.

Notez qu'il faut vous inscrire à ce service pour pouvoir récupérer l'image qui sera générée.

FaceMaker (**http://www.channel4.com/entertainment/t4/microsites/M/makingfaces/index.html**) est un autre outil en ligne qui vous permet de créer une image flatteuse de vous. Voici l'adresse d'un service assez similaire : **http://www.befunky.com**

c. Gagnez quelques années

Accédez à Liftmagic (**http://liftmagic.com**) puis envoyer une photo de vous. Servez-vous ensuite des réglettes pour vous faire remonter les paupières, atténuer les rides d'expression, réduire votre nez, etc.

Vous pouvez aussi vous inscrire sur un service appelé Taaz (**http://www.taaz.com/web.html**). Son utilisation est très simple et vous pouvez en avoir un rapide coup d'œil en cliquant sur le bouton **Editing Photo**.

4. Les moteurs de recherche de personnes

Deux moteurs nous ont paru particulièrement intéressant :

Whozat (**http://whozat.com**) se définit comme un moteur sémantique de recherche de personnes. Il est possible de se servir de la zone de texte **Keywords** afin de cibler votre recherche en fonction d'un ou plusieurs mots-clés. L'interface est très bien faite puisque chaque site interrogé (Wikipédia, LinkedIn, MySpace, etc.) est accessible sous la forme d'un onglet. Il est possible de filtrer rapidement les résultats en cliquant sur les petites icônes représentant une coche ou une croix : par lieu (**Place**), par genre (**Gender**), en fonction de l'âge de la personne que vous recherchez (**Age**) ou par thématique (**Refine by concept**).

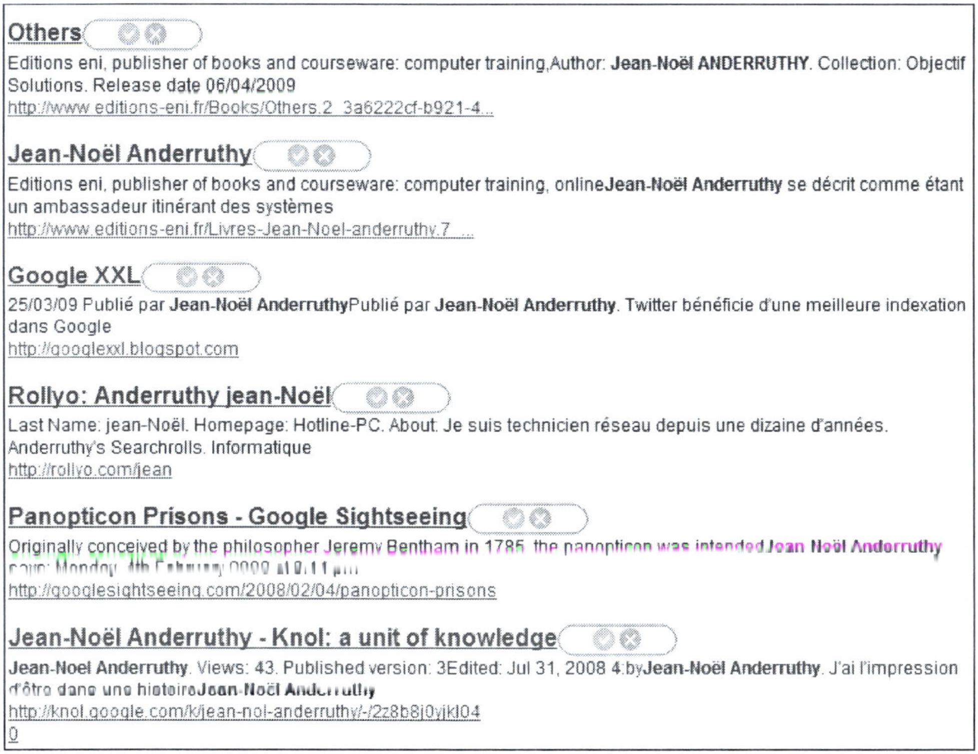

123People (**http://www.123people.com**) : les résultats sont souvent très complets : adresse e-mail, numéro de téléphone, blogs, pages sur LinkedIn, Facebook, pages web, etc. Les étiquettes en tête de chaque section permettent de filtrer les résultats de la recherche et de ne montrer que les informations les plus pertinentes. Par exemple, si vous cliquez sur le symbole pdf dans la section **Documents**, seuls les documents de ce type seront affichés. Signalons enfin que le nuage de tags permet de vous définir en fonction des mots-clés qui ont été le plus souvent utilisés. L'inscription vous permet de recevoir par e-mail les mises à jour concernant votre profil. Là aussi, aucun flux RSS n'est généré.

5. Supprimer un compte d'un site de réseautage social

Nous n'avons pas la prétention d'examiner tous les sites de réseautage social mais de vous donner la procédure pour les principaux d'entre eux. Notez qu'avant de vous inscrire à un service quel qu'il soit, vérifiez que le fait de fermer votre compte ne ressemble pas à un chemin de croix.

Facebook : afin de supprimer un compte, remplissez ce formulaire : **http://www.facebook.com/help/contact.php?show_form=delete_account**. Vous pouvez également désactiver un profil Facebook à partir des paramètres de votre compte. Cliquez simplement sur le lien **Désactiver le compte**.

LinkedIn : cliquez sur les liens **Compte** et **Préférences** et **Fermer votre compte**.

Blogger : il faut supprimer tous les blogs que vous avez créés et remplacez vos informations de profil par d'autres. Il n'existe pas d'autres moyens !

Twitter : cliquez sur les liens **Settings** puis **Delete my account**. Notez que l'ensemble de vos tweets seront supprimés. Vous pouvez utiliser un de ces deux services pour sauvegarder vos données :

- Tweetake (**http://tweetake.com**) ;
- TwitterSafe (**http://www.twittersafe.com**).

Flickr : la procédure de suppression est accessible à partir de cette page : **http://www.flickr.com/profile_delete.gne**

Google : connectez-vous tout d'abord à votre compte Google. Il est possible de supprimer certains des services auxquels vous avez souscrits en cliquant sur le lien **Modifier** visible à droite de la mention **Mes produits**. Sinon, cliquez sur les liens **Fermer le compte** et **supprimer l'ensemble des services et informations associés**.

Windows Live ID : le principal problème qui risque de se poser est que votre identifiant Live ID est associé à un nombre très important de services Microsoft : MSN, Hotmail, Windows Live Messenger, Zune Marketplace, Xbox Live, etc. Connectez-vous à votre compte LiveID en utilisant cette adresse :
https://account.live.com/summarypage.aspx?mkt=fr-fr puis cliquez sur le lien **Clôturer le compte**.

Yahoo! : c'est, tout simplement, à cette adresse :
https://edit.yahoo.com/config/delete_user. Il faut noter que le délai est normalement de 90 jours avant que la suppression soit effective. Par ailleurs, vous devez vous rappeler que l'utilisation de services comme Flickr (pour ne citer que celui-ci) peut être liée à celle de votre compte sur Yahoo! De fait, réfléchissez bien avant de commettre l'irréparable.

6. Gérer votre carrière professionnelle

Il existe une interview intéressante de Alex Türk (**http://www.ecrans.fr/Alex-Turk-Concernant-Facebook-je,6448.html**) sur la question de la protection des données personnelles sur le Web. Le président de la CNIL, la Commission nationale de l'informatique et des libertés, réagit notamment sur les règles d'utilisation qui sont maintenant en vigueur sur Facebook. Sa prise de position concernant les problèmes d'e-Recrutement mérite d'être soulignée : « Les recruteurs, et comment pourrait-on leur en vouloir à part sur un plan strictement éthique, utilisent de manière systématique les moteurs de recherche et les réseaux sociaux pour pister leurs candidats à un emploi. Le CV devient quelque chose de complètement accessoire. Or, ce que l'on a fait à 20 ans ne doit pas vous gêner dix ans plus tard lorsque vous cherchez un boulot, alors même que vous avez changé, évolué. C'est ce que j'appelle la menace de la dilatation du présent numérique, une véritable bombe à retardement dont on commence à peine à prendre conscience ». En bref, dès que vous envoyez un curriculum-vitae à un employeur, vous devez vous attendre à être "Googlisé". Vous devez donc prendre les devants de façon à ce que, lors d'une recherche sur votre nom, les dix premiers résultats soient absolument irréprochables.

7. Les outils en ligne pour faire parler de vous

Nous nous sommes efforcé de vous donner le maximum de visibilité.

Créer un blog : il existe différentes plates-formes de blogs mais on peut citer ces deux principales : Wordpress (**http://fr.wordpress.org**) et Blogger (**http://www.blogger.com**).

C'est peut-être un avis assez subjectif mais nous avons eu l'impression que les blogs hébergés sur le Monde (sous Wordpress) bénéficiaient d'une excellente visibilité : **http://abonnes.lemonde.fr/web/blogs/0,39-0,48-0,0.html**

Inscrivez-vous sur un site de micro-blogging ou de réseautage social. En fonction du PageRank de ces sites, voici leur ordre d'importance : Twitter (9), LinkedIn (8), Facebook (7).

Déposez un nom de domaine qui contient votre nom (en .fr ou/et en .com). Voici une adresse parmi beaucoup d'autres : **http://www.nom-domaine.fr**

Vous pouvez ajouter toutes sortes de contenus multimédia qu'ils soient vidéo, fichier audio, Podcast, vidéocast, photo, image, etc. Ces quelques services gratuits permettent d'héberger des fichiers multimédias :

- Vidéo : YouTube (**http://www.youtube.com**) ;
- Photo : Flickr (**http://www.flickr.com**) ;
- Audio et autres types de fichiers : Box.net (**http://box.net**).

On peut imaginer que vous publiez une vidéo de vous en train de répondre à différentes questions, un Podcast sur une thématique précise et sur laquelle vous pouvez développer votre expertise, des photos de vous dans un salon professionnel, etc.

Créez un curriculum-vitae en ligne ou lancez un wiki ou un site personnel. Il existe beaucoup de services anglophones qui sont complètement gratuits :
WetPaint (**http://www.wetpaint.com**), Google Knol (**http://knol.google.com/k**), Google Sites (**http://sites.google.com**), etc.

Par ailleurs, ces portails d'actualités vous permettent de publier un article en direct. Par exemple, Wikio (**http://www.wikio.fr/publish**)
ou 20 minutes (**http://www.20minutes.fr/lecteurs.php**).

Rien ne vous empêche aussi d'écrire pour d'autres blogs et de signer de votre nom.

Intégrez des Widgets et des badges proposés par les sites sociaux auxquels vous adhérez. Il existe toutes sortes de badges disponibles sur Facebook, LinkedIn, Twitter, etc.

Ajoutez un bouton permettant de partager facilement votre page web. On peut citer ces trois services :

- ShareThis : **http://sharethis.com**
- AddToAny : **http://www.addtoany.com**
- AddThis : **http://www.addthis.com/bookmark.php**

Signalons ces deux sites qui vous permettent de mettre en ligne, et ce gratuitement, des portfolios :

- Figdig : **http://figdig.com**
- Carbonmade : **http://www.carbonmade.com**

Enfin VisualCV est un service qui vous permet de créer un curriculum-vitae en ligne. Nous avons trouvé ce service particulièrement performant. De fait, il est possible d'ajouter toute sorte de contenu multimédia (vidéo, image, audio, etc.), de contrôler la visibilité de votre portfolio et de le partager de multiples façons. Afin de vous en rendre compte sans même vous inscrire, accédez à Google puis lancez ce type de requête : "Business Manager" site:http://www.visualcv.com/*. Cliquez ensuite sur un des liens visibles.

8. Des outils de synchronisation de vos profils

Voici des outils qui vous permettent de gérer vos profils à partir d'une seule et même plaoo :

- Atomkeep (**http://www.atomkeep.com**) ;
- Ping.fm (**http://ping.fm**) ;

- TwitterFeed (**http://twitterfeed.com/**).

Enfin, une extension pour Firefox appelée Shareah.lic vous permet de "bookmarker" toute sorte de contenu web dans la plupart des réseaux sociaux : Shareaholic (**http://www.shareaholic.com**).

Tubemogul (**http://www.tubemogul.com**) : cet outil en ligne vous permet d'envoyer un même clip vers une multitude de sites d'hébergement de vidéos : YouTube, Revver, Metacafe, MySpace, Yahoo!, Uncut, Kewego, Dailymotion...

Ping.fm (**http://ping.fm**) : ce service très simple d'utilisation permet de publier en utilisant votre téléphone mobile, un service de messagerie ou l'interface en ligne un message sur la plupart des réseaux sociaux : Twitter, Jaiku, MySpace, Flickr, Blogger, LinkedIn, Friendfeed, etc.

9. Créer des cartes de visite virtuelles

Voici une sélection de services qui vous permettent de créer des cartes de visite virtuelles.

Retaggr (**http://www.retaggr.com**) : un exemple de carte est visible à cette adresse : **http://www.retaggr.com/Home/Demo**

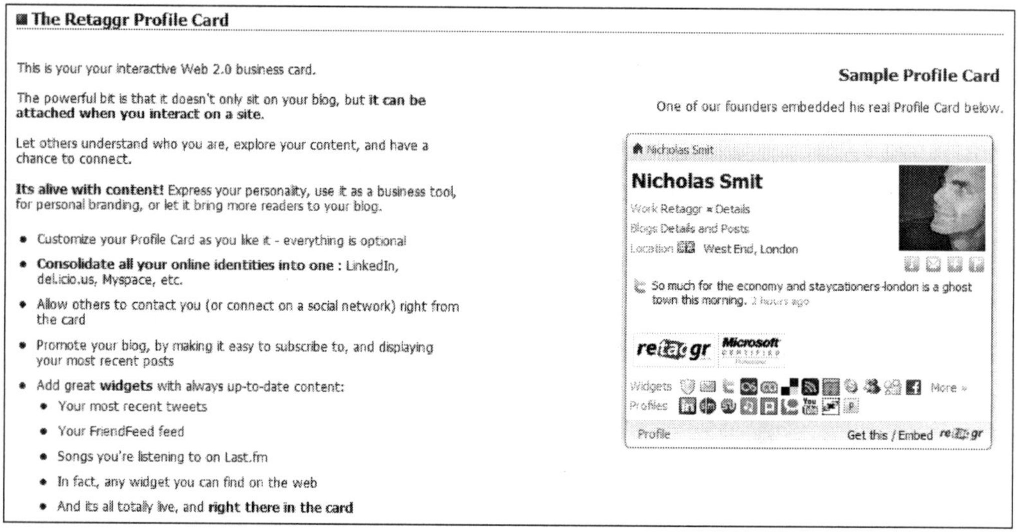

Cet outil vous permet aussi d'unifier vos profils sur les réseaux sociaux en vous proposant une solution "Tout en un".

Dropcard (**http://www.mydropcard.com**) : le principe de cet outil est de vous permettre de partager rapidement une carte de visite en envoyant simplement un message à votre correspondant. Un autre outil dédié aux iPhones repose sur un principe similaire : Handshake : **http://gethandshake.com**

Plaxo (**http://www.plaxo.com**) : ce service en ligne vous permet de synchroniser l'ensemble des carnets d'adresses que vous possédez à partir d'un seul lieu. C'est, dans son domaine, une référence.

Voici deux autres adresses :

- Rmbrme (**http://rmbrme.com**) est un service qui permet de partager son identité en ligne par SMS ;
- BusinessCard2 (**http://businesscard2.com**) est un autre outil en ligne qui vous permet de gérer de manière centralisée vos cartes de visites virtuelles.

Information : ce site dresse une collection de cartes de visite toutes originales : **http://businesscards24.com**. Voici un autre exemple qui utilise simplement le fait qu'une recherche dans Google sur votre nom suffit amplement à rediriger l'internaute vers votre profil en ligne : **http://www.scaryideas.com/content/9736/**

Information : le site Mashable! a dressé une liste de ces services vous permettant de créer et d'échanger des "business cards" à partir d'un iPhone.
http://mashable.com/2009/05/09/iphone-business-card-apps/

10. Cinq sites pour les musiciens

C'est un peu une parenthèse que nous plaçons là mais qui permet de voir que les ressources sont très nombreuses.

OurStage (**http://www.ourstage.com/home**) : ce portail musical vous permet de créer votre propre profil d'artiste et de trouver de nouveaux fans. Il offre également un prix mensuel de 100 $ pour les chaînes qui remportent le plus d'adhésion de la part de la communauté des internautes (**http://www.ourstage.com/about/prizes**).

Last.fm (**http://www.lastfm.fr**) : c'est un des portails musicaux parmi les plus populaires dans le monde. Il propose également toute une série de fonctionnalités permettant de promouvoir votre musique, la mettre en ligne, toucher des royalties, etc. Attention, il est question que la version française de Last.fm devienne payante !
(**http://musicmanager.last.fm/help/faq**).

iLike (**http://www.ilike.com/forartists?page=1**) : ce site sert de plate-forme de communication entre vous et une multitude de sites de réseautage social. Une fois que vous avez créé votre profil, vous pourrez le partager sur Facebook, hi5, Bebo, Myspace.com, etc.

Elistenongpost (**http://www.elisteningpost.com**) : ce site pour musiciens indépendants offre également différents outils vous permettant de faire connaître votre musique, développer votre base de données de fans, vendre votre propre musique sans verser de commission, etc.

Information : nous avons eu l'impression que ChampionSound (**http://www.championsound.com**) constituait une bonne alternative... À vous de tester !

11. Huit sites pour les artistes

Voici une sélection de sites grâce auxquels vous pouvez organiser des expositions virtuelles :

- Flickr (**http://www.flickr.com**) : ce portail permet de mettre en ligne des photographies, créer des galeries virtuelles et vous offre une audience sans équivalent ;
- EBSQ (**http://www.ebsqart.com**) : un service qui vous offre tous les outils permettant de mieux faire connaître votre travail ;
- MyArtSpace (**http://www.myartspace.com**) : un site de réseautage social où vous pouvez montrer vos œuvres et nouer des contacts avec le gotha du monde de l'art : galeristes, critiques, collectionneurs, etc.

- Artition (**http://artition.com**) : un autre site de réseautage social avec une mise en page très "Web 2.0" ;
- DevianArt (**http://www.deviantart.com**) : le site le plus connu et le plus utilisé : là encore, il est possible de créer gratuitement une galerie virtuelle, de commenter les œuvres des autres et de rejoindre leur communauté.
- Illustration Mundo (**http://www.illustrationmundo.com**) : un site de réseautage pour les illustrateurs, graphistes et autres designers ;

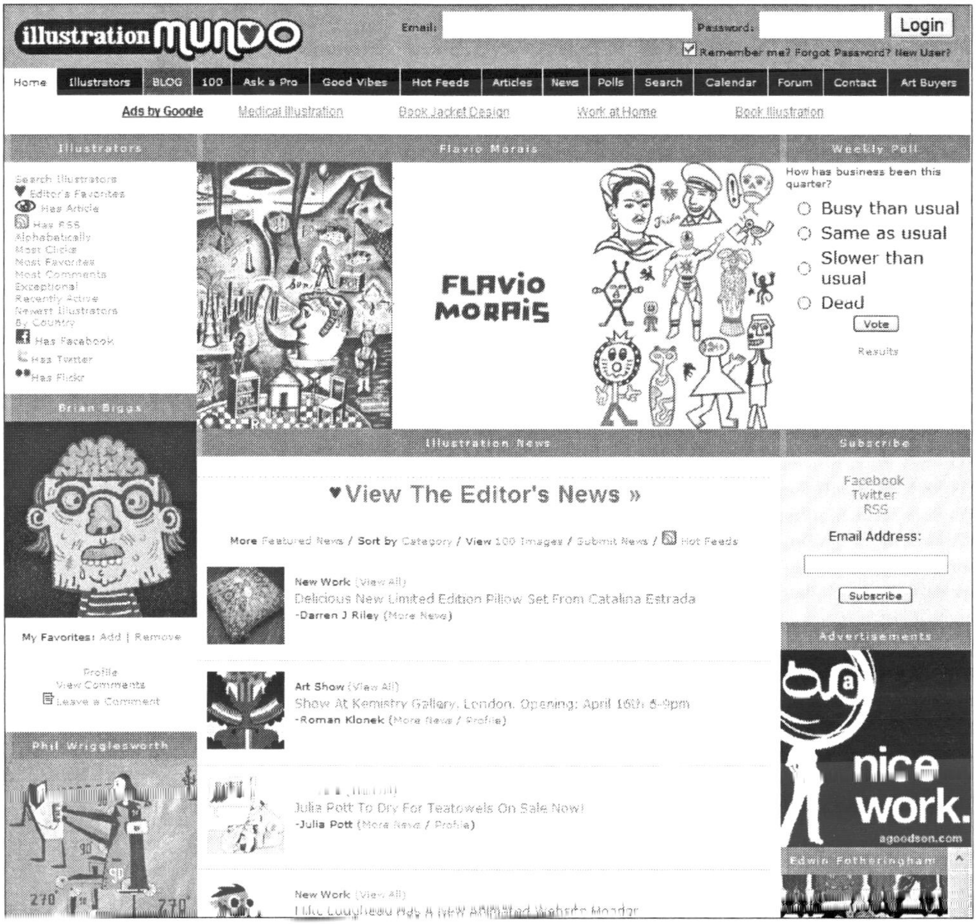

- ArtistRising (**http://www.artistrising.com**) : un site qui permet de mettre en relation les acheteurs et les artistes.

B. Réputation des marques et des entreprises

"Internet est devenu un canal prescripteur. N'importe qui peut répandre une information sensible pour une société". Cette citation extraite d'un article du Journal du Net (**http://www.journaldunet.com/ebusiness/marques-sites/conseil/070928-e-reputation/1.shtml**) fait bien sentir la nécessité, pour les sociétés, de savoir ce qui se dit sur elle. Le même article analyse quels sont les moyens à la disposition de l'entreprise quand un commentaire négatif (voire même une campagne de dénigrement) est publiée sur Internet. Un bon exemple est Michel-Edouard Leclerc qui a ouvert un blog officiel et s'en sert de manière systématique afin de communiquer sur Internet et éventuellement, répondre à ses détracteurs : "De quoi je me MEL". Lorsqu'en 2005, certains consommateurs de viande hachée vendue dans les magasins Leclerc sont victimes d'une intoxication alimentaire, le PDG du groupe n'hésite pas à monter au créneau et à faire la démonstration très convaincante d'une communication transparente sur cette affaire : origines des intoxications, nombre de cas recensés, évolution de la contamination, etc. C'est, pour nous, dit-il, un très bon moyen de désamorcer une affaire qui aurait pu avoir des répercussions beaucoup plus importantes.

Un article plus récent (**http://www.journaldunet.com/ebusiness/breve/international/36676/les-entreprises-s-inquietent-pour-leur-reputation-en-ligne.shtml**) cite les chiffres d'une étude réalisée par le cabinet de conseil Weber Shandwick. Le plus surprenant est que 67 % des répondants à l'enquête pensent que des actes malveillants sont intentionnellement entrepris par des salariés de l'entreprise et sous forme de commentaires sur des forums ou dans des portails spécialisés dans l'information sur les entreprises (Jobvent : **http://www.jobvent.com**). De fait, 41 % des répondants indiquent que le plus grand risque pour leur entreprise réside dans la diffusion d'informations confidentielles. Les questions qui concernent la sécurité de votre entreprise sont bien sûr un corollaire aux questions liées à l'e-réputation.

1. Protéger sa marque sur Internet

Voici quelques pistes à explorer afin de ne pas voir le nom d'une marque ou d'une société récupérée sur une quelconque plate-forme de blogs ou services de messagerie.

- Réservez les noms de domaine en .com, .fr, .net, .org, etc.
- Procédez à une inscription sur ces plates-formes de blogs :
  - société.blogspot.com (**http://www.blogger.com**) ;
  - société.wordpress.com (**http://www.wordpress.com**) ;
  - société.livejournal.com (**http://www.livejournal.com**) ;
  - spaces.msn.com/société (**http://spaces.msn.com**) ;
  - myspace.com/société (**http://www.myspace.com**) ;

- Créez des groupes Usenet :
  - Google Groups (**http://groups.google.com**) ;
  - MSN Groups (**http://groups.msn.com**) ;
  - Yahoo! Groups (**http://groups.yahoo.com**).
- Ouvrez des comptes sur ces réseaux :
  - Twitter ;
  - LinkedIn ;
  - Facebook.

2. Protéger son commerce

Avec le développement des sites de notation en ligne, c'est un peu le monde entier qui s'invite chez vous. Chaque internaute devient un média à lui tout seul et les meilleures réputations peuvent se défaire en moins de temps qu'il faut pour le dire. Voici une liste de sites de recommandations qui notent les services et les commerces géolocalisés.

a. Google Maps

Google Maps (mais aussi Google) permet des recherches locales sur des noms de commerces, de services ou de sociétés :

- Accédez à Google Maps : **http://maps.google.fr**
- Saisissez cette requête : hôtel nice.
- Cliquez sur le lien **Donner votre avis** placé à droite du premier lien qui sera indiqué.

Vous noterez que vous devez être connecté à votre compte Google pour laisser un commentaire. Mais l'autre constatation qui s'impose immédiatement est que n'importe qui peut laisser une opinion bonne ou mauvaise.

Le propriétaire du commerce ou de la société présent sur ces listings (la plupart du temps sans le savoir) peut, bien entendu, cliquer sur le lien **Signaler comme inapproprié** mais faut-il encore qu'il soit tenu au courant du passage d'un internaute (mal intentionné). Voici une solution : cliquez sur **lien** afin de récupérer l'adresse URL de la page. Elle ressemblera à celle-ci : **http://maps.google.fr/maps?f=q&source=s_q&hl=fr&geocode=&q=hotel+nice&sll=47.15984,2.988281&sspn=18.358165,32.080078&ie=UTF8&ei=4m66ScCCLYvOoAOTkvXBBg&dtab=0&cid=10644020765120575101&iwd=1&action=open&ll=43.699124,7.284172&spn=0.009525,0.015664&z=16&iwloc=A**

Il ne vous reste plus qu'à poser une alerte en utilisant un outil qui détecte les modifications apportées à cette page. A priori, le nombre de commentaires aura changé.

b. DismoiOù

Dismoioù se définit comme la première encyclopédie collaborative des lieux et comme un site de recommandation : **http://dismoiou.fr**. Ce portail offre une interface qui réunit la navigation cartographique de Google Maps et le principe de l'encyclopédie collaborative de Wikipedia. Le site met en avant un classement des lieux en fonction du nombre de recommandations.

Une fois que vous vous êtes inscrit et que vous avez défini un lieu familier, il vous sera demandé de noter l'ensemble des commerces et services de la ville. Tout y passe : les restaurants, les hôtels, les services municipaux, les banques, les professions médicales, etc. Inutile d'aller trop loin car le programme semble toujours vouloir que vous ajoutiez de nouvelles recommandations.

Bien ! Une fois que vous en avez terminé, vous pouvez afficher la liste des lieux que vous avez recommandés (ou pas) en cliquant sur le bouton **Mes lieux**.

Si vous cliquez sur un des liens visibles, vous verrez que l'adresse URL sera de ce type : **http://dismoiou.fr/p/fra/vence/29zPzj/bar-de-l-etoile**

Rien de plus simple alors de poser une alerte sur cette page.

Notez que vous pouvez aussi lancer une recherche dans Google en utilisant ce type de syntaxe : auberge les templiers site:http://dismoiou.fr/p/fra/vence/*

c. Les autres sites d'informations hyperlocalisées

Voici trois autres adresses de sites :

Justacoté (**http://www.justacote.com**) : chaque commerce dispose de sa propre page dédiée qui est de ce type : **http://www.justacote.com/clermont_ferrand-instituts_de_beaute_et_spa-354688-sakoon.html**. Testez les résultats renvoyés par cette recherche dans Google : nice coiffeurs site:http://www.justacote.com

Tout près de chez nous (**http://www.toutpresdecheznous.fr**) : là encore, vous pouvez récupérer l'adresse URL qui ne ressemble pas à grand-chose mais qui sera de ce type : **http://www.toutpresdecheznous.fr/index.php?do=show_event&id=33563**. Par ailleurs, il est possible d'utiliser, à partir de Google, ce type de recherche : "L'assiette aux fromages" site:http://www.toutpresdecheznous.fr

Nomao : **http://fr.nomao.com** : de la même manière que précédemment, la page d'un commerce ou d'un service obéit à ce genre de syntaxe :
http://fr.nomao.com/1244217.html. À partir de Google, la syntaxe de recherche sera celle-ci : "le niçois" site: http://fr.nomao.com

C. Recruter sur Internet

Nous avons tenté dans ce paragraphe de vous faire saisir toutes les possibilités qu'offrent les réseaux sociaux quand on les utilise conjointement avec des moteurs de recherche capables d'indexer, presque en temps réel, toute nouvelle page publiée. Nous verrons d'abord comment utiliser un moteur de recherche pour recruter sur Internet puis analyserons les possibilités offertes par deux réseaux professionnels : LinkedIn et Viadeo. La même démarche sera ensuite appliquée à Facebook.

1. Rechercher dans les réseaux sociaux

Il est important de faire une différence entre les recherches que l'on peut effectuer à l'intérieur d'un réseau social et qui utiliseront un formulaire et celles que l'on peut faire de l'extérieur en se servant d'un moteur de recherche comme Google. En bref, les moteurs s'arrêtent (pour l'instant) à la barrière du formulaire.

> **Information** : un moteur comme Google a déposé un brevet permettant à son "Crawler" de remplir automatiquement les formulaires qu'il trouve et, de fait, indexer les pages qui font partie du Web invisible (ou Web profond).

> **Information** : un "Crawler" ou robot d'indexation est un logiciel qui explore automatiquement le Web.

Quand vous utilisez un moteur de recherche, il est possible d'explorer des sites de réseautage en partant du principe que chaque membre dispose d'une page dédiée et donc indexable par son nom, sa profession, les sociétés pour lesquelles il a travaillé, etc.

Une autre astuce consiste à utiliser le fait que ces pages sont structurées toujours de la même façon et présentent donc les mêmes caractéristiques. Prenons un exemple...

Quand on ouvre une page du site MySpace (**http://fr.myspace.com**), on peut relever ces quelques traits distinctifs :

- Les pages de profils commencent toutes par cette adresse URL : profile.myspace.com ;
- L'adresse URL d'un profil contient le sexe et le lieu de résidence de la personne ;
- Vous avez une liste qui fonctionne comme une carte d'identité en ligne : Originaire de, Statut, etc.

De fait, si nous voulons afficher toutes les filles de 18 à 25 ans qui résident à Paris, nous utiliserons dans Google cette requête : **site:profile.myspace.com female "18..25 ans" paris**

De manière plus générale, une recherche sur le Web offre beaucoup de possibilités en terme de syntaxes. Par exemple, pour trouver des CV de développeurs ASP, Python ou PHP résidant à Paris : intitle:(cv | curriculum-vitae) (asp | python | php) (design | develop) paris -emploi -offre.

Vous remarquerez que l'on exclut les offres d'emploi. Mais l'on pourrait également faire le contraire : inurl:(offre emploi) (asp | python | php) paris -cv "curriculum vitae"

On peut continuer avec ces quelques exemples en interrogeant des moteurs de recherche spécialisés dans les offres et la recherche d'emploi :

Cadre emploi (**http://www.cadremploi.fr**) :
"Comptable fournisseurs" detail_offre?offreId= site:http//www.cadremploi.fr/emploi/

CadresOnline (**http://www.cadresonline.com**) :
inurl:"juriste bancaire" site:http://www.cadresonline.com/offre-emploi/

CmonJob (**http://www.cmonjob.fr**) :
"chef de partie" cuisine site:http://www.cmonjob.fr/

Public-RH (**http://www.public-rh.fr**) :
"gestionnaire paie" site:http://www.public-rh.fr

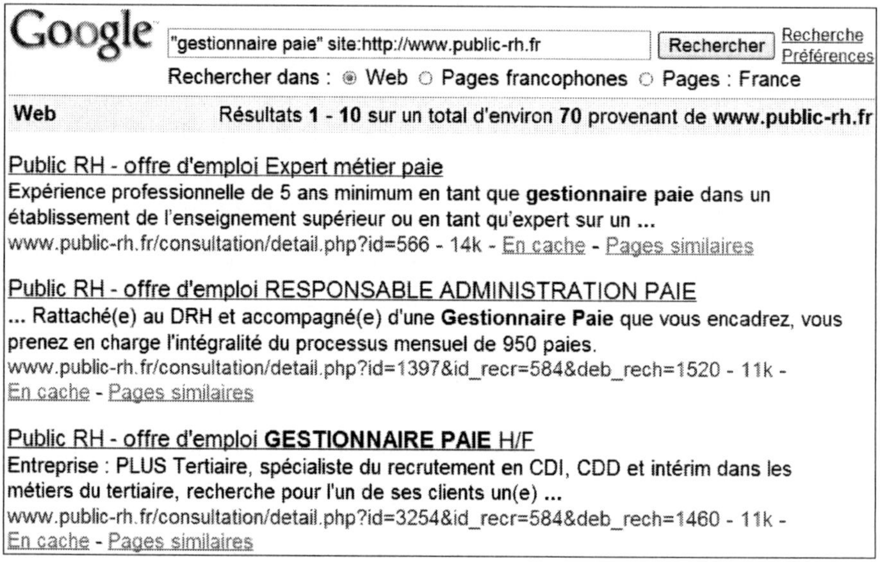

Google "gestionnaire paie" site:http://www.public-rh.fr Rechercher Recherche Préférences

Rechercher dans : Web Pages francophones Pages : France

Web Résultats **1** - **10** sur un total d'environ **70** provenant de **www.public-rh.fr**

Public RH - offre d'emploi Expert métier paie
Expérience professionnelle de 5 ans minimum en tant que **gestionnaire paie** dans un établissement de l'enseignement supérieur ou en tant qu'expert sur un ...
www.public-rh.fr/consultation/detail.php?id=566 - 14k - En cache - Pages similaires

Public RH - offre d'emploi RESPONSABLE ADMINISTRATION PAIE
... Rattaché(e) au DRH et accompagné(e) d'une **Gestionnaire Paie** que vous encadrez, vous prenez en charge l'intégralité du processus mensuel de 950 paies.
www.public-rh.fr/consultation/detail.php?id=1397&id_recr=584&deb_rech=1520 - 11k - En cache - Pages similaires

Public RH - offre d'emploi **GESTIONNAIRE PAIE** H/F
Entreprise : PLUS Tertiaire, spécialiste du recrutement en CDI, CDD et intérim dans les métiers du tertiaire, recherche pour l'un de ses clients un(e) ...
www.public-rh.fr/consultation/detail.php?id=3254&id_recr=584&deb_rech=1460 - 11k - En cache - Pages similaires

Reed-Co-UK (**http://www.reed.co.uk**) :
"Assistant Project Accountant" site:http://www.reed.co.uk/job-details/Reading/

Talents (**http://www.talents.fr**) :
"responsable centre de profit" site:http://www.talents.fr/web/annonce

DoYouBuzz (**http://www.doyoubuzz.com**) :
"chef de projet web" paris site:http://www.doyoubuzz.com

En pratique, comment faut-il procéder ?

- Sélectionnez n'importe quel type d'annonce.
- Vérifiez les particularités de l'adresse URL.
- Lancez une recherche dans Google en utilisant l'opérateur site:

- Filtrez éventuellement les résultats trouvés en écartant les pages qui ne sont pas pertinentes.

En pratique, il vous suffit d'ajouter un bout de l'adresse URL dans la requête afin de resserrer de manière efficace les résultats (detail_offre?offreId=).

En bref, le moteur de recherche ira même chercher des occurrences de votre mot-clé ou de l'expression utilisée dans les adresses URL qu'il aura trouvées.

Nous avons expliqué qu'un moteur de recherche ne faisait pas tout et que, par exemple, il s'arrêtait à la barrière des formulaires. C'est vrai mais il faut aussi se rendre compte que les sites concernés génèrent automatiquement une page dédiée pour chacune des annonces qui sont publiées.

Vous pouvez aussi écarter l'ensemble des pages "parasites" avec ce type de requête : (ext:doc I ext:wpd I ext:wps I ext:pdf I ext:rtf I ext:txt) (intitle:cv I inurl:cv) 75001..75020 ("Vice President").

Dans ce cas, nous allons afficher l'ensemble des pages qui ne sont pas au format HTML, qui contiennent dans leur adresse URL ou dans le titre, le mot-clé "cv" et dont le contenu présente un nombre compris entre 75001 et 75020 (soit les arrondissements de Paris).

2. Les moteurs de recommandations

Alex Iskold (**http://www.readwriteweb.com/archives/recommendation_engines.php**) distingue quatre types de recommandations :

- La recommandation personnalisée : les objets sont recommandés en fonction du comportement passé de l'utilisateur ;
- La recommandation sociale : les objets sont recommandés en fonction du comportement passé d'utilisateurs qui présentent des caractéristiques similaires aux vôtres ;
- La recommandation de l'objet : seules les qualités intrinsèques de l'objet décident de sa recommandation ;
- Une combinaison entre les trois précédentes approches.

La valeur d'un portail comme eBay tient uniquement au principe qu'un vendeur est recommandé par les utilisateurs. En bref, c'est parce qu'un vendeur est correctement noté qu'une relation de confiance peut être instaurée et qu'eBay, en retour, renforce la valeur de son entreprise.

Amazon est un autre très bon exemple d'un système qui combine recommandation sociale (les acheteurs qui ont acheté le même objet que vous ont aussi acheté...) et recommandation personnalisée (quelles sont les nouveautés qui sont susceptibles de vous intéresser ?).

Nous avons vu que delicious reposait sur le même principe puisqu'il vous permet de suivre les éléments de votre réseau mais aussi d'afficher les adresses URL les plus populaires en fonction d'une recherche que vous effectuerez sur tel libellé ou combinaison de libellés.

LinkedIn utilise le même levier : à partir du moment que vous êtes recommandé par quelqu'un, il vous sera plus facile d'élargir votre réseau et, pour ainsi dire, de "monter en grade". C'est ce principe de cooptation qui existe dans des réseaux "réels" comme celui des loges maçonniques.

Enfin, nombre de services Google utilisent, à des degrés divers, des systèmes de recommandation plus ou moins élaborés : Google Search Wiki afin de trouver des pages plus pertinentes, Google Reader et les blogs qui vous ont recommandés en fonction de la typologie de ceux auxquels vous avez déjà souscrits, Google Recherche de livres et la possibilité de suivre les découvertes faites par d'autres lecteurs passionnés, etc.

3. LinkedIn

LinkedIn est un service en ligne qui permet de construire et d'agréger son réseau professionnel : **http://www.linkedin.com**

Par ailleurs, beaucoup de sociétés se servent de LinkedIn pour communiquer et faire connaître leurs services auprès d'une population parfaitement ciblée. C'est aussi un excellent outil vous permettant de recruter efficacement et ce, même en disposant d'un compte gratuit.

Le site étant entièrement francophone, nous n'allons pas nous attarder sur le mode d'emploi de cette excellente plate-forme mais directement nous intéresser aux possibilités de recherche qu'elle offre. Cette page de l'aide vous en donne une vue exhaustive : **http://learn.linkedin.com/linkedin-search**

- Cliquez sur le lien **Avancé** situé en haut à droite de la fenêtre de LinkedIn.
- Utilisez les zones de texte qui sont à votre disposition.

Voici un rapide comparatif des possibilités de recherche en fonction du compte auquel vous avez souscrit :

Compte	Gratuit	Business	Business Plus	Pro
Nombre de résultats par recherche	100	300	500	700
Recherches sauvegardées	3	5	7	10
Coût		24.95$/mois	49.95$/mois	499,95$/mois

Si vous recherchez un employé de TOTAL qui est responsable de clientèle dans un rayon de 80 kilomètres autour de Paris, vous utiliserez cette séquence : ccompany:total ctitle:"responsable" country:france zip:75001 radius:45.

Information : les mesures sont exprimées en miles.

Il est aussi possible d'utiliser les opérateurs booléens pour des requêtes combinées : lotus ctitle:(ingenieur OR administrateur) country:france zip:75000 radius:45.

Les opérateurs booléens sont au nombre de trois (quatre) :

- AND : implicite et donc inutile à ajouter ;
- OR : correspond à l'opérateur OU ;
- NOT : permet de définir une exclusion ;
- "" : permet de lancer une recherche sur l'expression exacte.

En utilisant Google, la syntaxe de base pourrait ressembler à celle-ci :
site:linkedin.com "sap" (MCSE | "Microsoft Certified Systems Engineer") paris.

Voici un exemple de recherche qui utilise la présentation des pages de résultats de LinkedIn : site:linkedin.com "current * responsable achat" "Marseille Area, France".

On peut aussi essayer de tirer parti de l'opérateur Near avec Exalead (**http://www.exalead.fr**) afin d'essayer de lister les profils qui ont une expérience professionnelle passée dans une société en particulier. Cet opérateur vous permet de rechercher sur la proximité entretenue, au sein d'une page, entre deux termes. En voici un exemple :

site:www.linkedin.com "Paris Area, France" (experience NEAR total).

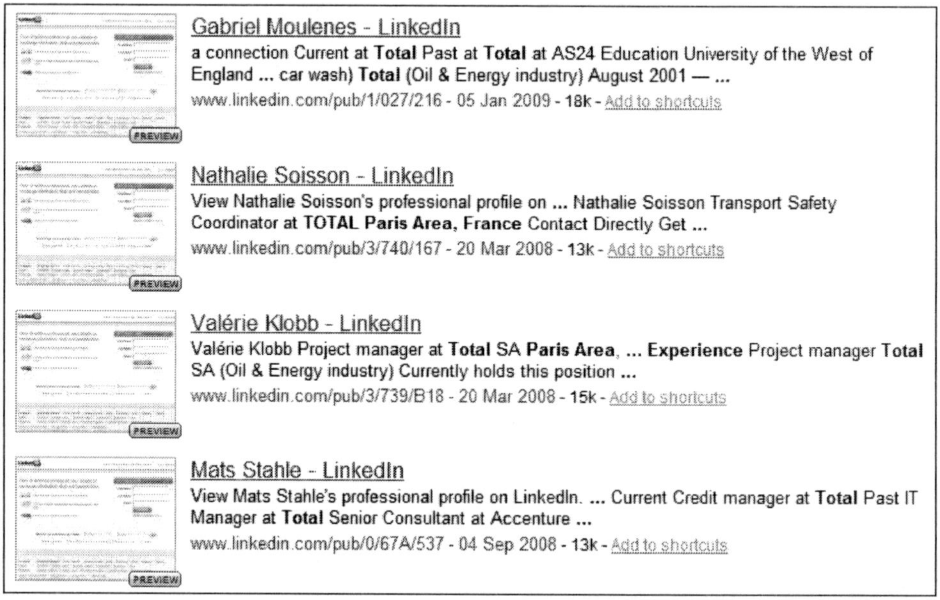

4. Viadeo

Viadeo est une plate-forme de mise en relation professionnelle un peu à la manière de LinkedIn. On peut y voir de nombreuses applications possibles pour une société à la recherche de nouvelles opportunités de business. Le module de recherche est accessible à cette adresse : **http://www.viadeo.com/recherche/membres/**

Cliquez sur le lien **Plus de critères** pour affiner votre recherche en fonction du type d'utilisateur et de leur ancienneté sur Viadeo.

La liste des flux RSS qu'il est possible d'utiliser est visible à cette adresse : **http://www.viadeo.com/tableaudebord/rss/**

L'aide ne fournit pas d'explications sur les opérateurs autorisés mais ces syntaxes de recherche sont plus ou moins efficaces : +consultant +webdesigner ou "Consultant Senior en Recrutement".

Dans ce cas précis, l'utilisation de Google est relativement intéressante bien que les profils qui seront affichés ne sont pas aussi complets que ceux auxquels vous pouvez accéder en étant connecté à Viadeo. Mais les résultats nous ont semblés beaucoup plus pertinents.

Comme précédemment, il est possible d'adjoindre différents renseignements en utilisant la structure des pages de Viadeo :
"Développeur web" php ("Ancien élève de" "dut src") site://www.viadeo.com/fr/profile/ ou "Consultant IT Finance" "EURONEXT SA" paris site://www.viadeo.com/fr/profile/

Afin de lister les offres d'emploi : "chef de projet" site:http://www.viadeo.com/jobs/

Job Offers Marketing - Communication - Publicité | viadeo.com **Chef ...**
Chef de projet Edition ... Agence de communication et d'édition, basée à Marne-la-Vallée, recherche un **chef de projet** (H/F) : **...**
www.viadeo.com/jobs/detailsoffre/?jobOfferId=0021aieobof2oge7 - 23k -
En cache - Pages similaires

Job Offers Ingénieurs - Techniciens - Production - Etudes | viadeo ...
Le **Chef de projet** a pour principales missions : ... Au-delà des qualités habituelles d'un **chef de projet**, les compétences personnelles qui vous permettront ...
www.viadeo.com/jobs/detailsoffre/?jobOfferId=0021eoly110m5p7e - 26k -
En cache - Pages similaires

Job Offers Informatique - Réseaux - Télécoms - Internet | viadeo ...
Dans le cadre de l'expansion de notre service informatique, nous recrutons en CDI, un(e) **CHEF DE PROJET** INFORMATIQUE, expert(e) des problématiques métiers ...
www.viadeo.com/jobs/detailsoffre/?jobOfferId=0021xsky7wqzb9ah - 25k -
En cache - Pages similaires

Voici une manière de rechercher dans les questions-réponses :
+"ingénieur" site:http://www.viadeo.com/ inurl:questions

Dans ce dernier exemple, l'adjonction du signe + permet de forcer la prise en compte par Google de l'orthographe exacte du mot avec un accent aigu.

5. Facebook

Facebook est un site de réseautage social dont le développement semble ne plus connaître de limites. Tout à la fois outil de recherche et de référencement, il vous permet de mieux faire connaître vos activités sur le Web.

L'inscription à ce réseau social s'effectue à partir de cette adresse : **http://fr-fr.facebook.com**. Pour le reste, il vous suffit de compléter votre profil et d'ajouter les applications de votre choix en cliquant sur le lien **Paramètres**.

Information : le site Mashable! France a dressé une liste d'exemples d'utilisations des réseaux sociaux par les entreprises : **http://fr.mashable.com/2008/07/25/25-exemples-de-compagnies-utilisant-les-reseaux-sociaux**

a. Filtrer les informations sur Facebook

Le principe de cette manipulation est de classer vos amis afin de pouvoir, par la suite, distinguer les informations privées des informations publiques.

- Cliquez sur **Amis - Tous mes amis**.
- Cliquez sur le bouton **Créer une liste**.

On peut imaginer que vous allez créer une liste "Famille" puis une autre appelée "Travail" et ainsi de suite.

- Définissez un nom pour cette liste puis ajoutez les têtes voulues dans cette première liste.

- Procédez de la même façon pour les autres de vos amis.
- Cliquez maintenant sur **Paramètres - Confidentialité**.
- Cliquez sur le lien **Profil**.

  L'onglet **Général** vous permet de contrôler qui peut voir votre profil et vos informations personnelles.
- Cliquez ensuite sur l'onglet **Coordonnées** afin de définir qui peut voir vos coordonnées.
- Servez-vous des listes déroulantes visibles puis sélectionnez le sous-menu **Personnaliser**.
- Cliquez sur le bouton radio **Certains amis** puis sélectionnez une des listes d'amis que vous venez de dresser.

La même démarche doit être appliquée pour les questions relatives aux recherches sur Facebook (mais aussi sur les moteurs comme Google), sur le type d'actualités publiées et, enfin, sur les applications que vous avez installées (ou que vous installerez).

b. Rechercher avec Facebook

Il existe un module de recherche simplifié et un autre qui porte sur votre profil Facebook et vos réseaux d'amis (**http://www.facebook.com/advanced.php**).

Le module simple est aussi accessible en haut à droite de votre espace Facebook. Saisissez une recherche quelconque comme le nom d'une société, d'un lieu, d'une personne ou, très généralement, d'une thématique.

Il vous sera ensuite possible de filtrer les résultats :

- En fonction du nom de la personne ;
- En fonction des pages de profil trouvées sur Facebook ;
- Par groupes ;
- Par événements ;
- Par applications.

À chaque fois, vous pouvez resserrer les résultats en utilisant la liste déroulante **Afficher les résultats de**.

Avec Google, il vous suffit d'utiliser cette syntaxe de recherche :
anderruthy site:www.facebook.com ou anderruthy site:www.facebook.com/people/

Les profils Facebook qui correspondent à votre requête vont s'afficher.

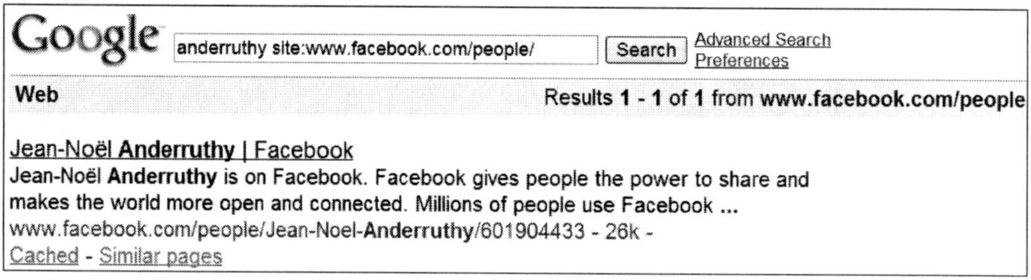

Une recherche dans un groupe s'obtient en utilisant cette syntaxe :
alcatel site:www.facebook.com/group/ ;

La même démarche peut s'appliquer aux pages :
"star academy" site:www.facebook.com/pages/ ;

Voici d'autres exemples utilisant des syntaxes avancées :

- Trouver des profils de développeurs :
  site:www.facebook.com/people/ (java | php | python | C#) France ;
- Afficher des profils issus d'écoles d'ingénieurs :
  site:www.facebook.com/people/ (efrei | epita | esiea) France ;
- Rejoindre des groupes autour d'un centre d'intérêt :
  site:facebook.com "star academy" france inurl:groups.

D. Twitter

Twitter est un service de micro-blogging basé sur un concept très simple à comprendre : les participants postent des messages qui doivent faire moins de 140 caractères et qui permettent de répondre à une seule question : "Qu'est-ce que je suis en train de faire en ce moment ?". Ce service au croisement du SMS communautaire et de la messagerie instantanée vous permet donc de créer une page personnelle sur laquelle vous pouvez envoyer des messages (les "Tweets").

- Afin de vous inscrire à ce service, accédez à cette adresse : **http://twitter.com** puis cliquez sur le bouton **Get Started - Join!**
- Indiquez votre nom et prénom, ce que sera votre nom d'utilisateur, votre adresse e-mail, un mot de passe puis saisissez le catcha et cliquez sur le bouton **Create my account**.

La suite de la procédure ne pose aucun problème particulier.

Quand vous composez un Tweet et que ce dernier inclut une adresse URL de plus de 30 caractères, cette adresse sera automatiquement réduite sous la forme d'une TinyURL.

Information : pour mémoire, ce service est accessible à cette adresse : **http://tinyurl.com**

Quand vous vous connectez à votre compte sur Twitter, il est possible d'accéder à votre page de profil en cliquant sur le lien **Profile**. L'adresse URL sera de ce type : **http://twitter.com/jeannoel**

Information : bien entendu, les lecteurs de ce livre sont les bienvenus...

Deux mentions sont importantes :

- **Following_profile** : les profils d'utilisateurs dont vous suivez les mises à jour ;
- **Followers_profile** : les Tweeters qui suivent vos mises à jour.

- Cliquez sur le lien **Settings** afin de personnaliser les informations qui vous concernent.

  Account - More Info URL : permet d'indiquer l'adresse de votre site web ou d'une autre page de profil que vous avez créée sur un réseau social.

  Account - One Line Bio : permet de vous décrire en moins de 160 caractères.

  Account - Protect my updates : si vous cochez cette case, seules les utilisateurs que vous aurez approuvés pourront suivre votre actualité sur Twitter. Par ailleurs, vos tweets ne seront pas publics.

  Devices : l'assistant qui va se lancer vous permettra d'envoyer des Tweets directement à partir de votre téléphone portable. Attention d'inclure l'indicatif téléphonique correspondant à votre pays. Par exemple pour la France, votre numéro de téléphone sera de ce type : +33xxxxxxxxx.

  Notices : en cochant la case **Nudge me if I haven't updated in 24 hours**, vous autorisez Twitter à vous envoyer un SMS vous signalant que vous n'avez pas tweeter depuis 24 heures. Les autres options vous permettent de définir le type d'alerte mail que vous souhaitez recevoir.

  La liste déroulante **@reply** permet de définir quelles seront les réponses qui seront visibles quand vous accèderez à votre espace Twitter.

Information : on appelle "fake Tweet" ou "fweet" un compte qui utilise le nom d'une célébrité sur Twitter. Nous en profitons pour signaler cet excellent article sur Twitter (« Sur Twitter, personne ne sait que vous êtes un robot ») :
http://fr.globalvoicesonline.org/2009/03/15/3985/

1. Utiliser Twitter

Voici quelques suggestions servant de feuille de route...

Utilisez les outils de recherche propres à Twitter pour délimiter votre sphère d'influence : thématiques qui vous intéressent à titre personnel ou au travers de votre blog, votre nom, le nom de votre société, les produits que vous commercialisez, les noms des sociétés concurrentes, etc.

Afin de contacter les utilisateurs, n'hésitez pas à leur envoyer directement un message en utilisant cette syntaxe : @ + le nom de la personne avec laquelle vous souhaitez engager la conversation.

Bien entendu, vous pouvez décrire votre vie mais aussi partager des liens : articles que vous avez remarqués, pages web en rapport avec vos préoccupations, ressources documentaires en rapport avec vos préoccupations professionnelles.

Ne faites pas que de "l'auto-twittering" : répondez aux suggestions des autres utilisateurs, envoyez-leur des messages, retweeter leurs messages, essayez d'être objectif et d'utiliser aussi les suggestions de votre communauté pour créer un pôle de référence sur un ou plusieurs sujets (un groupe, en terme clair !)

Nous avons souvent entendu dire (**http://www.chrisbrogan.com/50-ideas-on-using-twitter-for-business**, par exemple) qu'il était conseillé d'humaniser les pseudonymes des comptes Twitter de votre société : anneTF1, jeanTF1, etc.

> **Information** : cette page liste les moteurs de recherche ainsi que leurs employés qui utilisent Twitter : **http://searchengineland.com/the-big-list-of-search-engines-their-employees-on-twitter-16727**

Dans le même ordre d'esprit, Twitter peut être un moyen de promouvoir vos employés ou un collègue de bureau (ou un autre service au sein de la société) : « le département Marketing a fait des merveilles ce mois-ci ! »

En bref, ne parlez pas seulement de votre société mais aussi de son environnement au sens large du terme. Imaginons qu'une société commercialise des services à la personne, son espace Twitter peut aussi proposer une veille juridique, des liens vers des fiches techniques ou des offres d'emploi. Il faut beaucoup donner pour recevoir (un peu !)

Généralement, nous avons tendance à penser qu'il est plus intéressant d'expliquer ce qui vous passionne plutôt que de dire ce que vous êtes en train de faire.

N'hésitez pas à parler de vos concurrents (mais toujours en bien) et de créer un système d'informations efficace (une sorte d'espace de vie et d'informations) qui fait que vos followers vous en seront redevables.

Développez des outils efficaces pour gérer les tweets qui vont déferler sans discontinuer : si vous suivez ne serait-ce que des dizaines de personnes, il vous sera matériellement impossible de lire tous vos messages. Vous devez donc apprendre à organiser votre temps et utiliser des outils permettant de distinguer l'important de l'accessoire.

Quand vous envoyez un message, essayez d'impliquer les utilisateurs : posez une question, publiez un sondage, demandez l'avis des autres, pensez en termes de "communication de masse" plutôt que "face à face" ou soliloque.

On peut signaler deux utilisations intéressantes de Twitter :

Renault_Live (**http://twitter.com/Renault_Live**) qui communique sur les événements de la société et qui répond aux questions des utilisateurs : « n'hésitez pas à nous poser des questions à propos du design industriel et/ou automobile ».

Dell qui, au départ, utilisait Twitter pour promouvoir ses produits et qui, maintenant, s'en sert pour engager le dialogue avec les utilisateurs.

Information : il existe un document PDF (en anglais mais réellement très complet) sur l'utilisation de Twitter dans le cadre du développement d'une société : **http://thesocialmediahandyman.com/wp-content/uploads/2009/01/twitterebook.pdf**. Voici le lien vers un autre fichier PDF... Pas moins de 900 sociétés sont interviewées sur leur façon d'utiliser les sites de réseautage social pour promouvoir leur entreprise : **http://marketingwhitepapers.s3.amazonaws.com/smss09/SocialMediaMarketingIndustryReport.pdf**

Pour conclure, lisez ce billet sur 50 façons d'utiliser Twitter dans le monde de l'éducation : **http://blogveilleflorencemeichel.blogspot.com/2009/02/50-idees-pour-utiliser-twitter-dans-le.html**. Cela dit, le côté très "Geek" de ce réseau social n'en fait peut-être pas un outil idéal pour Monsieur Tout-le-monde.

> **Information** : voici la liste des 30 experts mondiaux en "Personal Branding" et qui sont présents sur Twitter :
> **http://personalbrandingblog.com/30-personal-branding-experts-on-twitter/**

2. "ReTweeter" un message

C'est la meilleure façon de tirer parti de la puissance d'un réseau social comme celui de Twitter. En imaginant que vous avez un réseau de 1000 followers qui eux-mêmes disposent d'un réseau équivalent, le fait qu'un de vos tweets soit retweeté, vous permet de toucher une audience qui va, très rapidement, croître de façon exponentielle. La syntaxe à utiliser quand vous retweetez un message est la suivante : RT @nom_d'utilisateur [tweet]. Le principe est de toujours mentionner la personne qui est l'auteur du Tweet d'origine. Notez aussi que le pourcentage de vos tweets qui ont été retweetés est une excellente façon de mesurer votre popularité sur Twitter. Enfin, nous ne résistons pas à l'envie de citer un extrait d'un excellent article sur l'utilisation de Twitter par les politiques (**http://blog.netpolitique.net/index.php/2009/03/30/843-politiques-sur-twitter-liste-et-conseils-pour-gazouiller-sans-fausses-notes**) : « Le retweet (la reprise d'une information provenant d'un autre utilisateur, qui s'écrit "RT @pseudo le message intéressant") est une sorte de monnaie sociale : retwitter une personne permet de montrer à votre communauté que vous approuvez telle ou telle déclaration ou qu'une information que vous jugez intéressante mérite d'être partagée ».

> **Information :** une façon de limiter les Tweets parasites consiste à chercher les messages qui ont été retweetés (et donc suffisamment intéressants pour avoir été transmis à d'autres internautes). Par exemple : **RT #google**.

3. Créer des TinyURL

Cet outil vous permet de raccourcir des adresses URL de manière drastique !

- Accédez à cette adresse : **http://tinyarro.ws**

Vous avez le choix entre générer une adresse URL aléatoire ou spécifier le mot que vous voulez (à condition qu'il ne soit pas déjà pris). Lors d'un test, nous obtenions ceci : http://?.ws/fk?

SplashURL est un autre service (**http://splashurl.net/**) de création d'URL courte et qui vous offre aussi la possibilité de générer un code QR et une adresse "TinyURL" de ce type : **http://is.gd/nnn3**

Information : un code QR ou QR Code (en anglais) est un code-barres en 2 dimensions permettant de stocker dans un espace très limité un très grand nombre de données. Afin de lire un code QR, vous pouvez, par exemple, pointer votre téléphone mobile vers celui qui est visible en illustration (à condition, bien entendu, que vous ayez installer un logiciel de lecture). Il en existe des quantités qui sont tous gratuits : Snappr (**http://snappr.net**), Smapedia (**http://fr.semapedia.org**), Hotscan (**http://www.hotscan.fr**), MobileTag (**http://www.mobiletag.com**), Jaxo Systems (**http://www.jaxo-systems.com**), iMatrix (**http://www.imatrix.lt**), Kaywa (**http://datamatrix.kaywa.com**), etc.

4. Gérer vos Followers

Voici une liste de 10 outils utiles :

Huitter (**http://huitter.com/mutuality**) : permet de supprimer les personnes que vous suivez mais qui ne vous suivent pas. Attention, il n'y a aucun message de confirmation.

MyCleenr (**http://www.mycleenr.com**) : permet de classer les personnes que vous suivez en fonction de la date de leur dernier tweet.

Find Who Follows (**http://whofollowswhom.com**) : permet de connaître les personnes que 5 utilisateurs de Twitter suivent en commun.

TwitTangle (**http://www.twittangle.com**) : cet outil vous permet d'afficher les tweets en fonction des utilisateurs que vous préférez et des libellés qui vous intéressent. Une fois que vous vous êtes connecté, la liste de vos amis va s'afficher. Le principe est ensuite de leur attribuer un ou plusieurs libellés ainsi qu'une note de satisfaction (de 0 à 200) en vous servant de la réglette qui est visible.

- Cliquez ensuite sur l'onglet **Timeline** ("ligne de temps") puis servez-vous des différentes rubriques pour filtrer les tweets (par exemple, **Messages - Favorites**).

Untweeps (**http://untweeps.mobeezy.mobi**) : permet d'afficher les tweeters qui n'ont pas posté de mise à jour depuis un laps de temps défini.

RetweetRank (**http://www.retweetrank.com**) : permet d'afficher le nombre de tweets qui ont été retweetés et, de fait, de mesurer le degré d'influence d'un utilisateur sur Twitter.

Twtrfrnd.com (**http://twtrfrnd.com**) : permet d'afficher les followers que deux utilisateurs possèdent en commun.

M. Tweet (**http://mrtweet.net**) : ce service fonctionne comme un service de recommandation. Il vous suffit pour cela de suivre Mr Tweet.

5. Comment perdre des Followers ?

Il existe un genre de message qui fait fuir immédiatement les gens qui ont la tête sur les épaules : « Hé ! J'ai dépassé le cap des 1000 followers ! Débouchez le champagne, les enfants... » Restez humble en toute circonstance !

Évitez de faire de votre espace sur Twitter une machine dédiée à votre autopromotion ou qui ne diffuse que le flux RSS de votre blog ou de votre site web. Essayez d'élargir votre champ d'intervention en donnant de bons tuyaux sans, systématiquement, des arrière-pensées marchandes ou égotistes.

Évitez de tweeter ou retweeter un lien "brut de décoffrage" : on voit souvent des Tweets comme "Very fun : http://tinyurl.com/xxxxxx". Faites l'effort de recentrer votre Tweet en fournissant les explications nécessaires et en laissant entrevoir les possibles développements. En bref, expliquez vos Tweets en ajoutant un ou plusieurs hashtags.

> **Information** : rappelons qu'un hashtag est un système de libellé (tag) utilisé sur Tweeter. Il vous permet de suivre plus facilement une actualité en fonction du hastag qui lui a été attribué. Cela fonctionne presque comme une sorte de langage universel (cher à Hermann Hesse) permettant de réduire un concept à un seul mot.

Évitez de tweeter plus de 10 fois par jour : vous allez sans doute tomber sur des followers qui ont beaucoup de temps devant eux mais ce n'est pas le cas pour la majorité des utilisateurs (et nous ne parlons pas des autres réseaux sociaux). Faites l'effort d'aller à l'essentiel et postez uniquement sur ce qui est important (et non sur l'anecdotique).

Relisez vos tweets : rien de plus consternant que de lire des tweets bourrés de fautes d'orthographe, de maladresses de style ou de jurons en tout genre. En bref, ce qui vaut pour un blog vaut aussi pour le micro-blogging : exprimez-vous clairement, de manière précise et dans une langue choisie. Vos Followers vous en seront reconnaissants.

6. Rechercher sur Twitter

- Accédez tout d'abord à cette adresse : **http://search.twitter.com**
- Cliquez sur le lien **Advanced search** afin d'afficher l'ensemble des paramètres qui sont autorisés.

  Par défaut l'opérateur AND est sous-entendu : **google facebook** signifie **google ET Facebook** ;

  Guillemets : la recherche portera sur l'expression exacte ("je ne sais pas quoi en penser") ;

  OR : la recherche portera sur l'un ou l'autre terme (sarkozy OR chirac) ;

- : le terme sera exclu (sarkozy -crise) ;

#hashtag : la recherche portera sur un hashtag (#web2.0) ;

from: : la recherche portera sur les tweets postés par un utilisateur (from:jeannoel) ;

to: : la recherche portera sur les tweets envoyés à un utilisateur (to:jeannoel) ;

@ : la recherche portera sur les tweets postés en référence de quelqu'un (@mashable) ;

Near : la recherche portera sur les tweets postés près du lieu spécifié (velib near:paris) ;

Within : la recherche portera sur un lieu jusqu'à une distance définie en miles (near:nantes within:15mi) ;

Since (depuis) : permet de définir une période de temps ("britney spears" since:2009-01-13) ;

Until (jusqu'à) : permet de définir une période de temps ("britney spears" until:2008-12-31) ;

:) : contient une attitude positive (subprimes :)) ;

:(: contient une attitude négative (crise :() ;

On peut s'étonner de l'emploi des émoticônes dans le système de classement des tweets. En bref, vous pouvez donner un ton général à votre message en ajoutant un sourire ou la petite grimace marquant la déception.

? : pose une question (google ?) ;

Filter:links : filtre dans les adresses URL (madonna filter:links).

Il est possible d'utiliser ce type de requête : http "google analytics". Soit tous les tweets qui font des liens vers des pages parlant de Google Analytics (au lieu de filter:links "google analytics").

Important : tous ces opérateurs peuvent se combiner entre eux.

> **Information** : on peut aussi lancer des recherches en langage naturel afin de lister les opinions de vos contemporains. Par exemple "Google est comme" ou "Google is like" ou encore "Sarkozy est".

Afin d'afficher les tweets qui ont été "retweetés" par d'autres, utilisez cette syntaxe : RT @nom_utilisateur "tweet original". Par exemple, RT@mashable.

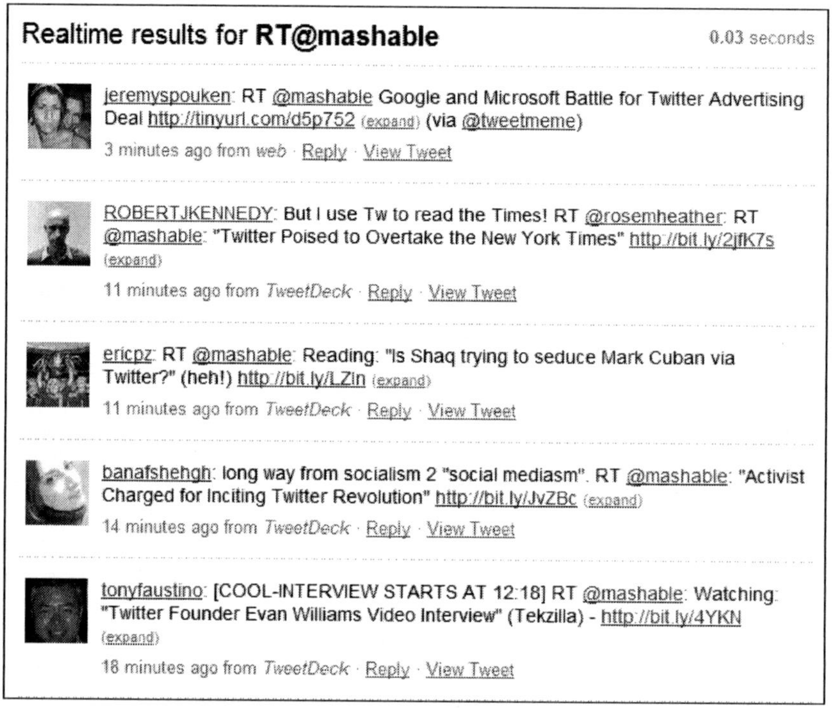

7. Trouver un job avec Twitter

Tout d'abord, n'hésitez pas à remplir votre BIO avec le maximum de détails possible (vous êtes tout de même limité à 160 caractères). Il n'est pas inutile de se présenter comme étant un expert dans tel ou tel domaine (informatique, plomberie ou autre).

- Utilisez un avatar qui fasse professionnel (et non adolescent attardé).
- Faites un lien vers votre curriculum-vitae en ligne.
- Créez une page d'arrière-plan qui donne un look professionnel à votre espace Twitter.

Vous pouvez personnaliser un Template au format PSD qui est téléchargeable à partir de cette page : **http://www.jayworld.fr/2008/07/18/personnaliser-votre-profil-twitter-avec-un-template-photoshop**. Mais il existe aussi des modèles au format PowerPoint. Dans Google, lancez cette recherche : "template twitter". Cliquez sur le lien **Settings** puis l'onglet **Design**. Après avoir cliqué sur le lien **Change Background image**, sélectionnez ensuite votre fichier image qui doit être au format GIF, JPG ou PNG et peser moins de 800 Ko.

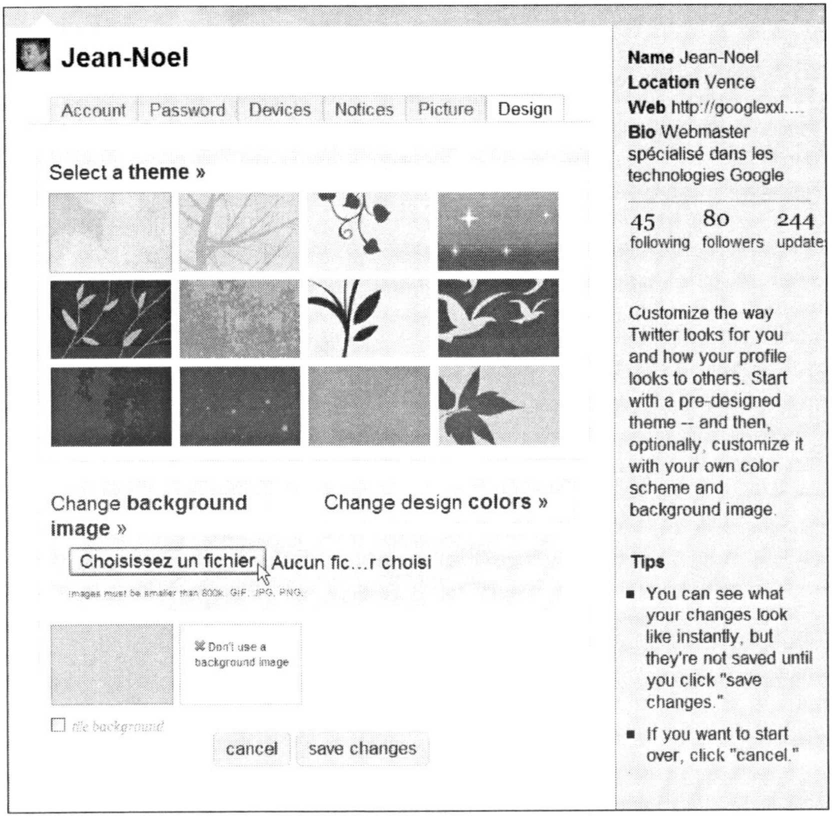

Enfin, il existe un grand nombre de comptes Tweeter qui offre des listings d'offres d'emploi par secteur d'activité, nom de la société, pays, etc.

- Testez, par exemple, les résultats renvoyés sur Twitter par cette recherche : from:EasyCV ou "offre d'emploi" "Ingénieur d'études" ou "ingénieur" OR "consultant" #job.

8. S'inscrire sur un annuaire Twitter

Le fondateur de Digg a créé un annuaire des Twitters visibles à cette adresse : **http://wefollow.com**. Ils sont tous classés par hashtags. Afin d'inscrire le vôtre, cliquez sur le **Click here** puis envoyez une réponse en utilisant cette syntaxe : @wefollow #mot-clé1 #mot-clé2 #mot-clé3. L'ajout est immédiat. Pour vous en assurer saisissez, dans la zone de recherche, un des hashtags que vous avez défini.

Information : un service nommé TagDef (**http://tagdef.com**) vous permet de retrouver la définition d'un hashtag et même de proposer vos propres définitions.

9. Référencer votre profil Twitter sur Technorati

Les avantages sont multiples :

- Grâce à Technorati vous pourrez afficher les blogs qui font un lien vers vos Tweets ;
- Vous pouvez associer plusieurs libellés à votre espace Twitter afin d'accroître sa visibilité.

➧ Procédez à votre inscription sur ce service : **http://technorati.com**

➧ Cliquez sur le lien **Claim your blog here!**

➧ Saisissez l'adresse URL de votre profil sur Twitter.

Technorati va vous fournir un code qui ressemblera à celui-ci :

```
<a href="http://technorati.com/claim/t7gsduqgz3" rel="me">
Technorati Profile</a>
```

Il vous suffit simplement de créer un nouveau Tweet qui contiendra la même ligne de code mais sans les balises href : **http://technorati.com/claim/t7gsduqgz3**

➧ Retournez sur Technorati puis cliquez sur le bouton **Complete Claim**.

Rien ne vous empêche, après, de supprimer le Tweet qui a servi à valider votre inscription sur Technorati.

10. D'autres outils de recherche pour Twitter

Voici une liste d'outils que nous avons trouvés intéressants :

Twitturly (**http://twitturly.com**) : ce moteur de recherche affiche les Tweets les plus populaires ainsi que les commentaires qui ont été fait en temps réel. Il est possible d'appliquer un filtre linguistique et de récupérer à chaque fois le flux RSS correspondant. Le seul point faible de ce service est son moteur de recherche particulièrement lent.

AskTwitr (**http://asktwitr.com**) : les résultats sont classés (image, vidéo, texte).

Ittering : nous avons trouvé cet outil presque indispensable, au sens où il apporte une réelle valeur ajoutée à Twitter.

➧ Accédez à cette adresse : **http://www.ittering.com**

Selon votre navigateur, installez un des bookmarklets proposés.

- Accédez à la page web qui vous intéresse puis activez votre signet.

  Les tweets correspondants s'afficheront dans le volet de droite.

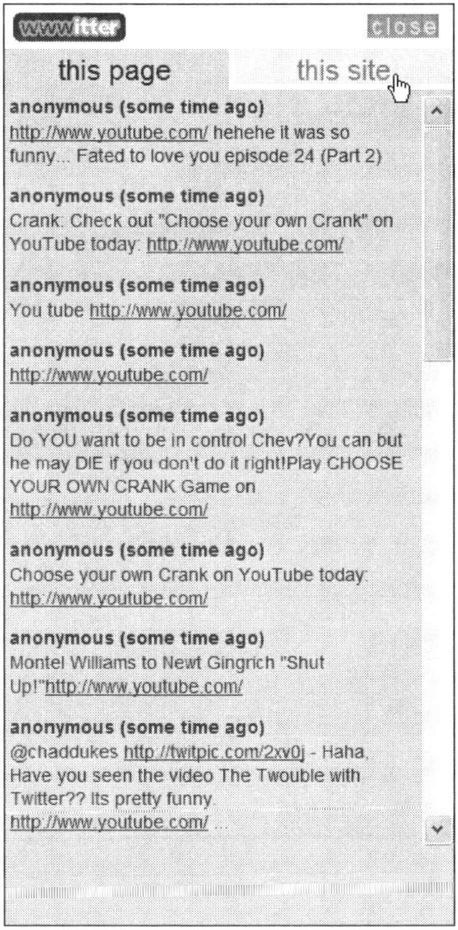

- Cliquez sur l'onglet **this site** afin d'afficher les tweets citant une des pages de l'ensemble du site.

  BackTweets (**http://backtweets.com**) : ce moteur vous permet de lancer une recherche sur une adresse URL.

MicroPlaza (**http://microplaza.com/public**) : ce service affiche les Tweets les plus populaires dans une interface qui est particulièrement agréable à utiliser.

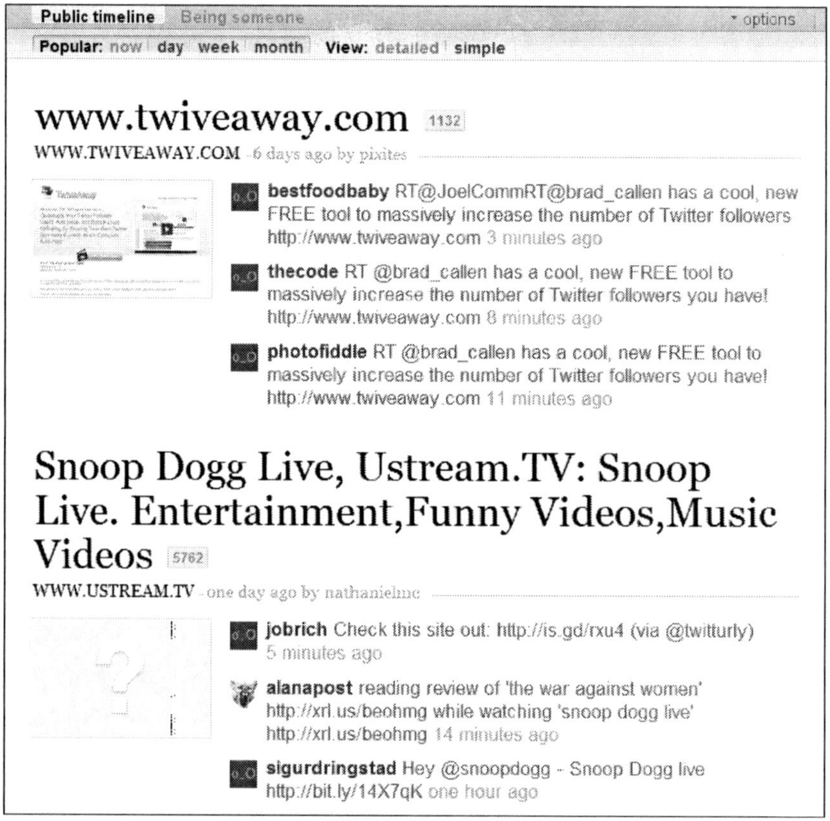

TweepSearch (**http://tweepsearch.com**) : permet de lancer une recherche dans les biographies.

Twibs (**http://www.twibs.com**) : un outil qui liste les comptes sur Twitter d'un nombre considérable de sociétés.

Twellow (**http://www.twellow.com**) : ce service se présente comme les pages jaunes dédiées à Twitter. Chaque utilisateur de Twitter peut être classé dans plusieurs catégories que l'on peut lister en cliquant sur le lien **show**. Il existe un certain nombre de possibilités de recherche avancée :

& : permet de rechercher une personne qui combine l'ensemble des termes : médecin & paris

| : OU

"" : expression exacte

- : opérateur d'exclusion

() : permet de grouper des conditions : (développeur | "chef de projet") & paris ;

@ : permet de rechercher à travers un champ spécifique des pages Twellow. Les valeurs autorisées sont : name, screen_name, location, bio et extended_bio. Par exemple : @bio alcatel @location Wellington.

- Cliquez sur l'onglet **Browse categories** afin de continuer votre exploration de cet annuaire pas comme les autres.

  Just Tweet It (**http://justtweetit.com**) : un autre site fonctionnant comme un annuaire que vous pouvez feuilleter en cliquant sur le lien **Twitter Directory**. Notez que c'est un annuaire volontaire sur lequel vous devez ajouter votre profil sur Twitter.

  TwitterPacks (**http://twitterpacks.pbwiki.com**) : chaque entrée est organisée par centre d'intérêt, lieu de résidence, nom de compagnie et événement. On peut imaginer que ce service est intéressant pour trouver des personnes qui ont les mêmes passions que vous.

  TwitterGroups (**http://twittgroups.com**) : c'est un peu le même principe que précédemment... Les utilisateurs sont classés par groupe (Writers who blog, Catholics on Twitter, Top Conservatives on Twitter) que vous pouvez rejoindre afin de développer votre réseau d'amis. Bien entendu, il est aussi possible de créer un groupe... Les lecteurs des livres des Editions ENI, par exemple ?

Information : ces deux applications Twitter vous permettent de suivre ce réseau à partir de votre bureau...
Une application Adobe Air appelée DestryTwitter est téléchargeable à partir de cette adresse : **https://destroytwitter.com**
Sideline est un client Twitter, développé par Yahoo! et qui peut s'installer à partir de cette adresse : **http://sideline.yahoo.com**

11. Intégrer Twitter à Google

Google a souvent expliqué que l'avenir des moteurs de recherche reposait, en grande partie, sur la possibilité d'obtenir des informations en temps réel. De fait, les résultats issus des liens Google Actualités ou Google Recherche de blogs s'immiscent maintenant dans les résultats du moteur de recherche classique.

Une extension pour Firefox vous permet d'afficher les cinq Tweets les plus récents sur la recherche que vous avez saisie. On dispose ainsi de ce que l'on pourrait appeler "la fulgurance de l'instantanéité" dans des pages de résultats qui, souvent, restent statiques.

- Si ce n'est pas déjà fait, installez tout d'abord une extension appelée Greasemonkey à partir de cette adresse : **https://addons.mozilla.org/en-US/firefox/addon/748**
- Une fois cette étape franchie, accédez à cette adresse : **http://userscripts.org/scripts/show/43451** puis cliquez sur le bouton **Install**.
- Accédez à Google afin de tester immédiatement votre nouvel outil de recherche.

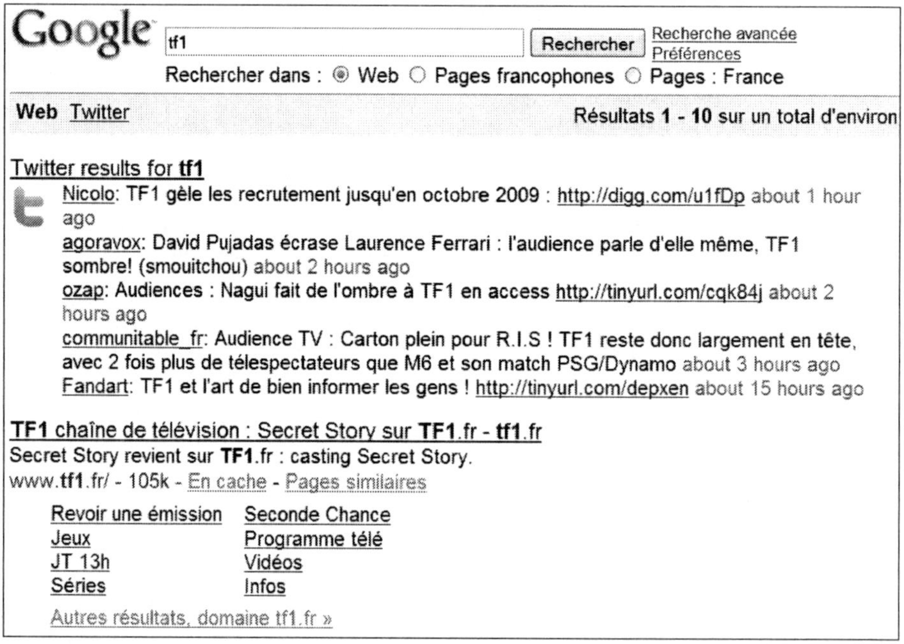

Une autre solution consiste, toujours après avoir installé Greasemonkey, à utiliser ce script : **http://www.facesaerch.com/widget/google-twitter2.user.js**

Une petite manipulation est nécessaire pour n'afficher que les tweets en langue française :

- Cliquez avec le bouton droit de la souris sur l'icône de Greasemonkey qui montre une tête de singe puis sur le sous-menu **Gérer les scripts**.
- Sélectionnez le script appelé "Google-Twitter" puis cliquez sur le bouton **Éditer**.
- Sélectionnez un éditeur de texte quelconque et affichez la ligne 24 :
  url: 'http://search.twitter.com/search.atom?q='+googleq[0].value,

- Modifiez-la de telle façon à obtenir ceci :
  url: 'http://search.twitter.com/search.atom?q='+googleq[0].value+'&lang=fr',

12. Des outils utiles pour Twitter

Voici une sélection (très personnelle) d'outils utiles...

Créer un sondage : Strawpoll (**http://strawpollnow.com/welcome/**) est un service qui vous permet de créer votre sondage sur Twitter.

Recevoir des alertes par e-mail : tweetbeep (**http://tweetbeep.com/**) est un service d'alerte par e-mail.

Créer des alertes de rappel : Timer (**http://twitter.com/timer**) est un outil vous permettant de paramétrer des mémentos avec Twitter.

Tout traduire : Twanslate (**http://twitter.com/twanslate**) permet de traduire vos messages sur Twitter.

Effectuer le suivi d'un colis : Trackthis (**http://www.usetrackthis.com**) est un service assurant le suivi de vos colis (UPS, Fedex, USPS, DHL) à partir de Twitter, de Facebook, par flux RSS, SMS ou alerte e-mail.

Publier automatiquement vos photos sur Flickr dans Twitter : Twittergram (**http://flickr.twittergram.com/**) est un service qui permet d'automatiser cette opération.

Publier le contenu d'un flux RSS dans Twitter : FeedBlitz (**http://www.feedblitz.com**) est une plate-forme de publication de flux RSS qui vous permet de publier le flux RSS de votre blog ou de votre site Web comme de nouvelles mises à jour postées sur Twitter.

Générer des coupons de réduction : twtQpon (**http://twtqpon.com**) vous permet de diffuser des offres exclusives sur Twitter !

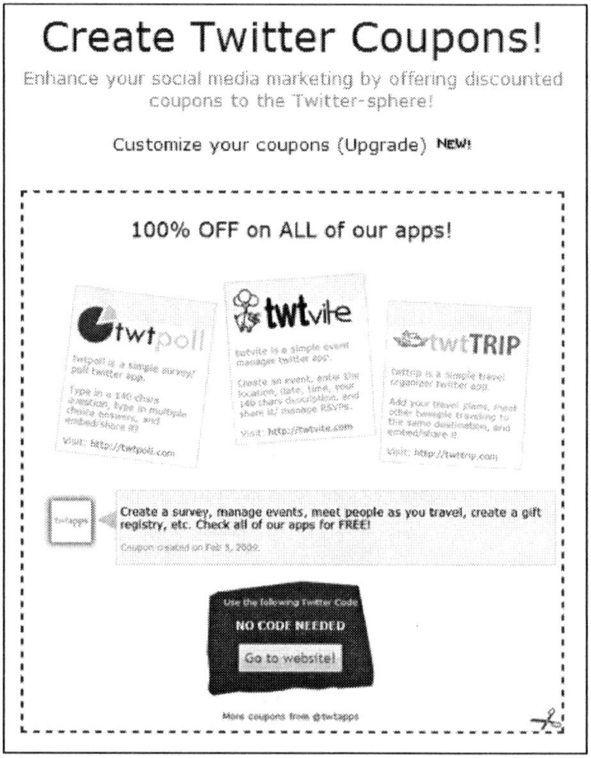

E. Wikipédia

Rappelons qu'un wiki est "un système de gestion de contenu de site web rendant ses pages web librement modifiables par tous les visiteurs y étant autorisés". Wikipédia (**http://fr.wikipedia.org**) est un projet (libre et ouvert à tous) utilisant cette plate-forme de création de site web et qui a été lancé le 15 janvier 2001. L'encyclopédie en ligne offre aujourd'hui des millions d'articles dans plus de 250 langues.

> **Information** : cela fait très longtemps que l'encyclopédie en ligne est aussi le lieu d'un véritable lobbying numérique. N'hésitez pas à lire cet article sur ce problème : **http://www.trends.be/fr/economie/high-tech/12-1637-46777/comment-tf1—total—co-font-leur-comm—sur-wikipedia.html**. Par ailleurs, la version anglophone de Wikipédia a publié une mise en garde spéciale à destination des entreprises : **http://en.wikipedia.org/wiki/Wikipedia:Business'_FAQ**

1. Rechercher dans Wikipédia

Le formulaire de recherche comprend deux boutons : **Lire** et **Rechercher**.

Le premier fonctionne à la manière du bouton "J'ai de la chance" visible sur la page d'accueil de Google. Vous allez être directement redirigé vers la page la plus pertinente. Si, par contre, votre requête est sujette à plusieurs interprétations comme, par exemple, "programme", vous allez afficher une page d'homonymie : programme électoral, programme scolaire, etc.

Le bouton **Rechercher** va lister toutes les pages correspondant avec votre requête. Servez-vous des liens **Toutes les pages commençant par "Mot-clé"** et **Toutes les pages qui ont un lien vers "Mot-clé"** afin de filtrer les résultats.

Au fur et à mesure que vous tapez une recherche, le moteur interne de l'encyclopédie va afficher des suggestions. Il suffit de marquer un léger temps d'attente entre chacune des lettres que vous saisissez.

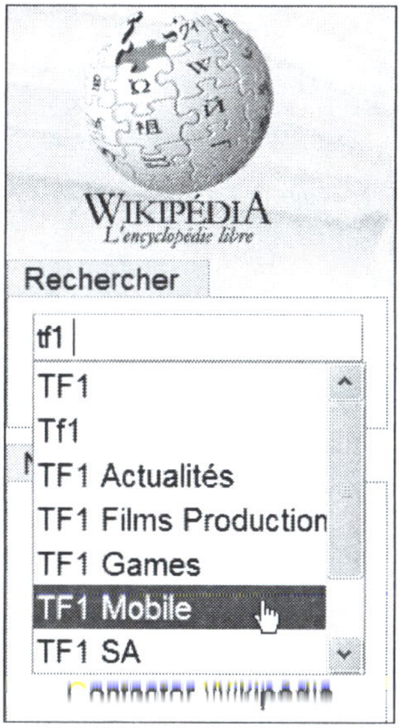

Cette fonctionnalité est aussi accessible à partir de la page de recherche avancée : **http://fr.wikipedia.org/wiki/Special:Recherche**

Quelle que soit la version linguistique que vous utilisez ces préfixes vont fonctionner :

- **Category :** nom de la catégorie ;

- **Portal :** ou **portail :** nom du portail ;
- **Image : nom de l'image ;**
- **User :** page d'utilisateur ;
- **Talk :** ou **discuter:** page de discussion de l'article ;
- **Wikipedia! :** pages spéciales de l'encyclopédie en ligne ;
- **Help :** ou **aide :** page de l'aide de Wikipédia ;
- **Template :** ou **modèle :** page de documentation du modèle.

Par exemple, saisissez ces recherches : **Category:gadget**, **Image:france**, **Aide:accents**.

Utilisez le formulaire de recherche pour saisir un mois, une année ou une date précise (celle de votre anniversaire, par exemple). Une recherche sur une année renverra tous les événements importants qui se sont déroulés durant cette période.

Vous pouvez aussi utiliser cette syntaxe : **1968 en France** ou testez cette requête : **naissance 1968**.

La fonction de désambiguïsation vous permet d'afficher les termes relatifs à une requête. Utilisez dans l'édition anglaise de l'encyclopédie cette syntaxe de recherche : **Timeline (disambiguation)**.

Il est aussi possible d'utiliser Wikipédia comme un outil de traduction en ligne. Et c'est peut-être le plus performant d'entre eux !

- Lancez une recherche sur la thématique qui vous intéresse.

  Par exemple, accédez à cette adresse :
  http://fr.wikipedia.org/wiki/Veille_en_entreprise

- Cliquez sur le lien **English** afin d'avoir le même texte parfaitement traduit en anglais.

  Vous allez vous retrouver sur la version anglaise de Wikipédia.

- Relancez la recherche sur le titre trouvé afin d'afficher également les articles connexes (en cliquant sur le bouton **Search** et non le bouton **Go**).

Enfin, un certain nombre d'outils internes à Wikipédia vous permettent de rechercher plus rapidement :

- Les pages classées par ordre alphabétique (**http://fr.wikipedia.org/wiki/Special:Toutes_les_pages**) : utilisez la liste déroulante **Espace de noms** afin de définir un répertoire d'entrée ;

- Les pages par premières lettres (**http://fr.wikipedia.org/wiki/Special:Index**) ;
- Les liens Internet (**http://fr.wikipedia.org/wiki/Special:Recherche_de_liens**) : ce formulaire permet de rechercher les pages de Wikipédia dans lesquelles un lien externe apparaît.

Par exemple, saisissez cette expression : *.techcrunch.fr

2. Les autres applications "Wikipédia"

Dans le cadre d'une recherche documentaire, voici une liste de portails qu'il faut connaître :

- Wiktionnaire est la branche francophone du projet Wiktionary, un dictionnaire libre et gratuit que chacun peut améliorer : **http://fr.wiktionary.org**
- Wikilivres est une bibliothèque de livres pédagogiques librement distribuables : **http://fr.wikibooks.org**
- Wikiversité est une communauté pédagogique libre à laquelle chacun peut prendre part : **http://fr.wikiversity.org**
- Wikiquote est un projet libre de collecte de citations : **http://fr.wikiquote.org**

- Wikisource rassemble des dizaines de milliers de textes passés dans le domaine public : **http://fr.wikisource.org**
- Wikispecies est un annuaire libre des espèces vivantes : **http://species.wikimedia.org**
- Wikimedia Commons est une médiathèque de fichiers média réutilisables : **http://commons.wikimedia.org**

3. Générer une alerte à partir d'un article

En imaginant que vous vous intéressiez à TF1, l'adresse de l'article dans l'encyclopédie en ligne est celle-ci : **http://fr.wikipedia.org/wiki/Tf1**. À partir de là, il est possible de générer ces deux syntaxes de flux : fr.wikipedia.org/w/index.php?title=TF1&action=history&feed=atom ou fr.wikipedia.org/w/index.php?title=TF1&action=history&feed=rss

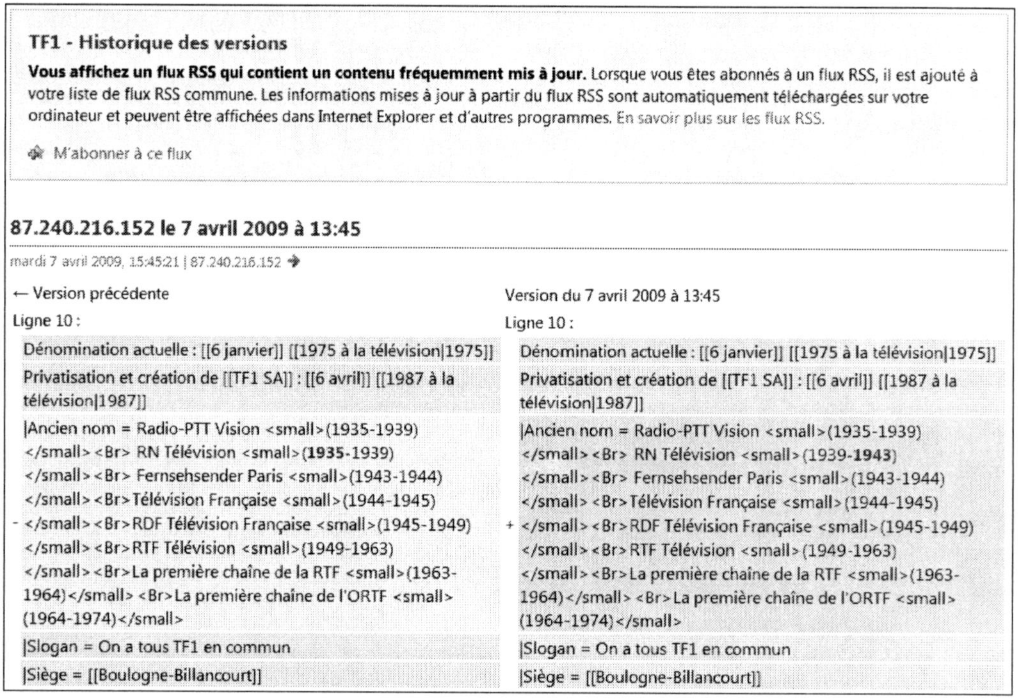

TF1 - Historique des versions

Vous affichez un flux RSS qui contient un contenu fréquemment mis à jour. Lorsque vous êtes abonnés à un flux RSS, il est ajouté à votre liste de flux RSS commune. Les informations mises à jour à partir du flux RSS sont automatiquement téléchargées sur votre ordinateur et peuvent être affichées dans Internet Explorer et d'autres programmes. En savoir plus sur les flux RSS.

M'abonner à ce flux

87.240.216.152 le 7 avril 2009 à 13:45

mardi 7 avril 2009, 15:45:21 | 87.240.216.152

	← Version précédente		Version du 7 avril 2009 à 13:45
	Ligne 10 :		Ligne 10 :
	Dénomination actuelle : [[6 janvier]] [[1975 à la télévision|1975]]		Dénomination actuelle : [[6 janvier]] [[1975 à la télévision|1975]]
	Privatisation et création de [[TF1 SA]] : [[6 avril]] [[1987 à la télévision|1987]]		Privatisation et création de [[TF1 SA]] : [[6 avril]] [[1987 à la télévision|1987]]
-	|Ancien nom = Radio-PTT Vision <small>(1935-1939)</small> RN Télévision <small>(**1935**-1939)</small> Fernsehsender Paris <small>(1943-1944)</small> Télévision Française <small>(1944-1945)</small> RDF Télévision Française <small>(1945-1949)</small> RTF Télévision <small>(1949-1963)</small> La première chaîne de la RTF <small>(1963-1964)</small> La première chaîne de l'ORTF <small>(1964-1974)</small>	+	|Ancien nom = Radio-PTT Vision <small>(1935-1939)</small> RN Télévision <small>(1939-**1943**)</small> Fernsehsender Paris <small>(1943-1944)</small> Télévision Française <small>(1944-1945)</small> RDF Télévision Française <small>(1945-1949)</small> RTF Télévision <small>(1949-1963)</small> La première chaîne de la RTF <small>(1963-1964)</small> La première chaîne de l'ORTF <small>(1964-1974)</small>
	|Slogan = On a tous TF1 en commun		|Slogan = On a tous TF1 en commun
	|Siège = [[Boulogne-Billancourt]]		|Siège = [[Boulogne-Billancourt]]

Vous pouvez ainsi retracer chacune des modifications qui sont intervenues sur cette page. Et c'est une bonne manière de faire de la veille concurrentielle ou technologique.

Vous recevrez chaque jour le meilleur de l'encyclopédie en ligne à partir de cette adresse : **https://lists.wikimedia.org/mailman/listinfo/wikifr-l**

Information : la liste complète des listes de diffusion est visible ici : **http://meta.wikimedia.org/wiki/Mailing_lists/overview#Local_Wikipedia_mailing_lists**

4. Consulter Wikipédia en mode hors-connexion

Il est possible d'importer l'intégralité de l'encyclopédie en ligne et la consulter hors ligne. Les données sont accessibles au format 7-zip à partir de cette adresse : **http://download.wikimedia.org**. Elles sont au format HTML ("Static dumps") ou XML ("Database XML and SQL dumps") et peuvent être intégrées à une base de données SQL. De manière similaire, il est possible d'importer les meilleures images de l'année ainsi que les images d'archives de MediaWiki.

5. Wikipédia en statistiques

Cette page spéciale liste les articles posant des problèmes (pages longues, courtes, en impasse, etc.) : **http://fr.wikipedia.org/wiki/Special:Pages_sp%C3%A9ciales**

Vous pouvez aussi accéder aux statistiques de la version française :
http://fr.wikipedia.org/wiki/Special:Statistiques
ainsi qu'afficher la liste des wikipédiens :
http://fr.wikipedia.org/wiki/Wikipédia:Liste_des_Wikipédiens_par_nombre_d'aditions

La liste des utilisateurs ou des adresses IP bloqués est accessible ici : **http://fr.wikipedia.org/wiki/Special:Utilisateurs_bhttp://fr.wikipedia.org/wiki/Special:Utilisateurs_bloquésloqués**

a. Wikipedia article traffic statistics

Wikipedia article traffic statistics (**http://stats.grok.se**) est une sorte de "Google Analytics" pour Wikipédia. Dans la liste déroulante, cliquez sur **French**, saisissez un titre d'article puis cliquez sur **Go**.

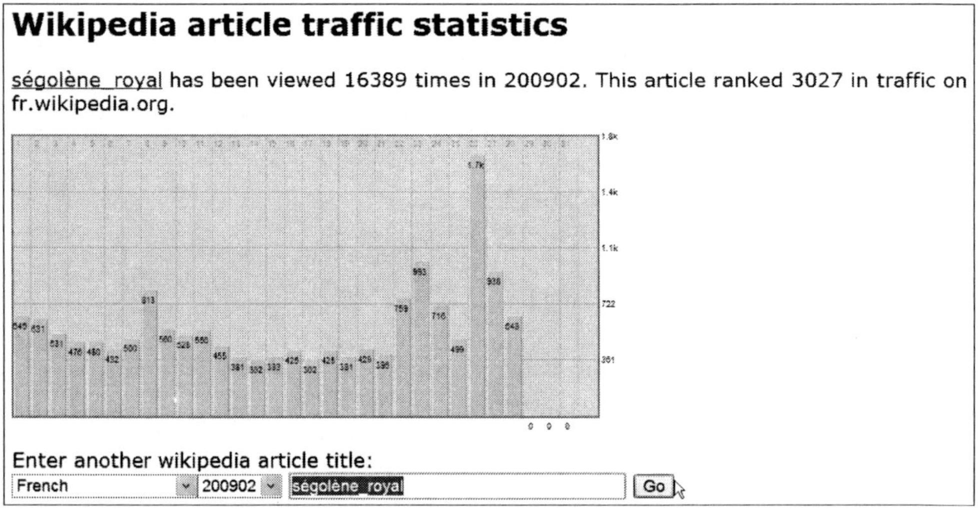

Vous pouvez aussi utiliser le bouton **Top** afin d'afficher les 1000 pages les plus visitées durant un mois précis (par exemple, 200903 pour le mois de mars 2009). On peut ainsi suivre la popularité de telle ou telle personnalité au fil des années.

b. Wikirage

Wikirage (**http://fr.wikirage.com**) est un site qui affiche un très grand nombre de statistiques sur l'édition française de Wikipédia. Cliquez sur un des liens visibles pour afficher les statistiques de chacune des pages qui ont déclenché le plus de "passion".

6. Les moteurs dédiés à Wikipédia

a. Viswiki

Viswiki (**http://viswiki.com/fr/?q=**) est un moteur de recherche qui vous permet de parcourir de manière synthétique l'encyclopédie en ligne.

b. eyePlorer

eyePlorer (**http://www.eyeplorer.com/eyePlorer/**) est un outil de visualisation qui vous permet, dans le même temps, de copier les extraits trouvés puis de les copier dans l'application de votre choix.

c. VisualWikipedia

VisualWikipedia (**http://visualwikipedia.com/fr**) est un outil vous permettant de parcourir de manière interactive l'encyclopédie en ligne. Sélectionnez la langue d'interface puis parcourez les articles qui sont à votre disposition.

d. Similpedia

Similpedia (**http://similpedia.org**) est un moteur de recherche de contenus. Il se propose de rechercher du contenu similaire à votre texte ou page web dans l'encyclopédie en ligne.

- Saisissez l'adresse URL de votre page ou copier un texte ne dépassant pas une centaine de mots puis cliquez sur **Find Similar**.

Bien que la pertinence des résultats ne soit pas toujours au rendez-vous, cet outil offre une manière originale d'élargir un sujet de départ.

e. Global Wikipedia Article Search

Ce moteur (**http://vs.aka-online.de/globalwpsearch**) vous permet de lancer une recherche transversale dans les principales versions de Wikipédia. La liste déroulante **timeout** vous permet de limiter le temps de recherche (et donc le nombre de résultats affichés). Cochez la case **include small Wikipedias** si vous souhaitez étendre votre recherche aux versions linguistiques moins courantes.

f. Qwika

Qwika (**http://www.qwika.com/find-fr**) se propose de "couvrir tous les wikis d'une certaine importance dans toutes les langues majeures, de les traduire et de les rendre disponibles pour la recherche". En bref et à partir d'une même requête, vous afficherez les pages des différentes versions linguistiques de l'encyclopédie traduites dans votre langue.

g. WikiWax

WikiWax (**http://www.wikiwax.com**) est un autre moteur de recherche dédié à l'encyclopédie en ligne mais qui offre une fonctionnalité de suggestions très performantes.

h. Wikipedia-roll

Cet outil vous propose de parcourir les articles de l'encyclopédie en ligne de manière synthétique et visuelle.

- Accédez à cette adresse :
  http://api-exploration.net/mashups/wikipedia-roll/index.php
- Cliquez sur le lien **Version française**.
- Saisissez votre recherche.

  Les articles trouvés seront regroupés sous forme de clusters.
- Utilisez la molette de la souris pour faire défiler les pages.

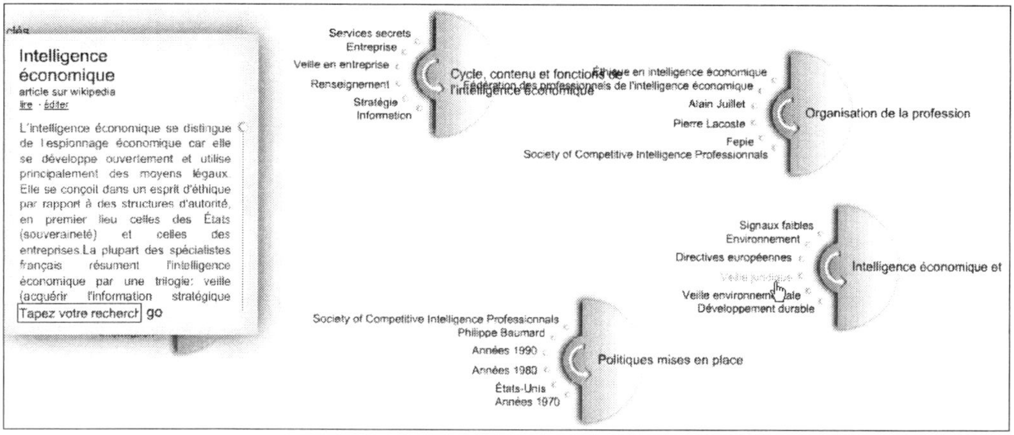

Sur la gauche, un aperçu de l'article sera affiché. Vous pouvez directement y accéder en cliquant sur le lien **lire**.

i. Wikimindmap

Wikimindmap est un moteur de recherche heuristique dédié à l'encyclopédie en ligne.

- Accédez à la page d'accueil de Wikimindmap : **http://www.wikimindmap.org**
- Dans la liste déroulante **Select a Wiki**, sélectionnez cette option : **fr.wikimedia.org**.
- Dans la zone de texte **Enter your topic**, saisissez votre mot-clé.
- Cliquez sur le bouton **Search**.
- Cliquez sur un des éléments qui a été complètement ouvert afin d'accéder directement à la page visible dans Wikipédia.

Le symbole représentant deux flèches vertes vous permet de recentrer l'élément sélectionné et d'en faire le centre de votre cluster.

- Cliquez sur le signe **Plus** afin de développer le nœud correspondant

Information : WikiAlarm (**http://wikialarm.com**) est un excellent service qui vous permet d'être averti quand une page en particulier de l'encyclopédie en ligne Wikipédia est modifiée.

Chapitre 6

Intelligence économique et applications de veille

Nous avons vu, tout au long de ce livre, que notre objet était aussi bien la recherche d'informations (intelligence) que l'obtention d'informations (veille). Ce sont des outils permettant de mettre en place un processus de veille efficace dont nous allons maintenant parler.

Dans un premier temps, vous devez définir les thématiques de votre veille, les mots-clés et les expressions qui serviront de support et établir une liste de sources essentielles. On peut dire que lors de cette étape, vous délimitez votre champ d'action.

Les sources peuvent de manière très schématique se diviser en ces quelques catégories :

- Web documentaire : sites institutionnels et sites "classiques" ;
- Web profond : bases de données spécialisées ;
- Web social : blogs, sites de micro-blogging, forums, sites de réseautage social, plates-formes de partage, Wikis ;
- Web de l'information : sites d'actualités.

Il s'agit ensuite de mettre en pratique cette première approche en paramétrant une alerte par flux RSS, par e-mail et définir quels sont les outils de veille les mieux adaptés à votre recherche.

À cette étape, une application de Mind-Mapping peut grandement vous faciliter la tâche en vous permettant d'organiser vos idées et de classer vos sources (ainsi que les outils et logiciels que vous souhaitez utiliser).

Vous devez réfléchir à deux points supplémentaires :

- La profondeur de votre veille : est-ce que des recherches sur des bases de données scientifiques sont pertinentes dans le cas d'une veille sur un produit de consommation courante ? Non, sûrement pas !
- La granularité de la veille : est-ce que toutes les sources doivent être interrogées ou n'est-il pas plus simple d'utiliser que les sources qui servent de relais et qui fournissent des rapports de synthèse de ce qui a fait l'actualité de telle ou telle thématique ? Par exemple, pourquoi faire une veille, à travers l'ensemble du Web, sur les activités d'une société si une dizaine de blogs fournissent déjà une matière première suffisante et ce, en fonction de vos objectifs ?

Les premiers résultats vont tomber et vont vous permettre d'élargir votre liste de mots-clés ainsi que celle de vos sources.

En bref, cette étape du processus fonctionne à la manière d'un perpétuel va-et-vient entre les résultats, les sources et la manière d'interroger ces mêmes sources. Une veille est donc toujours en train de se développer.

On peut dire que l'étape suivante consiste donc à enrichir les bases de données sur lesquelles vous travailler en utilisant des outils de Webclipping, de Bookmarking ou d'annotations..

Enfin, vous devez diffuser votre travail en utilisant une plate-forme de blog, un outil de création de site de réseautage social ou un moteur de recherche personnalisé.

Notez enfin que vous avez le choix entre intégrer une source d'actualités ou simplement une page web qui fait partie d'un site que vous avez ciblé. Soit la source génère un flux RSS et vous serez automatiquement tenu au courant des changements apportés soit le type de modification ou, globalement, le site dans son ensemble ne permet aucun abonnement en mode "Push". De fait, vous devrez utiliser un service de surveillance de page web qui vous informera en temps réel des changements intervenus.

Autre point : il se peut que vous souhaitiez ajouter une source comme base de données que vous pourrez interroger à tout moment. Par exemple, il se peut que les actualités du site correspondant vous intéressent moins que la possibilité de s'en servir dans un moteur de recherche personnalisé. Il existe donc trois points de vue quand on découvre une nouvelle source d'informations :

- Le site ou le service web génère une actualité dont vous souhaitez être tenu au courant ;
- Le site contient des informations dont vous souhaitez vous servir sur le long terme ;
- Les deux types de données à la fois.

Dans le premier cas, vous utiliserez les flux RSS ou chercherez à générer un flux à partir de la page web qui sert de source. Dans le second cas, vous cherchez à intégrer l'ensemble du site ou la sélection de pages qui vous intéresse à votre propre système d'informations.

Nous verrons donc comment faire du tracking de pages web et générer un flux RSS à partir d'une page web qui n'en offre pas. Et, en fin de chapitre, nous examinerons les questions que vous devez vous poser lors du choix d'une solution dite "professionnelle".

A. Les outils d'alertes

Nous avons décidé de parler de trois services qui, à notre avis, proposent un système d'alertes relativement performant.

1. Google Alertes

Les Alertes Google sont envoyées par courrier électronique quand des articles publiés en ligne correspondent aux sujets que vous indiquez. Rappelons que vous devez posséder un identifiant Google (**https://www.google.com/accounts/NewAccount?hl=FR**) pour accéder à ce service.

- Ouvrez cette page web : **http://www.google.fr/alerts**
- Cliquez sur le lien **Connecter pour gérer vos alertes**.

Signalons que sans vous être inscrit à ce service, vous pouvez créer jusqu'à 10 alertes Google simultanément. Par la suite, vous devrez valider ces alertes Google pour pouvoir en créer d'autres. Par ailleurs, l'interface qui est visible ne vous permet pas de définir des alertes que vous recevrez sous la forme de flux RSS.

Dès que vous vous êtes inscrit à Google Alertes, cet outil sera accessible en accédant à votre espace Google.

- Cliquez sur le bouton **Nouvelle alerte**.
- Dans la zone de texte visible, saisissez votre requête.
- Sélectionnez son type : **Tous, Actualités, Web** ou **Groupes**.
- Définissez le média que vous allez utiliser : **E-mail** ou **Flux RSS**.
- Si vous avez opté pour une alerte e-mail, indiquez la fréquence d'actualisation de vos alertes : selon l'actualité, une fois par jour ou une fois par semaine.

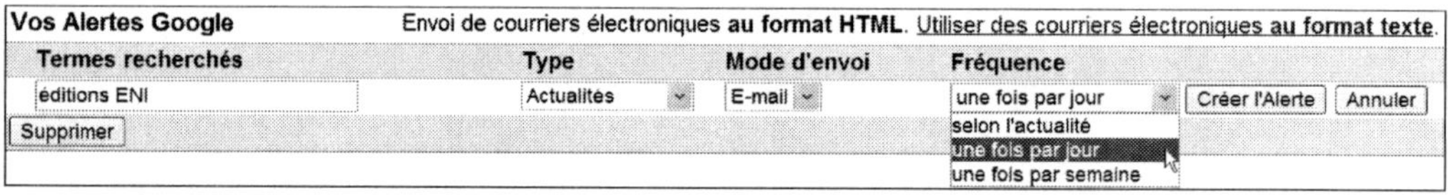

- Cliquez sur le bouton **Créer l'Alerte**.

En haut de la fenêtre, indiquez si vous préférez avoir les alertes e-mails sous la forme de fichier texte ou fichier HTML. La question peut se poser si, pour des raisons de sécurité, vous préférez recevoir vos messages uniquement sous la forme de texte brut (et non au format HTML).

Comment sont mises à jour les alertes Google ? Voici ce qu'indique le fichier de l'Aide Google Alertes :

- Alertes "Actualités" : elles permettent de recevoir une alerte lorsque de nouveaux articles correspondant au sujet que vous avez défini figurent dans les dix premiers résultats présentés sur Google Actualités ;
- Alertes "Web" : elles se déclenchent lorsque de nouvelles pages Web correspondant au sujet que vous avez défini apparaissent dans les vingt premiers résultats des recherches Google sur le Web ;
- Alertes "Actualités et Web" : elles sont activées lorsque de nouveaux articles correspondant au sujet que vous avez défini figurent dans les dix premiers résultats présentés sur Google Actualités et lorsque de nouvelles pages Web correspondant au sujet que vous avez défini apparaissent dans les vingt premiers résultats des recherches Google sur le Web ;
- Alertes "Groupes" : vous recevrez une alerte lorsque de nouveaux messages correspondant au sujet que vous avez défini figurent dans les cinquante premiers résultats des recherches de groupes Google (**http://groups.google.fr**).

Information : la version anglaise de ce service est plus complète (**http://www.google.com/alerts**) puisque vous posez des alertes sur deux services supplémentaires : les blogs et Google Video (en version anglaise).

Qu'est-il possible de faire avec les alertes Google ? En principe, beaucoup de choses puisque vous pouvez utiliser les opérateurs avancés de ce moteur de recherche :

- Expression exacte : encadrez votre expression de recherche par des guillemets ;
- + (Plus) : force la prise en compte de l'orthographe exacte ;
- - (Moins) : permet d'exclure un terme ;
- OR (ou |) : force la prise en compte de plus de deux mots-clés ;
- Il est aussi possible d'utiliser les opérateurs avancés (filetype:, ext:), les préfixes de recherche (site:, intext:, etc.) et les préfixes de fonction (info:, cache, etc.)

Voici quelques exemples de requêtes :

- Se tenir au courant de l'actualité à partir d'une source précise :
  google site:editions-eni.fr - Web ;

- Suivre les articles d'un blogueur en particulier :
  inpostauthor:anderruthy - Blogs ;
- Afficher les articles d'actualités publiés sur un sujet particulier à la France :
  "google opensocial" location:France - Actualités ;
- S'adonner à l'ego surfing en indexant les articles parlant de sa personne (uniquement au travers de Google Actualités si vous êtes vraiment quelqu'un d'important) :
  "Jean-Noël Anderruthy" - Actualités ;
- S'informer de la disponibilité des mises à jour pour une application (nous tirons parti du fait que Google a tendance à placer les sujets d'actualités en première page des résultats) :
  "Photoshop CS4" - Web ;
- Être tenu au courant des articles publiés par un site sur deux thèmes différents :
  (facebook OR linkedin) site:http://www.01net.com/actus/ - Web ;
- Savoir en temps réel lorsque quelqu'un fait un lien vers votre site :
  intext:http://editions.eni.fr -inurl:editions.fr.fr - Web ;
- S'intéresser à un thème traité par un journal précis (nous utilisons les possibilités de recherche de Google Actualités par source d'information) :
  écologie source:l_express - Actualités.

Le principal problème qui se pose est que les alertes ne tiennent pas compte du fait que de nouvelles pages sont publiées mais de leur possible apparition dans les premiers résultats renvoyés par une recherche. De fait, cet outil n'est pas réellement d'un grand secours sauf pour les articles publiés dans Google Recherche de blogs et, bien entendu, dans Google Actualités.

Notez que l'on peut tirer parti du fait que Google Recherche de blogs indexe les flux RSS. Testez les résultats renvoyés par cette requête : site:http://www.editions-eni.fr. Si on peut s'apercevoir que les pages **À Paraître** et **Toutes les nouveautés** sont indexées, les résultats sont loin d'être parfaits.

2. Créer des alertes vidéo

Deux services vous permettent de créer des alertes dès qu'un clip comportant un ou plusieurs mots-clés est posté.

Video-Alerts (**http://www.video-alerts.com**) : vous pouvez poser jusqu'à 10 alertes par jour que vous recevrez une fois par jour.

➧ Cliquez sur le lien **Join now**.

- Indiquez un nom d'utilisateur (prénom et nom), adresse e-mail et un mot de passe que vous confirmerez.

  Vous allez recevoir un e-mail de confirmation.

- Cliquez sur le lien présent afin de terminer la procédure d'enregistrement.

- Cliquez alors sur le lien **Login** afin de vous connecter à votre espace sur Video-Alerts.

- Cliquez sur le lien **Create your first one**.

  Voici comment remplir le formulaire :

  - **Text to search** : le mot-clé ou l'expression à rechercher ;
  - **Category** : la catégorie de recherche ;
  - **Search type** : le type de recherche : par mot-clé ou par nom d'utilisateur ;
  - **Frequency** : fréquence de l'alerte ;
  - **Max videos** : nombre maximal de clips qui seront affichés.

- Cliquez sur le bouton **Submit**.

Voici un exemple du rapport généré :

Here are the latest videos for your new keyword google street view:

1] google streetview ufo fleet? (2009-03-31) http://www.video-alerts.com/video-watch/1691?vid=AUqvsgbJ6QY
2] Street With A View - A Virtual Tour (2009-03-31) http://www.video-alerts.com/video-watch/1691?vid=I9JSbiEj4II
3] google maps street view secrets 2 (2009-03-31) http://www.video-alerts.com/video-watch/1691?vid=7-SsSPCqBok
4] Google Earth Street View-Man sticking his fingers up at the camera(fingers blurd out) (2009-03-31) http://www.video-alerts.com/video-watch/1691?vid=VLKF2TUfVjw
5] Google Earth Street View-Man on a mobile phone looking at the camera! (2009-03-31) http://www.video-alerts.com/video-watch/1691?vid=eC6_7Ed5_2o
6] Google Earth Street View-Cameras Shadow (2009-03-31) http://www.video-alerts.com/video-watch/1691?vid=-UyD2WuY3NQ
7] Google Earth Street View-Broken lampost (2009-03-31) http://www.video-alerts.com/video-watch/1691?vid=BikwtpGGexA
8] Google Earth Street View- Bin stuffed and over flowing (2009-03-31) http://www.video-alerts.com/video-watch/1691?vid=DPnkHAzeQK0
9] Oviedo en Street View (2009-03-31) http://www.video-alerts.com/video-watch/1691?vid=Z7N0sDyy7iE
10] Google Street View Camera Car Gets GOOGLED in Bromley Kent UK (2009-03-31) http://www.video-alerts.com/video-watch/1691?vid=EyaKvsPLIsA
11] google maps street view secrets (2009-03-31) http://www.video-alerts.com/video-watch/1691?vid=X8sxMBFFzN8

Feedky (**http://www.feedky.com**) : est un autre service d'alertes en temps réel qui interroge plus de 41 plates-formes dont YouTube, DailyMotion, Metacafe, Vpod, Google Video, Yahoo Video, Youku, Flickr, Viddler, Blip TV, etc.

- Cliquez sur le lien **Register**.

- Indiquez un nom d'utilisateur, un mot de passe que vous confirmerez puis cliquez sur le bouton **Register now**.

- Connectez-vous à votre espace sur Feedky.

- Cliquez sur le lien **Create new Feedky**.

- Indiquez un titre ainsi qu'un ou plusieurs mots-clés.

  Notez que pour définir une expression, il vous suffit de l'encadrer par des guillemets. Votre alerte sera visible sous la mention **My Feedkies**.

- Cliquez sur le lien **Edit** afin de sélectionner les sources d'informations qui vous intéressent particulièrement et, éventuellement, en supprimer quelques-unes.

- Cliquez sur le lien **Web** afin de vérifier que les résultats obtenus correspondent à vos attentes.

  Vous noterez que les résultats sont classés en fonction de la plate-forme vidéo correspondante.

- Cliquez sur le lien **RSS** afin de récupérer le flux RSS correspondant.

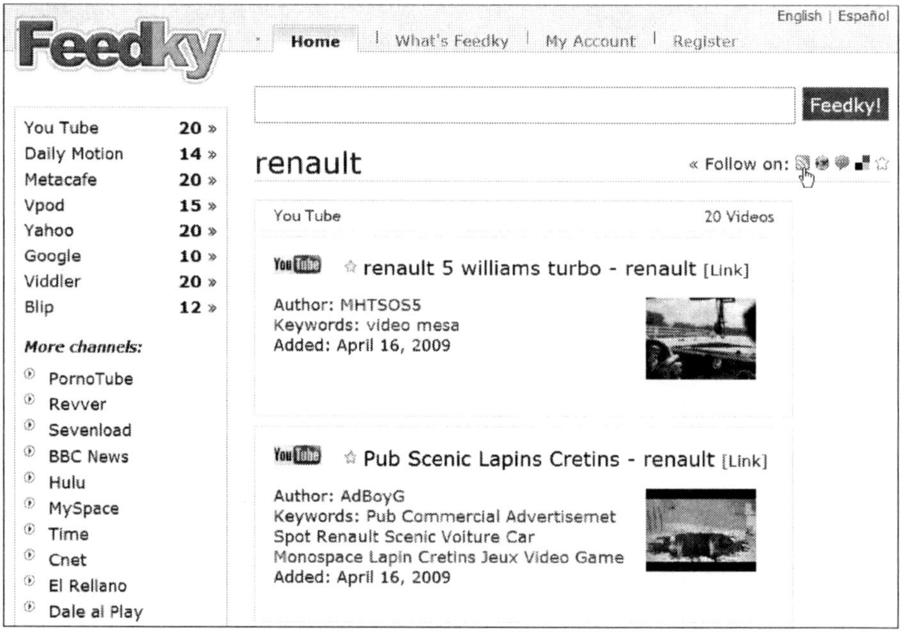

C'est un service qui est à la fois très performant et complet !

B. Les outils de Web scraping

Le terme de Web scraping désigne des outils en ligne ou des applications qui vous permettent de générer un flux RSS ou une alerte mail à partir de pages web ou de sites qui n'en proposent pas. En bref, vous pouvez décider, à partir d'une page web, d'en extraire seulement le contenu qui vous intéresse puis de générer, par exemple, un flux RSS dont vous déciderez de la présentation et des informations qu'il contient. Prenons le cas d'une page web affichant des offres d'emploi en région parisienne mais qui ne laisse aucune possibilité d'abonnements si ce n'est par alerte e-mail. Vous pourrez découper cette page, ne conserver que les éléments qui vous intéressent (montant du salaire proposé, date de mise en ligne, intitulé du poste, etc.) puis générer un flux RSS en réorganisant les différentes offres par date d'ancienneté et en filtrant leur contenu de manière à poser telle ou telle condition (n'afficher que les annonces qui proposent un poste de responsable de paie et non celles s'adressant aux gestionnaires de paie).

On peut imaginer aussi de pouvoir récupérer le contenu d'une page de résultats d'un moteur de recherche comme Google afin d'être prévenu de l'apparition de toute nouvelle page indexée par le moteur quand on saisit une requête particulière.

Enfin, il est possible d'extraire les données renvoyées par un formulaire en ligne (en simulant le processus d'identification) et ce, afin de mettre en exergue les changements intervenus sur le site web correspondant.

Les applications possibles sont extrêmement larges mais les outils qui existent présentent souvent des caractéristiques très différentes. Néanmoins, ils peuvent avantageusement compléter un processus de veille "classique" et ce, à un coût très raisonnable. Beaucoup sont entièrement gratuites ou peuvent être testées dans leurs versions “basiques” afin de vous permettre de vérifier qu'elles correspondent parfaitement à vos objectifs.

1. Surveiller une page Web avec Fireclip

Fireclip est une extension Firefox (2.0 - 3.2a1pre) qui vous permet de traquer les changements survenus sur une portion de page web.

- Accédez à cette adresse : **https://addons.mozilla.org/en-US/firefox/addon/5050**
- Cliquez sur les boutons **Add to Firefox** et **Installer maintenant** (dès qu'il est actif).
- Redémarrez votre navigateur.
- Accédez à la page voulue.
- Cliquez sur **Outils - Fireclip** ou servez-vous de la combinaison de touches Alt **Q**.

- Cliquez sur le bouton **Select Clip**.
- En utilisant la souris, sélectionnez la portion de page que vous souhaitez sauvegarder.

Information : afin d'annuler une sélection, servez-vous de la touche Echap .

- Dès que la zone sélectionnée est en gris vous pouvez la redimensionner.
- Double cliquez dessus afin de confirmer votre sélection.
- Saisissez un titre pour votre clip.

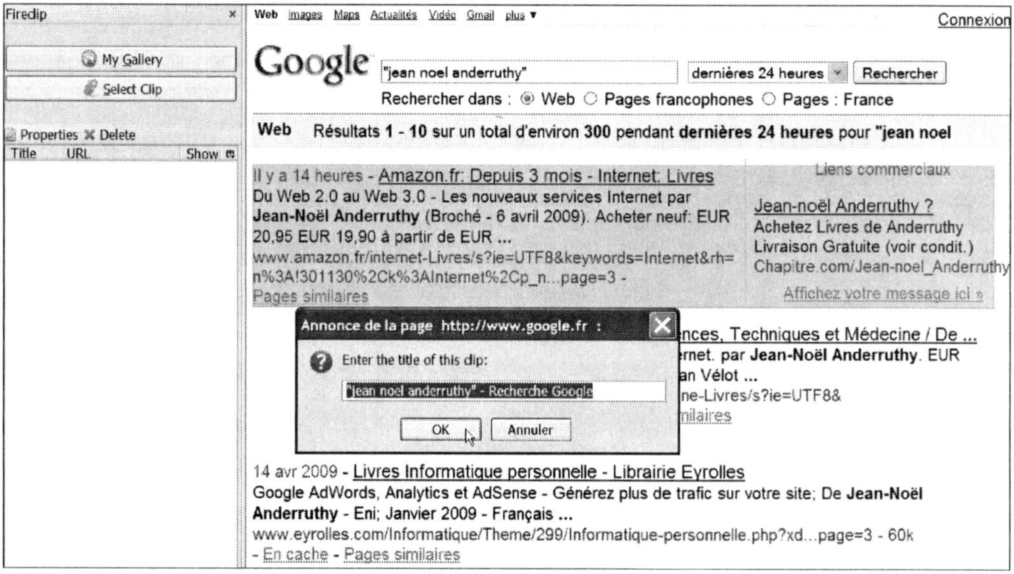

Votre extrait sera alors visible dans le volet de gauche.

- Cliquez sur le bouton **My Gallery** pour afficher vos clips.
- Sélectionnez un de vos clips puis cliquez sur **Properties** afin de ne pas afficher ce clip dans votre galerie.

A priori, cette dernière option permet, si elle est cochée, de redimensionner automatiquement votre clip afin qu'il s'ajuste aux dimensions du contenu à surveiller.

2. Créer un flux RSS à partir d'une page Web avec Feedity

Feedity (**http://feedity.com/builder.aspx**) est un autre service qui vous permet de générer un flux RSS à partir d'une page web.

- Saisissez l'adresse URL générée par votre recherche puis cliquez sur le bouton **Preview**.
- Cliquez sur le bouton **Advanced Refine** afin de parfaire le contenu de votre flux RSS.

  Si vous affichez le code source de la page de résultats de Google, vous pouvez vous apercevoir que les liens qui sont réellement intéressants sont tous encadrés par les balises H3.
- Dans la zone de texte **Start**, inscrivez ceci : **<h3**.
- Dans la zone de texte **Block**, terminez par cette indication : **</h3>**
- Définissez une catégorie puis cliquez sur le bouton **Get Feed**.

Le lien généré ressemblera à celui-ci : **http://feedity.com/rss.aspx/google-fr/UIFSUFJX**

Il y a bien quelques publicités qui viennent s'intercaler dans les résultats mais le rendu des informations est très correct en dépit du fait que certains caractères accentués ne sont pas tous gérés. En voici un exemple en utilisant RSSOwl comme agrégateur :

3. Créer un flux RSS à partir d'une page Web avec Feed43

Feed43 ("Feed For Free") est accessible à partir de cette adresse : **http://feed43.com**. Un comparatif entre la version gratuite et les versions payantes (jusqu'à 89$ par an) est dressée sur cette page : **http://feed43.com/upgrade.html**. Concernant la version gratuite, les conditions sont les suivantes :

- Le nombre de flux qu'il vous sera possible de générer est illimité ;
- Une inscription "Delivered by Feed43 service" sera ajoutée à chacun des éléments qui composent votre flux ;
- L'intervalle de mise à jour est de 6 heures ;
- La page source ne doit pas excéder une taille de 100 Mo ;

  Dans le cas contraire, vous aurez cette mention : "Page too big. First 102400 bytes loaded".

Information : l'octet est une unité de mesure en informatique. Un octet est composé de 8 bits, soit 8 chiffres binaires (0 ou 1). Traditionnellement, lorsqu'ils sont appliqués aux octets, les préfixes "kilo", "méga", "giga, etc. ne représentent pas un multiple de 1000, mais un multiple de 2^{10} = 1 024.

Voici un tableau comparatif des valeurs les plus communes :

Symbole	Valeur
Ko	2^{10} octets : 1024 octets
Mo	2^{20} octets : 1024 Ko
Go	2^{30} octets : 1024 Mo

- Le nombre maximal d'éléments qui composent votre flux sera de 20 ;
- Le nombre maximal de macros qu'il vous sera possible d'appliquer à votre flux sera de 20.

Le principe de fonctionnement est très simple : une photographie est prise de la page web puis convertie au format RSS, elle-même récupérée par l'agrégateur que vous utilisez.

- Cliquez sur le lien **Create Account**.
- Indiquez un nom d'utilisateur, un mot de passe ainsi que votre adresse e-mail puis cliquez sur le bouton **Create**.

  Un e-mail de vérification va vous être envoyé.

- Cliquez sur le lien indiqué sous la mention **Follow this link to complete registration process** afin de terminer votre inscription.

> **Information** : vous avez un délai de 24 heures pour valider votre inscription.

- Cliquez sur le lien **log in** afin de vous connecter à votre espace Feed43.
- Cliquez sur le lien **Create new feed**.
- Cochez la case **I agree to the Terms of Service** puis cliquez sur **Continue**.
- Cliquez sur le lien **Switch to advanced mode** afin d'afficher l'ensemble des options qui sont à votre disposition.

De fait, les possibilités de personnalisation sont très nombreuses :

Address : indiquez dans cette zone de texte l'adresse URL de la page web ;

Encoding : par défaut, Feed43 utilise l'encodage UTF-8 (Unicode) pour les flux RSS qui seront générés. Si la page web qui sert de source n'est pas encodée de cette manière, Feed43 essayera automatiquement de l'encoder en UTF-8. Si, pour différentes raisons, le processus d'encodage échoue, vous avez la possibilité de spécifier manuellement la page de codes à utiliser. La syntaxe à utiliser sera de ce type : iso-8859-1%>

> **Information** : la liste des codes qu'il est possible de définir est accessible à cette adresse : **http://feed43.com/context-help.html?t=encoding**

- Une fois que vous avez indiqué la page web voulue, cliquez sur le bouton **Reload** afin de sauvegarder les changements apportés.

La zone de texte **Global Search Pattern** permet de définir des règles d'extraction.

Si aucune règle n'est définie, c'est l'ensemble du code source de la page qui sera examiné. Si la page web que vous surveillez est constituée d'une série de blocs logiques avec, à chaque fois, une liste d'éléments, il est possible d'indiquer le bloc en particulier que vous souhaitez surveiller.

Les motifs suivants sont autorisés lors de la création du motif d'interprétation de la page web qui sert de source :

- **{%}** : correspond à n'importe quelle séquence de texte et l'ajoute aux résultats ;
- **{*}** : correspond à n'importe quelle séquence de texte mais en l'excluant des résultats ;
- **{_}** : correspond à n'importe quelle séquence d'espaces (dont les sauts de ligne) et l'exclut des résultats de recherche ;

- **{I}** : correspond à n'importe quel saut de ligne et l'exclut des résultats.

Imaginons qu'une page HTML affiche ce code source :

```
<html>
...
<body>
...
<h1>Météo au large de Brest</h1>
...
...Contenu…
...
<div class="content">
Vent : SSE<br/>
Humidité : 70%<br/>
Visibilité : bonne<br/>
</div>
...
...Autre contenu…
...
</body>
</html>
```

Bien entendu, seules les informations météorologiques vous intéressent (et non les autres balises titres, les menus de navigation, etc.)

Nous pouvons alors définir ce type de schéma :

```
<h1>{%}</h1>{*}<div class="content">{%}</div>
```

La signification de cette macro est la suivante :

- Récupérer le contenu encadré par les balises h1 et /h1 : <h1>{%}</h1> ;
- Exclure tout ce qui suit : {*} ;
- Récupérer le contenu encadré par les balises DIV nommées "content" : <div class="content">{%}</div>.

Les deux extraits qui vont être agrégés (en anglais, "Snippet") seront identifiés par les valeurs {%1} (titre de niveau 1) et {%2} (contenu appelé "content").

Il existe deux étapes à la récupération intelligente de la page. Dans un premier temps, nous précisons quels sont les extraits de la page dont nous voulons surveiller les changements et, dans un second temps, nous définissons l'apparence des éléments qui seront visibles dans notre flux RSS.

Vous pouvez maintenant définir un modèle de sortie qui sera celui-ci :
<b>{%1}</b>
{%2}

- Cochez la case **Merge all items into single one, optionally applying global template** puis collez votre macro dans la zone de texte qui est visible.

Nous allons prendre un autre exemple en utilisant l'ego-alerte telle qu'elle a été créée dans le paragraphe précédent. L'adresse URL utilisée est donc celle-ci : **http://www.google.fr/search?hl=fr&q= "jean+noel+anderruthy "&as_qdr=d**

Afin d'extraire les informations utiles (titre, texte et lien), nous pouvons utiliser ce schéma d'extraction : <h3 class=r>{%}</h3>{*}<div class={%}</em>

Cette commande nous permet de récupérer tout ce qui est contenu entre les balises <h3> puis entre la balise <div class> et </em>.

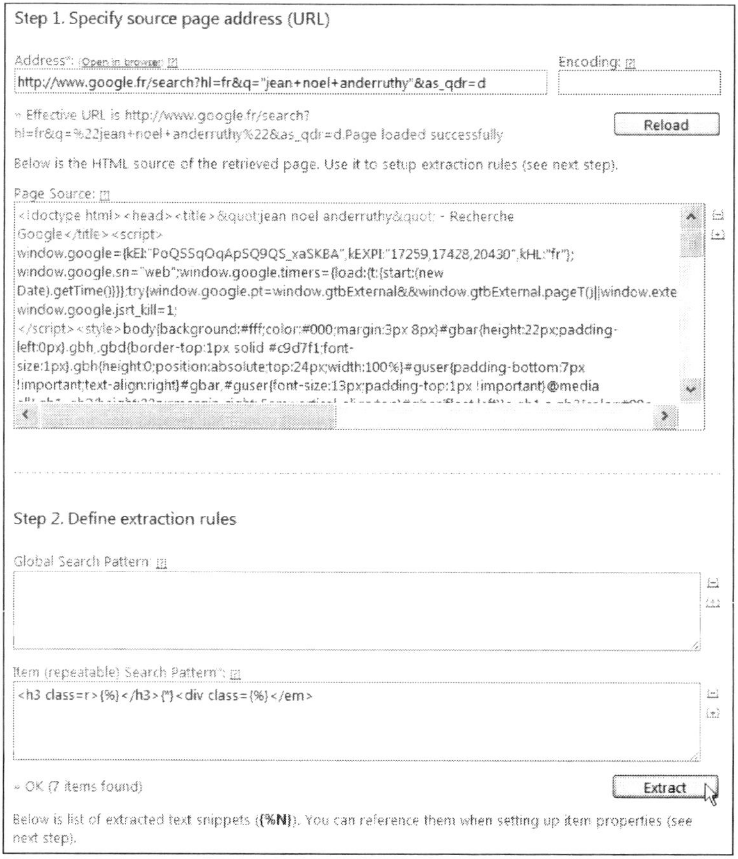

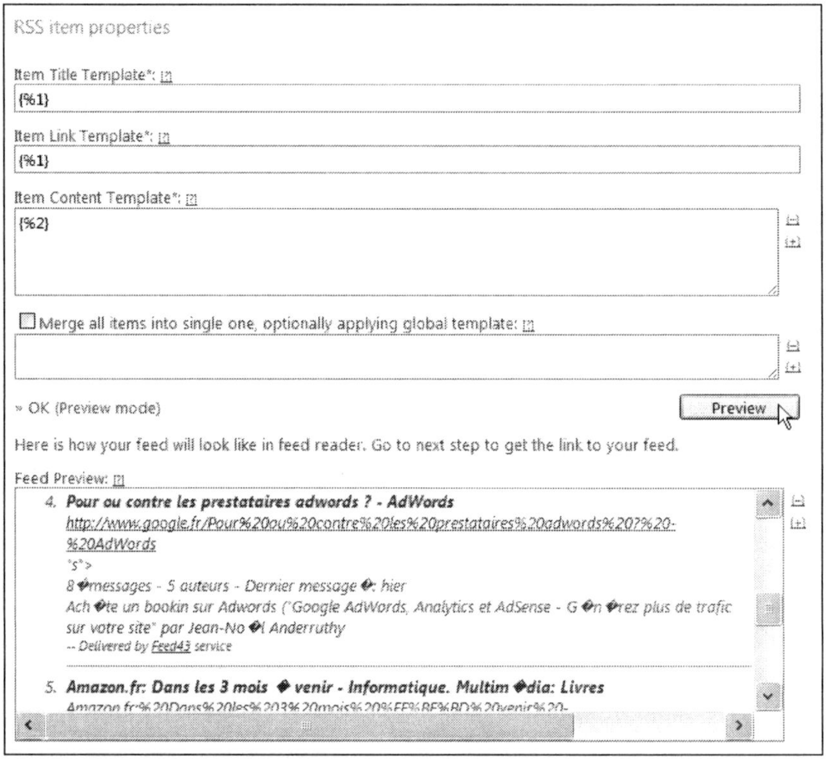

Une fois que vous avez défini votre premier flux, il vous suffit de récupérer son adresse URL puis de l'ajouter à votre agrégateur de news.

4. Créer un flux RSS à partir d'une page Web avec Page2RSS

Cet outil est très similaire avec celui que nous venons d'examiner à la différence près qu'il permet de générer un flux RSS à partir des alertes que vous allez poser.

- Accédez à ce service : **http://page2rss.com**
- Saisissez l'adresse URL de la page voulue.

  Pour notre exemple, ce sera la page que nous avons construite à partir d'une URL de recherche Google :
  http://www.google.fr/search?hl=fr&q=%22jean-noel+anderruthy%22&as_qdr=d1
- Cliquez sur le bouton **To RSS**.

- Copiez le lien généré en cliquant avec le bouton droit de la souris sur **This link** puis en cliquant sur **Propriétés**.

L'adresse du flux sera visible et ressemblera à celle-ci :
http://page2rss.com/rss/f601e93cb415a238a33120143a2e8f5e

mercredi 15 avril 2009, 20:54:00

331

1. **Jean-noël Anderruthy**

   Découvrez 12 800 000 livres à priximbattable sur PriceMinister.com !*www.priceminister.com*

1. *googlexxi.blogspot.com/2009/04/disparition-de-google-actualites.html - 60k -*
2. *dve4et3.bij.pl/tag,maintenance.html - 18k -* En cache -
3. 13 avr 2009
   Du Web 2.0 au Web 3.0 - Les nouveaux services Internet par (Broché - 6 avril 2009). Acheter neuf: EUR 20,95 EUR 19,90 à partir de EUR
   Internet&rh...n...page... - 129k - En cache -
4. Il y a 4 heures

   Du Web 2.0 au Web 3.0 - Les nouveaux services Internet

   Eni Collection : Objectif Solutions 352 pages 20,95 EUR. Le terme "Web 2.0" désigne une multitude d'innovations d'ordre éditorial,
   www.itrmanager.com/articles/89980/web-2-0-web-3-0-nouveaux-services-internet.html -
5. Il y a 9 heures
6. Il y a 22 heures
7. Il y a 8 heures

Il est possible d'automatiser l'ajout de l'adresse du flux dans des agrégateurs comme Google Reader, Netvibes, My Yahoo! ou Bloglines.

- Cliquez sur le lien **Email, SMS, IM** afin de procéder à votre inscription à un service appelé **Notify me**.

Vous devrez indiquer un nom d'utilisateur, un mot de passe ainsi que votre adresse e-mail.

Une fois votre compte créé, vous pourrez y accéder à partir de cette adresse : **http://notify.me**

- Concernant Page2RSS, il est possible d'ajouter un Bookmarklet en cliquant avec le bouton droit de la souris sur le lien **Add to Page2RSS** et en l'ajoutant à la barre des favoris.

La simplicité de cette application a de quoi surprendre mais, d'après notre expérience, il n'existe quasiment aucun problème de fiabilité. Le gros reproche que l'on pourrait faire est qu'il ne vous est pas possible de définir le type de changement que vous souhaitez suivre. De fait, une modification de la date dans la page web qui sert de cible sera signalée par ce service. Mais, cette précision peut être très appréciable dans d'autres cas.

Information : Une autre limite importante : la vérification des changements n'intervient qu'une fois par jour.

5. Créer un flux RSS à partir d'une page Web avec RSSMecano

RSSMecano (**http://rssmecano.com**) offre des fonctionnalités évoluées vous permettant de créer un flux RSS à partir de n'importe quelle page web.

Il est possible d'essayer gratuitement cette application pour la durée d'un jour.

Sinon, vous pouvez consulter les tarifs à partir de cette adresse :
http://rssmecano.com/produits.php

- Une fois que vous avez validé votre compte, accédez à votre espace puis cliquez sur le lien **Nouveau**.

Nous avons choisi pour exemple le site : **http://www.usinenouvelle.com/archive/page_resultat_archive.html?q=languedoc&start=0&rows=10**

- Indiquez donc le nom de votre fil puis l'adresse URL de la page.
- Cliquez sur les boutons **Ajouter** et **Fermer**.
- Cliquez ensuite sur le fil que vous venez de créer.

Trois méthodes sont proposées : générique, hiérarchique et manuelle.

Information : le choix d'une méthode dépend des caractéristiques de la page web qui sert de cible et de la façon de procéder de RSSMecano. Si la méthode automatique ne renvoie pas de résultats satisfaisants, testez les deux autres méthodes. En cas de problème, n'hésitez pas à contacter l'auteur de cette application. Il vous guidera dans votre projet...

Dans notre exemple, seule la méthode manuelle va fonctionner correctement.

- Affichez le code source de la page.

  On peut voir que les liens sont tous annoncés par cette déclaration :
  ```
  <div id="block" style="margin-left:5px;">
  ```

➧ Auquel cas, nous saisirons dans la zone de texte **HTML début de la zone des liens** ceci : <div id="block"

Cette zone se termine avec cette déclaration : <div id="Pagination">

Et c'est donc la commande que nous allons coller dans la zone de texte **HTML fin de la zone des liens**.

Il ne nous reste plus qu'à renseigner où sont placés les liens **Début de la commande A HREF**.

Lors de notre test, un des liens trouvés était celui-ci : Selecom regroupe ses équipes à Prades 09/04/2009 - N° 3142 I LE JOURNAL DES REGIONS La société Selecom, un fabricant de produits et de systèmes professionnels pour les opérateurs et les équipementiers dans les domaines des radiocommunications, investit 3 millions d'euros à [...].

La ligne de code correspondante était celle-ci : <a href="/archive/selecom-regroupe-ses-equipes-a-prades.rsbd_U314204302" title="Selecom regroupe ses équipes à Prades " id="id_doc_rsbd_U314204302">Selecom regroupe ses équipes à Prades </a>

➧ Il suffit alors de saisir cette indication dans la troisième zone de texte : <a href="/

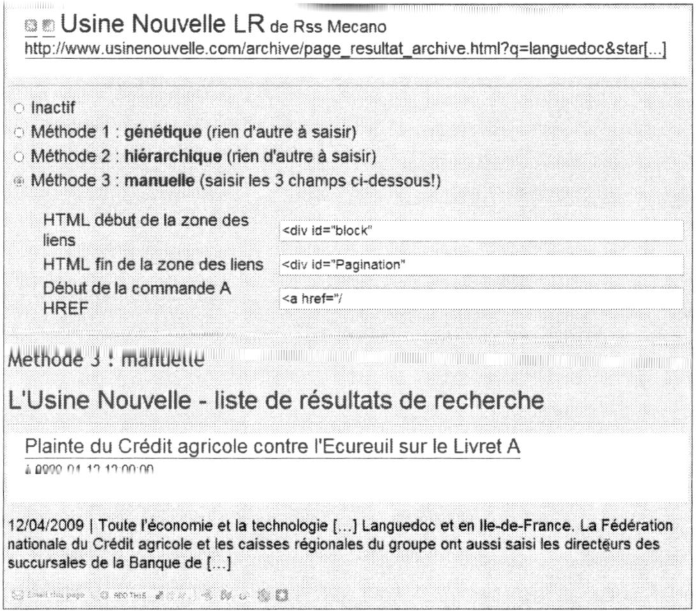

Nous avons ensuite pris un autre exemple en utilisant une page de résultats Google et les dernières actualités qui concernent un nom ou une marque. Par exemple, l'auteur de ces lignes : Jean-Noël Anderruthy.

Si nous limitons les résultats aux dernières 24 heures, l'adresse URL qui sera générée sera celle-ci : http://www.google.fr/search?as_q=jean+noel+anderruthy&hl=fr&num=10&btnG=Recherche+Google&as_epq=&as_oq=&as_eq=&lr=&cr=&as_ft=i&as_filetype=&as_qdr=d&as_occt=any&as_dt=i&as_sitesearch=&as_rights=&safe=images

Nous avons déjà vu que nous pouvons la simplifier de cette manière :
http://www.google.fr/search?as_q=jean+noel+anderruthy&hl=fr&as_qdr=d

En bref, seuls les commutateurs permettant de restreindre les résultats en français (&hl=fr) et celui qui filtre les résultats les plus récents nous intéressent (&as_qdr=d).

- Ajoutons maintenant cette adresse URL à RSSMecano. Notez que la méthode 2 fonctionne parfaitement mais il est aussi possible de cocher le bouton radio **Méthode 3**.

Le code source d'un lien est le suivant :

```
<li class=g><span class="f std">14 avr 2009</span> - <h3 class=r>
<a href="http://dve4et3.bij.pl/tag,maintenance.html" class=l onmouse-
down="return clk(this.href,'','','','2','')">maintenance</a></h3>
<div class="s">Tout savoir sur Maintenance et dépannage d&#39;un PC en
réseau, <em>Jean</em>-<em>Noël Anderruthy</em> et les autres nouveautés.
Livraison gratuite sur tous les livres en allant. <b>...</b>
<br><cite>dve4et3.bij.pl/tag,maintenance.html - </cite><span class=gl>
<a href="/search?hl=fr&amp;lr=&amp;as_qdr=d&amp;q=related:dve4et3.bij.pl
/tag,maintenance.html">Pages similaires</a></span></div>
```

De fait, le code à utiliser sera celui-ci :

- <b class=gb1> : le début de la page des résultats ;
- <br clear="all"/> : la fin de la page des résultats ;
- <h3 class=r> : le début de chaque balise qui annonce un lien.

- Il ne vous reste plus qu'à cliquer sur l'icône de votre choix :
  - Adresse du fil RSS généré par RssMecano ;
  - Adresse du fil au format mobile HTML pour votre Smartphone, iPhone, etc. ;
  - Adresse du fichier OPML qui contient la liste des fils RSS de votre compte.

Voici le flux tel que nous pouvons le récupérer avec RSSOwl :

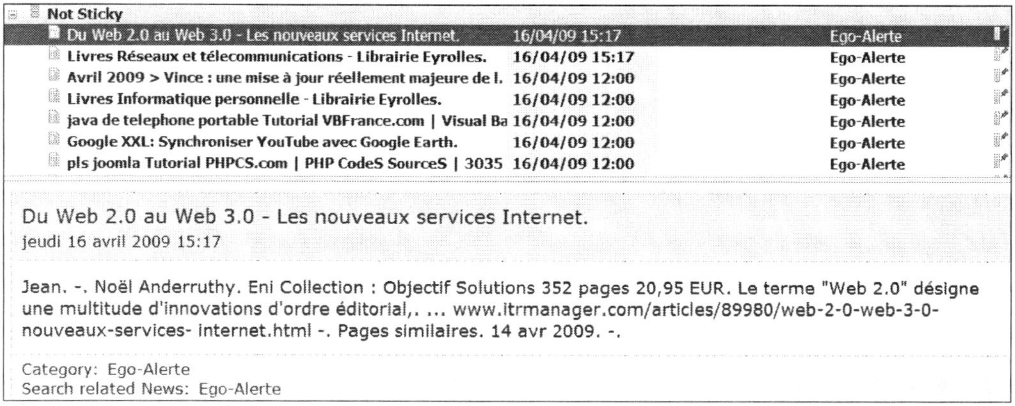

Il n'y a rien à ajouter si ce n'est que RSSMecano est un outil à la fois très simple d'utilisation et très performant.

6. Surveiller les changements intervenus sur une page Web avec WatchThatPage

WatchThatPage (**http://www.watchthatpage.com**) est aussi un outil de veille qui vous permet de surveiller les changements intervenus sur une page web.

Notez que ce service ne fonctionne pas avec les pages FTP ou celles utilisant les protocoles SSL ou HTTPS. Par ailleurs, il n'est pas possible d'enregistrer les changements apportés à un document PDF, un fichier Word ou Excel. Enfin, vous ne pouvez pas surveiller les pages qui, pour l'instant, n'existent pas (mais qui, à l'avenir, pourront être publiées).

Sous une interface un peu tristounette, WatchThatPage est un excellent outil.

- Accédez à ce site puis cliquez sur le lien **Register**.

  Vous devez indiquer votre adresse e-mail, un nom d'utilisateur, un mot de passe que vous confirmerez, votre nom (**Last name**), votre prénom, votre pays ainsi que votre fuseau horaire (GMT +1 hour).

- Indiquez quand vous recevrez une alerte e-mail (tous les jours, certains jours de la semaine).

- Dans la zone de texte **Check for changes at**, indiquez à quelle heure le programme doit vérifier si un changement est intervenu.

- Cliquez sur le bouton **Add update time** si vous souhaitez ajouter d'autres heures auxquelles une vérification sera procédée.

Information : chaque horaire de vérification doit être séparé d'au moins une heure.

- Dans la liste déroulante **Email content**, précisez si vous voulez que l'e-mail que vous recevrez indique seulement qu'un changement est intervenu ou s'il doit afficher les changements intervenus (**Show me the changes**).

- Cochez la case **Report broken pages** si vous voulez être prévenu d'un possible problème survenu lors de la vérification de la page que vous avez spécifiée.

- Cliquez sur le bouton **Add keyword matching**.

- Définissez un ou plusieurs mots clés (Tous les mots, l'expression exacte, un de ces mots, aucun de ces mots).

  Cette option est utile si, par exemple, seules les actualités citant le nom de votre société vous intéressent.

  Dans la liste déroulante **Match**, deux options sont possibles :

  - **The whole page** : ce service tentera de faire coïncider le critère que vous avez défini avec l'ensemble des changements survenus ;
  - **Each paragraphe** : dans ce cas, l'ensemble des changements apportés seront indiqués dans des paragraphes distincts et la correspondance avec les critères que vous avez définis sera examinée individuellement. Seuls les changements correspondant aux critères que vous avez définis vous seront envoyés.

- Cliquez sur le bouton **Update**.

  Par défaut, vous disposez d'un compte standard. Il est possible de disposer d'une priorité haute en faisant un don de quelques 20 dollars par an. Et, de fait, vous serez servi avant les autres.

- Dans la fenêtre suivante, cliquez sur le bouton **Add new channel**.

Vous allez définir un canal d'informations :

- Saisissez un nom pour cette chaîne thématique.

- Dans la zone de texte **Add page**, saisissez l'adresse URL de la page à surveiller puis cliquez sur le bouton **Add**.

Notez que vous pouvez organiser vos différentes pages dans des répertoires.

L'historique des changements sera visible en cliquant sur le lien **Your changes**.

Dernier point : il existe un Bookmarklet que l'on peut installer à partir de cette page : **http://www.watchthatpage.com/navigationLink.jsp**. Sous Internet Explorer, cliquez avec le bouton droit de la souris sur le lien **Add to WatchThatPage** (visible tout en bas de la page) puis sur la commande **Ajouter aux favoris**. Cliquez sur **Oui** quand le navigateur vous avertira que vous ajoutez un favori qui n'est pas sûr.

7. Une application simple de Web Scraping : Webmon

Webmon (**http://www.markwell.btinternet.co.uk/webmon/**) est une application qui s'installe sur votre ordinateur. L'application n'a pas été mise à jour depuis 2006 mais elle est gratuite et d'un maniement très facile.

- Cliquez sur le lien **Download from Webmon homepage** afin d'enregistrer le fichier d'installation sur votre disque dur.
- Double cliquez dessus afin de procéder à l'installation de Webmon.

Il n'est pas compatible avec le protocole HTTPS.

> **Information** : vous devez éventuellement, créer une exception dans votre pare-feu de connexion Internet pour ce fichier : *..\WebMon\WebMon.exe.*

- Cliquez sur le bouton **Add web page**.
- Saisissez l'adresse de la page que vous allez surveiller puis cliquez sur **OK**.

Par défaut, l'intervalle d'actualisation est d'un jour mais vous pouvez le modifier en vous servant des réglettes. Il est possible de définir une page alternative en cochant la case **Open alternative page in web browser**.

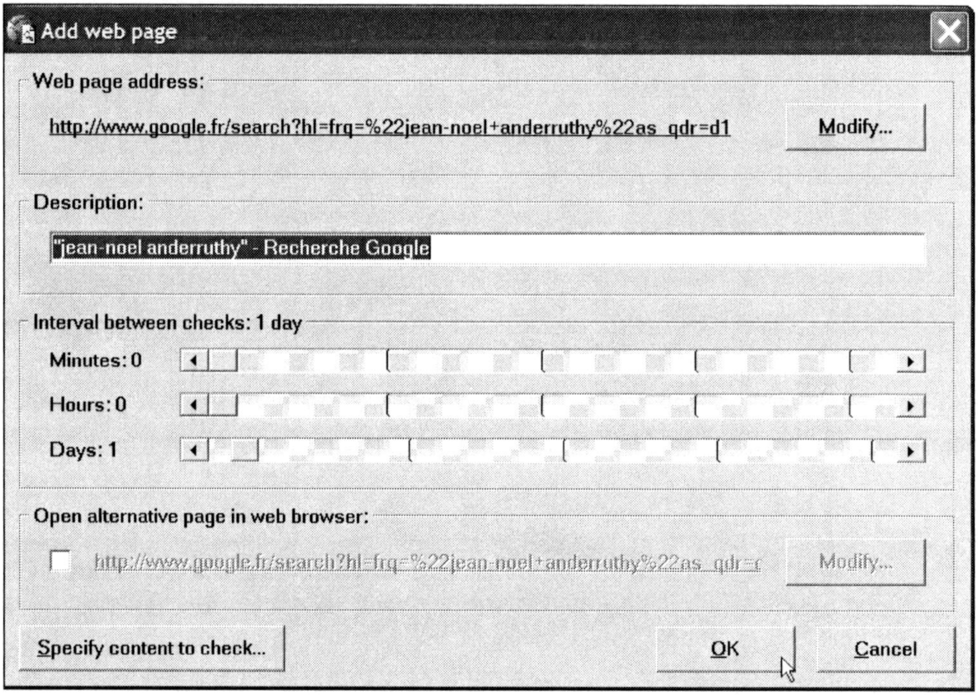

- Cliquez éventuellement sur le bouton **Specify content to check**.

  Le code source de la page de destination va être visible.

- Cochez le bouton radio **From the following text** puis sélectionnez un extrait de la page qui est unique.
- Cliquez sur le bouton **Use selected text**.
- Répétez la même procédure pour marquer la fin de la page source puis cliquez deux fois sur **OK**.
- Dans la barre des menus, les boutons visibles vous permettent de :

 modifier la page sélectionnée ;

 désactiver ou réactiver une ligne de surveillance ;

 vérifier manuellement la page sélectionnée ;

 vérifier manuellement l'ensemble des pages que vous surveillez (F6).

- Cliquez sur **File** - **Minimize to tray** afin de réduire l'application dans la zone de notification rapide.

Examinons maintenant les paramètres disponibles en cliquant sur **Tools - Preferences...**

Update alerts : active ou désactive la fenêtre pop-up qui s'affichera quand une mise à jour aura été détectée.

Error alerts : active ou désactive l'alerte sonore quand une erreur de téléchargement s'est produite.

Update logging : permet d'activer la journalisation (au format TXT, HTML ou XML) du processus de vérification des changements.

Proxy server : cette option vous permet de configurer un serveur proxy.

Information : un serveur Proxy ("serveur mandataire") est un serveur informatique qui permet de relayer les requêtes entre un poste client et un serveur web. Il assure, par exemple, le stockage des pages Web les plus consultées (économie de bande passante) ou participe à la sécurisation des données.

Visual settings : ces paramètres concernent l'apparence de l'application : barre des menus, activation des info-bulles, police de caractères, etc.

Web browser : il est possible de spécifier un navigateur autre que celui défini par défaut en cochant la case **Specify a web browser** et en sélectionnant le fichier exécutable d'un des navigateurs installés sur votre ordinateur.

Defaut interval : vous pouvez définir par défaut un autre intervalle d'actualisation que celui qui est paramétré dans Webmon (24 heures).

Automation : en dehors des options qui régissent les comportements automatiques de l'application, vous pouvez forcer cette application à se lancer automatiquement en arrière-plan et ce, à chaque fois que votre système d'exploitation s'ouvre. De manière similaire, il est possible de forcer une vérification automatique des pages à chaque lancement de Webmon : cochez la case **Automatically check all web pages when Webmon starts**.

Miscellaneous : différents paramètres sont disponibles mais seul le dernier nous a semblé intéressant (**Use Last-Modified and If-Modified-Since HTTP headers**). Quand un serveur web affiche une page, il indique également la date et l'heure à laquelle la page a été modifiée. Webmon peut se servir de cette information pour ses futures visites. Si aucune modification n'est survenue alors le serveur renverra le statut "Non modifié". De fait, le fait de cocher cette option permet de diminuer la charge des serveurs qui sont interrogés. En pratique, nous pensons qu'il vaut mieux décocher cette option.

En conclusion, voici un outil un peu sommaire mais qui est très utile.

8. Une application avancée de Web Scraping : Wysigot

Cet outil de veille (mais pas seulement !) est téléchargeable à partir de cette adresse : **http://www.wysigot.com**

Cette application présente deux fonctionnalités distinctes : un aspirateur de sites qui vous permet de traquer les moindres changements qui ont été apportés et un outil de veille que l'on peut limiter à la surveillance d'une multitude de pages individuelles.

> **Information** : un aspirateur de sites est une application qui permet de télécharger un site complet (pages HTML, images, fichiers de script, etc.) afin de pouvoir le consulter hors ligne.

Dans l'optique d'une veille, Wysigot vous offre les fonctionnalités suivantes :

- Mise en valeur des nouveautés (surlignage) ;
- Mise à jour automatique ou programmée des documents ;
- Alarmes (pour être prévenu des changements dans les pages importantes) ;
- Saisie de formulaires hors ligne, dont le résultat peut être automatiquement rafraîchi ;&
- Surveillance et archivage des fichiers situés sur votre ordinateur et votre réseau local.

➧ Cliquez sur le lien **Download Light version for free**.

➧ Dans la rubrique **Free version**, cliquez sur le lien **Download Wysigot Light**.

Vous noterez que la version PRO coûte 38 € TTC par an.

Un comparatif entre les deux versions est visible à partir de cette page : **http://www.wysigot.com/int/features.html**

➧ Double cliquez sur le fichier qui aura été téléchargé afin de procéder à l'installation de cette application.

N'oubliez pas de définir votre interface d'utilisateur en français.

- Indiquez quel type de connexion vous souhaitez utiliser avec Wysigot et si vous devez utiliser un serveur Proxy.

- Fermez l'assistant qui sera visible en décochant la case **Afficher cet assistant à chaque démarrage**.

Bien entendu, vous devez éventuellement créer une exception dans votre pare-feu de connexion Internet pour ce fichier : *\Wysigot\Wysigot.exe*.

Information : Wysigot peut gérer sans ralentissement plusieurs centaines de milliers (théoriquement 4 millions) de documents, et autant de leurs fichiers attachés (images, scripts, flashs, feuilles de styles). Une manière de dire que vous avez une certaine marge d'utilisation.

- Assez bizarrement, le programme enregistre automatiquement la page que vous venez d'ouvrir dans le répertoire **Recherches**. Il suffit alors de cliquer avec le bouton droit dessus puis sur la commande **Supprimer**.

- Cliquez maintenant sur le bouton **Assistant** puis saisissez l'adresse URL de la page voulue.

  Nommez de préférence cette page puis cliquez sur **Suivant**.

Information : il est possible de saisir une adresse commençant par http, ftp (fichier ou dossier), file (fichier ou dossier aussi). Par exemple :
- **http://www.wysigot.com/fr** : la page d'accueil en français du site ;
- **ftp://ftp.serveur.com/document.zip** ou **ftp://ftp.serveur.com/dossier** pour surveiller toute activité dans ce dossier ;
- **file://C:/Mes Documents/wysigot.doc** ;
- **file://NomDeMachine/DossierPartagé/wysigot.pdf** (sur votre réseau) ;
- **file://NomDeMachine/DossierPartagé/** afin de surveiller l'activité du dossier entier, c'est-à-dire l'apparition, la disparition ou la modification de l'un de ses fichiers.

  Si vous n'indiquez pas de nom pour le site, ce dernier sera construit à partir de l'adresse ou du titre de la page html, une fois celle-ci disponible.

- Indiquez la fréquence de veille pour cette page en cochant éventuellement le bouton radio **Periodique** ou **Manuel**

- Cliquez sur **Suivant**.

- Cochez le bouton radio **Seulement la première page en désactivant les scripts, les cookies et les contrôles ActiveX**.

  Il suffit de cocher la case **Prudent** et de décochez éventuellement la case **Autoriser fenêtres popup**.

- Cliquez sur **Terminer**.

  La page que vous avez définie va être automatiquement téléchargée.

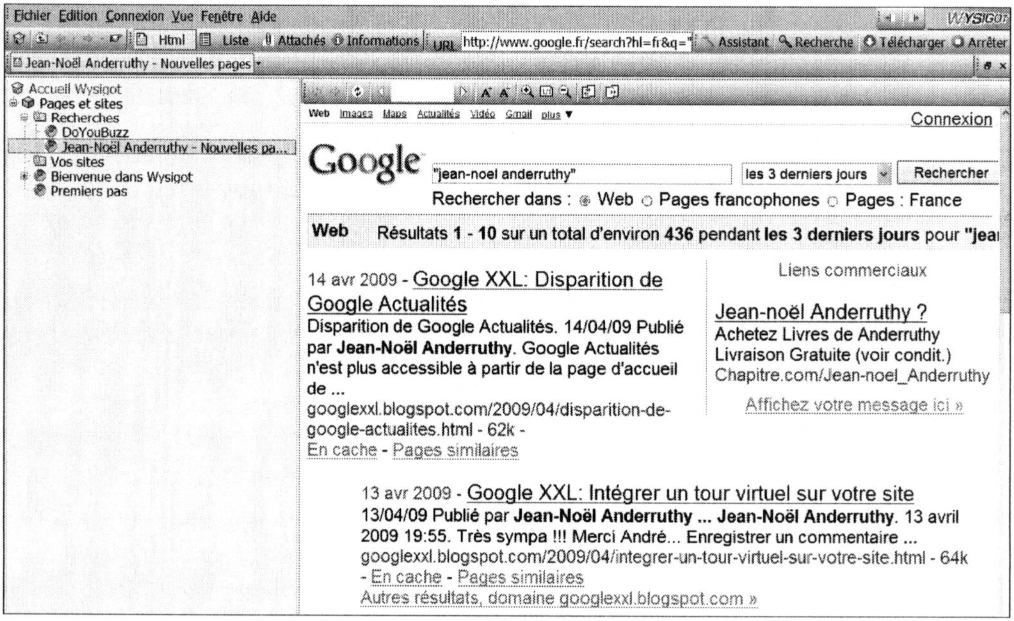

- Dans le volet de droite, cliquez sur le bouton **Refresh display**  afin de l'actualiser.

Les boutons fléchés servent (mais pas encore pour l'instant) à afficher les changements intervenus. Les autres icônes visibles vous permettent :

 d'agrandir ou de diminuer la police de caractères ;

 de zoomer dans la page ;

 de mettre en surbrillance les éléments nouveaux dans une page ;

 d'afficher la page correspondant au dernier lien sur lequel vous avez cliqué.

Théoriquement, quatre vues sont disponibles dans l'interface de Wysigot :

- La page proprement dite ;
- La page d'informations sur la page source ;
- La page qui liste les fichiers joints ;

- La vue **Informations** qui montre ses paramètres, dates de modifications, vérifications, etc.

➧ Cliquez sur le bouton **Informations** afin d'activer cette vue.

Deux options sont importantes :

Seulement si lu : Wysigot ne rafraîchira pas le document tant que vous ne l'aurez pas lu.

Ignorer les changements numériques : beaucoup de pages générées dynamiquement affichent la date du jour, le nombre de visiteurs ou d'autres nombres variables qui ne vous intéressent pas forcément. Vous pouvez donc vouloir les squeezer en cochant cette option.

➧ À droite de la mention **Propriétés**, cliquez sur le lien **Avancées**.

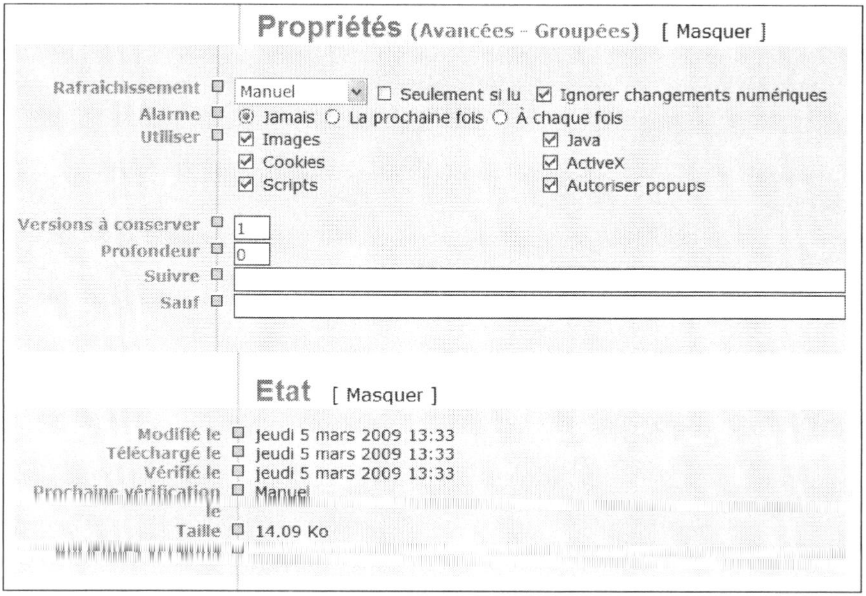

Vous basculez dans le mode "Expert".

L'onglet **Paramètres** vous permet de définir les fichiers qui seront téléchargés en même temps que votre page. Vous pouvez aussi définir le nombre d'anciennes versions que vous souhaitez conserver.

- Cliquez sur l'onglet **Rafraîchissement** pour modifier l'intervalle et le mode d'actualisation.

Il est aussi possible de paramétrer une alarme et de définir un "mode d'aspiration".

> **Information** : certaines de ces options se retrouvent via le menu contextuel qui est visible quand on clique sur le nom de la page source.

Quelques points importants :

- Cliquez sur **Vue - Liste noire**.

La liste noire contient toutes les adresses correspondant à des publicités, des fenêtres pop-up... Si des pages ou des images correspondent à au moins une adresse de cette liste, elles ne seront pas téléchargées par Wysigot

Wysigot peut remplir des formulaires (de type GET et POST).

> **Information** : pour envoyer des données dans un formulaire, il existe deux méthodes : GET et POST qui sont, chacune, destinées à un usage différent.

Les champs des formulaires sont enregistrés par le logiciel lorsque vous soumettez ce dernier. La page de réponse est téléchargée tout de suite si vous êtes connecté ou lors de votre prochaine connexion.

Une fonction de recherche avancée est accessible en utilisant la touche [F3] ou en cliquant sur **Edition - Chercher**.

Il est possible d'utiliser des masques de saisie ou des opérateurs logiques :

+ : permet d'accorder plus d'importance à un des mots qui composent votre recherche ;

- : permet d'exclure un des termes de votre recherche ;

? : remplace une lettre ;

***** : en début ou en fin de mot, peut remplacer un ou plusieurs caractères ;

" : permet de lancer une recherche sur une expression exacte.

- Il est possible de procéder à une sauvegarde de la base de données de Wisygot en cliquant sur **Fichier - Sauvegarder et restaurer**. Le fichier de sauvegarde (qui comportera une extension (.wgz)) peut aussi être importé à travers le même menu.

Information : la base de données est constituée des fichiers *Main.dbf* et *Main.smt* (documents), *Img.dbf* et *Img.smt* (fichiers attachés) et *BlackLst.dbf* (liste noire). Ils sont placés dans ce type d'arborescence : ..*Local Settings**Application Data**Wysigot*.
Vous devez activer l'affichage des fichiers et des dossiers cachés pour les afficher :
- Sous Windows XP ou Windows Vista, ouvrez l'Explorateur Windows.
- Cliquez sur **Outils - Options d'affichage** puis cliquez sur l'onglet **Affichage**.
- Développez , si nécessaire, le dossier Fichiers et dossiers cachés.
- Cochez le bouton radio **Afficher les fichiers et dossiers cachés**.
- Un peu plus bas, décochez la case **Masquer les fichiers protégés du système d'exploitation (recommandé)**.

Afin d'économiser de la place sur votre disque dur, la base de données peut aussi être compactée en cliquant sur **Fichier - Compactage**.

Nous avons vu qu'il était possible de générer des flux RSS à partir d'une recherche donnée mais que nombre de pages web restent muettes et ne produisent aucun fil d'information.

En imaginant que la syntaxe de départ de votre recherche soit celle-ci : "chef de projet web" paris site:http://www.doyoubuzz.com et que vous souhaitiez être tenu informé de toutes les nouvelles pages créées, il faut suivre cette procédure :

- Une fois la page des résultats affichée, cliquez sur le lien **Recherche avancée**.
- Dans la liste déroulante **Date**, sélectionnez cette option : **Dernières 24 heures**.
- Cliquez sur le bouton **Recherche Google**.
- Récupérez l'adresse URL qui sera de ce type : http://www.google.fr/search?as_q=+paris&hl=fr&rlz=1W1GGLD_fr&num=10&btnG=Recherche+Google&as_epq=chef+de+projet+web+&as_oq=&as_eq=&lr=&cr=&as_ft=i&as_filetype=&as_qdr=d&as_occt=any&as_dt=i&as_sitesearch=http%3A%2F%2Fwww.doyoubuzz.com&as_rights=&safe=images

Vous pouvez la simplifier de cette manière :
http://www.google.fr/search?as_q=+paris&hl=fr&as_epq=chef+de+projet+web+&as_qdr=d&as_sitesearch=http%3A%2F%2Fwww.doyoubuzz.com

- Utilisez l'Assistant puis indiquez cette adresse URL comme étant une des pages que vous souhaitez surveiller : http://www.google.fr/search?hl=fr&as_qdr=w&q=paris+chef+de+projet+web+site:http://www.doyoubuzz.com

9. Créer une alerte e-mail à partir d'une page Web avec Change Detect

Change Detect est un service en ligne qui vous permet de traquer les changements intervenus sur une page web et recevoir une alerte e-mail. Il est possible de l'utiliser gratuitement pendant un mois.

- Accédez à cette page web : **http://www.changedetect.com** puis cliquez sur le lien **Sign up now**.
- Indiquez dans l'ordre : prénom et nom, pseudonyme de connexion, adresse e-mail, nom de la société (vous pouvez mettre n'importe quoi), site web, adresse, ville, région, code postal, pays et téléphone (sous cette forme : +33.xxxxxxxxx).
- Recopiez le code de confirmation puis cliquez sur **Sign up**.

  Vous allez recevoir un e-mail dans lequel votre mot de passe sera mentionné.
- Cliquez sur le bouton **Login now** en vous servant de votre adresse e-mail comme identifiant.

Tout d'abord, faisons quelques remarques :

ChangeDetect est capable de détecter des changements dans les documents PDF, DOC, XLS, ZIP et MDB.

Vous ne pouvez pas surveiller des pages qui (hors image) font plus de 200 Ko.

> **Information** : la version gratuite ne permet pas la surveillance de formulaire ni l'emploi d'expressions régulières.

L'interface est quelque peu spartiate mais très simple à manipuler.

- Cliquez sur **Service Management - Create New Monitor**.
- Saisissez l'adresse URL de la page puis cliquez sur **Submit**.

  Vous allez voir ce type d'indication : **#211796 (needs a name)**.

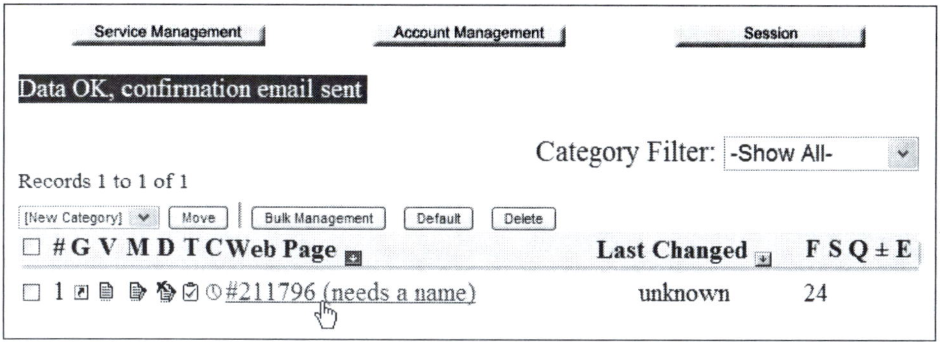

- Cliquez sur ce lien puis sur le bouton **Modify**.
- Saisissez un titre et définissez une catégorie.
- Saisissez éventuellement une description ainsi que l'adresse URL de référence.

  Il est possible de définir une fréquence minimum de 12 heures.
- Cochez la case **Stealth**.

> **Information** : les agents utilisateurs (dont le robot de Change Detect) envoient automatiquement un tag d'identification au serveur qu'il visite. Voici celui de Change Detect : (ChangeDetect/1.0 (compatible; MSIE 6.0; Windows 98) Mozilla 4.0 (compatible; MSIE 6.0; Windows 98) ChangeDetect. En mode Stealth, aucune identification n'est assurée. De fait, le Webmaster d'un site concurrent que vous surveillez ne sera pas alerté de vos visites répétées quand il consultera les fichiers journaux des visites.

> **Information** : on désigne par le terme "agent utilisateur" tout logiciel qui accède au Web : navigateur, robot d'exploration, gestionnaire de téléchargement, etc.

- Cochez la case **Silent** si vous ne souhaitez pas recevoir d'alerte par e-mail.
- Cochez la case **Send cd-diff file** : quand cette option est cochée, Change Detect enverra un exemplaire de la page modifiée avec, en surbrillance, les éléments de la page qui ont été modifiés.

La liste déroulante **Error Handling** vous offre le choix entre trois options :

- **Default** : dans ce cas, la moindre source d'erreur vous sera notifiée par e-mail ;
- **Ignore Errors** : aucune erreur ne vous sera indiquée ;
- **Errors Only** : seules les erreurs vous seront notifiées.

La rubrique **Notification Triggers** permet de poser des filtres supplémentaires :

- **if the page size changes by at least "x" bytes** : cette option vous permet de définir à partir de combien d'octets l'application considèrera qu'un changement est intervenu sur la page.
- **when all of the words are detected** : on peut traduire cette option par "Quand tous les mots suivants seront détectés".
- **when the exact phrase is detected** : quand cette expression exacte aura été détectée ;
- **when at least one of the words is detected** : quand au moins un de ces mots aura été détecté ;
- **when one of the words is not found** : quand un de ces mots n'est plus trouvé.

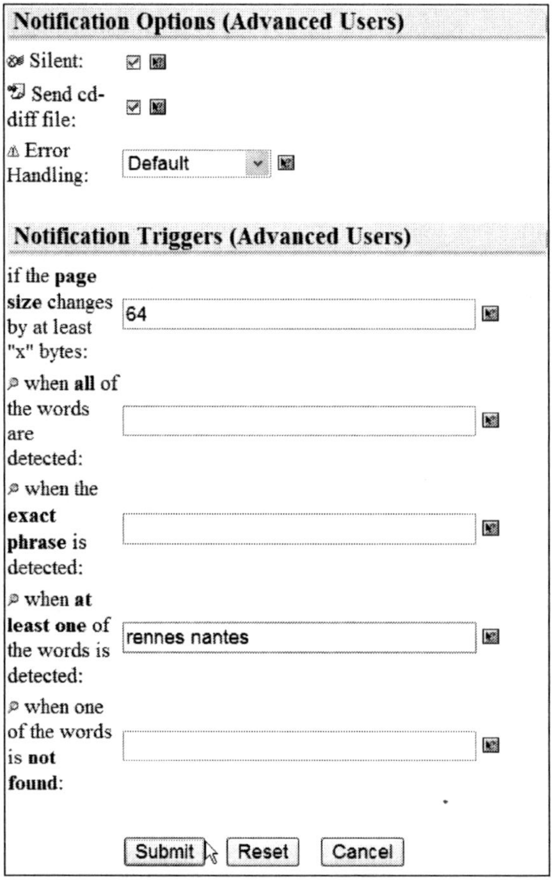

C'est, à notre sens, l'aspect le plus intéressant de ce programme !

➧ Cliquez sur le bouton **Submit**.

Vous allez retrouver votre tableau de bord avec les indications suivantes :

- G : permet d'accéder à la page source ;
- V : permet d'accéder à la page des paramètres ;
- M : permet d'éditer la page des paramètres ;
- D : permet de supprimer la page surveillée ;
- T : permet de tester la validité d'une URL ;
- C : permet de vérifier manuellement la page source ;
- F : affiche la fréquence d'actualisation que vous avez définie ;
- S : indique si la page est "monitorée" en mode Stealth ou non ;
- Q : indique si le mode silencieux est activé ou non ;
- ± : indique si le mode cd-diff est activé ;
- E : affiche d'éventuelles erreurs dans le processus de monitoring.

Afin d'ajouter une liste d'adresses URL, cliquez sur **Service Management - Add Bulk monitors**.

Dans l'interface qui apparaît, vous pouvez copier le contenu d'une page qui contient une liste de liens. La limite est de 5000 caractères.

Vous pouvez modifier les informations vous concernant en cliquant sur le bouton **Account Management**. Si vous modifiez votre mot de passe, il devra comporter au moins 8 caractères.

Même si, en version gratuite, Change Detect présente de nombreuses limites, il peut être considéré comme un bon outil pour des veilles portant sur un nombre restreint de pages.

10. Créer une alerte e-mail à partir d'une page Web avec TrackEngine

Vous pouvez vous inscrire à ce service en accédant à cette adresse : **http://www.trackengine.com**

➧ Cliquez sur le lien **New user? Sign up now!**

- Vous allez simplement recevoir un e-mail de confirmation dans lequel sera indiqué un mot de passe et votre identifiant de connexion (votre adresse mail).
- Dans la rubrique **Drag-and-drop**, ajoutez le Bookmarklet en le glissant dans la barre des favoris de votre navigateur.

  Si votre navigateur ne le permet pas, il vous suffit de cliquer dessus avec le bouton droit de la souris puis de l'ajouter à vos favoris.
- Accédez ensuite à la page web que vous souhaitez surveiller.
- Cliquez sur le bouton **Track me!**

  Une fenêtre pop-up va apparaître...
- Cliquez sur le lien **Expert**.

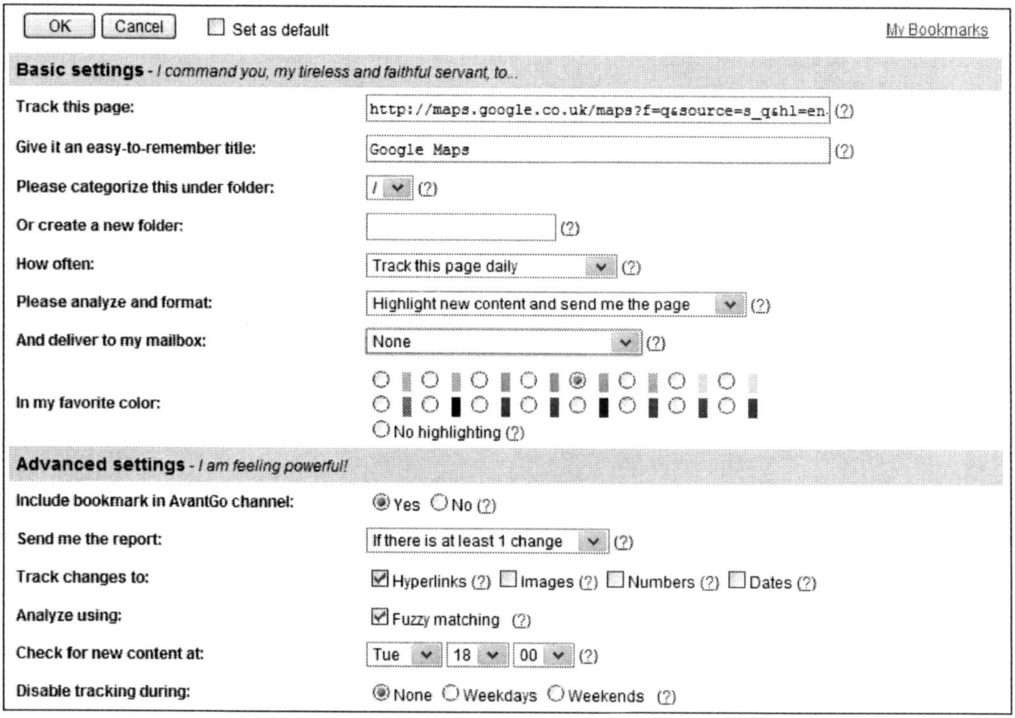

La liste des options disponibles est très importante :

Track this page : adresse URL de la page ;

Give it an easy-to-remember title : titre de la page ;

Please categorize this under folder : nom du dossier que vous pouvez créer en utilisant la zone de texte visible juste en dessous ;

How often : fréquence d'actualisation (jour, semaine, etc.) ;

Please analyze and format : quatre options sont disponibles :

- **Highlight new content and send me the page** : met en surbrillance le contenu qui a été modifié et affiche la page complète dans le message e-mail ;
- **Highlight new content and send me the link** : met en surbrillance le contenu qui a été modifié et affiche le lien vers la page qui est archivée ;
- **Summarize new content and send me the page** : n'affiche que le contenu nouveau ainsi que la page complète dans le message e-mail ;
- **Summarize new content and send me the link** : n'affiche que le contenu nouveau ainsi que le lien vers la page qui est archivée.

And deliver to my mailbox : votre adresse e-mail ;

Include bookmark in AvantGo channel : décidez si oui ou non cette page sera visible dans le canal par défaut appelé "Avantgo" ;

Send me the report : nombre de changements qui doivent déclencher l'alerte (pas de changement, 1, 2, etc.) ;

Track changes to : types de changements : lien, image, nombre ou date ;

Analyze using : si vous cochez la case fuzzy matching, les différences minimes ne seront pas prises en compte ;

Check for new content at : permet de définir une date de départ ;

Disable tracking during : permet de désactiver la surveillance de la page web durant les jours de semaine (**Weekdays**) ou le samedi et le dimanche (**Weekends**) ;

Track my favorite topics : séparez par des virgules les mots-clés qui doivent déclencher l'alerte. Les phrases sont acceptées ;

But don't annoy me with : saisissez les mots-clés à exclure ;

HTTP authentication : indiquez dans les deux zones de texte les informations d'authentification (nom d'utilisateur et mot de passe) ;

Please specify any cookies used : si cette option est cochée, les cookies tels qu'ils ont été récupérés au moment du premier téléchargement de la page web seront réutilisés lors des prochaines vérifications. A priori, ce paramètre n'est utile que si le contenu de la page diffère selon les préférences d'utilisateur que vous avez définies sur le site correspondant. Mais nous n'avons pas trouvé d'exemple d'utilisation qui soit probant. Aussi, dans le doute, laissez cette option décochée ;

Set as default : permet de définir les préférences que vous venez de définir comme les options par défaut ;

Send confirmation report : permet d'envoyer un mail de confirmation.

- Cliquez sur le bouton **OK**.
- Cliquez sur le lien **My Bookmarks** afin d'afficher l'ensemble des pages que vous surveillez.

11. Archiver les pages Web que vous surveillez avec Versionista

Versionista (**http://versionista.com**) est un service d'alerte qui fonctionne à la manière d'un Wiki et qui vous permet de mettre en évidence les changements intervenus sur une page web.

- Accédez à cette page web : **http://versionista.com/signup**
- Indiquez votre adresse e-mail ainsi qu'un mot de passe que vous confirmerez.
- Cliquez sur le bouton **Create Account**.
- Ouvrez ensuite votre boîte mail afin de cliquer sur le lien qui permettra de confirmer votre inscription à Versionista.
- Ajoutez l'adresse URL à surveiller puis cliquez sur le bouton **Monitor this URL**.

  Vous avez le droit de définir 5 pages à surveiller.

  L'adresse URL en vert est celle qui sera surveillée tandis que celles indiquées en violet sont les liens qui ont été détectés comme étant nouveaux et qui ne feront pas l'objet d'une surveillance (à moins que vous les activiez).
- Ne gardez sélectionnée que celle qui vous intéresse puis cliquez sur le bouton **Monitor checked**.

  Notez que le lien **Configuring filtering** permet de définir les éléments que vous ne souhaitez pas surveiller :

  - Les éléments de style CSS, les éléments HTML, les codes JavaScript, etc.
  - L'indication du nombre de visite ;
  - La date du jour ;
  - Les éléments visibles dans le dernier quart de la page Web.
- Cochez la case **Make this site archive public at** si vous souhaitez rendre accessible les archives des changements intervenus.

L'adresse URL de la page de surveillance ressemblera à celle-ci : **http://versionista.com/pub/17289/1/**

À partir de là, il est possible d'effectuer des comparaisons rapides entre les différentes versions qui ont été enregistrées.

Enfin, l'option visible en dessous vous permet de définir la fréquence de surveillance et ce, en fonction de l'offre à laquelle vous avez souscrit.

- En haut de la fenêtre, cliquez sur le lien **Your Account** afin de définir les filtres qui seront paramétrés par défaut.

12. Générer n'importe quel type d'alerte avec Dapper

Dapp Factory (**http://www.dapper.net/dapp-factory.jsp**) est un service qui permet de modifier ou générer un flux RSS à partir de tout type de page web. Nous allons prendre un exemple d'URL telle qu'elle est rendue possible par la nouvelle interface de Google.

- À partir de la page d'accueil de Google, cliquez sur le lien **Google.com in English**.
- Saisissez n'importe quelle recherche puis cliquez sur le lien **Show options**.

Cette page de résultats supplémentaire vous permet de catégoriser les résultats de différentes manières.

Imaginons que nous souhaitions être prévenu dès qu'une page web mentionne votre nom.

- Cliquez sur le lien **Past 24 hours** afin de ne retenir que les résultats des dernières 24 heures.
- Cliquez ensuite sur le lien **Sort by date** afin de classer les résultats par ordre d'ancienneté.

  On peut aussi limiter la recherche aux pages en français en cliquant sur le lien **Advanced Search** puis en sélectionnant, dans la liste déroulante **Language**, cette option : **French**.

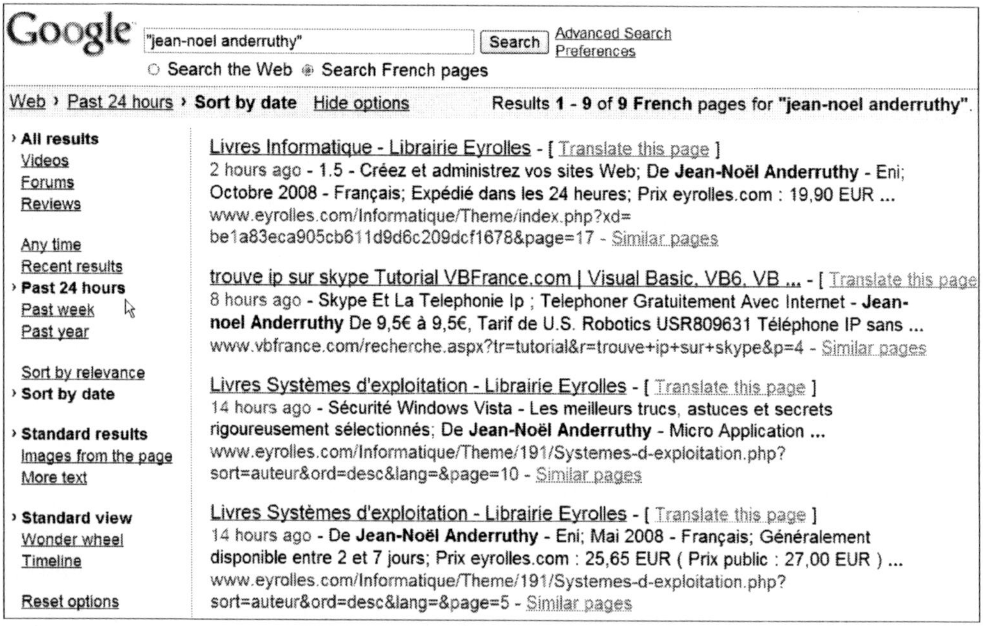

L'adresse URL qui sera générée ressemblera à celle-ci :
http://www.google.com/search?q="jean%20noel%20anderruthy"&hl=en&lr=lang_fr&tbo=1&tbs=qdr:d,sbd:1

- Accédez maintenant à Dapper.
- Dans la liste déroulante **Enter the URL of an RSS Feed or a website that has a feed**, collez l'adresse URL que vous venez de récupérer.

- Cochez le bouton radio **RSS feed** puis cliquez sur **Next Step**.

  La page de résultats telle qu'elle apparaît dans Google va être visible.

- Cliquez sur le bouton **Add to basket** (Ajouter au panier) afin de valider votre choix puis cliquez sur **Next Step**.

  Vous allez avoir un message vous signalant que vous avez le droit d'utiliser plusieurs pages web.

- Puisque nous n'utilisons qu'une page de résultats, cliquez simplement sur **OK**.

  Rien en effet ne vous empêche d'ajouter autant de pages web que vous le souhaitez. On peut imaginer ensuite utiliser un Pipe Yahoo! pour filtrer le contenu du flux RSS tel qu'il sera généré par Dapper et pour en supprimer les doublons... En bref, l'utilisation conjointe de Dapper et de Yahoo! laisse entrevoir de nombreuses possibilités.

- Sélectionnez le premier lien qui est visible dans la page des résultats.

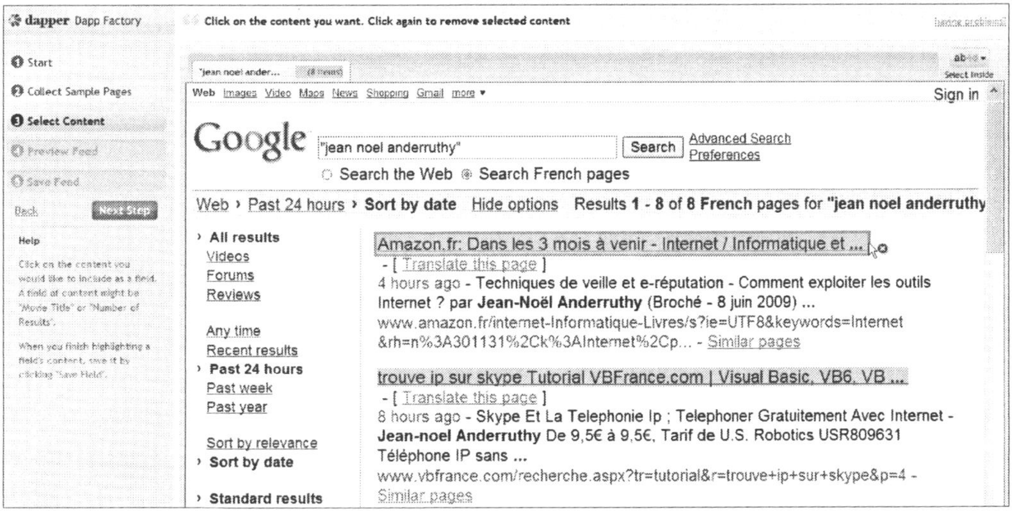

L'ensemble des éléments similaires à votre sélection et qui sont présents dans la page web vont apparaître dans la zone de texte **Preview selected content**.

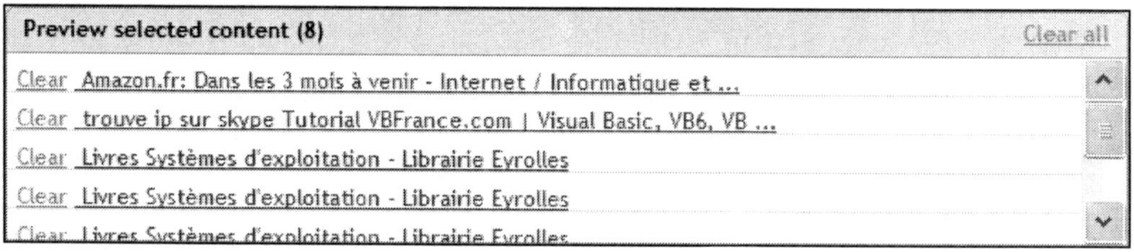

- Cliquez sur le bouton **Save Field** puis attribuez un nom pour ce groupe (**Titre**) et cliquez sur le bouton **Save**.

  Normalement, c'est le bouton radio **Item Title** qui doit être activé.

- Sélectionnez maintenant une indication de date ou d'heure, activez éventuellement le bouton radio **Date Published** puis créez un nouveau champ appelé **Date**.

- Cliquez sur le bouton **Save**.

- Sélectionnez enfin le texte du premier snippet puis créez un nouveau champ appelé **Texte**.

  Là encore, vous devez laissez activé le bouton radio **Item Text**.

  Notez que vous devez filtrer les résultats en supprimant de la sélection les indications de date et d'heure. Par ailleurs, vérifiez dans la zone de texte **Preview selected content** que certains liens n'ont pas été sélectionnés à tort. Auquel cas, cliquez sur le lien **Clear** pour supprimer un type de contenu tel qu'il a été détecté par Dapper. Par exemple, les liens **Similar pages**.

- Cliquez sur **Next Step**.

- Cliquez sur les liens **Edit** et **Rename** afin de modifier le nom des titres tels qu'ils apparaîtront dans le flux RSS qui sera généré.

- Cliquez sur **Next Step**.

- Attribuez un nom, une description, un ou plusieurs libellés (séparés par des virgules) pour votre Dapp puis cliquez sur le bouton **Save**.

  Il ne vous reste plus qu'à récupérer l'adresse URL du flux RSS qui a été créé et qui est visible à droite du bouton **RSS**.

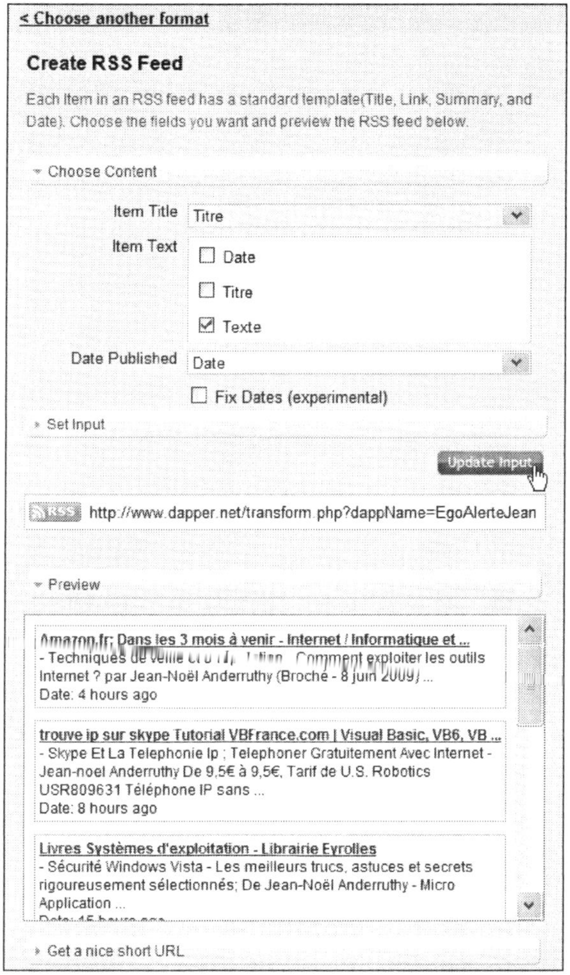

L'interface qui s'ouvre vous permet de réordonner les éléments tels qu'ils apparaissent dans votre flux RSS. Vous pouvez aussi générer un gadget, un Widget, un fichier XML, une page HTML, etc. à partir du même Dapp.

- Vous n'avez plus qu'à ouvrir un compte sur ce service afin de pouvoir accéder et modifier vos Dapps à tout moment.

Il existe d'autres utilisations de Dapper dont vous pouvez avoir un aperçu dans les différentes pages d'exemples qui s'ouvrent quand vous suivez l'assistant de création d'un Dapp. C'est un outil réellement indispensable !

13. Deux exemples de recherche en intelligence économique

Nous n'avons pas la prétention de remplacer une application d'intelligence économique professionnelle mais voici un exemple de ce qu'il est possible de faire en deux temps trois mouvements.

Imaginons que vous cherchiez à savoir quelles sont les dernières nouveautés en électronique disponibles en Corée du sud. Bien entendu, vous ne parlez pas cette langue et vous ne savez rien de ce pays si ce n'est qu'il est le plus grand producteur de semi-conducteurs au monde.

Nous avons vu qu'un moteur de recherche comme Google existait dans pratiquement toutes les langues et qu'il en était de même pour l'ensemble de ces services.

Par ailleurs, Google Recherche de blogs affiche les blogs les plus populaires quand vous saisissez une recherche.

Une recherche sur le mot-clé **électronique** affiche ces quelques liens :

- Le portail dédié à l'électronique - **http://www.lelectronique.com**
- Electronique Diffusion - **http://www.electronique-diffusion.fr**
- bulletins-electroniques.com - **http://www.bulletins-electroniques.com**

On peut donc imaginer que la même méthode puisse être utilisée pour dresser une liste de blogs influents...

➧ Accédez à Google puis lancez cette recherche : **Google Corée**.

L'adresse du portail est celle-ci : **http://www.google.co.kr/webhp?hl=en**

➧ Cliquez sur les liens **More** (Plus) et **Blogs**.

Vous êtes dans l'interface en anglais mais vous pouvez aussi bien changer de langue en cliquant sur le lien qui est visible.

Vous verrez alors que l'adresse URL de Google Recherche de blogs en Corée est celle-ci : **http://blogsearch.google.co.kr**

➧ Accédez maintenant à Google Translate : **http://translate.google.fr/**

➧ Saisissez le terme à traduire (électronique), le sens de traduction (français - coréen) puis cliquez sur le bouton **Traduire**.

Le mot obtenu est celui-ci : 전자.

Vous pouvez vérifier qu'il n'y a pas d'ambiguïté sur ce terme en lançant une recherche dans la version coréenne de Google Images :
http://images.google.co.kr/imghp?hl=ko. A priori, ce n'est pas le cas.

- Retournez alors dans Google Corée Recherche de blogs puis lancez votre recherche sur ce terme.

Pas moins de 5 liens sont listés comme étant des sources importantes :

Nous ne sommes pas spécialisés en électronique et donc il nous est difficile d'évaluer la valeur de ces sources mais vous pouvez toujours utiliser Google Translate pour traduire le site et voir quels sont les flux RSS qui vous paraissent intéressants à utiliser.

Ce site nous a paru relativement complet : **http://www.eetkorea.com**

Bien, mais est-ce réellement suffisant ? Non car on peut s'interroger pour savoir quels sont les sites qui font un lien vers celui-ci ou quelles sont les sources vers lesquelles ce site fait un lien.

Il est alors possible d'utiliser Yahoo! Site Explorer pour vérifier quels sont les sites qui référencent ce domaine (en cliquant sur le bouton **Inlinks**).

Mais aussi se servir de TouchGraph
(**http://www.touchgraph.com/TGGoogleBrowser.html**) afin d'afficher les sites similaires (on parle alors de sa sphère de connexions).

Un tour dans Google Trends for Websites nous permettra aussi d'afficher les sites qui sont visités en même temps que celui-ci :
http://trends.google.com/websites?q=eetkorea.com

Il ne nous reste plus qu'à opérer une sélection minutieuse des sources qui nous paraissent d'importance, à récupérer les flux RSS, à les agréger dans un Pipes Yahoo!, éventuellement à procéder à un filtre des données générées et à s'y abonner en utilisant Google Reader (pour son module de traduction automatique).

Notez que vous pouvez élargir votre recherche en utilisant la version classique de Google et à élargir la liste des mots-clés utilisés avec des outils comme le Générateur de mots-clés de Google (**https://adwords.google.fr/select/KeywordToolExternal**).

Prenons un autre exemple : supposons que vous ayez besoin de rechercher des entreprises qui, en Europe de l'Est, sont en vente.

Les 10 premiers résultats dans Google sur cette recherche "vente d'entreprise en europe" n'affichent aucun résultat probant si ce n'est des sites spécialisés dans la cession d'entreprise en France et qui ne renvoient que vers des cabinets de courtage.

Un coup d'œil dans les liens sponsorisés nous permet de voir qu'un site est intéressant mais qu'il se limite aux sociétés françaises : **http://www.my-pme.fr**

Oui, mais dans notre cas précisément nous recherchons des entreprises situées en Europe de l'Est. Alors, comment faut-il procéder ?

Il faut toujours se rappeler qu'il existe un pays où les bases de données pullulent : les Etats-Unis. Pourquoi ne pas tenter notre chance Outre-Atlantique ?

- Accédez de nouveau à Google Translate puis traduisez ces termes du français à l'anglais : vente d'entreprise europe.

On obtient ceci : sale of business europe.

Nous remarquons cette adresse URL :
http://www.ezilon.com/business/business_ opportunities/business_for_sale/index.shtml
Ezilon est un moteur de recherche local qui couvre un très grand nombre de thématiques partout dans le monde.

Un accès à la page correspondante nous fait découvrir deux liens qui semblent intéressants :

- World Business For Sale - Business for Sale - Searchable by Country. Business for sale service, buyers can browse businesses for sale, and reply to ads.
http://www.worldbusinessforsale.com
- Businesses For Sale - Buy a business or sell a business. Search over 20,000 businesses for sale in the US, UK and over 80 countries.
http://www.businessesforsale.com

Le second lien nous a paru plus intéressant puisqu'il est possible de faire une recherche par pays :
http://www.businessesforsale.com/Business-Region/business-for-sale-in-Poland.aspx
et qu'un lien RSS est automatiquement généré.

Il suffit alors d'utiliser un Pipe Yahoo! pour filtrer les résultats par secteur d'activité ou d'utiliser le module de recherche avancée pour définir les catégories d'entreprises qui nous intéressent particulièrement.

Bien entendu, on peut remarquer que les résultats renvoyés à partir de l'interface en français de Google semblent faire la part belle aux sites anglais (et non américains).

Reprenons alors notre recherche de départ mais cette fois-ci en utilisant Google en version USA.

- Accédez à cette adresse : **http://www.google.com/webhp?hl=en&gl=us**
- Lancez la même recherche que précédemment.

D'autres sites apparaissent (**http://www.linkeu.eu** ou **http://www.mergernetwork.com**) qui nécessitent, certes, une inscription pour accéder à la fiche complète de l'entreprise mais qui semblent relativement complets.

Cette méthode peut encore être améliorée puisqu'apparemment, l'expression correcte est celle-ci : **Businesses for sale in Poland**.

De fait, voici deux autres liens dans notre escarcelle : **http://www.invest-poland.com** et **http://www.cityfeet.com/PolandCommercialRealEstateLocal/PolandBusinessesForSale.aspx**

Cette même requête peut être traduite en polonais (Firmy na sprzedaz w Polsce) puis accédez à cette version du moteur de recherche (**http://www.google.pl**). Il faut ensuite récupérer l'adresse URL de la page des résultats puis la traduire avec Google Translate afin de continuer notre moisson d'adresses.

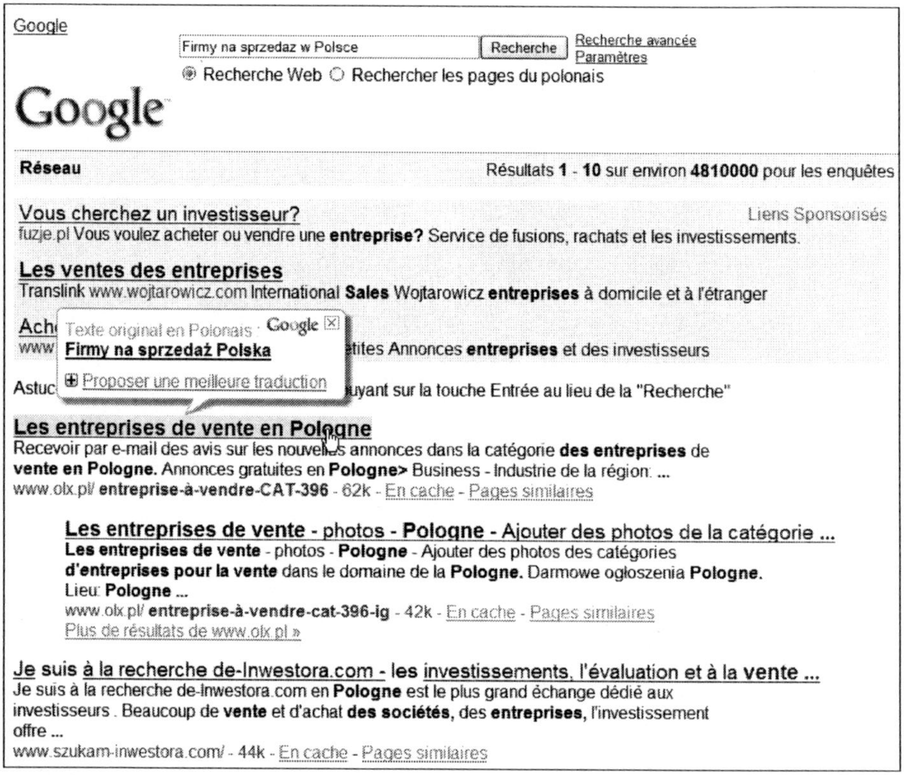

Information : il faut bien avoir à l'esprit que les outils de traduction sont loin d'être parfaits et que vous devez valider les résultats en analysant soigneusement leur contenu.

Bien ! Cette démonstration très simple pourrait durer pendant très longtemps. Que vous soyez membre d'un "hedge fund" ou simplement dirigeant d'une boutique d'électronique grand-public, c'est à la fois une question de patience, de temps et de méthode. Mais cette démarche ne nous a pas pris plus d'une heure et les premiers résultats nous ont semblés très probants.

C. Du côté des solutions professionnelles

Le site Mashable! dresse une liste de 10 applications en ligne qui sont spécialisées dans la gestion de la réputation en ligne :
http://mashable.com/2008/12/29/brand-reputation-monitoring-tools/.

Par ailleurs, le Journal du Net a dressé un comparatif de solutions "grand-compte" qui est visible à cette adresse : **http://www.journaldunet.com/solutions/intranet-extranet/dossier/les-plates-formes-de-veille-s-emancipent-des-contenus-statiques/les-criteres-de-choix.shtml**.

Enfin, il existe un autre "panorama" sur le site de CaddeRéputation :
http://caddereputation.over-blog.com/pages/Tableau_comparatif_outils_de_veille-848203.html

Voici les principaux avantages d'une solution "intégrée" :

- Les résultats sont clustérisés ou/et regroupés par catégories afin d'en faciliter leur exploration ;
- Il est possible d'explorer les ontologies qui sont détectées, soit l'ensemble des termes et des concepts qui sont en rapport avec votre recherche ;

> **Information** : une ontologie est l'ensemble structuré des termes et concepts représentant le sens d'un champ d'informations, que ce soit par les métadonnées ou à l'aide d'un espace de noms.

- L'outil procède à une sélection automatique des liens les plus pertinents et il est capable d'enrichir l'index de vos sources de manière automatique (par exemple, par extraction des adresses URL vers lesquelles la page fait un lien) ;
- Vous disposez de tableaux de bord de type "Web 2.0" qui vous permettent de procéder à des tris rapides et de générer des statistiques à partir des données qui ont été collectées ;
- Il existe des fonctionnalités de data mining (fouille de données) et de text mining (fouille de textes) qui vous permettent d'extraire des informations à partir d'une grande quantité de données ;
- Il est possible d'interroger des sources dynamiques comme des formulaires ;
- Les sources de type Flash ou en streaming sont supportées ;
- L'application peut se connecter vers des outils internes à l'entreprise comme des CMS, des systèmes de gestion de base de données ou des plates-formes mobiles ;
- L'application est capable de gérer toutes sortes de formats de sortie ainsi que des flux RSS, des alertes par e-mail, etc.

Bien entendu, cette liste n'a rien d'exhaustive et peut grandement varier selon le type de veille que vous souhaitez mettre en place, votre budget et les résultats qu'il vous faut valider.

Il faut préciser que beaucoup des plates-formes que nous avons contactées n'étaient soit pas intéressées par un projet de livre, soit n'avaient pas le temps, soit ont refusé de nous laisser un accès pour quelques jours, soit ont proposé des interfaces ou des méthodes qui semblaient être d'un autre temps. Au final, l'impression qui s'en dégage est que la volonté de transparence n'était pas réellement au rendez-vous. Aussi, voici un conseil simple si vous choisissez une solution intégrée : soyez sûr que l'application correspond réellement à vos besoins ainsi qu'à vos compétences en ayant la possibilité de tester les résultats durant une bonne semaine.

Utilisez auparavant des applications gratuites (ou les versions d'essai) afin de vous imprégner de la démarche d'esprit nécessaire, des connaissances que vous devez acquérir ainsi que de l'organisation qu'une démarche de recherche ou de veille nécessite.

Le reste tient simplement dans la maîtrise que vous avez de votre métier et donc de votre capacité à jauger un outil en fonction des besoins de votre entreprise en termes de développement et de stratégie sur le long terme.

Voici, tout de même, trois solutions professionnelles dont nous avons pu tester tout à loisir le fonctionnement. Elles vous serviront de maître étalon pour vous permettre de mieux juger les autres applications que vous serez amené à évaluer.

1. TrendyBuzz

TrendyBuzz se définit comme un outil de tracking des retombées médiatiques sur les médias numériques (buzz digital).

TrendyBuzz scrute les sites de news, les blogs, les forums, les réseaux sociaux, les plates-formes vidéo pour capturer et communiquer les informations stratégiques dont vous avez besoin quels que soient vos marchés.

Des analyses approfondies de l'information capturée par les WebTrackers visent à répondre précisément à vos problématiques et à vous faire des recommandations. Des notes de synthèse de trois pages au format Word ou PowerPoint analysent les retombées médiatiques online les plus influentes de votre buzz.

Vous avez un cas assez intéressant sur cette page de leur blog :
http://www.trendybuzz.com/blogs/fr/category/cas-client

➧ Accédez à cette adresse : **http://www.trendybuzz.com/fr/essayer-gratuitement.htm**

- Cliquez sur l'onglet **Commencer**.
- Choisissez le nom du WebTracker (marque, produit, entreprise, individu secteur d'activité, univers) tel qu'il apparaîtra sur votre tableau de bord et dans vos synthèses aux formats PDF ou XLS.

Vous devez maintenant configurer votre Webtracker en cliquant sur les liens **Mode avancé** ou **Mode expert**.

Votre Webtracker va se créer.

Cette mention va apparaître : "Le tracking en temps réel du buzz généré par "Nom de votre Buzz Tracker" vient de commencer".

Un conseiller va vous recontacter pour vous présenter les résultats qui auront été générés. Nous avons pris les devants et voici le type d'informations qu'il vous sera possible d'obtenir. Le test porte sur 7 Webtrackers dédiés aux plus grandes banques françaises.

Le tableau de bord bénéficie d'une présentation en Ajax qui est très agréable à utiliser et qui n'est pas sans rappeler les pages personnalisées à la Netvibes.

Chacun des WebTrackers que vous avez défini est accessible par un onglet.

- Chacun des modules qui sont visibles peuvent être personnalisés en cliquant sur le lien **Configurer**. Définissez alors un autre titre ainsi qu'une autre couleur pour la barre de titre.

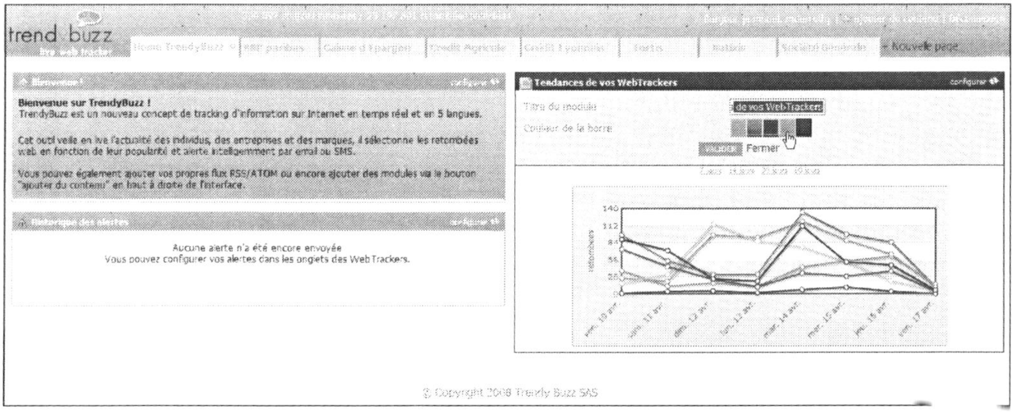

Le module **Tendances de vos WebTrackers** vous offre une vue synthétique du buzz qui a été généré dans un intervalle de dates qu'il est possible de modifier. En bref, vous voyez exactement à quels moments on a le plus souvent parlé de votre produit, de votre marque ou de votre société.

- Si vous cliquez sur l'onglet **Caisse d'Epargne**, les différents modules vous permettent :
  - d'afficher les tendances des retombées de ce WebTracker ;
  - de découvrir les vidéos qui ont été le plus vues et de les classer par nombre de vues, par date ou en fonction du nombre de commentaires qu'elles ont générées ;
  - de voir les retombées en temps réel ;
  - d'explorer un nuage des mots-clés les plus souvent employés ;
  - de lister des sources d'informations en ligne qui sont les plus influentes.

Par ailleurs, chacun des liens visibles vous permet de parcourir, en profondeur, le rapport correspondant.

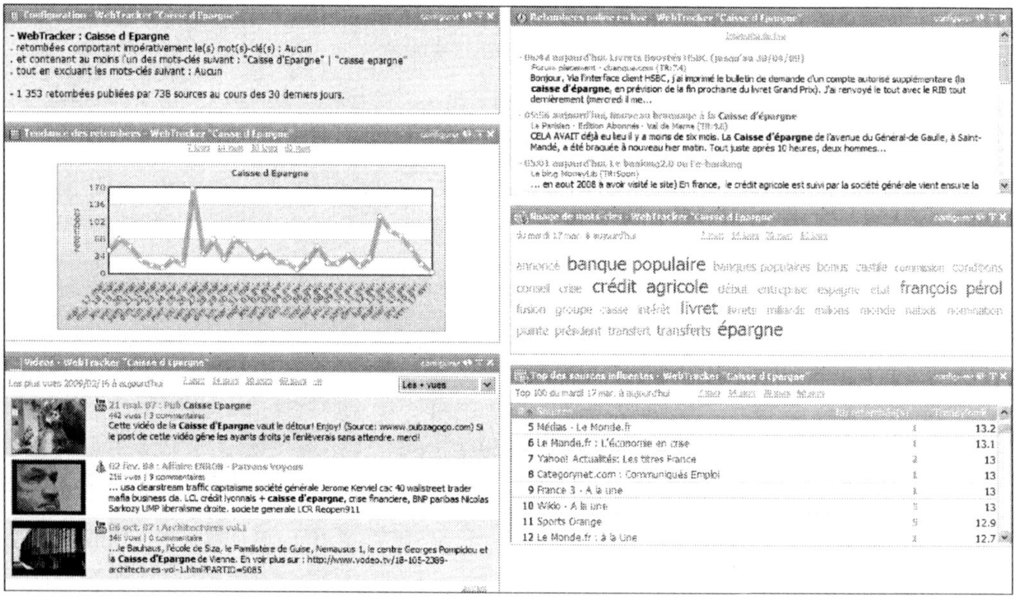

Le module **Alertes et Exports** offre des possibilités d'exportation au format XLS et PDF, permet de paramétrer une alerte par SMS ou e-mail et de générer des rapports quotidiens ou hebdomadaires.

De fait, la possibilité d'export au format Excel permet de générer des tableaux de bords ainsi que des graphiques élaborés qui vont vous permettre de synthétiser les données recueillies sur le long terme.

Notons que les modules peuvent être librement réagencés en utilisant le glissé-déplacé.

En bref, vous avez des possibilités d'alerte en temps réel dès qu'un pic de popularité est atteint.

Si nous analysons le module **Vidéo**, nous pouvons apprécier la diversité des sources visibles : un clip sur les patrons voyous, un autre sur l'architecture du bâtiment de la Caisse d'Epargne à Vienne et un autre encore sur une publicité diffusée par cette société...

Bien entendu, ces lignes ont été écrites au mois d'avril et la crise financière, les polémiques diverses et les inquiétudes de tout le monde sont passées par là. De fait, l'actualité avec ses points positifs en termes d'images de marque mais aussi le buzz négatif qu'elle a engendré sont immédiatement palpables. L'outil étant pourvu d'une réactivité immédiate, il vous est possible, à votre tour, de mettre en place des mesures efficaces.

Par exemple, le 25 mars a été une période intense pour la Caisse d'Epargne et un clic sur cette date nous fait voir qu'à partir de 11h26 de nombreux articles ont été écrits sur la nomination de François Pérol. Cliquez alors sur le bouton **Classer par date** afin de lister les sources les plus importantes qui ont parlé de cette actualité.

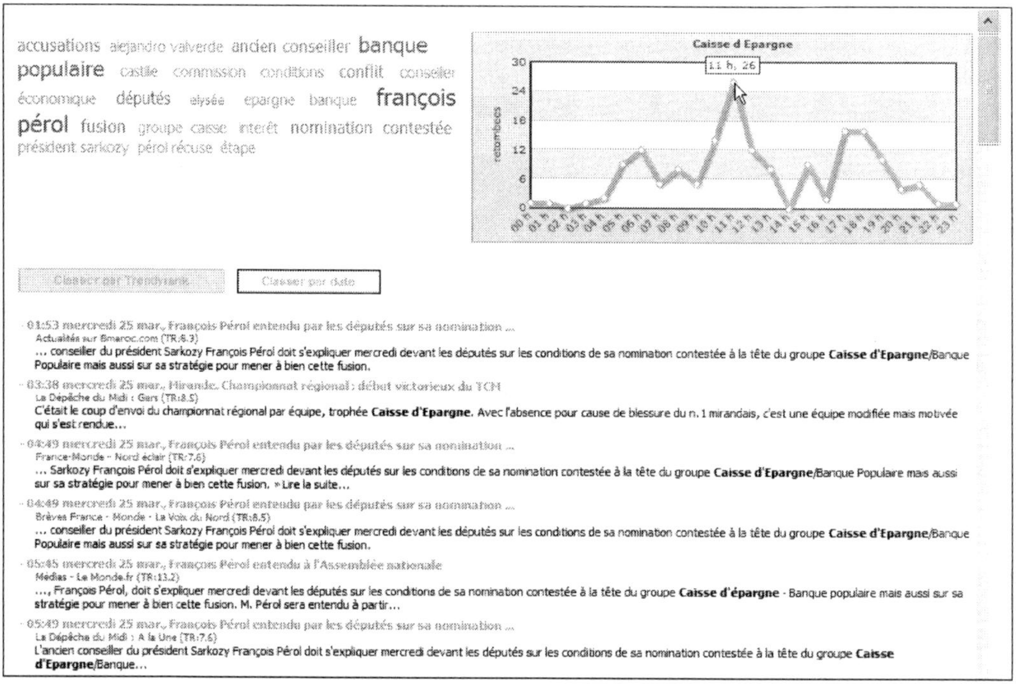

Nous avons trouvé que la précision des occurrences qui sont détectées en fait réellement un outil précieux.

- Cliquez de nouveau sur le bouton **Classer par TrendyRank** afin de lister les sites web qui vous intéressent par ordre d'influence. Cette technologie permet de compiler l'ensemble des données relatives à la popularité (trafic, qualité du référencement) et à l'autorité (quantité et qualité des backlinks) des sites web qui sont sélectionnés.

Il vous est ainsi possible d'entrer directement en contact avec les consommateurs qui influencent la réputation de votre marque. Par ailleurs, l'ensemble de ces données vous permet de mieux cibler vos campagnes de publicité online.

Bien entendu, cette application haut de gamme a un prix et ne conviendra sans doute pas au budget ou aux besoins d'une petite entreprise. Et, en effet, tout le monde ne s'appelle pas Publicis, Lancôme, Nestlé ou encore Suez. Mais, à notre sens, TrendyBuzz est un excellent exemple de ce qu'il est possible d'obtenir quand on juxtapose sélection intelligente des sources, filtrage des données recueillies et veille au sens large du terme.

2. Une solution de veille : Attentio

Attentio SA est une société d'information stratégique en ligne, basée à Bruxelles, Londres et Paris : **http//www.attentio.com/fr**. Cette plate-forme complète vous permet de traquer le Buzz sur Internet, d'être à l'écoute des médias sociaux (blogs, forums, etc.) afin de vous aider à décrypter rapidement l'ensemble des informations qui sont disponibles sur le Web. Attentio vous permet donc de :

- Mesurer l'impact d'une campagne marketing ;
- Contrôler la réputation de votre marque ;
- Faire du Benchmarking de marques ;
- Développer votre marketing du bouche-à-oreille (« Word of Mouth ») ;
- Optimiser les lancements de nouveaux produits ;
- Repérer les tendances émergentes du marché.

L'exemple porte sur les bières dans le monde. L'interface est en anglais mais réellement très simple à décrypter même pour un utilisateur non anglophone. Précisons que nous ne sommes pas publicitaires de métier et que nous avons simplement essayé de nous mettre à la place d'un client qui désire savoir à quoi ressemble une plate-forme de veille professionnelle.

Bien entendu, la première démarche est de contacter cette société, de lui expliquer vos besoins puis de mettre en place ce que l'on pourrait appeler communément un « plan d'attaque ». Une fois les premiers résultats accessibles, vous ferez un ou plusieurs points avec la société et optimiserez les procédures qui ont été mises en place. De fait, il y a un enrichissement permanent entre l'expertise et la connaissance que vous avez de votre métier et les informations et découvertes que vous ferez en utilisant une solution de veille.

Lors de votre première connexion au « Dashboard », vous allez découvrir un tableau synthétique qui fait office de premier coup d'œil.

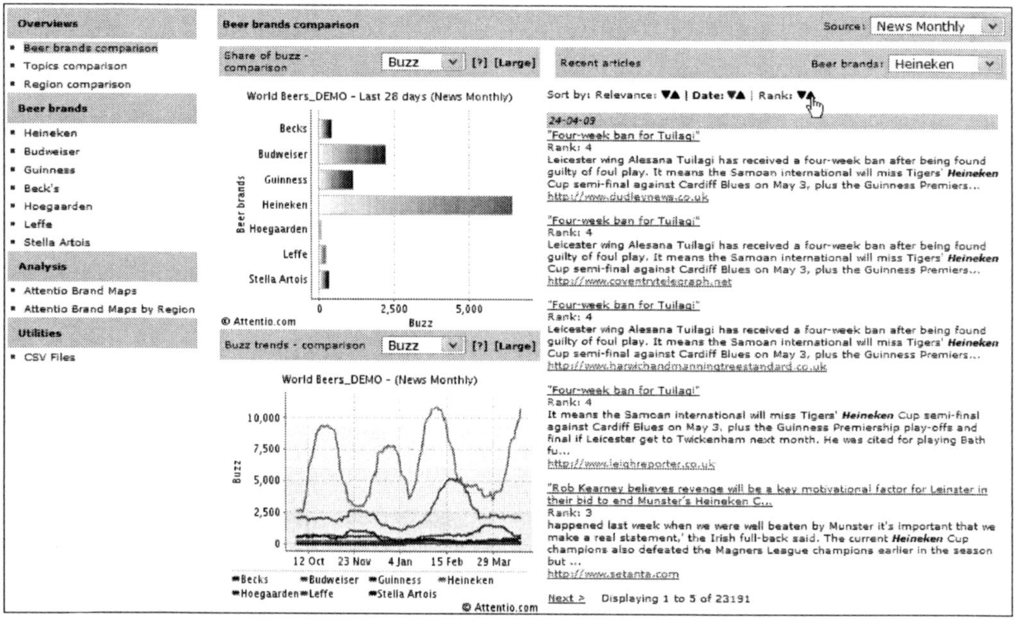

Le premier graphique (**Share Of Buzz** / Part de voix) montre le Buzz généré au cours de 28 derniers jours par quelques-unes des marques les plus connues sur ce marché. En bref, la part de voix de chacune des marques en moyenne quotidienne. On utilise le terme d'entités (Heineken, Leffe, Stella Artois, etc.)

À droite, sont listées les sources d'informations que vous pouvez lister par pertinence (**Relevance**), date ou indice d'importance (**Rank**). Cette mesure est effectuée en fonction du nombre de Backlinks (rétro-liens) que possède un site (et donc de sa popularité). Les notes vont de 1 à 5.

➧ Servez-vous de la liste déroulante **Source** afin de modifier le type de sources qui sont sélectionnées : blogs, actualités, forums, recherches MSN, plates-formes de partage vidéos, services de micro-blogging, etc. Notez que vous pouvez définir votre propre cursus de sources.

Il existe une différence entre ces deux possibilités :

- **Sources Daily** : nombre d'articles par jour ;
- **Source Monthly** : cumul des articles sur les 28 derniers jours.

➧ Cliquez sur cette dernière option pour obtenir un lissage de vos données et améliorer leur visibilité.

Les occurrences des mots-clés détectées font l'objet d'une équation booléenne qui porte à la fois sur les différents termes et orthographes utilisés pour désigner un même objet ou un même concept, mais aussi afin de filtrer les résultats parasites. Par exemple, une veille pour la firme Total ne doit pas citer des articles sur le film Total Recall ; une autre veille sur l'opérateur téléphonique Orange ne doit pas non plus citer des articles sur le fruit du même nom ou la couleur du maillot des joueurs de l'Ajax Amsterdam. En bref, il y a, en amont, un travail d'ajustage et de désambiguïsation qui permet d'éviter les occurrences inutiles. Les filtres mis en place font que les sources obsolètes, jamais mises à jour ou dont l'influence est trop anecdotique sont aussi écartées.

Vous pouvez apercevoir les mini algorithmes en bas à droite de chacun des écrans. En voici un exemple multilingue : +(((Heineken)) ((taste OR goûter OR goût? OR proeven OR sweet OR tart OR dry OR bitter OR spicy OR subtle OR complex OR simple OR light OR rich OR delicious OR tasty)

Ce sont plus de 30 millions de sources qui sont rigoureusement sélectionnées et ce dans plus de 20 langues européennes, en Amérique du nord et bientôt en Asie.

La liste déroulante située juste en dessous permet de modifier la marque qui a été sélectionnée et donc de filtrer les articles en conséquence.

Le graphique visible en dessous (**Buzz Trends** / Tendance du bouche à oreille) affiche le nombre d'articles collectés sur les entités, jour par jour (visibilité).

Pour chacun des graphiques, cliquez sur le lien **Large** afin d'en avoir une vue approchée. Un clic sur un des points représentant une date vous permet d'afficher l'ensemble des sources qui ont été publiées ce jour là ou déceler des pics de conversation.

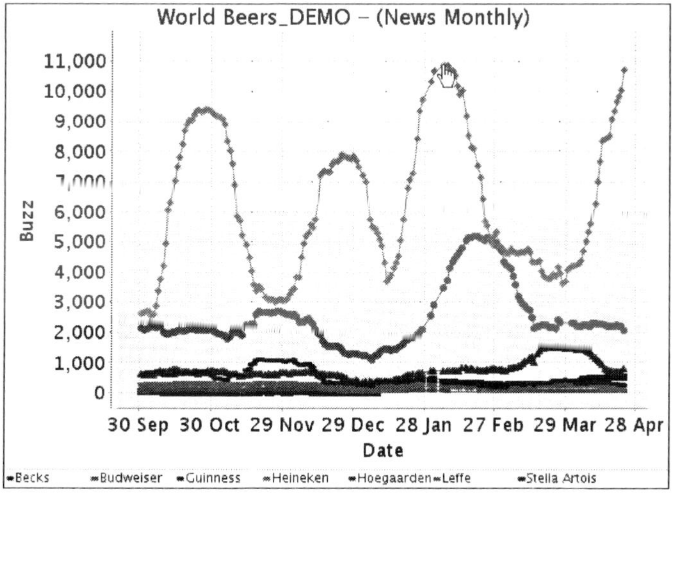

Dans la rubrique **Overviews**, le lien **Topics comparaison** permet d'afficher les mêmes informations que précédemment mais par catégories : goût, couleur, ingrédients, contexte social, etc. C'est donc le second niveau de filtre.

- Selon le même principe, cliquez sur le lien **Region comparaison** afin de sélectionner un des pays que vous avez définis pour votre veille. Si, par exemple, on parle beaucoup dans les forums belges de la Leffe et de la Hoegardeen, les bloggeurs français s'intéressent aussi à ces deux marques : Heineken et Guiness : « Salut tout le monde. Je viens de voir une pub pour Heineken donc je vais en prendre une. Et je vous montre la pub car je la trouve pas mal ».

Signalons que vous pouvez paramétrer une veille par pays (France, Belgique, etc.) ou par langue (français, flamand, etc.), ou une combinaison des deux (français - Belgique).

Examinons maintenant une marque en particulier en cliquant sur un des liens visibles dans la rubrique **Beer brands**.

Le premier graphe montre le Buzz engendré par cette bière avec, dans l'axe des ordonnées, le nombre de milliers de pages qui ont été publiées. Nous pouvons voir tout de suite que l'on a beaucoup parlé d'Heineken le 5 février 2009 et, par exemple, remarquer l'absence de réaction de la société face aux fausses publicités diffusées sur le Web et qui ne correspondent pas forcément à son image de marque.

Vous pouvez modifier les sources affichées en vous servant de la liste déroulante **Source**. De fait, votre graphe sera automatiquement réactualisé.

Le lien **Topic profiles** renvoie à deux graphiques intéressants qui permettent de se faire une idée des points forts et des points faibles d'une marque. On peut, par exemple, beaucoup parler du goût d'une bière en particulier et lui trouver presque aucun intérêt quand à sa visibilité dans les opérations de sponsoring ou sur le plan de sa communication publicitaire.

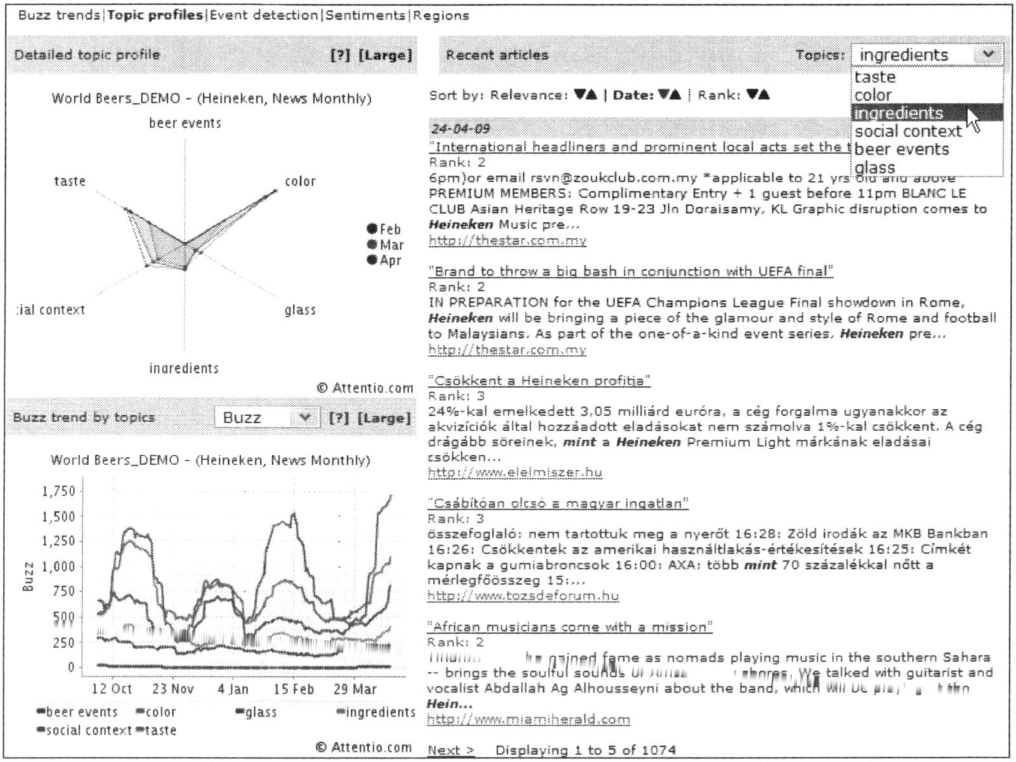

Le lien **Event detection** permet d'extraire des mots les plus souvent associés avec la marque et les entités qui seront détectées. Prenons un exemple : un laboratoire pharmaceutique s'aperçoit qu'un de ses médicaments est souvent associé au mot-clé Pamplemousse. Les personnes chargées de la cellule de veille se rendent compte que beaucoup d'internautes pensent que manger un quartier de pamplemousse par jour augmenterait les risques de cancer du sein d'un tiers. Une recherche en "Backtracking" permet d'établir que cette rumeur a pour origine une mésinterprétation faite par un blogueur d'une étude scientifique publiée sur le site "British Journal of Cancer". Le laboratoire n'a alors plus qu'à prendre des contre-mesures et rassurer les utilisateurs quant à la parfaite innocuité à la fois de son médicament et du jus de pamplemousse en général...

Le lien **Sentiments** permet de voir de manière relativement précise le pourcentage d'opinions positives ou négatives (« Analyse automatisée de tonalité »). Il faut tout de suite préciser que ce type d'informations est extrêmement difficile à extraire (c'est un des futurs eldorados des moteurs de recherche) mais que, tel quel, le graphe qui est affiché permet de détecter très facilement un article vraiment « malveillant ».

Enfin, le lien **Regions** permet, dans cet exemple, de faire la part entre le Buzz généré en France sur telle ou telle marque et celui en vigueur chez nos voisins belges.

Nous abordons ensuite directement la rubrique des analyses avec des graphes interactifs auxquels vous accédez en cliquant sur les liens **Attentio Brand Maps** ou **Attentio Brand Maps by Region**.

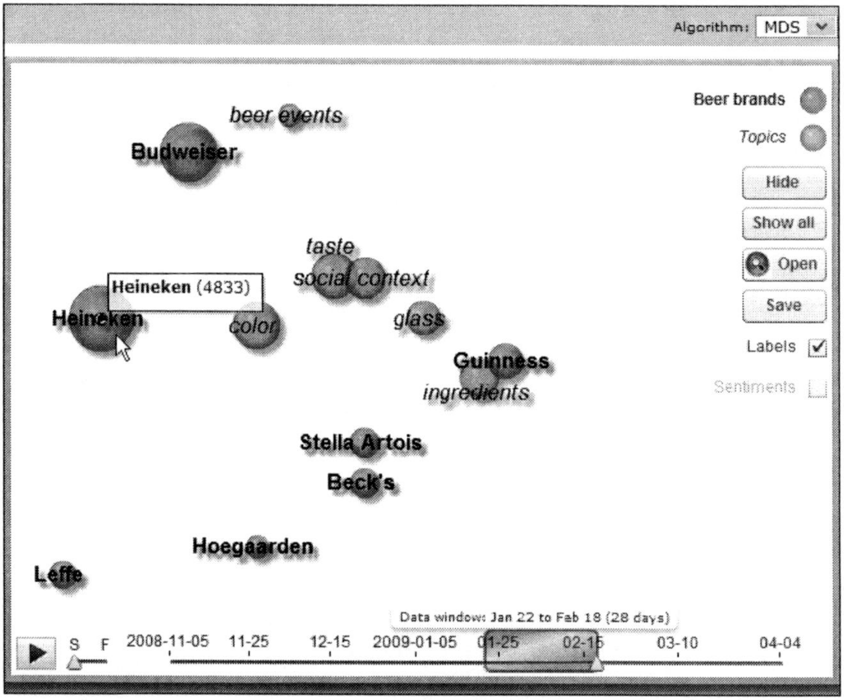

Le principe est de mettre en évidence les marques avec les thématiques qui leur sont proches (ou complètement éloignées) et de procéder à une analyse fine dans la durée. Sélectionnez les entités ou/et les thématiques (**Topics**) que vous ne voulez pas comparer puis cliquez sur le bouton **Hide**. Servez-vous ensuite de la réglette permettant de changer la ligne de temps afin de voir l'évolution des rapports entre les entités conservées et les sujets qui sont pertinents. Plus une entité est proche d'un sujet, plus il s'en approche en terme de réputation spontanée (en terme de « feeling »).

- Sélectionnez deux bulles à la fois pour afficher la ou les sources correspondantes en cliquant sur le bouton **Open**.

Dernier point : la rubrique **Utilities** permet de faire des exportations filtrées des rapports au format CSV ou de paramétrer des alertes (calculées selon le pourcentage d'un mot-clé ou l'apparition d'un nouveau terme, etc.) On peut aussi sélectionner les entités, topics, régions et périodes souhaités et extraire uniquement des fichiers CSV ou Excel correspondants.

Au final, voici une solution de veille qui permet une vue approfondie de la vie d'une société, marque ou produit. En bref, vous saurez où vous êtes placé par rapport à vos concurrents, quels sont les bastions que vous occupez solidement et ceux qu'il vous reste à conquérir. Mais, vous disposez aussi d'un micro tendu vers le bruissement du monde, l'inconscient collectif, l'opinion des autres, la sagesse des foules et les déraisons de nos contemporains. C'est, enfin, un excellent outil de marketing et un vecteur pour vos futures campagnes de communication qui, à l'usage, deviendra vite indispensable.

3. AMI Software

AMI Software (**http://www.amisw.com/fr/**) est à la fois une solution de veille et d'intelligence économique qui permet la collecte, le traitement, l'analyse et la diffusion de contenus ciblés à partir de sources externes ou internes. Cette application permet donc de faire de la veille sur Internet dans une optique d'intelligence économique mais aussi de valoriser les bases de connaissances et les contenus propres à l'entreprise. Elle présente les caractéristiques suivantes :

- Capacité à traiter de gros volumes de données ;
- Traitement des informations structurées et non structurées afin de favoriser la prise de décision ;
- Utilisation d'une technologie de recherche propre (moteur "corporate") ;
- Apprentissage automatique du logiciel permettant de fournir des informations de plus en plus pertinentes à mesure de son utilisation ("moteur autoapprenant") ;
- Détection et analyse sémantique pour les documents en français, anglais, allemand, italien, néerlandais, espagnol, portugais, mais aussi en arabe et en russe (en option) ;
- Possibilité de sauvegarder les pages archivées et les analyses générées pendant 5 ans ;

C'est un point très important dans le sens où il vous est permis de générer toutes sortes de statistiques au fil des années.

- Utilisation d'un moteur de recherche interne qui permet de fouiller dans les sources et dans les archives ;
- Gestion des discussions permettant de faire de la veille collaborative ;

- Interopérabilité avec des solutions professionnelles de traduction ;
- Interopérabilité avec la plupart des progiciels du marché (GED, CMS, SGBD, etc.) ;
- Mise en place d'un serveur multimédia permettant de capturer, stocker et analyser des données de type image fixe ou vidéo ;
- Capacité à produire du "Speech to Text" afin d'assurer le traitement des données multimédia ;
- Gestion des droits sur les utilisateurs et les groupes permettant une granularité fine des accès ;
- Accès à des serveurs de sources locaux ou distants.

On peut dire que, schématiquement, AMI Software s'articule autour de trois axes :

- Développement du périmètre informationnel en proposant des fonctions de tri et des filtres avancés permettant de mieux analyser la masse exponentielle des données qui sont disponibles sur Internet ;
- Structuration des données textuelles afin de pouvoir les traiter de manière intelligente et d'en tirer des orientations stratégiques ;
- Valorisation et partage des informations recueillies afin de développer le capital "mémoire" de l'entreprise (mutualisation des connaissances et accroissement de la valeur ajoutée).

De fait, vous pouvez utiliser AMI Software avec deux optiques parfaitement complémentaires : suivi du marché (intelligence économique) et suivi du client ("opinion tracker").

Une fois que le projet de la société cliente est clairement défini, on accède à un tableau de bord composé de différents modules adaptés aux profils des utilisateurs :

- **Mon espace** : ce module liste les documents récents et fonctionne à la manière d'une page web personnalisée ;
- **Partager** : ce module fonctionne comme un portail de consultation, recherche et partage des informations organisées par thématiques ;
- **Publier** : c'est à partir de là que les utilisateurs pourront valider et, éventuellement, enrichir, la base des documents qui ont été collectés ;
- **Analyser** : propose un ensemble de fonctions permettant l'analyse et la cartographie des informations textuelles ;
- **Collecter** : ce module récapitule les paramètres de l'automate : définition des thématiques, collecte et administration des sources ;
- **Rechercher** : cette interface permet de lancer des recherches au travers de la base de données qui a été constituée (interne et externe) ;

- **Favoris** : permet une gestion des favoris en fonction des profils des utilisateurs ;
- **Administrer** : ce module d'administration est utilisé pour la gestion des sources, des ontologies et des entités nommées.

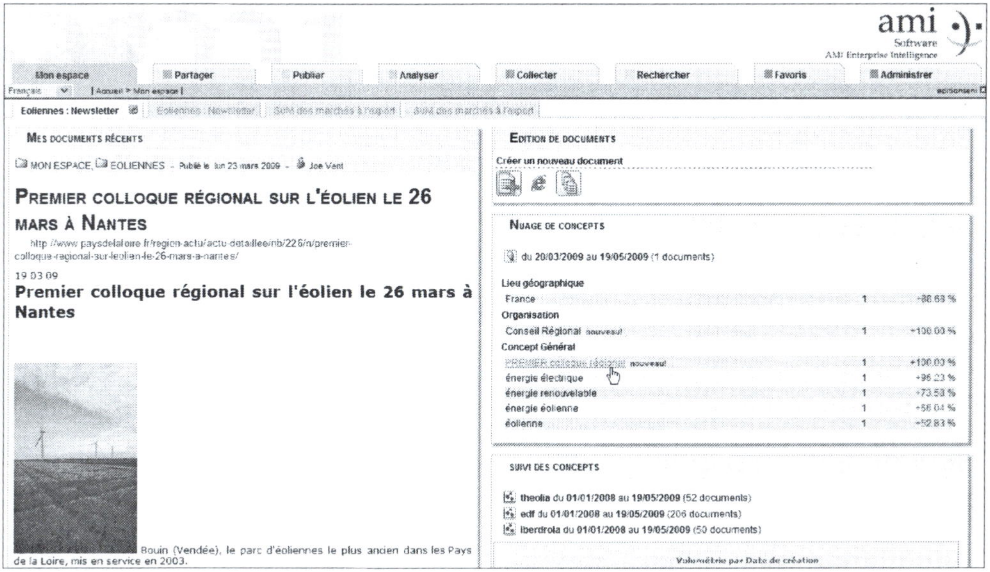

Si le veilleur aura accès à l'ensemble des briques qui sont proposées, les collaborateurs ne pourront afficher que les modules de restitution.

De fait, les sources qui ont été automatiquement détectées peuvent être enrichies avec d'autres, ajoutées manuellement, ainsi que celles qui sont internes à l'entreprise ("sourcing corporate").

Notre test a porté sur le marché des énergies renouvelables et, plus particulièrement des éoliennes en France. Voici le début d'un scénario de veille telle que l'on peut le reconstituer avec AMI Software…

- Sélection des sources ;
- Formulation d'une requête via une contrainte stricte et une contrainte faible.

La première consiste en une ou plusieurs requêtes exprimées en langage booléen ou naturel. Elle permet la sélection des sources. Par exemple : "énergies renouvelables".

La seconde vise à les classer, les prioriser et à leur attribuer un niveau de pertinence. Par exemple : énergies renouvelables - fournisseurs d'énergie - opérateurs énergie.

Bien entendu, dans la pratique, les requêtes qui sont utilisées sont infiniment plus élaborées.

Une fois les premiers résultats tombés (de manière quasi immédiate), le module **Mon espace** permet à l'utilisateur d'avoir une vision de l'ensemble des documents publiés. Cet espace est personnalisable en fonction de chacun des groupes d'utilisateurs et donc de leur fonction au sein de la société (veilleur, équipe marketing, dirigeants, etc.). Chacun peut donc créer son propre environnement qui lui servira de tableau de bord décisionnel.

L'algorithme du moteur permet l'extraction automatique des tendances, termes ou expressions qui ont été détectés. Certains de ces concepts sont typés (lieux, organisations, personnes), d'autres sont découverts en fonction de leurs critères d'importance à l'intérieur des documents. La mention **nouveau!** indique que l'entité détectée vient d'apparaître dans le flux des données recueillies.

Sur la droite, un nuage de concepts vous permet d'afficher les documents qui sont liés à chacun d'eux. Juste en dessous, un graphe permet d'appréhender de manière intuitive leur importance relative aux objectifs que vous avez définis. Ce même outil de visualisation offre également une dimension temporelle à la cueillette des données. Là encore, et en cliquant sur une des bulles, vous affichez les documents qui ont été publiés ce jour-là.

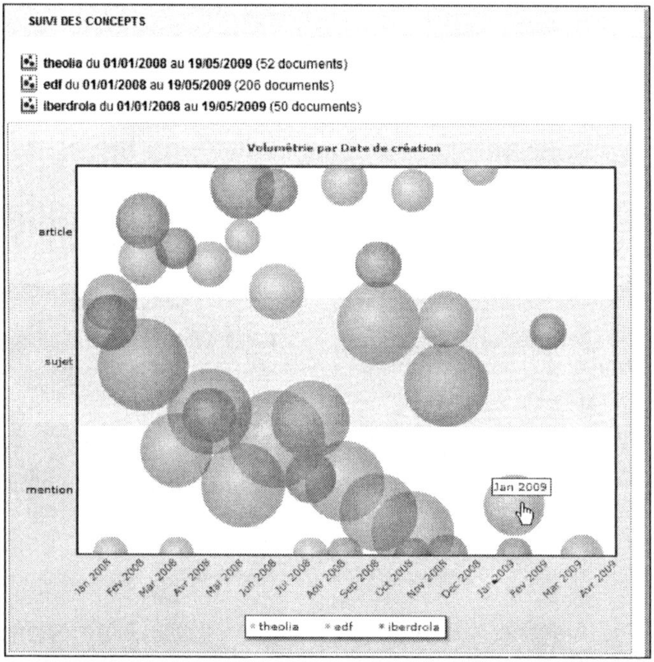

Quand on découvre un document dans son intégralité, il est ensuite possible de l'exporter au format Word, de l'enregistrer sur le disque dur, de le partager en envoyant un e-mail (afin de le soumettre à la validation d'une personne plus au fait du sujet) ou d'en éditer à la volée son contenu. En bref, l'utilisateur peut immédiatement interagir avec les sources qui lui sont soumises.

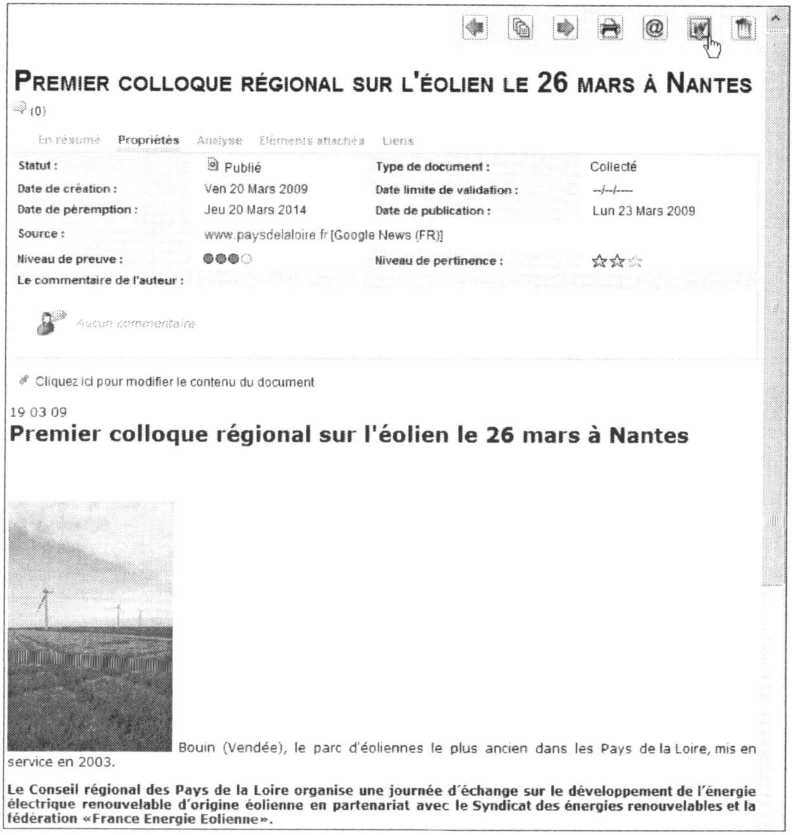

Le module **Discussion** vous permet de découvrir les commentaires laissés par les autres utilisateurs. Cette possibilité fonctionne un peu à la manière d'un Wiki participatif.

Le module **Rechercher** permet de lancer des requêtes en langage courant ou, après avoir cliqué sur le lien **Recherche avancée**, en utilisant des opérateurs booléens, en définissant des intervalles de date, en précisant la langue des documents, etc. Vous pouvez filtrer les résultats en fonction de leur origine (blogs, portails d'actualités, sources scientifiques...) ou des bouquets que vous avez créés. Un bouquet vous permet de regrouper un ensemble de sources en les classant par thématiques, sujets traités, etc.

D'autres fonctions sont offertes comme la recherche de documents similaires, la classification automatique des résultats (clusters), la catégorisation des résultats, l'identification de thèmes adjacents...

Parlons maintenant du processus de validation des documents.

En cliquant sur l'onglet **Publier**, apparaît l'ensemble des documents qui ont été validés et qui sont présentés selon un plan de classement défini.

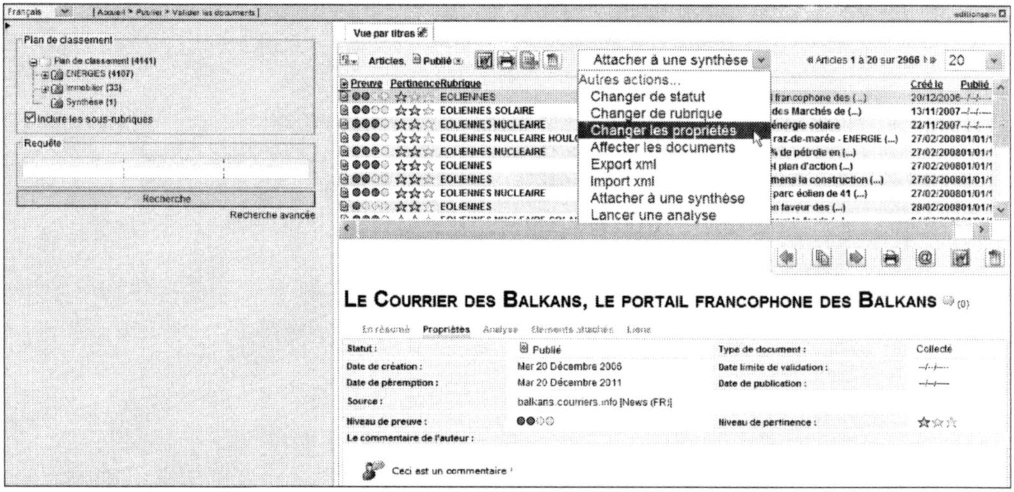

L'espace de publication peut être alimenté de façon automatique par la collecte (via le module **Collecte**), en lançant une recherche ou de façon manuelle par l'ajout de document.

Vous pouvez les filtrer en fonction de leur type (article ou synthèse) et selon leur statut (collecté, en instance de validation, validé, publié, etc.)

> **Information** : une synthèse peut regrouper un ensemble de documents, et contenir en annexe des éléments issus d'autres modules, tels que des résultats d'analyse ou de recherche. Chaque utilisateur est libre de créer, à tout moment, ses propres synthèses.

Par ailleurs, tout type de document est évalué grâce à deux systèmes de notation :

- **Niveau de pertinence** : c'est un critère qui mesure l'adéquation entre le document et les paramètres que vous avez établis lors de la mise en place de votre projet ;
- **Niveau de preuve** : c'est une évaluation qui est attribuée par les différents intervenants tout au long du processus de veille.

Votre projet s'établit donc autour d'un cheminement qui part de la collecte des informations, passe par la validation des sources pour aboutir à leur publication et leur diffusion au sein de l'entreprise. En bref, c'est l'ensemble de ce processus qui permet de déterminer le degré de pertinence des éléments qui seront recueillis et archivés.

Il faut signaler qu'un veilleur peut créer une "fiche ontologie" à partir d'un événement (« Le Groupe EDF vient de signer un accord avec THEOLIA »), le nom d'une société ("Direct Energie"), le nom d'une personne ou d'un lieu. Les ontologies fonctionnent comme des points d'entrée permettant une vue transversale des informations. Elles servent aussi à réaliser des fiches d'informations sur des concepts détectés automatiquement par le module d'analyse.

De plus, vous pouvez à partir d'une recherche, d'une entité nommée ou d'une fiche extraite de la base "ontologie", démarrer une veille spécifique au processus de veille "parent".

Voici deux autres fonctionnalités qui sont vraiment intéressantes.

Le module **Analyser** permet de consulter les documents, les sources ou les concepts concernés, de réaliser des comparaisons de volumétrie dans le temps, ou des comparaisons par plan de classement, par scénario ou par sujet.

Il existe un large choix de graphiques et de diagrammes que vous pouvez récupérer au format image (afin de les inclure ensuite dans une présentation) ou au format Word.

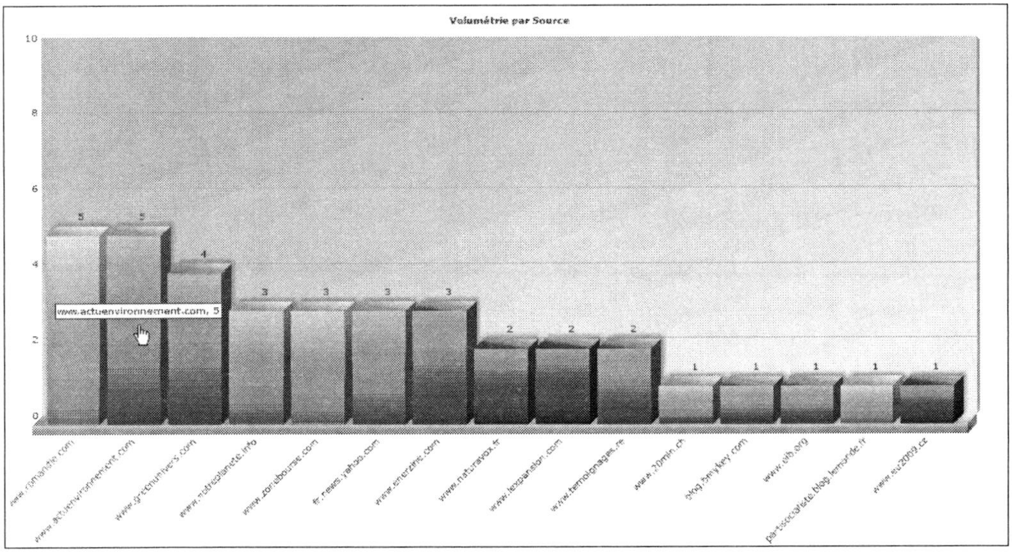

Vous pouvez aussi générer des nuages de tags à partir des concepts qui ont été détectés.

Enfin, AMI Software offre des fonctions de visualisation qui sont extrêmement abouties.

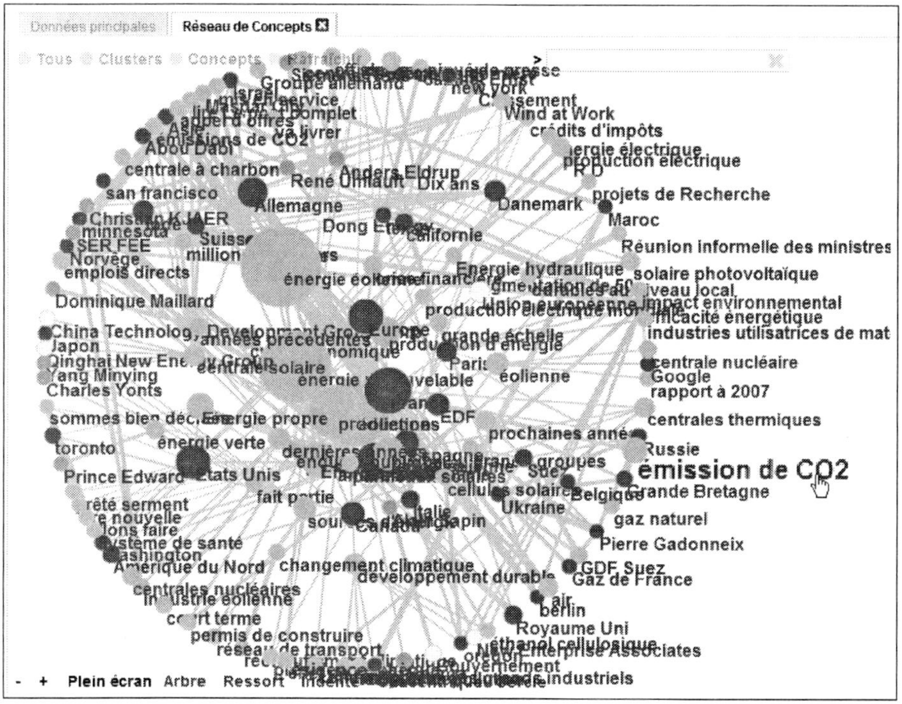

En cliquant sur l'onglet **Partager** et le sous-menu **Gérer les flux RSS**, il est possible de générer un flux RSS en sélectionnant un des éléments apparaissant dans le plan de classement puis d'en personnaliser complètement sa mise en page et sa diffusion. En bref, vous pouvez paramétrer chacun des flux RSS qui sont offerts en fonction du profil des destinataires.

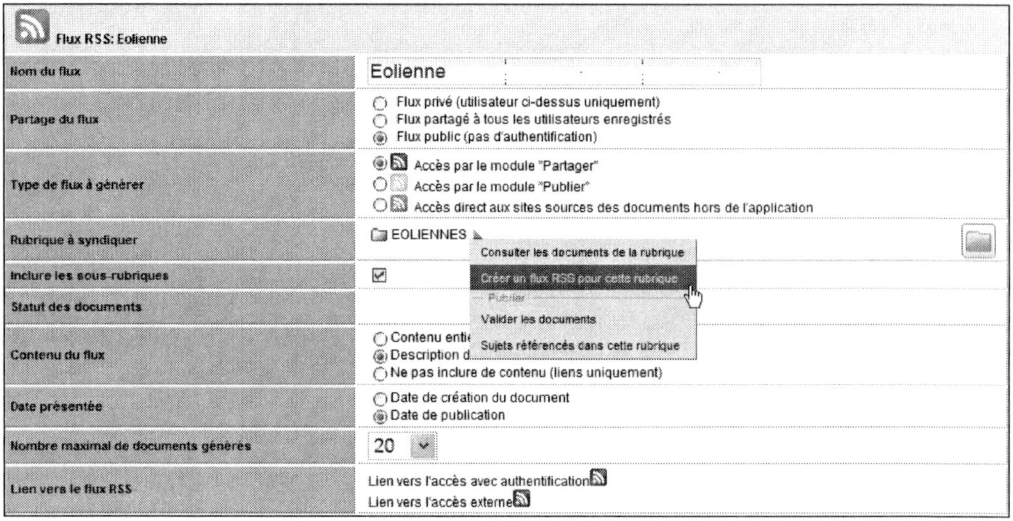

C'est un bref survol des possibilités offertes par Ami Software. Le point important est que sa couverture fonctionnelle étendue en fait une solution de référence. De plus, c'est, parmi les applications qu'il nous a été données de voir, celle qui propose les fonctionnalités les plus riches et les mieux développées. Enfin, la modularité de son offre fait qu'elle est aussi bien adaptée aux entreprises du CAC40 qu'aux PME désireuses d'accroître leur expertise métier.

4. Une conclusion

Alors pourquoi une PME va investir dans une solution de veille ou d'intelligence économique ? Entre veille stratégique (sur le long terme) et veille immédiatement opérationnelle, le problème d'une entreprise est de pouvoir récupérer des informations-clés en vue d'une discussion commerciale, de pouvoir mieux apprécier l'activité d'un partenaire ou l'évolution d'un marché dans le cadre d'une situation concurrentielle. On parle alors de projet d'intelligence économique permettant une meilleure compréhension d'un environnement "métier" et ce, à des fins directement opérationnelles.

Du fait de sa capacité d'investissement limitée, une petite ou moyenne entreprise pensera en termes d'actions ayant un impact direct sur son activité, son chiffre d'affaires et sa marge.

On peut penser qu'une veille permettra, par exemple, de mieux caler une structure de prix ou d'analyser ses propres défaillances par rapport à ses concurrents. Pourquoi et comment est-ce que ces derniers communiquent sur tel ou tel secteur alors que votre société est, elle, en retrait sur ce même segment de marché ? Est-ce une question de politique de prix ? Un problème de dispositif commercial mal adapté ? Une offre passée de mode ? Autant de questions que l'intelligence économique, au sens large du terme, vous aidera à poser puis à trouver des réponses adaptées.

Un projet de veille suppose aussi d'être capable d'entendre que vos concurrents sont meilleurs que vous, peut-être mieux positionnés et que les analyses et les enseignements qui en sortiront induiront forcément une remise en cause du mode de fonctionnement de l'entreprise.

Alain Beauvieux, président d'AMI Software, fait, au cours d'une interview, une suggestion que nous avons trouvée vraiment intéressante. Lors d'une démarche de prospection, l'excellente connaissance que vous aurez d'un (futur) client, votre capacité à échanger avec lui sur son activité, son actualité récente, permet de grandement améliorer la qualité de votre dialogue. Mais, pas seulement ! Car on peut aussi imaginer que vous disposerez d'informations directement utiles aux négociations que vous devrez engager avec lui.

Un autre point qu'il faut souligner est qu'un projet de veille et d'intelligence économique doit être porté par une direction générale car c'est, avant tout, un projet structurant pour une société. Si les entrepreneurs doivent s'ouvrir sur les espaces numériques et sur ces nouveaux outils de connaissance que le développement du Web permet, c'est aussi parce qu'elles y ont tout à gagner : l'intelligence collective permet la mutualisation des connaissances et des expertises de façon à créer de la valeur et favoriser la croissance de l'entreprise.

A. Ressources Internet

Nous avons dressé une liste très subjective de blogs ou de sites qui nous ont paru intéressants. Libre à vous de compléter cette liste...

http://www.outilsfroids.net : un blog qui présente de nouveaux outils, usages, méthodologies, et concepts en gestion de la connaissance et technologies de l'information ;

http://www.brainsfeed.com : un blog sur l'intelligence stratégique et la veille ;

http://www.ie-lobbying.info/ : le Portail collaboratif de l'intelligence économique et du lobbying ;

http://caddereputation.over-blog.com : tout ce que vous avez toujours voulu savoir sur la réputation de votre organisation sur la toile et que vous n'avez jamais trouvé ;

http://www.demainlaveille.fr : "Demain la veille" traite des sujets de la veille, de l'intelligence économique, des outils de veille et flux RSS ainsi que de la recherche d'informations en ligne ;

http://www.reputation.axiopole.info : un site sur l'identité et la réputation sur Internet ;

http://guideie.gfii.asso.fr : un guide des fournisseurs de solutions de veille et d'intelligence économique en France ;

http://taistoiquandtuparles.over-blog.com : un blog sur la collecte et l'analyse de l'information ;

http://influx.joueb.com : un blog sur l'intelligence économique, l'e-Réputation et la veille en général.

B. Des outils pour vos fichiers PDF

Il existe d'autres sources à cette adresse :
http://www.hongkiat.com/blog/mastering-pdf-80-free-tools-tips-and-resources

Adobe Reader 9 (**http://www.adobe.com/products/reader**) : l'application officielle ;

Foxit Reader 3.0 pour Windows (**http://www.foxitsoftware.com/pdf/reader**) : un lecteur PDF léger et rapide ;

eXPert PDF Reader (**http://www.visagesoft.com/products/pdfreader**) : un autre lecteur de fichiers PDF ;

Sumatra PDF Portable (**http://portableapps.com/apps/office/sumatra_pdf_portable**) : une application portable que vous pouvez lancer à partir, par exemple, d'une clé USB et qui permet de lire les fichiers PDF.

CutePDF Writer (**http://www.cutepdf.com/Products/CutePDF/writer.asp**) : un éditeur de fichiers PDF ;

A-PDF INFO Changer (**http://www.snapfiles.com/get/pdfinfo.html**) : un outil très simple d'utilisation qui vous permet de modifier les propriétés d'un document PDF ;

PDFTools 1.3 (**http://sheelapps.com/index.php?p=PDFTools.HomePage&action=view**) : une application très complète de gestion de vos fichiers PDF ;

PDF Text Reader (**http://www.ctdeveloping.com/ctdeveloping/products/pdftextreader_info.asp**) : un outil qui permet d'extraire le texte contenu dans un fichier PDF ;

ByteScout (**http://www.bytescout.com/swfprinterpro.html**) : permet de convertir un fichier PDF en une animation Flash ;

SomePDF (**http://somepdf.com/downloads.html**) : un outil de conversion de fichiers PDF au format WORD, HTML, TXT. Permet également d'extraire les images contenues dans un PDF ;

PDFCReator (**http://sourceforge.net/projects/pdfcreator**) : un outil de conversion à partir de n'importe quel programme Windows ;

PDF Ripper (**http://www.pdfpdf.com/pdfconverter.html**) : un outil d'extraction et de conversion très complet ;

PDF Converter (**http://www.freepdfconvert.com/pdf_converter_desktop.asp**) : une application Windows qui vous permet de générer un fichier PDF directement à partir d'une application Windows ;

PrimoPDF (**http://www.primopdf.com**) : un outil gratuit de création de fichiers PDF ;

Free PDF Printer (**http://bullzip.com/products/pdf/info.php**) : cette application fonctionne comme une imprimante virtuelle et vous permet de générer un document PDF à partir de n'importe quel type de fichiers ;

DoPDF (**http://www.dopdf.com**) : idem que précédemment ;

PdfEdit995 (**http://pdf995.com/**) : un outil gratuit de création et d'édition de fichiers PDF ;

OpenOffice (**http://download.openoffice.org**) : cette Suite Office gratuite propose beaucoup d'extensions qui vous permettent de gérer facilement des documents au format PDF.

PDFMenot (**http://www.pdfmenot.co**) : un lecteur en ligne de fichiers PDF ;

Online Viewer (**http://view.samurajdata.se**) : un lecteur en ligne de fichiers PDF, Word et PostScript.

Free Online PDF Creator (**https://online.primopdf.com**) : un outil de conversion en ligne qui vous permet de générer un fichier PDF à partir de n'importe quel type de document ;

PDF Hammer (**http://www.nitropdf.com/free/hammer/index.htm**) : un éditeur en ligne de fichiers PDF ;

LOOP PDF (**http://www.drawloop.com/solutions/documenttools/looppdf/**) : un outil de conversion de fichiers en documents PDF ;

CometDocs (**http://www.cometdocs.com/pdftext.htm**) : un autre outil en ligne de conversion de fichiers ;

Online PDF Converters (**http://www.coolutils.com/Online-PDF-Converter.php**) : ce portail en ligne propose un module de conversion de fichiers PDF ;

ExpressPDF (**http://www.expresspdf.com/**) : idem que précédemment ;

HTML2PDF (**http://www.html2pdf.biz/**) : permet de convertir un site web au format PDF ;

ZamZar (**http://www.zamzar.com**) : le portail de la conversion de fichiers ;

Document Converter eXpress (**http://convert.neevia.com**) : un outil de conversion en ligne qui propose des réglages très fins de compatibilité ;

PDF Converter (**http://www.freepdfconvert.com**) : un outil en ligne de conversion de fichiers PDF.

A

E

F

G